Dr. Susanne Klein, Bonn studierte Psycholinguistik, Psychologie und Linguistik und promovierte über das Thema »Kommunikation im Unternehmen«. Sie ist selbständige Trainerin mit den Schwerpunkten Kommunikation, Team, Verhandlungsführung und Konfliktmanagement. Zu diesen Themen hat sie bereits mehrere Bücher veröffentlicht.

Susanne Klein

Trainingstools

19 Methoden aus der Psychotherapie für die Anwendung im Training

Ein Nachschlagewerk für Trainer und Personalentwickler

GABAL
Professional Training

Die Deutsche Bibliothek - CIP-Einheitsaufnahme

Ein Titelsatz für diese Publikation ist bei der
Deutschen Bibliothek erhältlich.

ISBN 3-89749-179-6

Lektorat: Dr. Sonja Klug, Bad Honnef
Umschlaggestaltung: +Malsy Kommunikation und
Gestaltung, Bremen
Umschlagfoto: +Malsy Kommunikation und
Gestaltung, Bremen
Gestaltung und Satz: Das Herstellungsbüro, Hamburg
Druck und Bindung: GGP Media, Pößneck

Verlagsinformationen:
www.gabal-verlag.de

Inhalt

Einführung

Wenn man im häuslichen Werkzeugkasten nur einen Hammer findet, dann versucht man jedes Problem damit zu lösen. Zugegeben, mit einem Hammer kann man sehr viel erreichen. Wenn man aber versucht, damit ein Loch in die Wand zu bohren oder eine Schraube festzuziehen, dann wird es schon schwieriger. Nun sind wir ja kreativ: Steht wirklich nur der Hammer zur Verfügung, dann deuten wir jedes Problem einfach so lange um, bis wir mit dem Hammer weiterkommen. Die Gardinenstange wird dann eben nicht angedübelt, sondern festgenagelt, und die Schraube wird nicht festgezogen, sondern festgehämmert. Es ist schon erstaunlich, wie viele Nägel es auf einmal in der Welt gibt, wenn man nur den Hammer kennt ... Aber welches Werkzeug soll man für welches Problem einsetzen und welches ist die beste Methode?

Wenn man nur einen Hammer hat, ist jedes Problem ein Nagel

Als ich in den Achtzigerjahren überlegte, wie ich meine in der Hochschule erworbenen psychologischen Kenntnisse für den Trainingsbereich weiterentwickeln könnte, nahm ich Kontakt zu verschiedenen Lehrinstituten auf. Bei jedem Gespräch wurde mir glaubhaft versichert, dass die jeweils vorgestellte Methode die beste und optimale für mich sei und ich mich unbedingt zu einer Ausbildung anmelden solle. Nun sind Ausbildungen dieser Art relativ kostspielig und 19 verschiedene kann man sich nicht leisten – außerdem käme man dann nie zum tatsächlichen Einsatz der erworbenen Kenntnisse. Man würde ein Leben lang die Schulbank drücken. Ergänzend zur praktischen Arbeit ist das zwar der goldene Weg, aber als ausschließlicher nicht geeignet.

Die passenden Trainingswerkzeuge

> Ergebnisorientiertes Arbeiten verlangt nach vielen differenzierten Werkzeugen. Jede Situation sollte erfasst und analysiert werden, um dann das geeignete Tool zu finden.

Dazu gehören Erfahrung, Gespür und die Fähigkeit, sich auf sein Gegenüber einzustellen. Und das kann man nicht leisten, wenn man sich »mit Haut und Haar« einer einzigen Methode verschreibt. Ideologien engen das Denken und die Flexibilität ein. Kreativ und erfolgreich ist nur, wer über den Tellerrand schauen kann. Die therapeutischen Gurus besitzen über die gegründete Schule und die mit ihr vermittelten Techniken hinaus Fähigkeiten, die über kein Lehrbuch zugänglich gemacht werden können. Es sind menschliche Fähigkeiten, die man mit dem Wort »Herzensbildung« umschreiben könnte.

Vorbei sind die Zeiten, in denen man sich einer Methode und damit einer »Gemeinde« anvertrauen musste. Glücklicherweise auch vorbei sind die Zeiten, in denen man mehr Kraft investierte, andere Methoden schlecht zu reden, als die eigene angestammte weiterzuentwickeln. Und das ist nicht nur in der Psychologie so. Alle seriösen Wissenschaften entwickeln sich seit einigen Jahren weiter, indem sie bei anderen abschauen, sei es, dass sie Ideen übernehmen, oder sich Methoden zu Eigen machen. So wird beispielsweise Verhalten heutzutage auch genetisch erklärt, was vor 50 Jahren noch völlig undenkbar war. Der Mensch galt bei seiner Geburt als »Tabula rasa«, und mit Erziehung konnte man laut Theorie aus jedem Baby eine Mutter Theresa oder einen Massenmörder machen. Davon sind heute nur noch wenige Wissenschaftler überzeugt. Erzieherischen Fähigkeiten wird nach wie vor ein großer Einfluss zugeschrieben, aber es gibt Wesenszüge, die jedes Baby mit auf die Welt bringt und die unveränderbar erscheinen. Wahrscheinlich liegt – wie so oft – die Wahrheit in der Mitte: Verhalten wird im Wesentlichen von zwei Komponenten gesteuert: dem Erbgut und der Familie.

Eine professionelle Art zu arbeiten ist das offene Arbeiten – ohne die Bindung an eine psychotherapeutische Richtung und damit an nur ein Glaubenssystem. Und wenn der Psychoboom der letzten 20 Jahre, der zu viel psychologisierte, einen positiven Aspekt bewirkt hat, dann den, dass endlich Dogmen glaubhaft abgelegt wurden.

Was dieses Buch Ihnen bringt

Dieses Buch stellt Ihnen, liebe Leserinnen und Leser, die 19 Therapieformen vor, die am häufigsten im Management-Training Anwendung finden. Sie werden allerdings die erste und bekannteste Methode der Psychoanalyse nach Sigmund Freud hier nicht finden. Denn diese Methode beschränkt sich ausschließlich auf den psychotherapeutischen Kontext. Ziel dieses Buches ist es, einen ersten Eindruck zu vermitteln: Sie lernen die verschiedenen Denkansätze überblickartig kennen und können auf dieser Basis entscheiden, welche für Sie passend sind:

- Welche Methoden wollen Sie in Ihrem Unternehmen einführen?
- Welche wollen Sie für sich wählen, um persönlich und beruflich weiterzukommen?

- Mit welchen sollen sich Ihre Trainer und Berater auskennen, um damit arbeiten zu können?

Diese Fragen können Sie sich nach der Lektüre beantworten – neben all den vielen Fragen natürlich, die Sie inhaltlich zur Methode selbst haben. Dieses Buch ersetzt keine wochen-, monate- oder gar jahrelange Ausbildung. Sie erwerben eine Kompetenz, aufgrund derer Sie begründete Entscheidungen treffen können, Sie werden aber nicht wie von selbst virtuos die einzelnen Methoden anwenden können.

Ich möchte Ihnen mit diesem Buch Mut zum Eklektizismus machen. Ich möchte Ihnen Mut machen, aus den verschiedenen Methoden das auszuwählen, zu vertiefen und anzuwenden, was Ihnen sinnvoll erscheint, und die Dinge »über Bord zu werfen«, die Ihnen ungeeignet erscheinen. Viel anders haben das die Begründer des NLP auch nicht gemacht. Sie waren auf der Suche nach exzellenten Therapeuten und haben versucht alles zu systematisieren und nachvollziehbar zu machen, was ihnen wichtig erschien. Genauso können Sie vorgehen, um für sich ein Arbeitsrepertoire zusammenzustellen. Vertiefen sollten Sie Ihre Kenntnisse durch geeignete Workshops zum Ausprobieren der einen oder anderen spannenden Technik. Und dann fügen Sie die gewählten Methoden zusammen.

Mut machen möchte ich Ihnen auch dazu, bei Ihrer Trainer- und Beraterauswahl genauer nachzufragen und Methodendiskussionen anzuregen. Außerdem können Sie nach der Lektüre besser einschätzen, ob die »Heilslehre«, die Ihnen verkündet wird, wirklich eine ist und wo auch sie an Grenzen stößt. Sie können kompetent nachfragen und werden schnell erkennen können, wie festgefahren oder flexibel Ihr Gegenüber denkt. Denn offensichtlich gibt es kein Tool, das alle Probleme löst, so wie es auch Probleme gibt, die sich mit einem kompletten Werkzeugkasten nicht lösen lassen. Das trifft besonders auf den Businessbereich zu.

Vollständigkeit nicht möglich

Alle Leser, die in einer oder mehreren der beschriebenen Methoden ausgebildet sind, werden meine Darstellung als sehr verkürzt betrachten. »Aber da fehlen doch diese und jene wichtigen Aspekte«, höre ich sie sagen. Klar fehlen bei jeder Beschreibung verschiedene Aspekte. Das geht auch nicht anders. Einen Überblick zu geben heißt kürzen, zusammenfassen und weglassen – so schwer es fällt. Sonst hätte ich für jede Methode ein Buch schreiben müssen oder sogar mehrere. Dies ist eine Übersicht, ein Nachschlagewerk, um sich in kurzer Zeit ein Bild von einem Werkzeug machen zu können. Dieses Buch ersetzt keine fundierte Ausbildung, und es gibt auch nicht den jeweils aktuellen Stand wieder, sondern es beschränkt sich auf die grundlegenden Annahmen, um den »Geist« der Methode transparent zu machen.

Therapeutische Methoden im Trainingskontext

»Aber therapeutische Methoden sollten doch im Business-Kontext keine Anwendung finden!« Auch dieser Einwand ist berechtigt. »Bei einer Therapie hat der Patient die Freiheit anzunehmen oder abzulehnen. Er selbst bestimmt seine Entwicklung. Ein armer Mitarbeiter, der zu einem Seminar geschickt wird, muss sich in seiner Persönlichkeit herumwühlen lassen!« Zum Glück ist das nicht so. Auch in einem seriösen Seminar hat jeder Teilnehmer die Freiheit anzunehmen oder abzulehnen. Die Einflussnahme ist hier nicht mit einer Gruppentherapie vergleichbar. Sie bleibt viel mehr an der Oberfläche, und wirklich die drei Seminartage überdauern kann nur das, was jede Person selbst interessant fand und gerne weiterverfolgen möchte. Dass es auch unseriöse Anbieter gibt, zeigt sich daran, dass manche Firmen sagen: »Sie können alles machen, nur lassen Sie die Finger von Transaktionsanalyse und von NLP.« Und das wird nicht gesagt, weil die Tools schlecht sind, sondern weil mit einer unüberlegten Anwendung viel Schaden entstehen kann. In einer Zeit, in der jeder sich zum Trainer und Berater berufen fühlen kann, ist es besonders wichtig, sich um Qualität zu bemühen.

Ihr Werkzeugkasten

Mit diesem Buch bekommen Sie einen Überblick über 19 verschiedene Tools, verstehen den Hintergrund und den Zeitgeist, in dem dieses oder jenes Denken entstanden ist, und können einschätzen, ob es lohnt, sich mit dem jeweiligen Tool näher zu beschäftigen. Sie wählen zwei oder drei Richtungen, lassen sich darin zum Profi ausbilden und lesen sich zu den anderen Themen Kenntnisse an. Dann trainieren Sie, bis Sie in jeder Hinsicht sicher sind, und haben nun einen wunderbar vollen Werkzeugkasten, aus dem Sie virtuos je nach Situation das richtige Tool wählen können.

Funktioniert eine Methode nicht, dann sind Sie flexibel genug, um eine andere auszuprobieren. Denn in jedem Kapitel wird auf die Verwandtschaft der Methoden hingewiesen. Viele Vordenker sind Zeitgenossen, kannten sich untereinander oder wurden voneinander durch ihre Schriften beeinflusst. Keine Methode ist unabhängig entstanden, sondern im Zeitgeist und in Beziehung zu anderen Denkrichtungen zu sehen. Kennt man ein paar Schlüsselmethoden, kann man weitere mit Hilfe von Literatur erschließen. Wichtig ist auch, jede Methode in ihrer Zeit zu begreifen. Heute mag die eine oder andere Idee überholt erscheinen, dennoch war sie wichtig, um das therapeutische Denken weiterzuentwickeln. Auch werden die Methoden heute anders angewendet. Gefällt Ihnen eine Methode besonders, dann lohnt es, sich mit den neusten Entwicklungen auseinander zu setzen.

Ein Nachschlagewerk

Dies ist kein Buch zum Durchlesen. Es ist eines, das nah am Schreibtisch steht und das Sie immer wieder konsultieren können, wenn Sie keine Idee haben, wie Sie das eine oder andere Thema anpacken sollen. Lassen Sie sich überraschen, wie viele Anhaltspunkte für Ihre tägliche Arbeit in diesem Buch verborgen sind. Und so haben Sie nicht nur viele Werkzeuge parat, sondern sind auch in der Lage, das richtige auszuwählen.

Ich wünsche Ihnen viel Spaß und Erfolg!
Dr. Susanne Motamedi

1. Autogenes Training

Die Persönlichkeiten von Johannes Schultz und Hannes Lindemann

Das Autogene Training wurde von Professor Johannes Heinrich Schultz erfunden und durch seinen Schüler Hannes Lindemann weiterentwickelt. Lindemann überquerte mit Hilfe des Autogenen Trainings in einem Faltboot zweimal den Atlantik, was ihn berühmter machte als Schultz. Aus diesem Grund wird meist ihm das Autogene Training zugeschrieben. Beide Persönlichkeiten sollen hier kurz vorgestellt werden.

Johannes Schultz sucht nach Wegen der Entspannung

Um Schwierigkeiten besser zu meistern und um sich unabhängig von äußerem Stress zu machen, entwickelte der Berliner Professor für Neurologie Johannes Heinrich Schultz (1884–1970) in den Zwanzigerjahren des letzten Jahrhunderts das Autogene Training. 1932 erschien seine Monografie *Das Autogene Training, konzentrative Selbstentspannung,* in der er das Autogene Training mit Selbsthypnose oder dem angenehmen gelösten Gefühl vor dem Einschlafen verglich. Erleben wir diese Art der Schwere und Entspannung, so erholen sich auch die Körperfunktionen.

Beeinflussung willkürlicher Körperfunktionen

Schultz vermittelte erstmals 1905 dieses »aus sich selbst entstehende« Training (autogen, griech. *autos* = selbst, *gignomai* = entstehen) an gesunde und an kranke Menschen. Er führte die Arbeit des Hirnphysiologen Oskar Vogt weiter und machte die Erfahrung, dass Patienten in klinischen Sitzungen durchaus in der Lage waren, Körperempfindungen und -funktionen, die normalerweise nicht willentlich beeinflussbar waren, autosuggestiv zu verändern. Erschöpfungszustände und Anspannungen sowie Verkrampfungen und Schmerzen konnten von den Patienten selbst positiv beeinflusst werden.

Johannes Lindemann überquert in einer »Nussschale« den Atlantik

Der Mediziner Dr. Hannes Lindemann (Jg. 1922) hat aufbauend auf diesen Überlegungen das Autogene Training weiterentwickelt und im Selbstversuch wiederholt getestet. Er arbeitete viele Jahre für das Deutsche Rote Kreuz, hatte einen Lehrauftrag an der Universität Bonn und war Trainer für ganzheitliche Gesundheit bei einigen großen Unternehmen.

Sich auf schwierige Situationen vorbereiten

»Schwierige Situationen empfindet man nur dann als belastend, wenn man sich nicht ausreichend darauf vorbereitet hat«, meint Lindemann. Mit positiven Vorsätzen bereitete er sich deswegen auf seine Atlantiküberquerung vor. Denn er wollte nicht viel mehr einpacken als seine Fähigkeit zur Selbsthypnose. 1955 überwand er in einem afrikanischen Einbaum in 65 Tagen die Strecke von Liberia nach Haiti. Aber dieser Erfolg ließ ihm keine Ruhe. Er wollte es mit einem noch kleineren Boot wiederholen. In einem Klepper-Serienfaltboot (dem kleinsten Boot in der Geschichte der Seefahrt) überquerte er 1956 den Atlantik nochmals in 72 Tagen. Die einzigen Hilfen, die ihm zur Verfügung standen, waren von Schultz beschriebene *Autosuggestionsformeln*, auf die sich Lindemann die letzten sechs Monate vor der Fahrt konzentrierte: »Ich schaffe es« und »Kurs West«. Aus diesen Erfahrungen schließt Lindemann:

> Erfolg beginnt mit der Vorstellung von Erfolg. Jeder Mensch hat so viel Erfolg, wie er von sich selbst erwartet.

Autogenes Training – die innere Ruhe wiederfinden

Manchmal steht man als Trainer morgens auf und weiß genau: »Heute habe ich eine nette Seminargruppe, ein spannendes Thema und einen angenehmen Tag vor mir.« Und es gibt andere Tage, an denen einen Selbstzweifel beschleichen: »Bin ich in der Lage, diese schwierige Gruppe mit diesem unangenehmen Thema zu konfrontieren?« Wir malen ein düsteres Szenario, entdecken beim Frühstück noch das eine oder andere unangenehme Detail und stehen schließlich entsprechend kraftlos vor den Teilnehmern. Und das Desaster, das wir erwarten, tritt tatsächlich ein.

In einer solchen Situation soll das Autogene Training hilfreich zur Seite stehen. Als autosuggestive, ja selbsthypnotische Methode kann es Körper und Geist revitalisieren. Das Körperempfinden kann verbessert und eine Harmonisierung von Körper und Geist erzielt werden. Dabei arbeitet im Autogenen Training nur das Gehirn. Durch ein »Sich-Vorsagen« des Gewünschten stellt sich das Ergebnis mit etwas Übung ein. Eine regelmäßige Anwendung kann sogar dazu beitragen, die Persönlichkeit zu stabilisieren, und helfen, Alltagsprobleme souveräner zu bewältigen. Das kurzfristige und intensive Abschalten erfrischt Körper und Geist und kann manchmal sogar beim Einschlafen helfen, wenn die Gedanken an belastende Dinge des Tages nicht aufhören wollen, im Kopf zu kreisen.

Durch Vorsagen des Gewünschten das Ziel erreichen

Die fünf Elemente

Autogenes Training besteht im Wesentlichen aus fünf Elementen:
- Vorbereitung
- Zurücknehmen
- Körperverständnis
- Autosuggestive Formeln
- Oberstufentechnik

In der Regel bedienen sich die meisten Praktizierenden der ersten beiden Elemente.

Vorbereitung

Das Autogene Training basiert auf der Fähigkeit sich zu entspannen. Ungeübten wird empfohlen, einen ruhigen, störungsfreien und gut temperierten Raum aufzusuchen. Eine solche Umgebung wirkt sich positiv auf die Fähigkeit zum Entspannen aus. Wer arbeitet und Kinder hat, hat häufig einen solchen Raum nicht zur Verfügung. Doch auch, wenn man nicht, wie empfohlen, dreimal täglich üben kann, sollte man sich nicht abschrecken lassen. Jede Ruhephase revitalisiert den Körper. Die Puristen vermeiden es, Musik zu Hilfe zu nehmen, da es darum geht, sich auf sich selbst zu besinnen. Schließlich will man die Fähigkeit später in allen Lebenslagen anwenden können, auch wenn die entsprechende Musik einmal nicht spielt.

Entspannte Körperposition

In entspannter Sitz- oder Liegeposition beginnt nun die Konzentration auf sich selbst. Bewährt hat sich auch die so genannte Droschkenkutscherhaltung. Darunter versteht man eine aufrechte, leicht mit dem Rücken angelehnte Sitzhaltung. Die Unterarme liegen wie bei einem Droschkenkutscher locker auf den Oberschenkeln. Diese Haltung ergibt sich in der Entspannung von selbst und ohne Zwang.

Nun werden die Augen geschlossen, und man beginnt, innerlich ruhig zu werden. Um die Alltagsgedanken loszuwerden, kann man sich sagen: »Die Gedanken kommen und gehen.« Eine monotone Wiederholung dieses Satzes hilft, Ruhe zu finden. Dieser Satz sollte innerlich immer leiser werden, bis der Gedanke schließlich unhörbar wird. Meistens gelingt es in der ersten Sitzung noch nicht, die Alltagsgedanken loszulassen. Hilfreich ist es auch, den Satz »Die Gedanken kommen und gehen« lauter und leiser werden zu lassen. Alltagsgedanken sollten grundsätzlich zugelassen werden, denn im Autogenen Training ist es nicht sinnvoll, etwas zu erzwingen. Erst wenn man die innere Stille erreicht, kann man zur nächsten Phase übergehen.

Innerlich zur Ruhe kommen

Innere Ruhe kann nicht durch einfache Willenskraft herbeigeführt werden, sondern man kann sie nur erwarten und geschehen lassen. Wenn man aber unbedingt Ruhe empfinden will, dann erreicht man zumeist das Gegenteil. Gleiches geschieht, wenn man unbedingt einschlafen möchte, weil man am nächsten Tag anstrengenden Aufgaben gewachsen sein muss. Je »unbedingter« ein Mensch schlafen möchte, umso wacher wird er. Oft überkommt einen erst in den frühen Morgenstunden der Erschöpfungsschlaf. Für Ruhe muss man bereit sein und auch abschweifende Gedanken annehmen können. Manchmal helfen schöne Vorstellungen, zum Beispiel von geliebten Urlaubsorten.

Zeit zu haben ist ein ebenfalls wesentlicher Faktor, um innere Ruhe kennen zu lernen. Das klingt einfach, ist aber für manchen stressgeplagten Zeitgenossen eine echte Herausforderung. Schultz spricht hier von einer »inneren Sammlung«, die durch den Signalreiz der Ruhe-Formel immer schneller und effektiver zu erreichen ist. Nach regelmäßiger Übung stellt sich das *Ruhe-Erlebnis* fast spontan ein.

Zurücknehmen

Im Autogenen Training wird mit Vorstellungen und Gedanken gearbeitet, die angenehme Erfahrungen bewirken können. Diese Erfahrungen sind in der Regel begleitet von biochemischen Veränderungen im Körper, die sich nach einigen Stunden von selbst wieder legen. Tritt man nun aber bewusst in diesen Zustand ein, so sollte man ihn auch bewusst wieder verlassen. Bei der Zurücknahme denkt und handelt man nach folgenden Schritten:

- Arme fest
  Arme energisch strecken und beugen und dabei die Muskeln der Arme spannen und entspannen

- Tief atmen
  Tief durchatmen und dabei Brust und Bauch spürbar bewegen
- Augen auf
  langsam und ruhig die Augen öffnen

Nach dieser körperlichen Rücknahme sollte man sich noch etwas Zeit nehmen, um auch geistig in den Alltag zurückzukehren.

Körperverständnis

Dem Übenden sollen bewusst Empfindungen zugänglich gemacht werden, die er aus anderen Zusammenhängen kennt. Der angenehme Effekt von Entspannung soll willentlich herbeigeführt werden können. Die am häufigsten verwendeten Wirkungen sind:

Übungsart	*Gedachte Formel*	*Wirkung*
Ruhe	Ich bin vollkommen ruhig	Beruhigung von Seele und Körper
Schwere	Der rechte/linke Arm ist schwer	Muskelentspannung
Wärme	Der rechte/linke Arm ist warm	Tonisierung der Blutgefäße
Herz	Das Herz schlägt gleichmäßig und ruhig	Tonisierung der Herzrhythmik
Atem	Atmung gleichmäßig und ruhig	Tonisierung der Atemrhythmik
Leib	Sonnengeflecht strömend (Sonnengeflecht) warm	Entspannung im Bauchraum
Kopf	Stirn angenehm kühl	Klärung der Gedanken und Gefühlslage

Autosuggestive Formel

Der körperliche Bereich im Autogenen Training ist für viele eine hinreichende Entspannungsübung. Eine weitere Stufe ist das Einbinden der Autosuggestiven Formel. Darunter versteht man einen Leitsatz, der die Gedanken führt. »Ich bin ruhig und gelassen« ist eine der bekanntesten und bewährtesten Formeln. Wird eine solche Formel ausreichend häufig gedacht, dann prägt sie sich in das Unbewusste ein. Das eigentlich Entscheidende ist, dass sich eine solche Formel verselbstständigt. In schwierigen Situationen, zum Beispiel in einem Konfliktgespräch, taucht sie plötzlich wieder auf und hilft, die Gedanken und die Gefühle zu kontrollieren.

> Durch Autosuggestive Formeln lassen sich Gedanken dauerhaft dem Unterbewusstsein einprägen. Auf diese Weise beeinflussen sie das Handeln.

Oberstufentechnik

Mit *Oberstufentechniken* bezeichnet man im Autogenen Training Ideen, die auf den beschreibenden Grundtechniken aufbauen. Es sind Ideen aus der imaginativen Meditation.

Mit positiven Vorsätzen die Leistung verbessern

Der besagte Morgen, der mit negativen Gedanken und Gefühlen anfängt, könnte genauso gut für eine positive Selbstsuggestion genutzt werden, um energiereich das Seminar zu beginnen. Und das genau ist das Ziel des Autogenen Trainings:

> Jeder soll in sich selbst ruhend, kraftvoll seinen Tag meistern können und nicht durch äußere Umstände oder negative Gedanken und Gefühle leicht aus dem Gleichgewicht gebracht werden. Dazu gehört ein körperliches, aber auch ein psychisches Gleichgewicht, welches mit Vorsätzen verstärkt werden kann.

Lindemann nennt drei Kriterien, die *formelhafte Vorsätze* erfüllen sollen, um angemessen wirken zu können:

1. Formelhafte Vorsätze sollen kurz sein.
   Vorsätze, die kommandoartig verkürzt werden, haben erfahrungsgemäß eine bessere Wirkung.
2. Formelhafte Vorsätze sollen möglichst positiv sein. Alles, was man positiv formulieren kann, soll auch so formuliert werden. Letztendlich entscheidet aber der persönliche Geschmack des Einzelnen.
3. Formelhafte Vorsätze sollen persönlichkeitsgerecht und -gemäß sein.

Vorsätze müssen im Laufe der Übungen auch manchmal verändert werden, so dass sie zur neuen Situation passen. Wichtig ist, darauf zu achten, dass die Vorsätze Einstellungen anregen, die keine Spannungen ergeben. Anstatt sich einzureden »Ich rauche nicht mehr« scheint es effektiver zu sein zu sagen: »Zigaretten sind mir ganz gleichgültig.« Bei allen sehr tiefen Gefühlszuständen wird man eine solche indifferente Formulierung bevorzugen.

Diese Art der *Selbstsuggestion* ist für die meisten Manager Neuland, und zwar vor allem, weil sie im Autogenen Training durch körperliche Entspannungsübungen begleitet werden. Dennoch zeigt die Erfahrung, dass sich etwa die Hälfte der Teilnehmer spontan darauf einlässt.

Geistige Verspannung = Körperliche Verspannung

Signale des Körpers

Jede gedanklich negativ erlebte Situation zieht sofort eine körperliche Reaktion nach sich. Deswegen kommt es in Lebenssituationen, denen wir uns nicht gewachsen fühlen – und sei es nur der tägliche Stress – zu unangenehmen Befindlichkeiten. Dies ist ein deutliches Signal des Körpers, dass seine innere Balance nicht mehr gegeben ist. Eines der ersten Anzeichen für dieses Ungleichgewicht ist das meist nächtliche Malmen auf den Zähnen. Gibt man sich weiterhin ungeschont den äußeren Einflüssen hin und hat man keine Form der inneren Kompensation gefunden, dann können sich diese unangenehmen Befindlichkeiten zu richtigen Krankheiten auswachsen. »Psychosomatisch« heißt dann oft die lapidare Antwort des Arztes, wenn man ihn fragt, woher entsprechende Rücken- oder Kopfschmerzen, Schwindel, Übelkeit oder andere Beschwerden kommen. Dass mit solchen Beschwerden die berufliche Leistungsfähigkeit ab- und Krankheiten zunehmen, liegt nahe.

Um die positiven Selbstsuggestionen zur Entspannung zu begleiten, wurden im Autogenen Training verschiedene Übungen entwickelt. Am bekanntesten sind die Schwere- und Wärmeübungen geworden. Mit dreimal täglich zehn Minuten Entspannung und dem Wiederholen von Vorsätzen ist man nach Lindemann gut für das tägliche Geschehen gerüstet.

Übungen

Schwereübung Man konzentriert sich auf seinen rechten (Linkshänder auf den linken) Arm und suggeriert sich etwa sechsmal selbst »Arm ganz schwer«, schiebt dann den Satz »Ich bin vollkommen ruhig« ein und lässt wiederum sechsmal den ersten Satz folgen. Natürlich kommt es immer wieder vor, dass die Gedanken abschweifen. In diesem Fall konzentriert man sich einfach wieder auf die Übung. Manche Teilnehmer spüren sofort ein Schweregefühl, andere erst nach wochenlanger Übung. Bildhafte Vorstellungen können, wie gesagt, den Prozess unterstützen. – Diese Übung dient in erster Linie der Entspannung der Muskulatur.

Wärmeübung Auf die Schwereübung folgt die Wärmeübung. Hier wird mit der Formel »Arm ganz warm« im gleichen Sinne verfahren. Ein schwerer Arm zeigt eine muskuläre Entspannung an. Das Gefühl der Wärme entspringt der Entspannung der Blutgefäße. Umgekehrt zeigt Kühle an, dass die Blutzirkulation in diesem Teil des Körpers gehemmt ist.

Die Schwere und die Wärme, die im Arm empfunden wird, überträgt sich nach und nach auf den gesamten Körper – im Autogenen Training »Generalisierung« genannt. Wer im Entspannen geübt ist, bringt sich nur mit der Formel »Ruhe – Schwere – Wärme« in diesen Zustand. Befindet man sich im Zustand der Entspannung oder Versunkenheit, dann ist nach Schultz der richtige Zeitpunkt gekommen, um sich seine formelhaften Vorsätze zu suggerieren. In diesem Zustand wirken sie besser, als wenn man sie sich zwischendurch, in einem gespannten Moment, vorsagt.

Mit dieser Übung wird die Blutzirkulation angeregt. Offene und entspannte Blutgefäße sichern eine gute Durchblutung der Gliedmaßen und führen die Wärme in die Körperperipherie weiter. Mitunter empfindet man ein Prickeln in den Fingern und in den Zehen. Die Wärme zeigt in der Regel eine wohltuende Wirkung.

Vertiefen kann man den Entspannungszustand mit der bewussten Erweiterung auf andere Körperteile und Organe. Dies sollte jedoch nicht ohne fachliche Anleitung geschehen. Denn es entstehen hier häufig paradoxe oder negative Reaktionen, die sofort mit einem Arzt besprochen werden müssen.

Entwickelt wurde bisher eine Herzübung, eine Atem-, eine Sonnengeflecht-, eine Schulter-Nacken- und eine Kopfübung. Um tatsächliche Erfolge aufzuweisen, sollte dreimal täglich systematisch geübt werden. Das schult nicht nur die Entspannungsfähigkeit, sondern auch die Konzentration.

Autogenes Training im Alltag

Das tägliche Erleben der Selbstentspannung kann das Leben positiv verändern, wobei jedes Trainieren ein Stückchen Erfolg bedeuten kann. Die Gesamtheit aber macht das Training zu einer erlebbaren Hilfe:

> Man hat einen immer währenden Ruhepol gefunden, einen Zufluchtsort, den man jederzeit willkürlich ansteuern kann. Was mit mühsamen Übungen und Formeln begann, wird nach und nach zu einer einfachen Entspannungsmethode, die überall und jederzeit zur Verfügung steht.

Kurze Ruhepausen reichen schon aus, um Stress abzubauen und um die Konzentrationsfähigkeit wiederherzustellen. Der Organismus reagiert nicht auf die Anspannung, sondern auf die suggerierte Entspannung. Die Ruhe, die im Alltag mit dem Autogenen Training erreicht werden kann, schenkt und erhält die Gesundheit. In einer Zeit, in der die Anforderungen im Beruf täglich zunehmen, kann es eine Hilfe sein, Entspannungsmöglichkeiten zur Verfügung zu haben.

Die eigenen Reaktionen steuern

Mit dem Autogenen Training kann man natürlich die Umgebung nicht verändern. Wird man vom Chef morgens nicht gegrüßt, sondern nur unwirsch in sein Zimmer gerufen, dann kann man zwar die Situation nicht ändern, wohl aber Einfluss auf die eigenen Reaktionen ausüben. Man muss in einer solchen Situation nicht unter Stress geraten, sondern kann durch Entspannung und positive Selbstsuggestion die Energien für eine inhaltliche Auseinandersetzung nutzen. Wenn Seminarteilnehmer die Fähigkeit erwerben, innerlich immer wieder die eigene Mitte zu finden, ist ihnen damit manchmal mehr gedient als mit interessanten Theorien. Natürlich setzt das Arbeiten mit dieser Methode die Bereitschaft der Teilnehmer voraus, sich auf etwas Ungewohntes einzulassen. Ist der Leidensdruck hoch genug, dann ist das sicherlich kein Problem.

Autogenes Training effektiv zu praktizieren, setzt voraus, dass man in der Lage ist, innerlich von den umgebenden Dingen Abstand zu nehmen und sich auf seine Mitte zu konzentrieren. Dass mit Ruhe und frischen Kraftreserven viele Dinge eher erreichbar sind als im angespannten Zustand, ist inzwischen eine Binsenweisheit. Gerade in Bezug auf die formelhaften Vorsätze, die als positive Gedanken wie sich selbst erfüllende Prophezeiungen wirken sollen, muss man sich bewusst sein, dass man zwar seine eigenen Grenzen erweitern, aber nicht das Unmögliche möglich machen kann. Kein Trainer wird plötzlich ein Star mit einem Tageshonorar von 10 000 Euro, nur weil er sich das selbst suggeriert. Dazu gehören außer dem Glauben an die eigenen Kräfte noch andere Fähigkeiten.

METHODE IM ÜBERBLICK

Die Methode im Überblick

Autogenes Training soll Körper und Geist revitalisieren. Gezielte körperliche Entspannung und das Aufsagen von Zielsätzen machen das Training aus. Das Autogene Training arbeitet selbstsuggestiv. Durch den konzentrierten Wunsch wird Entspannung und innere Sammlung möglich. Auf diese Weise kann Stress besser gemeistert werden, und auch in schwierigen Situationen ist es möglich, einen kühlen Kopf zu bewahren.

Autogenes Training besteht im Wesentlichen aus den fünf Elementen: Vorbereitung, Zurücknehmen, Körperverständnis, *Autosuggestive Formeln* und *Oberstufentechnik*. In der Regel bedienen sich die meisten Praktizierenden der ersten beiden Elemente.

Die wichtigsten Elemente

Vorbereitung: Eine entspannte und ruhige Sitz- oder Liegeposition wird eingenommen. Mit geschlossenen Augen beginnt die innere Ruhe.

Zurücknehmen: Bewusst herbeigeführte Entspannungszustände werden auch bewusst wieder zurückgenommen.

Körperverständnis: Dem Übenden werden bewusst Empfindungen zugänglich gemacht, die er aus anderen Zusammenhängen kennt. Der angenehme Effekt von Entspannung wird willentlich herbeigeführt.

Der körperliche Bereich im Autogenen Training ist für viele eine hinreichende Entspannungsübung. Eine weitere Stufe ist das Einbinden der *Autosuggestiven Formel*. Darunter versteht man einen Leitsatz, der die Gedanken führt. »Ich bin ruhig und gelassen« ist eine der bekanntesten und bewährtesten Formeln.

Mit *Oberstufentechniken* bezeichnet man im Autogenen Training Ideen, die auf den beschreibenden Grundtechniken aufbauen und aus der imaginativen Meditation stammen.

Mit positiven Leitformeln kann man sein Wohlbefinden verbessern. Wenn sie kurz, positiv sowie persönlichkeitsgerecht und -gemäß sind, wirken sie wie sich selbst erfüllende Prophezeiungen. Die Vorsätze müssen im Laufe der Übungen auch manchmal verändert werden, so dass sie zur neuen Situation passen.

Um die positiven *Selbstsuggestionen* mit Entspannung zu begleiten, wurden im Autogenen Training verschiedene Übungen entwickelt. Am bekanntesten sind die Schwere- und Wärmeübungen geworden. Könnern mit viel Erfahrung gelingt es schon nach wenigen Minuten oder Sekunden, völlig frisch und ausgeruht zu sein. Auch die Leistungsfähigkeit wird dadurch gesteigert.

Autogenes Training in Beratung und Training

Das Autogene Training kann in zweifacher Hinsicht in Seminaren, Workshops, Coachings und Beratungen eingesetzt werden. Zum einen dient es der Steigerung der eigenen Leistungsfähigkeit und Verbesserung der Befindlichkeit als Trainer, zum anderen kann es ein Baustein in einem verhaltens- oder persönlichkeitsorientierten Seminar darstellen.

Nutzen für Trainer und Seminarteilnehmer

Das Trainer- und Beraterleben ist manchmal recht herausfordernd. Täglich trägt man die Verantwortung für die Weiterentwicklung und Zufriedenheit seiner Seminarteilnehmer und Coachees. Man setzt Impulse und versucht, jeden Teilnehmer in seiner Individualität zu stärken. Da kann es hilfreich sein, einen ruhenden Pol, eine Quelle der Kraft, zur Verfügung zu haben. Denn nach langen Phasen der Anspannung braucht man Momente, um loszulassen und zu entspannen. Autogenes Training kann sogar helfen, um in einer wenig vertrauten Umgebung Ruhe zu finden. Selbst wenn man manchmal das Gefühl hat, den hohen Anforderungen nicht gerecht zu werden, helfen Vorsätze, es dennoch zu schaffen.

In Seminarsituationen lässt sich das Autogene Training einbauen, indem man sich einen erfahrenen Trainerkollegen als Ergänzung sucht oder einzelne Elemente selbst anwendet. Natürlich empfiehlt es sich, zuvor selbst einen entsprechenden Kurs zu besuchen, um in der Methode fit zu werden.

Nutzen für Manager

Die floskelhaften Vorsätze können Managern in einem Seminar mitgegeben werden, um in Konflikt- und Stresssituationen ruhig und gelassen zu bleiben. Die Konflikt- und Kooperationsfähigkeit kann sich deutlich verbessern, wenn sich die Menschen nicht aus der Ruhe bringen lassen und wohl überlegt reagieren, anstatt sich von ihrem Gefühlsleben leiten zu lassen. Gerade Führungskräfte im mittleren Management stehen durch ihre Sandwichposition besonders unter Stress – sie bekommen von oben und von unten Druck. Um zu mehr Ruhe und Gelassenheit zurückzufinden, empfehlen sich Vorsätze wie »Ich bin vollkommen ruhig und gelassen. Atmung ruhig und gleichmäßig. Ich bin in meiner Mitte«.

Teammitglieder, die vom Einzelkämpfertum abkommen möchten, können zum Beispiel Sätze formulieren wie: »Ich lasse los. Ich bin kooperativ«, »Ich vertraue den anderen« oder »Ich beziehe die anderen mit ein«. Diese formelhaften Sätze müssen allerdings sehr individuell auf die jeweilige Situation und Person abgestimmt sein.

Nutzen für leitende Angestellte und Freiberufler

Die Steigerung der Leistungsfähigkeit ist vor allem für Menschen, die hohen Anforderungen gerecht werden müssen, interessant. Sie können binnen weniger Minuten, zum Beispiel in einer Sitzungspause, am Mittagstisch, im Taxi oder in einer Seminarpause, wieder frisch werden.

Bezüge zu anderen Methoden

Beim Autogenen Training ist der gebündelte Geist hellwach, und die Körperfunktionen ähneln denen im Schlaf. Die Umschaltung ist kein Zustand, sie lässt sich nicht willentlich hervorrufen, sondern stellt sich unwillkürlich ein. Darin unterscheidet sich das Autogene Training von der Hypnose.

Folgt man Lindemann, den immerhin sein fester Glauben über den Atlantik trieb, dann haben Glaubenssätze oder floskelhafte Vorsätze eine immense Wirkung. Auch andere therapeutische Methoden arbeiten mit Glaubenssätzen. Sie sind beispielsweise ein Herzstück im NLP *(Beliefs)* und der RET *(Cold and Hot Cognitions),* und sie spielen auch im Konstruktivismus nach Paul Watzlawick eine große Rolle (sich selbst erfüllende Prophezeiungen).

Das Autogene Training ist für Laien nicht so schnell anwendbar, wie beispielsweise die Progressive Muskelentspannung. Der »Knackpunkt« liegt im Finden der Ruhe. Im hektischen Tagesgeschäft weiß man manchmal gar nicht mehr, wie sich Ruhe anfühlt. Erst wenn man das Autogene Training gründlich erlernt hat, steht es als zuverlässiger Helfer zur Seite.

Wie alle anderen körperorientierten Methoden zielt das Autogene Training in erster Linie auf eine körperliche Entspannung, die eine geistige Entspannung und gleichzeitige Konzentrationsfähigkeit nach sich zieht. Durch den zusätzlichen kognitiven Anteil leistet es im Endeffekt jedoch mehr als rein körperlich angewandte Methoden.

2. Bioenergetik

Alexander Lowen will Körper und Geist vereinen

Alexander Lowen (geb. 1910) gilt als Begründer der Bioenergetik. Als Schüler von Wilhelm Reich (1897–1957), der seinerseits Schüler von Sigmund Freud war, übernahm er viele Ideen von ihm. Reich nahm in den Dreißigerjahren die Arbeit mit dem Körper direkt in seine Therapiesitzungen auf.

Körperliche Bewegung erfrischt den Geist

Lowen lernte bei Reich von 1940 bis 1953 und unterzog sich in den Jahren 1942 bis 1945 einer Analyse. Vor seiner Arbeit mit Reich studierte Lowen die Beziehung zwischen Körper und Geist. In den Dreißigerjahren war er Sportleiter in mehreren Ferienlagern und stellte fest, dass regelmäßige körperliche Bewegung nicht nur den körperlichen Gesundheitszustand verbesserte, sondern auch die geistigen Fähigkeiten erfrischte. Ihn interessierte vor allem die Rhythmiklehre des Schweizer Musikpädagogen Emile Jaques-Dalcroze und Edmund Jacobsons Progressive Muskelentspannung.

Anfang der Vierzigerjahre heiratete Lowen. Nach zweijähriger Tätigkeit in einer privaten Praxis ging er 1947 mit seiner Frau in die Schweiz. Er schrieb sich in Genf in das Fach Medizin ein und promovierte 1951. Auch in der Schweiz behandelte Lowen Patienten. Manchmal kamen von Reich behandelte Patienten zu ihm, weil sie bemerkten, dass sie die erzielten Erfolge nicht durchhalten konnten. Lowen begriff hier, dass es kein Schnellverfahren für psychische Gesundheit gab. »Ein Mensch kann nur dann optimal funktionieren«, so seine Hypothese, »wenn er alle seine Probleme konsequent durcharbeitet.«

Die beiden Ärzte Alexander Lowen und John Pierrakos gründeten 1956 in New York das Internationale Institut für Bioenergetische Analyse (IIBA) als Zentrum für die Weiterentwicklung und Lehre der bioenergetischen Methode. Die Wege der beiden Gründer trennten sich später.

Alexander Lowen ist noch heute Direktor des Instituts in New York.

Bioenergetik oder die Sprache des Körpers verstehen

Einheit von Körper und Geist

»Keine Worte sind so klar wie die Sprache des Körperausdrucks, wenn man erst einmal gelernt hat, sie zu verstehen«, sagt Alexander Lowen. Er hält die Aufteilung des Menschen in Körper und Geist für unzulässig. Seiner Meinung nach sind es verschiedene dialektische Aspekte des Gleichen und müssen deswegen gleichermaßen in der Psychotherapie berücksichtigt werden. Die meisten psychotherapeutischen Richtungen – und damit bezieht er sich in erster Linie auf Freuds Tiefenpsychologie – konzentrieren sich seiner Meinung nach zu stark auf die geistigen Prozesse. Letztendlich, meint Lowen, verändern sich Menschen nicht aufgrund von Überlegungen, sondern aufgrund von Gefühlen.

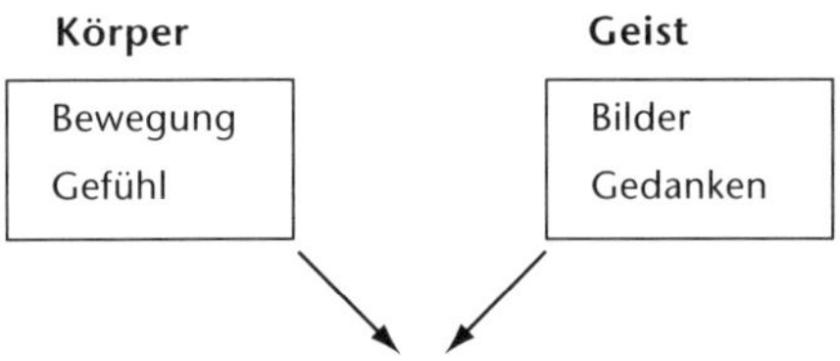

Einheit

Der Muskelpanzer

In der Psychotherapie um die Jahrhundertwende schenkten Therapeuten dem Körper keine Beachtung. Wilhelm Reich war der erste, der den Körper in das Zentrum des Interesses rückte. Er beobachtete, dass die inneren Widersprüche seiner Patienten und die damit einhergehenden Gefühle und Phantasien mit eigenartigen Körperhaltungen verbunden waren. Reich ging davon aus, dass bei psychisch kranken Menschen der Energielevel und der -fluss im Körper gestört seien. Neurotische Menschen beispielsweise binden sehr viel Energie in ihrer Muskulatur, was zu einer chronischen Verspannung führt, die er *Panzerung* nennt. Diese Panzerung bindet vor allem auch die sexuelle Energie. Depressiv gestimmte Menschen haben einen sehr niedrigen Energielevel.

Ein gesunder Mensch würgt nach Reich seine sexuellen Empfindungen nicht ab und blockiert seine Energie nicht in einem *Muskelpanzer*. Der Energiefluss strömt ungehindert und mündet in einer kreativen Art der Selbstverwirklichung. Das versuchte Reich durch eine Mobilisierung der Atmung und anderer Empfindungen zu erreichen, die die vegetativen Zentren aktivieren und Energie freisetzen.

Die Einheit von Körper und Geist

Die Bioenergetik geht davon aus, dass alle körperlichen und seelischen Vorgänge nur unterschiedliche Ausdrucksformen eines einheitlichen Lernprozesses sind. Sobald sich ein Mensch seines Körpers bewusst wird, sobald er ihn emotional erlebt, gewinnt er einen neuen Bezug zu sich selbst und erreicht hierdurch Wohlbefinden und Zufriedenheit, meint Lowen. Mit Bioenergetik soll der Mensch wieder zu seinem Körper zurückfinden, um das Leben auskosten zu können. Der Mensch soll wieder zu seiner Natur finden. Lowens Anliegen ist es, die traditionelle Sichtweise auf den Kopf zu stellen:

> Nicht der Geist kontrolliert den Körper, sondern der Körper informiert und steuert den Geist. Daraus folgt, dass durch intensive Körperarbeit der Charakter eines Menschen verändert werden kann.

Bioenergie

Grundlegend für die Arbeit mit dem Körper nennt Lowen den *Fluss der Bioenergie*. Diese Bioenergie manifestiert sich in psychischen Phänomenen und in der Bewegung. Bioenergie wird produziert, indem ein Mensch atmet und Nahrung zu sich nimmt. Aus dieser Aufnahme entsteht Kohlendioxid und Energie, die der Körper in Bewegung, in Gefühle und in integriertes Denken umwandelt. Werden aber beispielsweise Gefühle unterdrückt, so verringert sich das Energieniveau.

Der Energiefluss im Körper

Bioenergie kann ein Mensch nicht durch Medizin einnehmen. Die Energieproduktion ist vielmehr ein aktiver interner Prozess, dem im Körper eines Menschen Raum gegeben werden muss. In einer natürlichen Umgebung ist dieser Prozess gut balanciert. So sieht man in der freien Wildbahn beispielsweise niemals übergewichtige Tiere. Ärger, Stress und andere Anforderungen der Industriegesellschaft bringen den Menschen jedoch in einen unausgeglichenen Energiehaushalt, so dass der Energiefluss im Körper gestört wird und die Zufriedenheit und emotionale Ausgeglichenheit abnimmt.

Äußerlich sichtbar ist nach Lowen der Energiefluss im Körper eines Menschen an der Körperstruktur. Ein ausgeglichener Körper zeigt gute Proportionen und eine angemessen kräftige Muskulatur im Kopfbereich, der das gesunde Ego widerspiegelt, im Brust- und Bauchbereich, der die Liebe symbolisiert, und im Bereich der Hüften, die für die Sexualität stehen. Ist ein Bereich unproportional zum anderen oder mit zu starker oder besonders schlaffer Muskulatur ausgestattet, so finden sich entsprechende seelische Schwierigkeiten bzw. Störungen der Persönlichkeit. Eine zu starke Muskulatur bringt einen so genannten Panzer mit sich, der zu chronischen Verspannungen und Haltungsauffälligkeiten führen kann. Oft entwickelt sich der Panzer bereits in der Kindheit: Kinder beißen die Zähne zusammen, drücken die Knie durch, machen den Bauch hart u. a., um sich vor Ablehnung, Verlassenheit, Demütigung oder Zwang zu schützen.

»Schmerz ist ein Stück Leben«

Lowens Ziel ist es, den Menschen zu zeigen, dass sie die Gegenwart nicht mit ihrer Kindheit verwechseln sollen. Dazu gehört auch eine andere Haltung – innerlich wie äußerlich. Ein gesunder Körper befindet sich in einem »fließenden« Zustand. Der Mensch ist in der Lage, Gefühle zu erleben, wobei hier nicht nur Glücksgefühle gemeint sind. »Schmerz ist ein Stück Leben«, sagt Lowen. »Hat man keine Schmerzen mehr, so ist man tot.« Diese grundlegenden Gedanken übernahm er von Reich.

Die Bioenergetik ordnet den einzelnen Körperpartien jeweils ein psychisches Phänomen zu. Lowen geht davon aus, dass der Mensch sein Körper ist. Er betrachtet eine Persönlichkeit aus der Perspektive des Körpers.

Die Sprache des Körpers

Die meisten von uns stehen nicht mit beiden Beinen fest auf der Erde, so dass das Ich ungenügend gestützt ist. Mit beiden Beinen fest auf dem Boden zu stehen, gibt das Gefühl, den Realitäten des Lebens entgegengehen zu können, und gleichzeitig die Gewissheit, sich fallen lassen zu können.

Die Körperhaltung

Eine ausgeglichene Körperhaltung und ein starkes Rückgrat zeugt von innerer Stabilität. Nicht umsonst gibt es das geflügelte Wort: »Dieser Mensch hat wirklich Rückgrat!« Innere Stabilität gibt Mut, Dinge anzupacken, und die Stärke, um nicht bei den ersten Schwierigkeiten aus der Bahn geworfen zu werden.

Das Becken steht dafür, loslassen zu können. Es steht für Ich-Stärke, Flexibilität und Offenheit, aber ganz besonders für ein ausgefülltes Liebesleben. Am Becken ist deutlich zu erkennen, ob ein Mensch weiß, dass er durch äußere Einflüsse zwar verletzt werden kann, aber daran nicht zerbrechen muss.

Die Atmung Die meisten Menschen atmen nicht tief genug ein. Dadurch verengen wir nicht nur unsere Atmung, sondern schränken auch unser Gefühlsleben ein. Die Atmung kennzeichnet außerdem die Impulsivität eines Menschen. Für impulsive Gefühle brauchen wir viel Luft und das Gefühl von Freiheit.

Die Schultern Die Schultern zeigen den Umgang mit Wut und Angst. Man kann erkennen, wie aggressive Impulse ausgelebt werden. Die Schultern zeigen auch an, wie belastbar ein Mensch ist – wie viel auf seinen Schultern lastet – und ob derjenige in der Lage ist, Verantwortung zu übernehmen, also »Lasten« ertragen kann.

Der Kopf Die Haltung des Kopfes schließlich zeigt die Ich-Stärke einer Person an. Sie zeigt, wie der Mensch das Leben empfindet. Ein gesenkter Kopf deutet eher auf eine schwere Einstellung hin, ein erhobenes Haupt hingegen verdeutlicht eine positive Weltsicht.

Lowen stellt einen Menschen schematisch als Stern da. Er sieht sechs Hauptmedien, mit denen eine Person Kontakt zu ihrer Umwelt aufnimmt.

Der menschliche Körper mit seinen 6 Hauptmedien nach A. Lowen

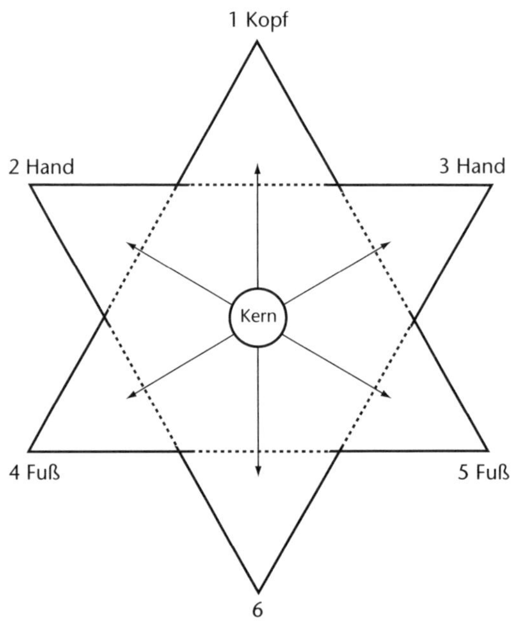

- Im Kopf sitzen die Ich-Funktion und die Sinnesorgane für Hören, Riechen, Sehen, Schmecken.
- Die Hände berühren und handhaben die Umwelt.
- Die Füße liefern den lebenswichtigen Kontakt mit dem Boden.
- Die Geschlechtsorgane sind das wichtigste Werkzeug im Kontakt zum anderen Geschlecht.

Bei einem gesunden und psychisch ausgeglichenen Menschen fließt die Ladung vom Kern zu allen sechs Punkten.

Kombination von körperlicher Aktivität und Analyse

Die bioenergetische Therapie kombiniert nun körperliche Aktivität mit analytischen Verfahren auf der psychischen Ebene. Der Therapeut liest gewissermaßen die individuelle Lebensgeschichte eines Klienten an seiner Körperhaltung ab. Der Patient gewinnt durch bioenergetische Übungen neue motorische Erfahrungen, und entsprechend kann sich die Persönlichkeit verändern. Durch körperliche Übungen sollen heilsame, unbewusste Prozesse in Gang gesetzt werden. Steife Menschen werden beispielsweise lockerer, depressive Menschen lernen das Leben wieder zu genießen. Durch Körperarbeit können seelisch belastende Erlebnisse erkannt und ausgedrückt werden. Doch auch Menschen, die lediglich etwas für ihr Körpergefühl tun oder Stress abbauen möchten, können von der Bioenergetik profitieren.

Die vier Schritte

Die bioenergetische Therapie vollzieht sich in vier Schritten:

1. Gewahrwerden des eigenen Körpers

1. Schritt

Der Klient tritt in dieser Phase in den bewussten Kontakt mit seinem Körper und seinen Gefühlen. Er lernt, alle Körperteile bewusst wahrzunehmen, indem die Mobilität der einzelnen Teile gesteigert wird. Die Intensität der Bewegung steht dabei in Beziehung zur Qualität der Wahrnehmung.

Zu Beginn jeder bioenergetischen Sitzung wird fast immer eine *Grounding-Übung* durchgeführt. Hier wird zunächst der feste Kontakt zum Boden hergestellt. Neben Atmung, Beweglichkeit, Ausdruck, Kontakt und Spüren ist es ein grundlegendes Element der bioenergetischen Arbeit. Die klassische Grounding-Übung geht so:

- Frei im Raum stehen
- Füße parallel stellen, etwa im Abstand der Hüfte
- Fußspitzen etwas nach innen drehen
- Knie leicht beugen
- Bauch locker lassen, zum Beispiel nach vorn schieben, so dass der Rücken ganz gerade ist.

Diese ungewohnte Haltung verkrampft zunächst. Fachkundige Anleitung soll aber bewirken, dass leichte, angenehme Vibrationen spürbar werden. Aus bioenergetischer Sichtweise ist das ein Zeichen dafür, dass die körpereigenen Energieströme wieder ungehindert fließen.

2. Ausdruck der inneren Gefühlswelt

2. Schritt Der Klient arbeitet in dieser Phase daran, die vier grundlegenden Gefühle Trauer, Angst, Ärger und Liebe als solche wahrzunehmen und auszudrücken.

3. Selbstkontrolle

3. Schritt Der Klient lernt, starke Gefühle zu empfinden und diese in angemessener Form auszudrücken.

4. Leben aus Leidenschaft

4. Schritt In der vierten Phase schließlich lernt der Patient, das Leben leidenschaftlich zu lieben und zu erleben.

Mit diesen vier Schritten versucht Lowen, die Menschen zu sich selbst zurückzuführen, zu dem, was sie einmal waren, als sie auf die Welt kamen.

> Durch extreme körperliche Bewegungen versucht Lowen, Energien zu mobilisieren und damit Gefühle zu wecken, die er mit Gesprächsmethoden nicht erreichen würde.

Aus diesem Grunde sieht man in Bioenergetik-Seminaren häufig die ganze Seminargruppe auf der Erde liegend strampeln und schreien, bis die Energie mobilisiert ist. Nicht selten fangen die Seminarteilnehmer an zu weinen, da sie zum ersten Mal in ihrem Leben Kontakt zu bestimmten Gefühlen bekommen haben und sie nun herauslassen und verarbeiten können.

Extreme Körperpositionen erleichtern den Zugang zu Gefühlen

Lowen wählt auch ungewöhnliche Körperpositionen, um den Menschen in extreme Gefühlslagen hineinzubringen. Bekannt geworden ist beispielsweise sein »Stool« (»Schemel«). Es handelt sich hier um eine Art Bock, den man aus dem Turnunterricht kennt. Der Stool ist etwa hüfthoch und etwas schmäler als der bekannte Turnbock. Der Klient legt sich mit den Schulterblättern rücklings auf diesen Stool, lässt den Kopf hinten herunter hängen, bildet mit dem Oberkörper eine Art Brücke und stellt die Beine im rechten Winkel, etwas entfernt von dem Schemel auf. Von den Knien bis zu den Schultern bildet er nun eine Ebene. Der Bauch schaut nach oben. In dieser sehr anstrengenden Position lässt Lowen seinen Klienten erst tief atmen und dann laut, lang andauernd und kraftvoll schreien. Mit der Übung erreicht Lowen eine vertiefte Atmung und die Mobilisierung der gebundenen Energie. Tiefer zu atmen heißt, mehr zu fühlen und mehr von seinem Inneren auszudrücken und zuzulassen.

Je nach aktueller Thematik kann der Therapeut zwischen drei verschiedenen körperlichen Herangehensweisen wählen:

1. sanften, stillen Arbeitsweisen, bei denen die Entwicklung der inneren Achtsamkeit und Selbstannahme im Vordergrund stehen
2. den klassischen bioenergetischen, aktiven Körpertechniken
3. körperbezogenem Experimentieren, das die augenblicklichen oder generalisierten Beziehungsmuster erlebbar werden lässt.

Die aktiven körperlichen Techniken sind vielfach kritisiert worden, weil sie sehr starke Emotionen in den Vordergrund bringen können. Manche Menschen weinen aber auch einfach nur aus der körperlichen Erschöpfung heraus, denn sie können Lowens Anweisung, noch lauter und kräftiger zu schreien, nicht mehr nachkommen. Nach Lowen muss jeder Mensch das können und so auch derjenige, der auf dem Stool weint.

Die Bioenergetik basiert auf der Idee, dass ein Herausschreien Entlastung bringt, Muskeln wieder beweglich macht und die Seele ausgleicht. Goleman, der den Bestseller *Emotionale Intelligenz* schrieb, ist da beispielsweise ganz anderer Ansicht. Seiner Meinung nach belastet das Schreien zusätzlich. Eine Entlastung findet nicht statt. Der Klient sollte lieber Strategien entwickeln, um eine derartige Belastung nicht aufkommen zu lassen. Durch Schreien allein, meint Goleman, wird alles nur noch schlimmer.

Zentrales Lebenskonzept:
Bioenergie als Schlüssel zu allen Persönlichkeitsfunktionen

Leben (Plus-Energie)	Tod (Minus-Energie)
Lebendigkeit	Depression
Gefühl	kein Gefühl
klares Denken	Konfusion

Lebenserfahrung

Lowen geht davon aus, dass eine Persönlichkeit bestimmt wird von der Summe ihrer Lebenserfahrungen, die psychisch wie physisch ihre Spuren hinterlassen. Lowen vergleicht diese Spuren mit den Jahresringen eines Baumes. Ein Förster kann die Lebensgeschichte hier genauso ablesen wie ein bioenergetischer Therapeut imstande ist, die Lebensgeschichte eines Menschen an dessen Körper abzulesen. Während der Mensch wächst, bereichert er seine Persönlichkeit laufend durch neue Schichten, die im Erwachsenen weiterleben und weiterwirken. Kann man frei über diese Schichten verfügen, lebt man entspannt. Wird aber eine Schicht unterdrückt oder ist sie nicht zugänglich, befindet sich eine Persönlichkeit in einem Konfliktzustand.

Schichtenbildung der Persönlichkeit

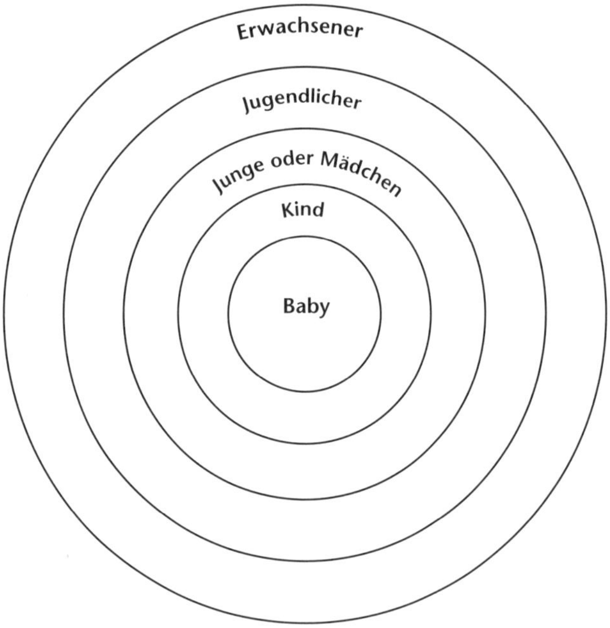

Die Eigenschaften und Empfindungen, die Lowen diesen Schichten zuordnet, sind folgende:

Baby	=	Liebe und Lust
Kind	=	Kreativität und Phantasie
Junge oder Mädchen	=	Ausgelassenheit und Freude
Jugendlicher	=	Romantik und Abenteuerlust
Erwachsener	=	Wirklichkeitssinn und Verantwortungsgefühl

Die Methode im Überblick

Mit der bioenergetischen Therapie sollen Körper und Geist wieder zusammengeführt werden. Lowens Ziel ist es, den Energiefluss frei zu gestalten, Blockaden abzubauen und ein entspanntes Leben zu ermöglichen. Energie soll in Bewegung und in integriertes Denken umgewandelt werden.

Alle körperlichen und seelischen Vorgänge sind nur unterschiedliche Ausdrucksformen eines einheitlichen Lernprozesses. Wird der Mensch sich seines Körpers bewusst und erlebt er ihn emotional, so gewinnt er einen neuen Bezug zu sich selbst und erreicht hierdurch Wohlbefinden und Zufriedenheit.

Der Energiefluss im Körper ist an der Körperstruktur ablesbar. Ein ausgeglichener Körper zeigt gute Proportionen und eine kräftige Muskulatur. Fehlende Proportionalität oder eine zu starke oder besonders schlaffe Muskulatur deuten auf seelische Schwierigkeiten bzw. Störungen der Persönlichkeit hin. Die Bioenergetik ordnet den einzelnen Körperpartien jeweils ein psychisches Phänomen zu. Lowen geht davon aus, dass der Mensch sein Körper ist. Er betrachtet eine Persönlichkeit aus der Perspektive des Körpers:

METHODE IM ÜBERBLICK

Körperpartie	Aussage über die Persönlichkeit
Haltung des Kopfes	Qualität und Stärke des Ichs, Empfindung des Lebens
Schultern	Umgang mit Wut, Ausleben von aggressiven Impulsen, Umgang mit Angst, Übernahme von Verantwortung, Gefühl von Belastung
Brustkorb/Atmung	Angemessenheit des Ich-Gefühls, Impulsivität
Becken	Loslassen-Können, Offenheit, sexuelle Potenz, Ichstärke, Flexibilität
Körperhaltung/Rückgrat	Stabilität
Beine und Füße	Stütze des Ichs, Kontakt mit der unwandelbaren Realität im Leben, sich fallen lassen können

Die bioenergetische Therapie vollzieht sich in vier Schritten:

1. Gewahrwerden des eigenen Körpers
2. Ausdruck der inneren Gefühlswelt
3. Selbstkontrolle
4. Leben aus Leidenschaft

Extreme körperliche Bewegungen helfen, Energien zu mobilisieren und damit Gefühle zu wecken, deren Zugang im Gespräch versperrt bliebe. Durch vertieftes Atmen und intensives Schreien sollen Blockaden gelöst und ein besserer Energiefluss erreicht werden. Bekannt geworden ist hier vor allem der »Stool« (Schemel).

Ja nach aktueller Thematik kann der Therapeut wählen zwischen einer sanften, stillen Arbeitsweise (Achtsamkeit und Selbstannahme), den klassischen bioenergetischen, aktiven Körpertechniken und körperbezogenem Experimentieren.

Schreien soll Muskeln wieder beweglich machen und die Seele ausgleichen.

Bioenergetik in Beratung und Training

Sicherlich kann sich jeder Seminarleiter leicht vorstellen, was passiert, wenn er im nächsten Management-Training die Teilnehmer bittet, sich auf die Erde zu legen, tief zu atmen, mit Armen und Beinen zu strampeln und so lange zu schreien, bis sie vielleicht anfangen zu weinen, um einen intensiveren Kontakt zu ihren Gefühlen aufzubauen. Diese Vorstellung ist vor allem dann imposant, wenn man sich vergegenwärtigt, wie die Teilnehmer am nächsten Tag im Unternehmen wieder miteinander arbeiten ...

Die Teilnehmer müssen der Methode bewusst zustimmen

Die therapeutisch wirkungsvollsten Methoden der Bioenergetik sind im Management-Seminar fehl am Platze, es sei denn, der Trainer ist ausreichend qualifiziert und die Seminarteilnehmer wissen im Vorfeld, was auf sie zukommt und wollen diese Methode kennen lernen. Dann wiederum kann Bioenergetik effektiv eingesetzt werden, um einen besseren Kontakt der einzelnen Personen zu sich selbst und einen besseren Kontakt untereinander aufzubauen. Oft ist es allerdings einfacher, diese intensiven Methoden einzusetzen, wenn sich die Seminarteilnehmer untereinander noch nicht kennen oder wenn es sich um ein Einzelcoaching handelt. In jedem Fall aber sollten die Teilnehmer immer wissen, was auf sie zukommt und sich bewusst für diese körperorientierte, oft harte und konfrontierende Methode entscheiden.

In jedem anderen eher kognitiv orientierten Training erscheint es aber ebenfalls sinnvoll, die Sprache des Körpers zu berücksichtigen. In einem völlig verspannten Körper wohnt natürlich kein entspannter und lockerer Geist.

> Der Hinweis der Bioenergetik, dass Bewegung und Entspannung die Kreativität fördern, kann sicher in jedem Seminar in die Planung des Ablaufs aufgenommen werden. Trainiert werden kann in diesen Seminaren vor allem die Fähigkeit, Menschen in kommunikativen Prozessen aufmerksam zu beobachten.

Bezüge zu anderen Methoden

Die sanfte stille Arbeitsweise mit der inneren Achtsamkeit und Selbstannahme geschieht ebenso im Autogenen Training oder bei der Feldenkrais-Methode. Auch hier ist der Ausgangspunkt, dass Körper und Geist eine Einheit bilden und deswegen gemeinsam berücksichtigt werden müssen, und auch hier sind die Autoren der Auffassung, dass eine körperliche Entspannung geistige Beweglichkeit nach sich zieht. Modell stand für Lowen nicht umsonst die Progressive Muskelentspannung.

Bioenergetische Techniken methodisch einmalig

Die starke Konzentration auf die Physiologie sowie das Berücksichtigen der »Organ-Sprache« finden sich ebenfalls im NLP wieder. Allerdings werden die aktiven bioenergetischen Techniken in keiner anderen therapeutischen Form genutzt.

3. Feldenkrais

Moshé Feldenkrais will jede Bewegung bewusst ausführen

Der israelische Mathematiker, Physiker und Maschinenbauer Moshé Feldenkrais (1904–1984) wuchs in Russland auf und emigrierte als Jugendlicher nach Israel. Dort verdiente er seinen Lebensunterhalt als Bauarbeiter und als Nachhilfelehrer. Seine Studienjahre verbrachte er in Frankreich. Er blieb dort von 1928 bis 1940 und erwarb an der Sorbonne seinen Doktortitel in Physik. Zusammen mit Irène Joliot-Curie führte er die erste Kernspaltung durch. Gleichzeitig gründete er den Judo-Club von Paris und erhielt 1936 als erster Europäer den schwarzen Gürtel zweiten Grades. Er begann, Judo zu unterrichten und Bücher darüber zu veröffentlichen.

1940 musste Feldenkrais vor den Deutschen aus Paris nach England fliehen. In Schottland arbeitete er in der U-Boot-Ortungs-Forschung der Alliierten. Nebenbei hielt er wissenschaftliche Vorträge und gab Judo-Stunden.

Eingeschränkte Bewegungsfähigkeit initiiert eine neue Methode

In dieser Zeit verschlimmerte sich eine alte beim Fußballspielen zugezogene Verletzung am Knie. Als junger Mann hatte Feldenkrais sein Knie so verletzt, dass er einige Zeit nicht mehr richtig gehen konnte. Chirurgische Eingriffe am Knie waren damals noch nicht so selbstverständlich wie heute, und so musste der junge Feldenkrais lernen, mit einem eingeschränkt bewegungsfähigen Knie umzugehen. Diese Tatsache sensibilisierte ihn für minimale, unbewusste Bewegungsabläufe. Feldenkrais begann an sich selbst zu experimentieren und studierte seine Körperbewegungen. Er brachte sich nach und nach bei, ohne Schmerzen zu gehen. Der Erfolg seiner Experimente führte ihn dazu, seine Ideen im Bekanntenkreis auszuprobieren, und schließlich verfeinerte er diese Idee zu einer Lernmethode.

1951 kehrte er nach Israel zurück. Feldenkrais arbeitete zunächst als Direktor der elektronischen Abteilung der israelischen Armee. Bald aber widmete er sich ausschließlich dem Thema Lernen. Sein Ziel war eine integrierte Denk- und Bewegungsweise. Er unterrichtete an Hochschulen in Nordamerika, Israel, England und Frankreich.

1968 begann die erste Gruppe mit seiner Ausbildung. Es folgten weitere in den USA. Seit Mitte der Siebzigerjahre fand Feldenkrais internationale Anerkennung für seine Arbeit. Er starb 1984 in Israel.

Feldenkrais hält Lernen für das Wichtigste. Seiner Meinung nach handeln wir als Menschen bewusst und zielgerichtet. Diese Bewusstheit gibt uns die Freiheit und die Verantwortung, eine Wahl zu treffen, zum Beispiel an einer Gewohnheit festzuhalten oder sie zu verändern. Feldenkrais vertraute auf diese Fähigkeit.

Feldenkrais' Arbeit oder wie man die Macht der Gewohnheit überwindet

Automatisierte Bewegungen bedingen Beschwerden

Gewohnheiten und Selbstverständlichkeiten prägen unser Tun. Wir verrichten die täglichen Dinge, ohne darüber nachzudenken, wie wir sie tun und welche anderen Möglichkeiten es gäbe. So automatisieren wir unsere Bewegungen, bis alles einem starren, immer gleichen Muster folgt. Und damit beginnen nach Feldenrais die Beschwerden.

Vier Faktoren, die das Selbstbild prägen

Feldenkrais versucht, dem Menschen Flexibilität in seinen Bewegungen zu ermöglichen. Dabei kommt es ihm besonders darauf an, dass ein effizientes Lernen stattfindet, das seiner Meinung nach nur von innen nach außen gerichtet sein kann. Jeder Mensch macht sich ein Bild von sich selbst und von seinen Bewegungsabläufen. Diesem Bild gleichen wir die tatsächlichen Bewegungen an. Möchte jemand nun die Art und Weise seines Tuns verändern, so muss er an seinem Selbstbild arbeiten, das aus vier Faktoren besteht:

- Sinnesempfindungen
- Fühlen
- Denken und
- Bewegung

Feldenkrais' Arbeit konzentriert sich auf die Bewegung, obwohl diese aus den anderen drei Faktoren resultiert. Ein bloßes Nachahmen oder eine rein mechanische Einwirkung auf Körperteile erübrigen sich aus diesem Grund.

Eingeschränkte Bewegungen

Feldenkrais vertritt die Auffassung, dass wir in unseren Bewegungen weit hinter den gegebenen Möglichkeiten zurückbleiben. Wir schöpfen nicht einmal fünf Prozent der vorhandenen Fähigkeiten aus, da wir viel zu häufig auf bekannte, bewährte und daher gewohnte Verhaltensweisen zurückgreifen. Genauso, wie es Menschen gibt, die 30 Sprachen oder mehr beherrschen, und andere, die bereits nach der dritten Fremdsprache aufgeben, können manche Menschen die Möglichkeiten ihres Bewegungsapparates ausschöpfen, andere nicht.

= eingeschränkte Leistungsfähigkeit

Dass wir den eigenen Körper nicht genau kennen und seine Leistungsfähigkeit auf wenige, notwendige Bewegungsabläufe reduzieren, liegt nach Feldenkrais' Auffassung daran, dass wir in unserer Gesellschaft auch dann lebensfähig sind, wenn wir uns nicht optimal bewegen. Erfolg und Ansehen stellen sich auch dann ein, wenn wir sehr unkreativ mit uns selbst umgehen. Dies aber empfindet er als eine Abspaltung einer der vier genannten Grundpfeiler. Der Mensch ist unvollständig und damit physisch sowie psychisch unausgeglichen.

Sein Ziel ist es, gewohnheitsmäßig falsche Bewegungen zu berichtigen, um Menschen in ihre Einheit zurückzuführen. Das vollzieht er in zwei Schritten: den Fehler erkennen und die Bewegung auf eine neue, bewusste Art und Weise ausführen.

Wenn Gewohnheiten verändert werden sollen, kann man sich nicht allein auf sein Gefühl verlassen. Es ist notwendig, bewusste Körperarbeit zu leisten, bis sich die richtige Nutzung des Körpers gewohnt anfühlt. Dafür muss jede Bewegung von konzentrierten Gedanken und Gefühlen begleitet werden.

Bewusste Bewegung

Bewusstheit sieht Feldenkrais als die höchstmögliche Stufe menschlicher Entwicklung. Wach sein allein heißt noch nicht, bewusst zu erleben. Bewusstheit ist gleichzusetzen mit einem harmonischen Zusammenspiel von Körper und Geist. Mit ihr können Fähigkeiten erweitert und neue

Möglichkeiten entwickelt werden. Durch die Konzentration von Empfinden und Gedanken können sogar Grenzen überschritten werden: Das Unmögliche wird möglich. Ziel ist es, immer herauszufinden, welche Bewegungsabläufe leicht und einfach sind. Nur diese können sinnvoll zu einer neuen Gewohnheit werden.

> Durch konzentrierte Ausführung von Bewegungen lässt sich die Bewusstheit steigern, womit neue Fähigkeiten erworben werden können.

Kräfte sinnvoll steuern

Falsch wäre es allerdings auch, schwierige Bewegungen zu vermeiden. Bevor aber schwere Aufgaben übernommen werden, müssen zunächst die Fähigkeiten zu ihrer Bewältigung erworben werden. Anspruchsvolle Bewegungen können entweder mit Technik oder mit Kraft ausgeführt werden. Feldenkrais' Philosophie ist es, mäßige Kraft zweckmäßig zu gebrauchen. »Wo rohe Kräfte sinnlos walten« ist die Einheit des menschlichen Daseins gestört. Seine Kraft angemessen und zweckmäßig einzusetzen heißt, sie so zu steuern, dass sie in die Bewegungsrichtung wirkt. Gelingt das nicht, wird jede Bewegung anstrengend. Durch gewohnten und unsachgemäßen Einsatz von Kräften wird die Anstrengung zur Gewohnheit, und dies führt zu Beschwerden. Gewohnheit erleichtert natürlich zunächst das Tun. Darin liegt ihr Wert. Bereitet sie allerdings Schmerzen, ist es höchste Zeit, über Vertrautes nachzudenken.

Zum Stehen ungeeignet

Aufgrund seines physikalischen Hintergrunds interessierte sich Feldenkrais insbesondere für die menschliche Statik. Seiner Meinung nach eignet sich der menschliche Körper nicht besonders gut zum Stehen: die Füße sind zu klein. Baut man eine menschliche Statue, so muss man die Füße fest im Boden verankern, da sie sonst bei jeder kleinen Erschütterung zu Boden fallen würde. Kopf, Schultern und Rumpf – alle schweren Teile – befinden sich oben. Das ist ungünstig zum Stehen und erklärt, warum das Stehen so anstrengend ist. Wachleute, Friseure, Verkäufer, Masseure und andere Berufssteher haben darunter zu leiden. Ein Besucher vom Mars, der sich einen Menschen genauer betrachtet, meint Feldenkrais, würde sofort zu dem Schluss kommen, dass der Mensch für die Bewegung und nicht für den Stillstand gebaut ist.

Feldenkrais legte seine Überlegungen in zwei Richtungen fest: Funktionale Integration und Bewusstheit durch Bewegung.

Funktionale Integration und Bewusstheit durch Bewegung

Funktionale Integration ist die Bezeichnung für Einzelbehandlungen. Sie finden meist auf einer kniehohen Liege statt. Der Feldenkrais-Pädagoge zeigt dem Patienten detailliert die Bewegungszusammenhänge des Körpers. Der Unterricht kann auch im Sitzen, im Stehen oder im Gehen stattfinden. Funktionale Integration ist eine über die Hände geführte Kommunikation. Sie ist nonverbal und vermittelt sich über Berührung. Mittels feiner Berührungen und Bewegungen wird es möglich wahrzunehmen, wie man sich normalerweise bewegt und wie sich diese Bewegungsorganisation im eigenen Selbstbild widerspiegelt. Damit wird die Möglichkeit gegeben, Neues zu erproben und zu einer Integration zurückzukehren.

Optimal bewegen

Bewusstheit durch Bewegung findet in Gruppen am Boden und auf Matten statt. Die Übungsanleitung erfolgt hier verbal. Es geht nicht darum, neue Bewegungen zu erlernen, sondern es wird damit experimentiert, wie eine einfache Absicht einfacher, zweckmäßiger, leichter, ästhetischer und befriedigender in Handeln überführt werden kann. Über die Erkundung von Bewegung wird exemplarisch gelernt. Wie weiß ich, was ich tue, und wie tue ich es? Ist das, was ich tue, auch das, was ich zu tun meine? Wie könnte ich es anders, vielleicht leichter und angenehmer tun?

Fokus der Arbeit ist in beiden Fällen die wohltuende Wirkung. Voraussetzung dafür ist die entspannte Haltung. Die Klienten sollen unbefangen darauf achten können, was in ihrem Körper vor sich geht. Sie beobachten zunächst die eigene Atmung. Dabei versuchen sie ohne Spannung zu sein. Denn Spannung, meint Feldenkrais, kommt immer aus Eile. Zum Lernen aber gehört eine entspannte Haltung. Konzentration ist nicht im gespannten Zustand möglich. Lernen mit Anstrengung ist wie Vollgas im ersten Gang: Man bemüht sich sehr und kommt doch nicht voran. Feldenkrais' Übungen finden immer im Rhythmus der eigenen Atmung statt, damit sich jeder auf das innere Tempo seines »Getriebes« einstellen kann.

Unterschiede in Bewegungsabläufen wahrnehmen

Im Training legt Feldenkrais Wert auf minimale Bewegungen. Die Klienten lernen, kleinste Unterschiede in Bewegungsabläufen wahrzunehmen. Es geht um die Konzentration auf den Körper, um Ausruhen und Beobachten. Nur so entsteht die notwendige Bewusstheit. Es folgt die Phase des Nachspürens. Völlig bewusst wird eine Handlung nur dann ausgeführt, wenn man sich auch noch ein bis zwei Minuten danach auf sie konzentrieren kann, manchmal auch länger. Die minimale Veränderung soll erfasst und verinnerlicht werden.

> Bewegungsabläufe eines durch und durch bewussten Körpers sind einfach und direkt. Das gesamte menschliche System passt sich mühelos und integrativ an die gegebene Situation an. Und der Körper bereitet sich auf die kommende Aktivität vor.

Einen rundherum ausgereiften Mensch erkennt man daran, wie er mit Schocks oder Störungen umgeht. Ist er in der Lage, sich schnell zu erholen, so ist er innerlich im Lot.

Haben seine Schüler endlich die Beweglichkeit wiederhergestellt, sagt Feldenkrais lapidar: »Beweglichkeit ist gar nichts. Was ich will, sind nicht bewegliche Körper, sondern bewegliche Gehirne. Ich will, dass jeder Mensch seine menschliche Würde wiederherstellen kann.«

Denkblockaden überwinden

Ideale Bewegungsabläufe

Zur Feldenkrais-Arbeit gehört auch das Überwinden von Denkblockaden. Menschen, die aufgehört haben sich weiterzuentwickeln, sollen neue Möglichkeiten und Fähigkeiten entdecken können. Einschränkende Sätze wie »Ich kann das einfach nicht« sollen durch innere Vorstellungen überwunden werden. Anhand dieser Vorstellung übt Feldenkrais Bahnen idealer Handlungen ein. Bewegt sich ein Körper von einer Stellung in eine andere, zum Beispiel vom Sitzen in das Stehen, so ist die ideale Bahn für das Skelett diejenige, die es ausführen würde, wenn es keine Muskeln hätte, sondern seine Knochen nur durch Bänder verbunden wären. Stünde man also vom Boden auf, so wäre jede Bahn richtig, der das Skelett folgen würde, wenn man es am Kopfende in die erforderliche Richtung hochzöge – und das ist gleichzeitig der kürzeste Weg. Die Kraft der Muskulatur wird so durch die Knochen geleitet und voll ausgenutzt.

Die Methode im Überblick

METHODE IM ÜBERBLICK

Gewohnheiten und Selbstverständlichkeiten prägen unser Tun. Wir verrichten die täglichen Dinge nach Feldenkrais' Auffassung automatisch, schematisch und starr. Denn wir greifen in unserem Tun auf gewohnte Abläufe zurück und schöpfen so nicht einmal fünf Prozent unserer Möglichkeiten aus. Und damit beginnen die Beschwerden.

Feldenkrais' Ziel ist es, gewohnheitsmäßig falsche Bewegungen zu berichtigen. Das vollzieht er in zwei Schritten: dem Erkennen von Fehlern und der bewussten Ausführung einer Bewegung auf neue Art.

Wenn man Gewohnheiten verändern möchte, ist es notwendig, bewusste Körperarbeit zu leisten. Bewusst und konzentriert ausgeführt, kann jede kleine Bewegung langsam zu einer neuen Gewohnheit werden. Bewusstheit zu erreichen und damit auch Denkblockaden zu überwinden sieht Feldenkrais als die höchstmögliche Stufe menschlicher Entwicklung. Es ist für ihn die Grundlage, um Fähigkeiten zu erweitern und um neue Möglichkeiten zu entwickeln.

Fokus seiner Arbeit ist allein die wohltuende Wirkung, basierend auf einer entspannten Haltung. Die Klienten beobachten zunächst entspannt die eigene Atmung, da Entspannung zur Konzentration unerlässlich ist. Im Rhythmus des eigenen Atems werden dann minimale Bewegungen vollzogen und kleinstmögliche Unterscheidungen wahrgenommen. Es geht um das Beobachten von Verhaltensweisen, die sich sehr früh gebildet haben. Im Anschluss erfolgt die Phase des Nachspürens, die ein bis zwei Minuten anhält.

Feldenkrais in Beratung und Training

Für Menschen mit sitzender Tätigkeit

Angesichts der vielen Menschen mit Beschwerden und Schmerzen, die sie durch ihre andauernde Sitzhaltung erleiden, scheint es angemessen und angebracht zu sein, über eine stärkere Körperorientierung auch in kognitiven Seminaren nachzudenken. Die Feldenkrais-Methode übt nicht nur neue, bewusstere Bewegungsabläufe ein, sondern regt auch zum Nachdenken an und ermutigt zum Experimentieren. Dieses ganz andere Tun und der neue Umgang mit sich selbst kann die kognitiven Lerninhalte unterstützen und nachhaltiger wirken lassen. Dabei sind die empfohlenen Übungen lächerlich einfach. Gepaart mit der notwendigen Konzentration, sind sie nicht nur erfolgreich, sondern lehren den Übenden, wie anders sich sein Handeln anfühlt, wenn er es bewusst tut.

> Es gibt eine unüberschaubare Anzahl von Handlungen, die wir täglich am Arbeitsplatz unbewusst durchführen, weil sie zur Routine gehören. Würden wir uns alle Routinearbeiten einmal bewusst vornehmen und überdenken, so würden sicherlich viele Tätigkeiten effizienter ausgeführt werden können oder gar überflüssig.

Für Persönlichkeitstrainings geeignet

Feldenkrais ist in einem Management-Training eine sehr intensive Methode. Das betrifft nicht nur die Art und Weise der Ausführung, sondern auch den geforderten zeitlichen Einsatz. Besteht aber die Möglichkeit und das Interesse seitens der Teilnehmer, so kann die Feldenkrais-Methode insbesondere ein Training zum Thema Persönlichkeit bereichern. Zu beachten ist allerdings, dass ein gut ausgebildeter Feldenkrais-Pädagoge unterrichtet. Ein Management-Trainer, der sich ein Wochenende lang über die Feldenkrais-Methode informiert hat, kann mit diesem Basiswissen manchmal mehr Schaden anrichten, als er Bewusstheit in der Bewegung fördert.

Bezüge zu anderen Methoden

Keine Theorie

Moshé Feldenkrais hat keine eigene Theorie zu seinen Ideen entwickelt. Er hat vielmehr die Theorien seiner zahlreichen Lehrer und Orientierungspunkte anwenden wollen. So hat er beispielsweise die Veränderung wissenschaftlicher Grundannahmen in der Physik (Paradigmenwechsel) in seine Lernmethode einbezogen: als Beobachter ihrer selbst trägt die Person in der Art und Weise, wie sie sich selbst wahrnimmt, zur Veränderung dessen bei, was sie beobachtet. Feldenkrais dachte und experimentierte bereits in Kategorien der Systemtheorie (nach Gregory Bateson) und Kybernetik (Heinz von Foerster). In den Arbeiten von Humberto Maturana und Francisco Valera bestätigen sich manche Ideen von Feldenkrais aus den Vierzigerjahren über die Funktionsweise des Nervensystems. Auch die Selbstorganisation des Gehirns hatte Feldenkrais vorgedacht.

Außerdem ließ er sich von Fritz Perls' Gestalttherapie beeinflussen. Perls vertrat die Auffassung – allerdings im Hinblick auf psychische Phänomene –, dass es außerordentlich wichtig sei, bewusst zu verfahren. Erst, wenn wir bewusst tun, was wir tun wollen, werden wir zu einem richtigen Menschen und schöpfen unsere Möglichkeiten aus. Ähnlich formuliert es Feldenkrais in Bezug auf Bewegungsabläufe.

Auch Milton Erickson mit seiner Hypnotherapie faszinierte Feldenkrais. Von ihm übernahm er die stark direktive, aber ruhige und freundliche Art. Trotz seines respektablen wissenschaftlichen Hintergrundes hatte Feldenkrais genau wie Erickson eher ein intuitives Verständnis der Wirkungsweise seiner Methode. Auch ging er niemals gegen den Widerstand des Klienten an.

Wie alle anderen Begründer körperorientierter Methoden war Feldenkrais davon überzeugt, dass man menschliches Verhalten und Einstellungen über den Geist oder über den Körper verändern kann. Seiner Meinung nach ist die Körperarbeit einfacher, da sie direkter steuerbar ist. Außerdem ist es ungleich leichter, einer Person bewusst zu machen, was in ihrem Körper vor sich geht.

Die Methode hat, wie alle anderen ihrer Zeit, Strömungen aufgenommen und verarbeitet. Feldenkrais hat über die Grenzen seines Fachgebietes hinaus zugesehen, wie andere in verwandten Bereichen arbeiten. Das ist der Vorteil, wenn man eine Idee aufgrund eines Problems und nicht aufgrund seiner Profession entwickelt: Man ist weniger in seinem Fach gefangen und kann beim Blick über den Tellerrand mehr wahrnehmen.

4. Focusing

Eugene Gendlin folgt seiner Intuition

Eugene T. Gendlin verbrachte seinen wichtigsten beruflichen Lebensabschnitt an der Universität von Chicago. Er wurde 1926 in Wien geboren und floh 1938 vor den Nazis in die USA. Als zwölfjähriger Junge erlebte er die Flucht aus Österreich. In dieser Zeit lernte er zuzuhören und nicht nachzufragen, warum sich seine Eltern für einen bestimmten Fluchtweg entschieden. Er wusste, dass er sie in Gefahr bringen würde, wenn er alles verstehen wollte. Sein Vater folgte in der Frage, wem er seine Familie anvertrauen sollte, streng seiner Intuition. Der kleine Eugene versuchte, ein solches Gefühl auch bei sich auszumachen, was ihm nicht gelang. Erst später, bei den Überlegungen zu seinem Focusing-Ansatz, wurden ihm diese Umstände wieder bewusst.

Verbindung von Psychotherapie mit Philosophie

In seinem Studium der Psychologie und Philosophie interessierte er sich besonders für Phänomenologie und Existenzphilosophie: Mit Wilhelm Dilthey, Edmund Husserl, Martin Heidegger, Maurice Merleau-Ponty, Jean-Paul Sartre, aber auch mit Ludwig Wittgenstein und dem Pragmatismus setzte er sich auseinander. In seiner Doktorarbeit *The function of experiencing in symbolization* (1958) beschäftigte er sich bereits mit den ersten Focusing-Ideen. Seit 1953 arbeitete er für das Counseling Center und wurde zum wichtigsten Mitarbeiter von Carl Rogers (siehe auch Kapitel 8, Klientenzentrierte Gesprächspsychotherapie). Ursprünglich wollte Gendlin kein Psychotherapeut werden. Er wollte als junger Philosoph die Beziehung zwischen dem Erleben und den Konzepten studieren. Seine Studien endeten in einem Prozess-Modell, das er *Focusing* nannte.

1963 wurde er Forschungsdirektor des von Rogers initiierten Projektes »Klientenzentrierte Psychotherapie mit psychiatrischen Patienten« an der Universität von Wisconsin. Gleichzeitig avancierte er zum Associate Professor an den *Departments Behavioral Sciences and Philosophy* der Universität von Chicago und gründete die Zeitschrift *Psychotherapy: Theory, Research, and Practice*, das Journal der Psychotherapie-Sektion der *American Psychological Association* (APA), dessen Herausgeber er bis 1976 war.

1970 wurde er als *Winner of the First Distinguished Professional Award* durch die APA ausgezeichnet. 1978 kam sein Buch *Focusing* heraus, das der Methode zum Durchbruch verhalf. Es wurde in acht Sprachen übersetzt.

In Gendlins Person sind Philosophie und Psychotherapie vereint; er formuliert die Grundlagen der Phänomenologie als radikal am Erleben orientierte Praxis neu; Psychotherapie und Philosophie verschmelzen in seiner phänomenologisch-prozessorientierten Theorie des Erlebens und seiner Veränderung. Er ist einer der wichtigsten Vertreter der Philosophie der Post-Moderne.

Gendlin entwickelte Focusing als praktische Methode, die seiner Meinung nach in erster Linie die Klientenzentrierte Gesprächspsychotherapie, aber auch jede andere Therapieform sinnvoll ergänzen kann. Damit erscheint er erfrischend undogmatisch und flexibel.

Gendlin ist in zweiter Ehe verheiratet mit der Psychotherapeutin Marion Hendricks. Er hat ein Kind aus erster und eines aus zweiter Ehe und lebt mit seiner Familie in New York.

Focusing oder wie man in nur einer Minute innerlich aufräumt

Körperliche Schicht unterhalb der Gefühle

»Alle reden über Gefühle«, meint Eugene Gendlin, »aber durch das Reden über die Gefühle wird man auch nicht klüger, denn das Eigentliche geht noch viel tiefer.« Unterhalb von Gefühlen gibt es eine »körperliche Schicht«, den so genannten *Felt Sense*, der das »Ganze« birgt. Gelangt man an diese Schicht, so empfindet man körperliches Behagen oder Unbehagen, womit man beim Focusing arbeiten kann. Gendlin geht davon aus, dass jede Gefühlsregung eine körperliche Reaktion auslöst. Denkt man beispielsweise an jemanden, den man gerne mag, dann atmet man anders und hat einen anderen Muskeltonus. Auch viele andere physiologische Abläufe sind anders, als wenn man an jemanden denkt, den man nicht mag. Mögen Sie alle Menschen, dann denken Sie einfach an etwas, das Sie gerne essen, und danach an etwas, das Sie nicht gerne essen. Spüren Sie den körperlichen Unterschied? Diese Tatsache macht Gendlin sich bei seiner Arbeit zu Nutze.

Der Erfolg ist vom Klienten abhängig

Focusing entstand aus der Beobachtung von Gendlin und seinen Mitarbeitern, dass die traditionelle Therapieform vielen Menschen nicht helfen konnte. Die erfolgreichen Klienten unterschieden sich allerdings schon in den ersten Sitzungen von den weniger erfolgreichen, da sie die Fähigkeit besaßen, innere Prozesse auszulösen. Das bedeutet, dass der Klient selbst für den eigentlichen Therapieerfolg verantwortlich ist, nicht der Therapeut, wie bisher angenommen. Dies ist eine zentrale und für viele Therapeuten nicht ganz einfache Erkenntnis, denn sie schmälert die Gewichtigkeit der therapeutischen Kompetenz. Und auch Gendlin schreibt, dass er lange gebraucht habe, um diese Tatsache zu akzeptieren. Diesen, von den Klienten selbst ausgelösten, nach innen gerichteten Prozess wollte Gendlin erforschen und ihn damit für jedermann zugänglich und erlernbar machen.

> Der Vorteil von Focusing besteht darin, dass es mit etwas Übung nicht länger als eine Minute dauert. Somit ist es nicht nur in der Psychotherapie anwendbar, sondern kann auch im Büro, im Training oder in Besprechungen genutzt werden, um innerlich aufzuräumen.

Das Unbehagen im Körper aufspüren

Focusing ist die Suche nach dem kleinen Unbehagen im Körper, dem eine Bedeutung zugewiesen wird. Focusing lehrt, unklare Empfindungen zu bemerken, mit dem Ziel, eine eindeutig spürbare, psychische Veränderung, körperliche Entspannung und Erleichterung herbeizuführen. Diese Veränderung und damit das Verstehen des körperlichen Unbehagens nennt Gendlin den *Felt Shift*.

Suche nach dem *Felt Sense*

Die Kunst im Focusing besteht zunächst darin, dieses körperliche Unbehagen ausfindig zu machen. In Focusing-Sprache heißt das, den *Felt Sense*, die tiefere Schicht, zu finden. Es ist eine Art »Aura«, die ein bestimmtes Gefühl umgibt. Der *Felt Sense* ist nicht als Wort oder Gedanke erfassbar, sondern als komplexes oder verwirrendes Gefühl.

Doch zunächst braucht man für das Focusing einen ruhigen Ort, an dem man entspannt nachdenken kann: Sofa, Büro, Badewanne, Blümchenwiese, Liegestuhl, Küchenstuhl usw. Man bringt sich innerlich in eine O.K.-Position und bekommt so Abstand zum Geschehen. Sich einen Freiraum zu schaffen bedeutet letztendlich nur, sich darauf vorzubereiten, was kommen kann, und die Bereitschaft zu entwickeln, alles anzunehmen. Um den *Felt Sense* zu finden, erhält man von Gendlin folgende Anweisung:

> »Suchen Sie eine Kleinigkeit aus, die Sie gestern, vorgestern oder auch jetzt im Moment nervt oder genervt hat. Suchen Sie dieses kleine Unbehagen im gesamten Körper: in der Körpermitte, in den Zehen, im Knie, im Gesäß, einfach überall. Suchen Sie so lange, bis Sie ein Problem gefunden haben.«

Körperliches Unbehagen aufspüren

Diese Suche nach dem *Felt Sense* ist zugleich der erste Schritt im Focusing-Prozess. Es ist, als wenn man einen Raum betritt, der voll gestopft ist mit Möbeln, Gepäckstücken und allerhand Gerümpel, so dass man keinen Platz findet sich zu setzen. Man schiebt also die Dinge etwas beiseite, um Platz zu schaffen. Der Raum ist jetzt zwar noch nicht aufgeräumt – die ungelösten Probleme sind immer noch da –, doch nun gibt es zumindest ein wenig Platz. Man tritt einen Schritt zurück und nimmt jedes »Ding« in die Hand, das sich schlecht anfühlt, und stapelt alle diese Dinge vor sich auf. Dann sucht man sich eines aus, das man gerne bearbeiten möchte. Das ist der zweite Schritt im Focusing-Prozess. Dieses Auswählen mag zwar keine angenehme Aufgabe sein, aber es bringt Ruhe und schafft Klarheit über das, was innerlich passiert. Wichtig ist bei diesem Schritt, dass man die »Rumpelkammer« mit den Dingen distanziert betrachtet und nur aufnimmt, was von selbst auftaucht, anstatt aktiv in Kisten und Kästen herumzuwühlen. Denn die Gefahr, von tiefen ungelösten Problemen verschlungen zu werden, ist hoch.

Ein körperliches Unbehagen kann zum Beispiel ausgelöst werden, wenn Sie an eine Besprechung denken, an der Sie nur sehr ungern teilnehmen. Sie langweilen sich schon von vornherein und wünschen sich, dass es bereits Abend und alles überstanden wäre.

Das Unbehagen greifbar machen

Sobald man ein Unbehagen entdeckt hat, soll dieses begrüßt werden, und zwar möglichst freundlich, denn es enthält wertvolle Informationen. Danach wird erspürt, wie es sich genau anfühlt. Ist es gespannt oder locker? Ist es brennend, eine Art Kloß oder gar Übelkeit? Wie könnte man es benennen oder bezeichnen? Gibt es ein entsprechendes Wort oder Bild? Oder auch zwei Wörter, zwei Bilder oder mehrere? Auch jetzt in

Einen Griff finden

diesem dritten Schritt sucht man so lange geduldig, bis man einen passenden Namen oder eine Art der Symbolisierung als *Griff* gefunden hat. Denn an diesem *Griff* kann man das Empfinden näher heranholen oder weiter weg stellen. Im Verlauf dieser Arbeit formt sich das Erfühlte zu einem klar wahrnehmbaren Gefühl, es entfaltet sich. Was vorher implizit war, ist nun explizit: Man kann gezielt darüber nachdenken.

Im vierten Schritt vergleicht man nochmals, ob der *Griff* wirklich zu dem gefundenen *Felt Sense* passt. Hier wird auf ein körperliches Signal geachtet, das bestätigen soll, ob der richtige *Griff* gefunden wurde. Falls nicht, geht die Suche weiter, bis man eindeutig zufrieden ist. Bei dem Vergleich von Begriffen oder Bildern mit dem *Felt Sense* geschehen zumeist schon sehr viele Veränderungen, da mit diesen Überlegungen Klarheit erzeugt wird, meint Gendlin.

In unserem Besprechungsbeispiel bemerken Sie vielleicht eine leichte Übelkeit bei dem Gedanken an die anderen Teilnehmer. Sie stellen sich vor, wie jeder wieder versuchen wird, seine Ergebnisse als besonders positiv darzustellen und wie keiner die wirklichen Probleme der Abteilung ansprechen wird. Dazu haben Sie heute einfach keine Lust.

Der fünfte Schritt sorgt dafür, dass sich der *Felt Sense* ausbreiten kann. Das ist die Frage der Bedeutung dieses Körpergefühls. Was ist das Eigentliche? Ist es wie eine andere Person? Was an der vorgestellten Situation verursacht dieses Gefühl? Erinnert das Gefühl an etwas? Die Antwort wird von innen erwartet und kommt aus frühen Erinnerungen, Bildern oder Gefühlen.

Das - Unbehagen beiseite stellen

Ist die Herkunft des Unbehagens identifiziert, so kann dieses Gefühl, falls man gerade keine Zeit hat, sich weiter darum zu kümmern, am *Griff* genommen und etwas zur Seite gestellt werden. Nur nicht zu weit weg, »denn wenn ich es nicht mehr im Blick habe, greift es von hinten an«, warnt Gendlin. Man stellt es am besten dorthin, wo sich die anderen Gefühle, die einen gerade nicht beschäftigen, auch aufhalten.

Jetzt – und das ist sehr wichtig – vereinbart man einen Termin, an dem man darauf zurückkommen möchte, um es zu bearbeiten. Nur jetzt, gerade in dieser Situation, ist die Zeit dafür nicht vorhanden. Aber Achtung: Grundlegende körperliche Gefühle nehmen es sehr übel, wenn man Verabredungen mit ihnen vergisst! Sie überraschen aus Rache dann, wenn es überhaupt nicht passt. Also einen Termin vereinbaren und einhalten!

Verschieben im physischen Erleben

Möchte man weiterarbeiten, so geht es nun darum, einen *Felt Shift*, auch *Body Shift* genannt, zu erzeugen. Dies ist das körperliche Gefühl, das sich der *Felt Sense* verändert hat. Es bewegt oder verschiebt sich etwas im physischen Erleben. Dieser *Shift* wird häufig über die Frage erzeugt: »Woran liegt es, dass dieses Problem in mir diesen bestimmten *Felt Sense* auslöst?« Durch die Erkenntnis lässt man oft etwas lockerer, gewinnt eine andere Sicht der Dinge und entspannt dadurch körperlich.

Im Hinblick auf die bevorstehende Besprechung kommen Sie vielleicht zu dem Ergebnis, dass Sie wütend auf sich selbst sind, weil Sie Ihre Zahlen nicht so positiv darstellen können. Außerdem sind Sie ärgerlich, dass Sie ein bestimmtes Thema seit drei Jahren mit sich herumtragen, es aber noch nie angesprochen haben. Vielleicht wäre Ihr Vorgesetzter ja einmal froh, wenn er erführe, was Sie zu sagen haben.

Im sechsten und letzten Schritt fragt man sich dann, ob man sich nun besser fühlt und überlegt, was wäre, wenn dieses Problem ganz gelöst wäre. Dieser Schritt dient der Aufnahme des neuen Erlebens. Alles, was der *Shift* bringt, soll mit entgegenkommender Haltung aufgenommen, jede leichte Entspannung und Veränderung soll jetzt genossen werden.

Experiencing – das Wahrnehmen, lebendig zu sein

Focusing allein ist noch keine Therapie oder eine komplexe Beratung. Es ist vielmehr eine Beschreibung eines begleiteten Veränderungsprozesses.

> Focusing ist eine kleine zentrale Tür, die es ermöglicht, tief sitzenden Gefühlen auf die Spur zu kommen und konstruktiv mit ihnen umzugehen. Wenn man es zulässt, meint Gendlin, dann heilen viele Dinge wie von alleine.

Nur die Zeit dafür muss man sich nehmen, zum Beispiel in der U-Bahn oder beim Warten auf Grün an der Ampel. Auch der morgendliche und der abendliche Stau bieten Gelegenheit, sich mit unerledigten Dingen auseinander zu setzen.

Dem Focusing liegt Gendlins Theorie des *Experiencing* zugrunde. Mit dieser Theorie des Erlebens beschreibt Gendlin den konkreten Prozess des Fühlens, des »Stoffs« also, aus dem seiner Meinung nach eine Persönlichkeit gemacht ist. Denn alle psychischen Phänomene werden körperlich erlebt. Experiencing ist laut Gendlin das Wahrnehmen, lebendig zu sein, das körperliche Spüren, das Fühlen; es ist das Dasein, die Persönlichkeit.

> Wir erleben uns immer in Relation zu einem Bezugspunkt, der dem Tun und Fühlen einen Sinn gibt. Diese gefühlte Bedeutung bestimmt unser Dasein. Focusing nennt man nun den Prozess, bei dem sich eine Person mit ihrer Aufmerksamkeit auf einen bestimmten Bezugspunkt konzentriert (fokussiert).

Oft ist dieser Bezugspunkt ein Gefühl, das mit einem Wort benannt wird. Sagt jemand: »Ich bin enttäuscht«, dann gehen dem Zuhörer viele Gedanken durch den Kopf. »Ja klar, enttäuscht, das kenne ich. Ich bin auch manchmal enttäuscht. Das ist nicht schön. Ich wäre es sicher auch, wenn ich das Gleiche erlebt hätte ...« Vielleicht hat man diesen Gedanken seines Gegenübers wirklich verstanden, vielleicht aber auch nicht.

Raum schaffen für das Gefühl

Das Erleben ist laut Gendlin aber viel mehr als das, was man mit einem Wort ausdrücken kann. Das Wort ist erst die Spitze des Eisbergs. Das Wesentliche befindet sich darunter. Es ist fast nicht kommunizierbar, aber deutlich spürbar. Das Wort »enttäuscht« bezieht sich auf eine gesamte Geschichte über das Traurigsein. Der *Felt Sense* ist komplizierter, verwobener, subtiler und reichhaltiger als nur das Wort. Im Focusing geht man nun nicht den Ursachen der Enttäuschung auf den Grund, sondern man versucht, Raum zu schaffen, um das Gefühl tatsächlich ungestört erleben *(Experiencing)* zu können. Die ganze innere Welt soll sich zu diesem Thema entfalten können. Das Wort ist nur ein Wegweiser, der zu der richtigen Tür zeigt. Erst dahinter verbergen sich interessante Aspekte. Und dann beginnt man zu verstehen. Man versucht, achtsam zu sein, was geschieht, und die Signale des Körpers wahrzunehmen.

Ohne die Berücksichtigung dieses Erlebens kann Focusing nicht erfolgreich angewendet werden. Denn hier wird erst die Achtsamkeit und der Respekt vor dem inneren Erleben geschult, eine Voraussetzung für das weitere Bearbeiten.

Komische Konzepte

Gendlin beschrieb fünf Konzepte, die im täglichen Arbeiten und Sein miteinander immer wieder zur Anwendung kommen. Sie können Konflikte – innere wie äußere – auslösen und sind somit wissenswert. Er nennt sie *komische Konzepte*, weil man das Konzept selbst benötigt, um es zu erklären, und weil er die Konzepte selbst schwierig zu erklären findet. Konzepte kommen aus dem *Felt Sense* und entwickeln ihn gewissermaßen weiter, andererseits ist in einem *Felt Sense* mehr enthalten als in einem Konzept. Gendlin beschreibt fünf Konzepte in einer philosophischen und interessanten Art:

1. *Carrying Forward* – Weitertragen

Das Konzept des *Carrying Forward* oder *Weitertragens* beschreibt, dass wir im *Felt Sense* stets auf sprachlicher Ebene wissen, wohin wir wollen. Wir kennen die Dinge, die ausgedrückt werden sollen, auch wenn wir manchmal die richtigen Worte nicht finden. Ähnlich wie ein Dichter, der ein Gedicht schreibt und im *Felt Sense* genau weiß, wie die letzte Zeile auszusehen hat, obwohl ihm die passenden Wörter nicht einfallen und er mit »äh, äh, äh« endet. Vielleicht fallen ihm viele schöne Zeilen ein, die er für andere Gelegenheiten und Gedichte notiert. Vielleicht hat er auch erst mal eine Leere im Kopf. Sobald er sich bewusst auf seinen *Felt Sense* konzentriert, wird irgendwann die entsprechende Information weitergetragen und er findet genau die passenden Worte. So und nur so kann dieses Gedicht enden.

Dieses Gefühl kennt jeder – wenn nicht vom Dichten, dann vielleicht aus Prüfungen oder Redesituationen. Wir wissen genau, was wir sagen wollen, aber es fehlen die passenden Worte. Es ist noch nicht gelungen, die passenden Dinge aus dem *Felt Sense* an die Oberfläche zu bringen. Nur eine bewusste Konzentration auf die Gefühle hilft hier, um die Information in Worte fassen zu können.

2. *Crossing* – Kreuzen

Auch das *Crossing* oder *Kreuzen* kennt jeder aus seinem Alltag. Es birgt die Idee, dass die Reaktion, die wir zeigen, ganz bestimmt die richtige ist, auch wenn wir uns vielleicht über uns selbst ärgern, weil sie sozial unerwünscht ist. Gemeint ist natürlich die richtige Reaktion im Sinne unseres *Felt Sense*. Beispielsweise treffen wir jemanden auf der Straße, wissen nicht genau, wie er heißt und aus welchem Zusammenhang wir ihn kennen, und begrüßen ihn nur wenig erfreut. Wir sind enttäuscht über uns selbst, denn wir könnten doch viel freundlicher reagieren. Warum sind wir so reserviert? Und wer war das doch gleich? Unser *Felt Sense* weiß genau, wer das ist, und erinnert sich an alles, auch wenn es 20 oder mehr Jahre her ist. Die mäßig freundliche Begrüßung rührt daher, dass unser Verhältnis zu demjenigen nicht ungetrübt war. Auch wenn es uns nicht bewusst ist, so ist unsere Reaktion dennoch passend.

Mit diesem Wissen lohnt es nicht mehr, sich über sich selbst zu ärgern, sondern vor oder nach der Begrüßung genau nachzuspüren, was es mit diesem Gesicht auf sich hat. Entweder wir reagieren dann gemäß dem *Felt Sense* oder aber wir würdigen die unangenehmen Gefühle und reagieren trotzdem bewusst freundlich. Im Alltag wundern wir uns oft über unsere spontanen Reaktionen, denn uns ist der geschichtliche Hintergrund, auf dem sie aufbauen, nicht bewusst. Mit diesem Wissen des Kreuzens kann man besser damit umgehen. Unklar bleibt allerdings die Bezeichnung »Kreuzen«. Gemeint ist, dass sich im *Felt Sense* alle erinnerten Gefühle, angenehme wie unangenehme, zu einer entsprechenden Situation kreuzen und diese Kreuzung die Reaktion bestimmen. Haben wir gute und schlechte Gefühle gespeichert, so gehen wir mit mittelmäßiger Freundlichkeit auf die neue Situation oder Person zu.

3. *Implicitly governed* – Implizit gesteuert

Implizit gesteuert beschreibt die Tatsache, dass manche Dinge wie von alleine ablaufen. Man kann sie nicht bewusst tun. In einer Situation zeigt man eine bestimmte Reaktion, zum Beispiel ein herzliches Lachen. Der andere nimmt es auch als solches wahr. Versucht man aber bewusst, herzlich zu lachen, dann klingt es nicht so wie der erste Versuch, und das Gegenüber wird sofort bemerken, dass es nicht von innen kommt. Es gibt Dinge, die von innen gesteuert werden und die ein Mensch nicht bewusst herbeiführen kann. So nützt es auch nichts, sich bestimmte Verhaltensweisen anzutrainieren. Sie müssen von innen kommen. Begeistert etwas zu verkünden, was man eigentlich für unsinnig hält, funktioniert nicht so gut, als wenn man über etwas spricht, für das man durchs Feuer geht. Innere Kongruenz strahlt nach außen und wird von anderen Menschen entsprechend gewürdigt.

4. *Restored implicit governing* – Wiederhergestelltes Kreuzen

Das *wiederhergestellte Kreuzen* besagt, dass Dinge, die wir uns bewusst machen, zunächst der impliziten Steuerung verloren gehen. Beim Autofahren beispielsweise schalten, kuppeln und bremsen wir nicht mehr bewusst. Versuchen wir, uns diese Vorgänge ins Bewusstsein zu holen, dann verlieren wir die betreffende Fähigkeit und werden unsicher. Auch der Tausendfüßler beginnt zu stolpern, wenn er bewusst läuft. Genauso ist es beim Erlernen neuer Fähigkeiten. Wenn wir konzentriert sind auf neue Vorgänge, verlieren wir eine längst trainierte Fähigkeit. Zum Beispiel können wir uns während des Fahrens in der ersten Fahrstunde nicht entspannt mit dem Fahrlehrer unterhalten. Sind die Abläufe ausreichend trainiert, gelingt uns auch wieder ein Gespräch.

Ziel ist immer beides: Wir wollen uns psychische Abläufe bewusst machen, wir wollen aber auch die implizite Steuerung. Würden wir nur noch bewusst reagieren, ginge alle Natürlichkeit verloren. Also müssen wir von aller Theorie wieder Abstand bekommen und nur ab und zu Abläufe bewusst machen, um uns Verbesserungen auszudenken.

5. Implizieren

Gendlin weist mit dem Konzept »Implizieren« noch mal darauf hin, dass sich im *Felt Sense* nicht schon alles verbirgt. Wie im Falle des Dichters ist die richtige Zeile im *Felt Sense* natürlich nicht schon geschrieben, so dass er den *Felt Sense* nur zu öffnen und nachzusehen braucht. Es scheint manchmal so, als seien dort alle Antworten auf wichtige Fragen gespeichert, aber dem ist nicht so. Die Antworten befinden sich nur implizit dort. Wir öffnen den *Felt Sense* und müssen dann den impliziten Antworten Zeit geben, um sich zu entwickeln. Man muss also ganz nah bei sich bleiben und konzentriert hinspüren, um die impliziten Nachrichten aufnehmen und verarbeiten zu können.

Die Methode im Überblick

Focusing entstand aus der Beobachtung, dass einige Klienten einen besseren Therapieerfolg haben als andere. Focusing ist eine schnelle Methode in sechs Schritten, die versucht, einem allgemeinen kleineren Unbehagen auf die Spur zu kommen. Hinter kleinen unbehaglichen Gefühlen verstecken sich häufig sehr wichtige Informationen, die man normalerweise beiseite schiebt, ohne sich mit ihnen auseinander zu setzen. So werden sie zunehmend größer und bereiten bald unangenehme Probleme. Mit Focusing hat man eine praktikable Methode – manchmal dauert es nicht länger als eine Minute –, um etwas mehr Ordnung in das Gefühlschaos zu bringen. Täglich oder wöchentlich angewendet, verspricht es ein aufgeräumteres und kongruenteres Verhalten.

Die 6 Schritte des Focusing

1. Raum schaffen
Entspannen, auf Inneres achten, Hinweise aus dem Körper kom-

men lassen. Bilder und Gefühle entstehen lassen. Zeit und Ruhe haben.

2. Felt Sense
Problem auswählen. Komplexes Gefühl auf sich wirken lassen. Andere Gefühle später an die Reihe nehmen. Auf eine Sache konzentrieren.

3. »Griff« finden
Eine Bezeichnung des zu Bearbeitenden finden (zum Beispiel ein Bild, ein Wort oder ein Satz), damit man es schneller wiederfindet und besser »anpacken« kann.

4. Vergleich
Den »Griff« überprüfen: passt er? Gibt es vielleicht noch eine bessere Bezeichnung, die diese Sache eindeutiger gegen andere abgrenzt?

5. Fragen und Felt Shift erzeugen
Was ist es eigentlich, das mir dieses körperliche Gefühl gibt? Bedeutungen anstoßen. Offenheit erzeugen. Nachfragen. Was soll das? Positive Absicht erkennen.

6. Aufnahme
Empfangen, was mit dem *Shift* kommt, eine Weile dabei bleiben. Verstehen. Versuchen einzuordnen. Neugierig nachfragen. Erstaunt zur Kenntnis nehmen. Entspannen.

Die fünf Konzepte Weitertragen, Kreuzen, Implizit Steuern, Wiederhergestelltes Kreuzen und Implizieren beschreiben die Arbeitsweise des *Felt Sense* genauer und helfen, ihn sinnvoll für sich nutzen zu können. So werden mit dem Verständnis der Konzepte manche Reaktionsweisen einsichtiger.

Focusing in Beratung und Training

Im Management-Training kann Focusing bei den Themen Führung, Persönlichkeitsentwicklung, Team und Konfliktmanagement sehr effektiv eingesetzt werden. Ein geschulter Trainer kann Interaktionen unterbrechen, in denen er bemerkt, dass ein tiefer liegendes Unbehagen den Prozess bestimmt. Dann kann er die Teilnehmer mit der Focusing-Technik anweisen, diesem Empfinden auf den Grund zu gehen und mit den sechs Schritten wieder innere Ruhe und Ausgeglichenheit herzustellen. Manchmal reicht es auch, wenn der Trainer die Methode kurz erklärt und den Teilnehmer bittet, es am Abend auszuprobieren. Denn dann ist ein Termin vereinbart und der Kopf wieder frei.

Seminar-situationen bewältigen

Häufig stellt sich heraus, dass die aktuelle Seminarsituation die Teilnehmer an frühe Erfahrungen erinnert und sie abgelenkt werden, weil sich die frühere Situation mit der derzeitigen Situation vermischt. Mit Focusing ist schnell wieder Ordnung in den Gefühlshaushalt gebracht und so die Konzentration auf die eigentliche Lernaufgabe wiederhergestellt. Die Teilnehmer können auf diese Weise erfahren, dass es meist nicht der Chef oder der Kollege ist, der sie so aus der Ruhe bringt, sondern dass es häufig Anteile der individuellen Lerngeschichte sind, die in Konflikten wirken. Der Trainer sollte allerdings daran denken, Zeiträume zur Bearbeitung des gefundenen Unbehagens einzuplanen. So wird nicht nur über Gefühle geredet, sondern sie werden wirklich erforscht, um einen neuen Umgang mit ihnen zu finden.

Genau das sind auch die kleinen Hilfen und Techniken, mit denen man im Management-Training und im Coaching gut arbeiten kann. Denn für die Durchführung eines aufwendigen Therapieansatzes bleibt in der Regel keine Zeit. Außerdem ist Focusing an einem Wochenende für jeden Trainer leicht erlernbar.

Bezüge zu anderen Methoden

Wie zum Beispiel auch die Gestalttherapie oder das Psychodrama arbeitet das Focusing im Hier und Jetzt mit einem aktuellen Gefühl. Im Gegensatz zu diesen Methoden ist es weniger aufwendig und schneller durchführbar. Die Klienten werden schneller unabhängig vom Berater und können selbstständig mit dieser Methode umgehen. Der Ausgangspunkt Gendlins war ja, wie erwähnt, die Beobachtung, dass manche Klienten sehr schnell und effektiv eine Therapie absolvierten, während es bei anderen Klienten sehr langsame oder nur wenige Fortschritte gab.

Ähnlich wie Fritz Perls geht Gendlin davon aus, dass unerledigte »Geschäfte« (Gestalttherapie) hemmen und stören. Mit seinen Aufräummanövern schafft er einen freien Kopf und einen klaren Gefühlshaushalt, um Dinge im Leben angehen zu können.

***Shift* = *Reframing* im NLP**

Auch zum NLP hat Focusing einige Gedanken geliefert, zum Beispiel die Idee, dass wir durchaus sinnvoll agieren, auch wenn es uns selbst oder unserer Umgebung manchmal unverständlich erscheint. Denn alles Denken, Fühlen, Sagen und Tun macht einen Sinn im Rahmen unserer Lebensgeschichte und unserer Erfahrungen. Was ist die positive Absicht? Was ein Gefühl oder ein Gedanke mir sagen will, ist beim *Shift* ein wesentlicher Bestandteil, der im NLP als *Reframing* beschrieben wird.

Ebenso identisch mit NLP und systemischer Theorie scheint die Idee des implizit gesteuerten Verhaltens zu sein. In den anderen beiden Richtungen sprechen die Theoretiker von *Kongruenz*.

Die Idee, dass sich jedes Gefühl körperlich manifestiert, finden wir natürlich bei allen körperorientierten Methoden wie Feldenkrais, Bioenergetik usw. wieder, aber auch in allen neueren Entwicklungen ist dies das Kredo. NLP spricht von der Physiologie und arbeitet beim Problemlösungsprozess zeitweilig inhaltsfrei nur mit körperlichen Reaktionen. Virginia Satir schreckt nicht davor zurück, einem Klienten den Bauch durchzukneten, wenn sie glaubt, dass er dann seine Probleme besser lösen kann.

Trainer als Impulsgeber

Wie andere moderne Richtungen auch sieht Gendlin nicht mehr den Therapeuten als Hauptfigur, da der Klient die eigentliche Arbeit leistet. Ein Therapeut oder Berater kann nur Impulse geben.

5. Gestalttherapie

Fritz und Lore Perls fasziniert die Gestaltpsychologie

»Sich selbst finden« war das Motto von Friedrich Salomon Perls, dem Mann, der lange mit der klassischen Gestalttherapie verbunden worden ist. Heute steht Fritz Perls für die »Westküsten-Gestalttherapie«, die andere Wege genommen hat als die »Ostküsten-« oder die »Europäische Gestalttherapie«. Ursprünglich wurde der Gestaltansatz in den Vierzigerjahren von Fritz und Lore Perls und von Paul Goodman in New York entwickelt. Fritz Perls trennte sich nach einiger Zeit von den Kollegen und ging an die Westküste, um seine Ideen weiter zu bearbeiten. Daher werden die verschiedenen Schulen den Küsten Amerikas zugeordnet. Der Westküsten-Stil ist geprägt von einem erlebnisorientierten, übungszentrierten Arbeiten, der Ostküsten-Stil hingegen bezieht sich stärker auf die Biografie und arbeitet mit Rückblenden. In Europa haben sich vor allem seit den Sechzigerjahren Hilarion Petzold und Johanna Sieper für die Gestalttherapie interessiert und Elemente in ihrer *Integrativen Therapie* verarbeitet. Der integrative Stil steht in der Tradition der Ostküste, hält aber in seiner Arbeitsweise die Mitte zwischen Rückblenden und Erlebnisorientierung.

Fritz Perls

Ein schwieriges Kind

Friedrich Salomon (Fritz) Perls wurde am 8. Juli 1893 in Berlin geboren. Er war das dritte Kind eines jüdischen Weinhändlers. Sein Vater firmierte als Repräsentant des Hauses Rothschild. Er stand eher für Strenge, während seine Mutter versuchte, ihren Kindern alles zu ermöglichen. Perls galt als rebellisches, schwer erziehbares Kind. In seiner Gymnasialzeit musste er stark unter dem antisemitischen Klima leiden. Er fiel in seinen Leistungen ab, obwohl er in der Grundschule Klassenbester war. Perls blieb zweimal sitzen und flog schließlich von der Schule. Nachdem er auch eine Lehre als Tuchhändler abbrechen musste, weil er mit 13 Jahren Kontakt zu einer Prostituierten suchte, konnte er durch Glück auf einem humanistisch orientierten Gymnasium einen Platz finden und sein Abitur glanzvoll bestehen.

Perls studierte Medizin. Er finanzierte seine Studienzeit durch Statistenrollen am expressionistischen Theater bei Max Reinhardt. Hier entfaltete er seine Liebe zum Theater und übernahm Ideen für seinen gestalttherapeutischen Ansatz. Der junge Perls fühlte sich neben dem expressionistischen Theater auch hingezogen zu den Kreisen des Bauhauses und dem linksintellektuellen Künstler-Bohème der Berliner Zwanzigerjahre.

Während seiner Studienzeit wurde er 1914 eingezogen. Er musste nur kurz an die Front und konnte die meiste Zeit bis 1917 beim Roten Kreuz Verwundete versorgen. Zwischenzeitlich führte er immer wieder sein Studium fort. Nach dem Krieg studierte er in Freiburg weiter und beendete sein Studium 1920 in Berlin. Ein Jahr später promovierte er.

Einfluss von Kurt Lewin und Martin Buber

Nach seinem Abschluss eröffnete Perls eine Praxis in Berlin. Durch die politischen Unruhen und die Weltwirtschaftskrise verunsichert, entschloss er sich in die Vereinigten Staaten zu gehen. Mit der amerikanischen Mentalität kam er jedoch zunächst nicht zurecht. Er bezeichnete sie als »infantil, primitiv und naiv«. 1924 kehrte er aus familiären Gründen wieder nach Deutschland zurück und führte eine Praxis. 1926 ging er an das Frankfurter Neurologische Institut, wo er fasziniert war von der Gestaltpsychologie Kurt Lewins. Er kannte ein paar Aufsätze von Lewin, Wolfgang Köhler und Max Wertheimer und beschloss, diese Idee in eine andere Richtung fortzusetzen. Am faszinierendsten fand er den Ansatz der unerledigten Situation, der *offenen Gestalten*. Beeinflusst wurde Perls außerdem von dem jüdischen Existenz- und Religionsphilosophen Martin Buber.

In seiner Frankfurter Zeit traf er die Studentin Lore Posner, die den Gestaltansatz genauer studiert hatte als er. Als er Lore 1927 kennen lernte, wollte er unter keinen Umständen heiraten. Erst 1932 traten sie in den Bund der Ehe ein.

Perls erste Erfahrung mit Therapie war eine psychoanalytische Lehranalyse. Sein Denken war seit dieser Zeit psychoanalytisch geprägt. Durch die Arbeit mit Wilhelm Reich interessierte er sich für die nonverbalen und körperlichen Aspekte therapeutischer Arbeit. Er war ähnlich fasziniert von der Reichschen Vegetotherapie wie Alexander Lowen, der aus diesen Überlegungen die Bioenergetik entwickelte. – Perls starb 1970.

Lore Perls

Künstlerische Ausbildung

Lore Perls stammte aus einem wohlhabenden bürgerlich-humanistisch orientierten Elternhaus. Sie wurde 1906 in Pforzheim geboren. Sie war die älteste Tochter und wurde vom Vater, der Kaufmann (Juwelier) war, verwöhnt. Lore konnte eine privilegierte künstlerische Ausbildung absolvieren, die nur »höheren Töchtern« zugestanden war. Als einziges Mädchen besuchte sie das Reuchlin-Gymnasium am Ort. Dieser Unterschied zu Fritz Perls war in ihrer Ehe immer wieder Anlass für Konkurrenz. Ihr künstlerisch-kreatives Potenzial brachte sie in ihre spätere therapeutische Arbeit ein. Bereits als Kind praktizierte sie Eurhythmie und Ausdruckstanz und beabsichtigte eine Zeit lang, Pianistin zu werden. Ihre Sensibilität für körpersprachlichen Ausdruck und ihre ganzheitliche Wahrnehmung war von klein auf ausgeprägt. Sie studierte zunächst Jura, dann Philosophie, und unter dem Einfluss Paul Tillichs interessierte sie sich für die Psychologie. Ihr Studium schloss sie an der neu gegründeten Bürgeruniversität in Frankfurt ab. Im Frankfurter Psychologischen Institut lernte sie Fritz Perls kennen.

Lore Perls ist Teil des intellektuellen Frankfurt der Zwanzigerjahre, das geprägt ist von der befreienden Aufbruchstimmung, der Liberalität und dem politisch-sozialen Bewusstsein. Sie war befreundet mit den Begründern der Frankfurter Schule, mit Musikerinnen, Malerinnen und Architekten. Nach ihrer Promotion in Frankfurt begann sie in Berlin mit ihrer eigenen psychoanalytischen Praxis.

Beziehung zu Fritz Perls

Lore Perls war mit Fritz Perls in einer außergewöhnlichen Lebensbeziehung verbunden, die sie trotz Trennungen und Konflikten pflegte. Während sie all die Jahre bis kurz vor ihrem Tod in New York blieb, das *Gestalt Institute* (in dem sie bis zuletzt mitwirkte), aufbaute und die zwei Kinder aufzog, verließ Fritz Perls New York und begann seine »Wanderjahre« durch Amerika.

Lore Perls lehrte Gestalttherapie vor allem in den letzten beiden Jahrzehnten über New York hinaus in allen Teilen Amerikas und Europas. Anfang der Achtzigerjahre kehrte sie erstmals nach Frankfurt zurück. 1982 wurde sie vom Fachbereich Psychologie mit einer goldenen Promotion geehrt. Lore Perls' Arbeit wird gleichermaßen als zärtlich, konfrontativ, ironisierend, frech, provozierend, humorvoll, kreativ und unkonventionell beschrieben. Lore Perls starb nach kurzer schwerer Krankheit am 13.7.1990 in Pforzheim.

Die gemeinsame Zeit

Nach ihrer Eheschließung hatten Fritz und Lore Perls ein gemeinsames Zuhause, und Lore bekam ein Kind. Unter dem Druck des Faschismus floh Fritz Perls 1933 nach Amsterdam. Lore und das Kind kamen ein paar Monate später nach. Die Zeit in Amsterdam war für beide sehr schwer. Perls hatte eine Beziehung zu einer jungen hysterischen Frau, und Lore musste putzen gehen, hatte eine Abtreibung und nachfolgend Depressionen. Sie wohnten ärmlichst und wurden verfolgt.

Eigene Methode in Südafrika entwickelt

Durch die Hilfe von Ernest Jones, Präsident der internationalen psychoanalytischen Assoziation, erhielten sie 1934 die Möglichkeit, in Südafrika das erste psychoanalytische Institut zu gründen. Fritz Perls bekam eine Stelle als Lehranalytiker. Hier, weitab von gewohnten Einflüssen und Grenzen, erarbeiteten sie ihre eigene Theorie und publizierten sie unter dem Namen von Fritz Perls 1942 mit dem Titel *Das Ich, der Hunger und die Aggression*.

Lore Perls wagte es als Erste, sich einem Klienten gegenüberzusetzen und nicht – wie bei Freud üblich – außerhalb des Gesichtsfeldes hinter der Couch zu sitzen. Fritz Perls gründete das *South African Institute for Psychoanalysis*. Nach einem Jahr schon reichte das Geld, um in einer vornehmen Gegend das erste Haus im Bauhaus-Stil zu bauen. Das zweite Kind wurde geboren. Von 1942 bis 1946 arbeitete Perls wieder bei der Armee, im Militärhospital als Psychiater.

Übersiedlung in die USA

Unter dem Eindruck des sich verschärfenden Rassismus und nach der Rücknahme seiner Anerkennung als Lehranalytiker reifte in den Perls der Entschluss, Südafrika 1947 zu verlassen. Bei der Übersiedlung in die USA amerikanisierte Lore ihren Namen in Laura. Erich Fromm, Clara Thompson und Karen Horney trugen erheblich dazu bei, die Perls in Psychonanalytikerkreisen zu integrieren.

In ihrer New Yorker Zeit begann die Beziehung zwischen Fritz und Lore zu kriseln. Perls fühlte sich in eine Kette von Liebesabenteuern getrieben. 1950 ging Perls ohne Lore nach Los Angeles, wo ihm nach dem Erscheinen von *Gestalt Therapy* 1951 vom *Western College for Psychoanalysis* die philosophische Ehrendoktorwürde verliehen wurde. An diesem Buch arbeiteten Lore Perls und Paul Goodman aktiv mit. Von da ab entwickelten sich die Gestaltansätze der Perls in die Westküsten- und in die Ostküstenrichtung weiter.

Paul Goodman

Als Klient von Lore traf Paul Goodman auf die Perls und empfand eine Seelenverwandtschaft mit ihnen. Sie waren sich im Konzept der vernünftigen, kritischen Selbstbefreiung einig.

1911 in Greenwich Village, dem Bohème-Viertel von New York, geboren, wuchs Goodman vernachlässigt von seinen jüdischen Eltern bei Schwestern und Tanten auf. Er studierte ab 1931 Philosophie und promovierte in Literaturwissenschaften. 1940 endete seine Universitätslaufbahn abrupt, als er für Homosexuelle eintrat und seine eigene Homosexualität bekannt gab. Er lebte an der Armutsgrenze von der Schriftstellerei.

Systematische Klarheit

Zwischen den Dreien entstand ein reger Austausch, was 1950 in einer Buchveröffentlichung mündete. Die Perls wollten nur ihr erstes Buch überarbeiten, aber Goodman gab ihm sprachliche Prägnanz und systematische Klarheit. Es erschien 1951 unter dem Titel *Gestalt Therapy. Excitement and Growth in the Human Personality.*

Goodman, der sich schon früher mit Gestaltpsychologie beschäftigt hatte, schickte ein Manuskript an Wolfgang Köhler, der die Bezeichnung »Gestalttherapie« als Missbrauch der Gestaltpsychologie der Berliner Schule empfand. Goodman praktizierte ebenfalls als Psychotherapeut. Er sicherte sich mit Lore Perls die Kontinuität des Ostküstenstils. Lore betrauerte seinen Tod 1972 mehr als den ihres Mannes.

Gestalttherapie oder die Freude am dramatischen Experimentieren

Gestalten = Experimentieren

Gestalttherapie drückt die Freude am Spielen, die Idee des dramatischen Ausdrucks der eigenen Gefühle und die Freude an der Veränderung des Verhaltens aus. Gestalten heißt in erster Linie Experimentieren. Und das geschieht auf einer ganzheitlichen Ebene: kognitiv wie körperlich.

> Die Gestalttherapie ist ein Verfahren, das sich der humanistischen Psychologie verpflichtet fühlt. Sie geht von der Grundannahme aus, dass jeder Mensch nach Selbstverwirklichung und Differenzierung seiner Anlagen strebt und sich dabei an kulturellen Werten

orientiert. Ziel der Betreuung ist, dass der Mensch sein Leben selbstverantwortlich, lebendig und stimmig gestalten kann.

Unerledigte Geschäfte

Gestalttherapie basiert auf der Annahme, dass unser Denken und unsere Verhaltensweisen von Kräften gesteuert werden, die uns nicht bewusst sind. Gestalttherapeuten nennen diese unbewussten Kräfte auch *unerledigte Geschäfte*. Gemeint sind hiermit Probleme und Aufgaben, die in der Vergangenheit nicht abschließend gelöst werden konnten und in Vergessenheit gerieten. Die unerledigten Geschäfte entwickeln Kraft, die unser tägliches Erleben und Verhalten stören und Energie bündeln.

Ziel der Therapie ist es, die vergangenen unerledigten Geschäfte zu erinnern, wiederzuerleben und zu verarbeiten, damit neue Erfahrungen ermöglicht werden. Die unerledigten Geschäfte müssen deswegen bearbeitet werden, weil sie länger im Gedächtnis bleiben als erledigte Dinge und daher neue Erfahrungen blockieren. Nach dem so genannten Zeigarnik-Effekt, nachgewiesen von der Wahrnehmungspsychologin Bluma Zeigarnik, ist der Erinnerungsquotient für Unerledigtes zweimal höher als für abgeschlossene Dinge. Das Fortbestehen eines solch enormen psychischen Drucks erzeugt auf die Dauer eine chronische Spannung. Perls sieht hierin einen der Gründe für das Entstehen von Neurosen.

Der Einfluss der Zeit

Fritz Perls thematisiert in seinen Therapiesitzungen überwiegend die Dinge, die im so genannten *Hier und Jetzt* passieren: Was erlebt der Klient in dem Moment, in dem er seinem Therapeuten von seinen Problemen erzählt? Seiner Meinung nach fließen alle vergangenen Erlebnisse in die Auffassung des Hier und Jetzt mit ein. Lore Perls und Paul Goodman hingegen erfassen den Menschen auf verschiedenen zeitlichen Ebenen. Sie thematisieren die Zeit und die Welt, in die der Mensch hineingeboren ist: Welchen Einflüssen war er ausgesetzt? Wie war seine Familienkonstellation? Welche Erfahrungen hat er bisher im Umgang mit anderen Menschen machen können? Zur Gestalttherapie gehört es nicht nur, die unerledigten Geschäfte zu bearbeiten, sondern der Therapeut versucht auch, dem Menschen neue Handlungsspielräume zu eröffnen, die momentan nicht genutzt werden. Dabei geht es vor allem darum, seine Gefühle wahrzunehmen und auszudrücken sowie seine Fähigkeiten zu erkennen und bewusst einzusetzen.

Wahrnehmungspsychologie

Die Bezeichnung »Gestalttherapie« wurde an die Gestaltpsychologie angelehnt, eine Wahrnehmungslehre, die besagt, dass wir nicht nur einzelne Dinge wahrnehmen, sondern unsere Wahrnehmung zu sinnvollen »Gestalten« zusammenfügen. »Eine Gestalt ist mehr als die Summe ihrer Teile« ist eine häufige Feststellung in diesem Zusammenhang. Gemeint ist, dass Menschen, zum Beispiel beim Lesen, nicht nur einzelne schwarze Buchstaben auf einem weißen Hintergrund wahrnehmen, sondern ganze Worte und Sätze erfassen. Auch eine Melodie macht erst als Ganzes Sinn, während einzelne Töne uns keine Idee der Gesamtheit vermitteln.

Figur und Grund

Die Wahrnehmung einer besonderen Gestalt vollzieht sich nach dem Figur-Grund-Prinzip. Wir nehmen aus unserer Umgebung immer besondere Dinge wahr, die uns momentan beschäftigen. Die Figur in einer Gestalt wird das, was das Zentrum unserer Aufmerksamkeit anzieht. Ist es interessant, wichtig, witzig oder genussversprechend, dann richten wir uns darauf aus. Dinge, die die Aufmerksamkeit verlieren, werden zum Hintergrund, der die Figur stützt. Beispielsweise erfreut uns ein Kaffeeduft am Morgen, wenn wir uns im Bad nach einer Tasse Kaffee sehnen, viel mehr, als wenn wir bereits zwei Tassen getrunken haben. In dieser Situation nehmen wir den Duft vielleicht gar nicht mehr wahr. Laufen wir beispielsweise durch die Stadt und suchen eine Telefonzelle, dann wird diese zur Figur, während alles andere Hintergrund ist. Wir übersehen dann vielleicht jemanden, den wir gegrüßt hätten, wenn wir mit ihm verabredet gewesen wären.

Figur und Grund können also wechseln, je nach dem, auf was wir uns gerade konzentrieren. Wenn wir uns für ein neues Automodell interessieren, dann sehen wir es plötzlich ganz häufig auf der Straße; wollen wir einen neuen Bodenbelag für unser Haus auswählen, so konzentrieren wir uns in jedem Geschäft und bei Besuchen darauf. Wahrscheinlich hätten wir ihn sonst überhaupt nicht wahrgenommen. Das gleiche Prinzip wirkt bei den unerledigten Geschäften.

Diese Idee veranschaulichen auch eindrucksvoll die Kippbilder »Profile und Vase« und »What's on a Man's Mind«. Das Bild, das uns momentan präsenter ist, nehmen wir zuerst wahr: links entweder die Vase oder die Gesichtsprofile, rechts entweder die Frau oder Sigmund Freud.

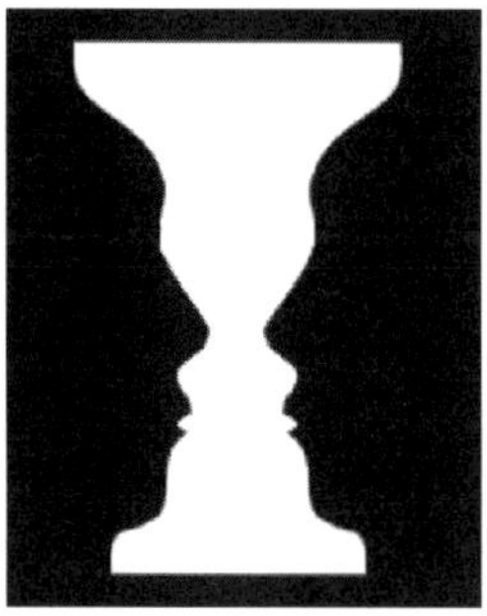

Der Mensch ist mehr als die Summe seiner Teile

In unserem Verhalten zeigen wir, dass wir möglichst *gute Gestalten* bilden möchten. Wir möchten unseren Schreibtisch leer räumen, unsere Post beantworten und offene Probleme abschließen. Erst wenn wir das Gefühl haben, die Dinge in uns und um uns herum »geordnet« zu haben, fühlen wir uns wohl und ausgeglichen. Denn nicht alle sind wir Genies, die das Chaos beherrschen.

Isomorphie Der Begriff der Isomorphie nach Köhler besagt, dass sich Konflikte immer gleichzeitig sowohl auf Körper- als auch auf emotionaler Ebene des Verstehens abbilden. So werden psychische Konflikte, z.B. durch willkürliche oder unwillkürliche Bewegungen, körperlich ausgedrückt. Chronische Konflikte finden Niederschlag in der Körperhaltung oder in Verspannungen. Eine Intervention auf der Körperebene – und sei es nur das Lenken der Wahrnehmung auf den eigenen Körper – haben auch immer Auswirkungen auf anderen Ebenen.

Polarität Von S. Friedländer übernehmen die Perls den Begriff der *Polarität*. Eine Gestalt bzw. ein Mensch ist immer inkomplett, wenn man nur den Teil betrachtet, den er von sich preisgeben möchte. Zu jeder Eigenschaft gehört auch das genaue Gegenteil. Um die Persönlichkeit wirklich kennen zu lernen, ist es notwendig, beide Seiten anzuschauen. Zu einer Liebe gehört beispielsweise auch immer die Aggression, zur Ruhe die Aktivität und zum Lachen das Weinen. Oft trifft man im Leben Menschen, die nur positiv zu sein scheinen, die ihren Job gut schaffen und viele Freunde haben. Sie zeigen stets ein lachendes Gesicht und man ist gerne in ihrer Nähe. Eine wichtige Aufgabe für Kollegen und Freunde ist es nicht zu glauben, dass diese Person nur so sei, wie sie sich zeigt. Je stärker die positive Ausstrahlung ist, umso bedeutender ist für diesen Menschen auch das Gegenteil. Anstatt diese Menschen anzubeten, sollte man sich vergegenwärtigen, dass es meistens auch depressive Phasen und Versagensängste gibt.

Das Feld

Von K. Lewin stammt der Feldbegriff. Ein Mensch lebt in einem Beziehungsfeld mit voneinander unabhängigen Beziehungen. Eine Beratung bezieht also immer das soziale Umfeld des Individuums mit ein. Die Wichtigkeit des Sich-aufeinander-Beziehens steht im Vordergrund. Auch M. Bubers Idee findet hier Einfluss: Ein Ich ist seiner Meinung nach nicht ohne das Du denkbar, sondern kann sich nur in der Beziehung zu einem Du entwickeln. Aus der Säuglingsforschung ist zum Beispiel bekannt, das Kinder, die nur versorgt werden, ohne dass eine Beziehung zu ihnen aufgenommen wird, sterben. Der Mensch als soziales Wesen braucht andere, um zu überleben.

Die Weisheit des Organismus

Die Gestalttherapie geht davon aus, dass ein Organismus »weise« reagiert. Er ist daran interessiert, sich selbst und sein inneres Gleichgewicht zu erhalten. Deswegen strebt ein Mensch danach, seine Bedürfnisse zu befriedigen. Wenn wir Hunger haben, essen wir etwas, wenn uns kalt ist, rücken wir ein Stück näher an die Heizung oder holen uns einen warmen Pullover, und wenn wir Sehnsucht nach geistiger oder körperlicher Nähe haben, verbringen wir die Zeit mit einem geliebten Menschen. Manchmal kommen wir in eine Situation, in der wir am liebsten in einer bestimmten Art und Weise reagieren würden, aber die »Weisheit« des Organismus hält uns zurück. Wollen wir beispielsweise einem Kollegen auf die Füße treten, weil er sich nicht an die Abmachungen gehalten hat, hindert uns unsere Angst vor den Konsequenzen, dies wirklich zu tun. Wir tragen den Konflikt lieber verbal aus.

Bewusst leben

Das bewusste Leben und Erleben steht in der Gestalttherapie im Mittelpunkt. Mit dieser Annahme schließt sie an fernöstliche Lebenshaltungen wie Zen-Buddhismus oder Taoismus an. Auch betrachtet sie wie diese Religionen das Leben als Weg zunehmender Selbstverwirklichung. Auf diesem Weg gilt es, seine Mitte zu finden und durch das Versöhnen von Gegensätzen sich selbst und seine Erfahrungen zu akzeptieren, ohne alles zu analysieren und hinterfragen zu wollen. Ein Therapeut begleitet einen Klienten auf diesem Weg. Sein Ziel ist es, den Menschen zu einem »gesunden« Leben zu verhelfen, ohne dass das angestrebte Ziel unter allen Umständen erreicht werden soll. Was sich die Gestalttherapie unter einem gesunden Menschen vorstellt, formuliert Axel Dinslage in seinem Buch *Gestalttherapie* (1995, S. 42 f.) wie folgt:

> »Der ›gesunde‹ Mensch nimmt seine körperlichen, geistigen und seelischen Bedürfnisse wahr und handelt danach. Er weiß, was er will, und erkennt die Möglichkeiten, die ihm seine Umwelt bietet. Er nimmt Kontakt auf, um seine Bedürfnisse zu befriedigen, ohne andere auszunutzen. Er unterscheidet, was ihm nützt oder schadet, wählt das, was ihn erhält und ihn wachsen lässt, und verarbeitet die Erfahrungen, so dass nichts unerledigt zurückbleibt. Er kennt sich und seine persönlichen Möglichkeiten, die er anwendet und erweitert. Er vermag, sich selbst zu helfen, Risiken einzugehen, Krisen zu bewältigen und sich mit alltäglichen Anforderungen auseinander zu setzen. Im lebendigen Wechsel hierzu kann er sich zurückziehen, um auszuruhen. Er ist fähig, sich und andere so zu sehen und anzunehmen, wie sie sind. Er ist kontakt-, begegnungs- und beziehungsfähig, übernimmt für seine Handlungen die Verantwortung und sorgt sich um die Menschen, die sich ihm anvertrauen. Auch wenn er sich für andere verantwortlich fühlt und danach handelt, wird er deren Eigenständigkeit achten und darauf verzichten, sie zu entmündigen oder von ihm abhängig zu machen. Er fühlt sich sowohl in seinem Körper als auch in seiner Welt zu Hause und engagiert sich, um dieses Wohlbefinden zu erhalten. Wenn er das Schöne einer gegenwärtigen Situation wahrnehmen, annehmen und genießen kann und nichts haben muss, was fehlt, ist er glücklich.«

Diese Beschreibung der Perls vom gesunden und glücklichen Menschen wird zu Recht als Utopie bezeichnet. Eine Therapie strebt dieses Ziel an, ohne den Druck aufzubauen, dass es erreicht werden muss. Jeder individuelle Fortschritt wird anerkannt und akzeptiert.

Fritz Perls war es besonders wichtig, dass seine Klienten bewusst Entscheidungen trafen und bewusst handelten. Ihm war alles Tun aufgrund äußerer Zwänge zuwider. Bewusstheit war für ihn ein totales Erlebnis, das den Menschen seine Ganzheit spüren ließ. Es ist der wache Kontakt des Körpers mit allen seinen Sinnen und mit der Umwelt. Mit dem Prozess des Wahrnehmens verändert man ganz bewusst seine Umwelt und formt sie nach dem eigenen Denken. Je wacher und bewusster man lebt, desto schärfer wird die Wahrnehmung und desto deutlicher wird die Kommunikation. Eine klare Wahrnehmung ist seiner Meinung nach Voraussetzung für situationsgemäßes Handeln.

Bewusstheit im Jetzt

Bewusst sein kann man nur in der Gegenwart. Diese ist Wirklichkeit, während die Vergangenheit nicht mehr und die Zukunft noch nicht ist. Bewusstheit kann nur im Jetzt sein, denn es stützt sich auf reale Fakten und auf konkretes Verhalten. Vergangenheit und Zukunft kommen in der Gegenwart als *offene Gestalten* zum Vorschein. Mitteilungen in der Gestalttherapie finden in der Gegenwart in direkter Kommunikation statt. Verallgemeinerungen wie »immer«, »nie« oder »alle« werden zurückgewiesen, da sie von der Gegenwart wegführen. Fritz Perls nennt die Gegenwart auch *Awareness-Kontinuum*. Diese Ansicht wird an der Ostküste und in Europa nicht so konsequent geteilt.

Ziel: Reifung durch Integration von offenen Gestalten

Die Vergangenheit tragen wir nach Fritz Perls nur insofern mit uns herum, als wir unerledigte Geschäfte haben. Entweder wir haben die Erlebnisse integriert, oder es bestehen unvollendete Gestalten. Ziel einer Beratung ist die so genannte Reifung. Diese beschreibt das Erreichen von Autonomie und Selbstverantwortlichkeit. In einer Therapie geht es darum, im Hier und Jetzt zu erleben, wie ein Konflikt am Leben erhalten wird, indem der Konflikt mit den daran Beteiligten vermieden wird. Außerdem geht es darum, die mit diesen unerledigten Geschäften verbundenen Erlebnisse, Stimmungen, Gefühle, Bedürfnisse, Impulse, Verhaltensweisen, Gedanken und Phantasien durch Konfrontation, Identifikation und Experimente erlebbar zu machen und sie so zu integrieren.

Der gesunde Mensch befindet sich laut Gestalttherapie in einem ständigen Prozess der Bildung mit darauf folgender Auflösung von Gestalten. Je nachdem, welche Bedürfnisse ein Individuum verfolgt, treten Dinge in den Vordergrund. Als Störungen des normalen Kontakts zwischen zwei Menschen sind folgende Phänomene erkennbar (Perls u.a. 2000, S. 244 ff.):

- *1. Konfluenz:* Aufgrund einer fehlenden Kontaktgrenze kommt es zur Verschmelzung und Verwechslung eigener Bedürfnisse mit denen anderer (chronisch symbiotische Beziehungen, chronisches Harmoniebedürfnis, Wir-Sätze).

- *2. Introjektion:* Vorstellungen, Rituale und Prinzipien anderer werden unhinterfragt übernommen, ohne sie im Geringsten bearbeitet zu haben (man sollte, man müsste, wenn andere das meinen ...)
- *3. Projektion:* Störung der Kontaktgrenze, bei der dem anderen etwas zugeschrieben wird, was in Wirklichkeit das Selbst betrifft, zum Beispiel eigene unerlaubte Wünsche, Bedürfnisse und Gefühle oder ungeliebte und verbotene Persönlichkeitsanteile.
- *4. Retroflexion:* Die mobilisierte Energie wird gegen sich selbst gerichtet statt nach außen. Man beißt zum Beispiel die Zähne zusammen, um nicht aggressiv zu werden, oder man zieht sich zurück, wenn man Kontakt wünscht.
- *5. Egoismus:* Die Energie wird bewusst gebremst, um alles unter Kontrolle zu halten. Man ist so mit der eigenen Identität und den eigenen Grenzen beschäftigt, dass es schwerfällt, mit anderen in Kontakt zu treten.

Fritz Perls hat aus seinen Annahmen eine Persönlichkeitstheorie erarbeitet, die eine Person in sechs Schichten begreift:

Das Schichtenmodell der Persönlichkeit

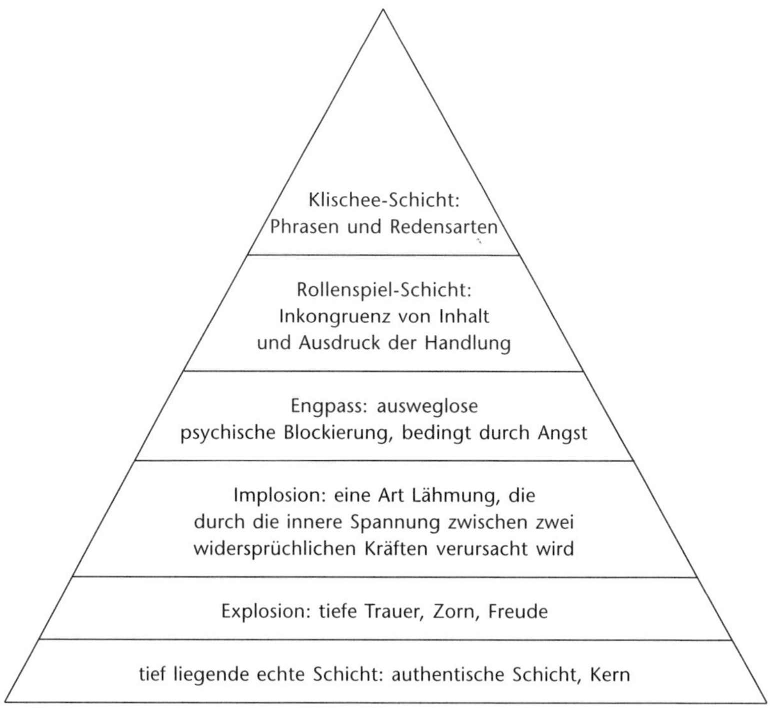

Gestalttherapie im Einsatz

Auch in der Gestalttherapie gibt es definierte Techniken, die ein Therapeut oder Berater anwenden sollte, wenn er sich dieser Richtung zugehörig fühlt. Die wichtigsten im Überblick:

Awareness-Übungen

Awareness bezeichnet die vollständige Bewusstheit in der Gegenwart. Das Konzept meint eine Aufmerksamkeit für alle Innen- und Außenreize. Fritz Perls empfiehlt vier Schlüsselfragen, um eine Bewusstheit herzustellen:

- »Was machst du gerade?«
- »Was vermeidest du gerade?«
- »Was fühlst du gerade?«
- »Was willst du, was erwartest du von mir?«

Das Monodrama

Das *Monodrama* ist eine Variante des Psychodramas (siehe auch Kapitel 13). Im Monodrama spielt der Protagonist selbst nacheinander verschiedene Rollen, die er in einer Situation beschrieben hat. Dies soll das Darstellen der eigenen Gefühle erleichtern (auch wenn das Gegenüber nicht erreichbar ist). Genau wie im Psychodrama erlebt der Protagonist die Gefühle anderer und lernt deren Situation besser zu verstehen.

Der heiße Stuhl

Der *heiße Stuhl* war der Sessel am Podium neben Fritz Perls, auf den sich jemand setzte, der »arbeiten« wollte. »Arbeiten« bedeutet, sich auf einen Prozess mit ihm als Therapeuten einlassen.

Der leere Stuhl

Gegenüber stand der *leere Stuhl*, auf dem sich der Klient, je nach Situation und Bedürfnis, eine Person vorstellen konnte, mit der er in Beziehung treten wollte. In den meisten Fällen wurde der leere Stuhl jedoch dazu benutzt, Anteile der eigenen Persönlichkeit darzustellen, wenn jemand in einem Konflikt beispielsweise nicht wusste, auf welche innere Stimme er hören sollte. Mit der Personalisierung eines Anteils können Gespräche erfolgen, die dazu dienen, diesen Anteil zu reintegrieren.

Die Polaritäten

Eine weitere Technik ist die Suche nach einer harmonischen Integration der *komplementären Polaritäten* des menschlichen Verhaltens, anstatt das eine zu Gunsten des anderen auszuschalten oder vermengte Gefühle anzustreben. Anstatt der Frage einer Entscheidung nachzugehen, versucht man einen »Sowohl-als-auch«-Ansatz. Das angestrebte Gleichgewicht des Menschen wird durch flexible Beweglichkeit angestrebt.

Das Darstellen (Durchagieren) Durch das *Darstellen* soll eine stärkere Bewusstheit angestrebt werden. Vorgeschlagen wird eine sichtbare und körperlich spürbare Handlung, die den Körper und die Gefühle mobilisiert und so dem Klienten erlaubt, die Situation intensiver zu erleben und verschwommene, vergessene, verdrängte und auch unbekannte Gefühle zu empfinden und zu erforschen.

Die Verstärkung (Übertreibung) Eines der Hauptthemen der Gestalttherapie ist es, das Implizite explizit zu machen, indem das, was sich im Inneren abspielt, nach außen hin sichtbar gemacht wird. Es wird versucht, einer Person ihre Art der Kontaktaufnahme und -gestaltung bewusst zu machen. Die Gestalttherapie ist aufmerksam für alle latenten emotionalen Reaktionen. Sie werden angesprochen und verstärkt, um sie betrachtbar zu machen. Perls geht davon aus, dass alles, was man versucht zu überhören oder zu übergehen, eher die Tendenz entwickelt zu stören (z. B. über psychosomatische Beschwerden) als zu schweigen.

Skillful Frustration Indem der Therapeut die Wünsche des Klienten in einer sanften Weise nicht erfüllt, wirft er ihn auf seine eigenen Kompetenzen zurück.

Beistand (Support) Der Therapeut funktioniert als Beistand für die Suche nach verschütteten Fähigkeiten.

Nachnähren Der Therapeut bietet eine Art Elternfigur, die dem Klienten hilft, einerseits frühkindliche Entbehrungen zu kompensieren, andererseits Druck, den er erlebt hat, an ihm auszulassen.

Das direkte Ansprechen Anstatt intellektuell über etwas zu sprechen, sollen die Gefühle direkt erlebbar gemacht werden. Die eigenen Phantasien können mit der Wirklichkeit der anderen verglichen werden.

Die Traumarbeit Alle in einem Traum auftretenden Aspekte sind nach Fritz Perls offene Gestalten. Der Klient identifiziert sich mit jedem Traumelement, um Informationen und Nachrichten zu erhalten.

Kreative Medien Neben Verbalisierungen und Körperausdruck arbeitet die Gestalttherapie mit Bildern und Metaphern. Dabei kommen auch künstlerische Ausdrucksformen zum Einsatz wie zeichnen, malen, modellieren, bildhauern, musizieren, tanzen, dichten usw.

Alles, was in einer gestalttherapeutisch orientierten Sitzung abläuft, wird hinterfragt und verdeutlicht. Wenn beispielsweise ein Klient in eine

Richtung ins Leere schaut, fragt der Therapeut sofort nach: »Was haben Sie gedacht, als Sie darüber schauten? Wer tauchte auf?«. Oder wenn der Klient die Hand in den Nacken legt, fragt er: »Steigt eine Verspannung auf? Was fühlen Sie? Welche Gedanken entwickeln sich?«. Egal, von was der Klient berichtet, er wird ständig unterbrochen, um ihm zu verdeutlichen, welche Reaktionen er aktuell zeigt. Diese neue Bewusstheit für sich selbst kann er sehr gut einsetzen, um die Dinge besser zu verstehen.

Aufwecken aus der Selbsthypnose

Mit diesem Vorgehen bemüht sich der Berater, seinen Klienten, wie Perls sagt, aus einer »chronischen Selbsthypnose« zu erwecken und seine Aufmerksamkeit auf die Realität zu richten. Er war fest davon überzeugt, dass Veränderungen nicht dadurch stattfinden, dass man sich vornimmt, sich zu verändern, sondern erst dann, wenn man sich intensiv genug mit sich selbst auseinander gesetzt hat. Erst dann geschehen Veränderungen von selbst.

Die Ich-Bezogenheit

Fritz Perls schrieb in den Sechzigerjahren das »Gestalt-Gebet«. Er wollte damit ausdrücken, dass ein Mensch den anderen braucht, um seine eigenen Grenzen zu spüren. Der erste Teil seines »Gebets« wurde sehr kritisiert. Man warf ihm vor, einen Egotrip in die Gesellschaft zu bringen, denn nur die Erfüllung der eigenen Bedürfnisse stünden im Vordergrund. Aus diesem Grund ergänzte er drei Jahre später den zweiten Teil. Die starke Ich-Bezogenheit in seinem Text wird verständlich, wenn man sich die Ereignisse der Sechzigerjahre vor Augen führt. Die Zeit war geprägt von einem Auflehnen gegen Autoritäten. Es galt als verpönt, irgendetwas zu tun, was andere erwarteten. Es ging darum, die Anpassung abzustreifen und sich selbst zu verwirklichen. Perls' »Gebet« wurde wie die Heilslehre eines Gurus aufgenommen. Und der Begriff Guru ist nicht übertrieben, denn als solcher wurde er tatsächlich angesehen. Er galt als Meister im Gestalten von kurzfristigen, einfühlsamen Beziehungen. Allerdings hatte er Schwierigkeiten, Beziehungen längerfristig aufrecht zu erhalten und war deswegen als beziehungsunfähig bekannt.

Zu sich selbst und zu anderen kommen

In Perls' Gestalttherapie steht das Zu-sich-selbst-Kommen im Vordergrund, in der europäischen Gestalttherapie nach Petzold hingegen wird das Zum-anderen-Kommen betont. Die Konzentration liegt nicht auf der ersten Begegnung, sondern auf dem Aufbau einer langfristigen, tragfähigen Beziehung. Dazu gehört nach Petzold auch, dass man bereit ist, Verantwortung für den anderen zu übernehmen. Er nennt das *Liebe* und *Engagement*. Menschen sind füreinander da, ohne sich gegenseitig besitzen zu wollen.

Das »Gestalt-Gebet«

»Ich tu, was ich tu;
und du tust, was du tust.
Ich bin nicht auf der Welt,
um nach deinen Erwartungen zu leben,
und du bist nicht auf der Welt,
um nach den meinen zu leben.
Du bist du, und ich bin ich,
und wenn wir uns zufällig finden – wunderbar.
Wenn nicht, kann man auch nichts machen.«

»Erst muss ich mich finden,
um dir begegnen zu können.
Ich und Du, das sind die Grundlagen zum Wir,
und nur gemeinsam können wir das Leben
in dieser Welt menschlicher machen.«
(Fritz Perls, zit. nach Dinslage 1995, S. 22f.)

Weiterentwicklung: Integrative Therapie

In den Sechzigerjahren begründete Hilarion Petzold und Johanna Sieper die »Integrative Therapie«. Diese Therapieform gründet im Wesentlichen auf den Ideen der Gestalttherapie und bezieht außerdem moderne Medien mit ein. Petzold begreift sie als offene Therapieform, die methodenübergreifend arbeitet und permanent weiterentwickelt wird.

Ausgangspunkt war die Vorstellung, dass der ganze Mensch in seinen leiblichen, emotionalen und kognitiven Realitäten behandelt werden müsse und nicht nur seine Psyche. Deshalb wird auch von »integrativer Humantherapie« gesprochen. Weiterhin versuchten Petzold und Sieper aus verschiedenen Psychotherapieschulen gemeinsame Grundkonzepte und Wirkfaktoren zu extrahieren und zusammenzuführen. Damit wollte er die Einseitigkeit überwinden. Diese Grundidee wird auch von der neueren psychotherapeutischen Forschung gestützt.

»Mensch wird man durch Mitmenschen«, meint Petzold. Lebt ein

Mensch in einem sozialen Rahmen, in dem er sich entfalten kann, wird er vieles erreichen. Wird er jedoch eingeschränkt und unterdrückt, so kann er erkranken. Petzold beschäftigt sich viel mit der Kleinkindzeit, ist aber der Auffassung, dass auch im Erwachsenenalter noch erhebliche Schädigungen auftreten können. Eine Identität bildet sich seiner Meinung nach in dem Alter, in dem sich ein Kind selbst im Spiegel wahrnimmt (ca. 18 Monate) und im zweiten und dritten Lebensjahr, wenn das Kind erfährt, wie andere es wahrnehmen. Die Identität verändert sich im Laufe des Lebens und wird sehr stark von den sozialen Kontakten bestimmt. Auf diese Weise entsteht eine persönliche Biografie, die unvergleichlich ist.

In der integrativen Therapie beschäftigt sich der Berater intensiv mit der persönlichen Geschichte des Einzelnen, um die Ursachen und Hintergründe der Erkrankung kennen zu lernen. Auf dieser Grundlage wird ein differenzieller Behandlungsplan erstellt, der schulübergreifend arbeitet.

Die Methode im Überblick

Die Gestalttherapie basiert auf einem humanistischen Ansatz, der davon ausgeht, dass Menschen nach Selbstverwirklichung streben. Sie begann mit den gemeinsamen Arbeiten von Fritz und Lore Perls sowie Paul Goodman. Später wurde sie von Fritz Perls im so genannten Westküstenstil und von Lore Perls und Paul Goodman im so genannten Ostküstenstil weiterentwickelt.

Ziel der Therapie ist es, die vergangenen unerledigten Geschäfte zu erinnern, wiederzuerleben und zu verarbeiten, damit neue Erfahrungen ermöglicht werden. Denn unerledigte Geschäfte stören aktuelle Verhaltensweisen und Begegnungen.

Fritz Perls thematisiert in seinen Therapiesitzungen überwiegend die Dinge, die *hier und jetzt* geschehen. Was erlebt der Klient in dem Moment, in dem er seinem Therapeuten von seinen Problemen erzählt? Im Ostküstenstil hingegen werden alle zeitlichen Ebenen thematisiert.

Die Bezeichnung »Gestalttherapie« geht auf die Gestaltpsychologie zurück. Alle grundlegenden Bausteine der Gestalttherapie sind von dort entnommen.

METHODE IM ÜBERBLICK

Die Gestalttherapie geht davon aus, dass ein Organismus »weise« reagiert, weil er daran interessiert ist, sich selbst und sein inneres Gleichgewicht zu erhalten. Deswegen strebt ein Mensch danach, seine Bedürfnisse zu befriedigen. Das bewusste Leben und Erleben steht in der Gestalttherapie im Mittelpunkt. Bewusste Entscheidungen des Klienten sind für den Berater wesentlich.

Die wichtigsten Techniken, mit denen ein Therapeut in diesen vier Phasen einem Klienten begegnet, sind folgende:

Die wichtigsten Techniken

- Awareness-Übungen
- Monodrama
- Der heiße Stuhl
- Der leere Stuhl
- Die Polaritäten
- Das Darstellen (Durchagieren)
- Die Verstärkung (Übertreibung)
- Skillful Frustration
- Beistand (Support)
- Nachnähren
- Das direkte Ansprechen
- Die Traumarbeit
- Kreative Medien

Ziel der Gestalttherapie ist es, den Menschen zu einer »Gestalt« zu machen, so dass er bewusst lebt und ein klares Bild seiner eigenen Persönlichkeit hat.

Der Gestaltansatz in Beratung und Training

Private Atmosphäre am effektivsten

Die Gestalttherapie ist eine geeignete Methode für Einzelcoaching oder Teamsupervisionen. In normalen Trainings und Seminaren erscheint sie jedoch nicht das Mittel der Wahl zu sein, da in diesem Kontext nicht vorausgesetzt werden kann, dass die Teilnehmer zueinander ein Vertrauen entwickeln, das Aktionsphasen zulässt. Es besteht die Gefahr, dass mit dieser Methode Probleme thematisiert werden, für die ein Training ein unangemessener Rahmen ist. Gestalttherapie arbeitet am sinnvollsten und ergebnisreichsten in einer privaten Atmosphäre.

Gestalttherapeutische Techniken können sehr wirkungsvoll eingesetzt werden, wenn zwischen Therapeut und Klient eine solide Vertrauensbasis besteht. Diese muss geschaffen werden, bevor die Aktionsphase beginnt.

Allerdings können Elemente der Gestalttherapie ein Training oder Seminar durchaus bereichern. Beispielsweise kann sehr effektiv mit einer Integration von Polaritäten gearbeitet werden. Einerseits erfährt – beispielsweise bei einer komplexeren Entscheidungsfindung – die bisherige Vorgehensweise ein *Reframing*. Alle, die erfolgreich damit gearbeitet haben, können also ihr Gesicht wahren. Andererseits werden Gedanken von einer Entweder-Oder-Entscheidung zu einer Sowohl-als-auch-Betrachtungsweise gelenkt, die in den meisten Fällen eine tragfähigere Lösung herbeiführt.

Rollenspiele mit dem leeren Stuhl

Auch ist es denkbar, mit einem *leeren Stuhl* zu arbeiten. Ein Teilnehmer kann ein Gespräch mit einer gedachten Person anstatt in einem Rollenspiel führen. Dafür wechselt er ab und zu die Methode und lernt so die Gefühle und Ideen seines Gegenübers besser kennen. So kann er leichter überlegen, wie er argumentieren muss, um den anderen zu überzeugen. Das ist vor allem dann nützlich, wenn keiner der anderen Teilnehmer das Gegenüber spielen möchte, da die meisten Personen dieser Gruppe ihn ablehnen. Für alle Zuschauer dieses Spiels kann so die Denk- und Handlungsweise des anderen transparent werden.

Skillful Frustration ist eine sehr wichtige Lernerfahrung im Training wie im Coaching.

> Ein Trainer, Berater oder Coach wird nicht beauftragt, um die Probleme in der Firma zu lösen. Es geht lediglich darum, den Menschen ihre eigenen Kompetenzen und Ressourcen näher zu bringen, mit denen sie ihr Leben meistern können. Erst so können sie unabhängig arbeiten und leben.

Denn in der Regel weiß der Berater die richtige Lösung sowieso nicht, da er das System nicht so genau kennt wie die Beteiligten.

Und schließlich können im Training wie im Coaching alle kreativen Medien Einsatz finden. Hier gibt es so gut wie keine Beschränkung.

Bezüge zu anderen Methoden

Verbindung von Psychodrama und Gestaltpsychologie

Zwischen 1947 und 1949 lernte Fritz Perls in New York Jakob Moreno kennen, den Begründer des Psychodramas. Mit ihm teilte er nicht nur die Begeisterung für das Theater. Von Moreno übernahm Perls die Technik des *leeren Stuhls*. Auch das Rollenspiel in der Gruppe, das Inszenieren von Traumfragmenten und das Monodrama übertrug Perls von Moreno auf seinen Gestaltansatz. Beide therapeutische Richtungen sehen eine wichtige Form der Bearbeitung von Gefühlen in ihrem aktuellen Ausdruck (Aktionsphase). Erst durch den Ausdruck wird der Mensch entlastet und hat Kraft für neue Verhaltensweisen, so ihr Kredo. Die Gestalttherapie ist, so gesehen, eine Verbindung des Psychodramas mit den Ideen der Gestaltpsychologie.

Manche Haltungen und Techniken der Gestalttherapie finden sich im NLP wieder, denn hierfür stand Fritz Perls Modell. Zum Beispiel geht auch das NLP davon aus, dass ein Mensch nach Selbstverwirklichung strebt und ein Gleichgewicht sucht, das ihn lebensfähig macht. Die Perls akzeptierten in einer Sitzung, genau wie im NLP, keine Verallgemeinerungen. Wie die Metasprache es vorschreibt, werden schon hier Generalisierungen und Verkürzungen in Frage gestellt, um die zugrunde liegenden Gedanken und Implikationen zu hinterfragen. Das NLP bezeichnet dieses konsequente Nachfragen, bei dem der Erzähler selbst versteht, was er ausdrückt, als Erforschen der linguistischen Tiefenstruktur.

Die Integration von Polaritäten findet sich ebenso im NLP wieder. Dort als Meta-Programm formuliert, werden sie in der Gestaltarbeit bereits lange praktiziert. Allerdings legten die Perls Wert darauf, Polaritäten im menschlichen Leben zu akzeptieren und nicht eines zu Gunsten des anderen zu negieren. Beim NLP drängt sich manchmal der Eindruck auf, als gäbe es im Leben nur die Liebe und das Gute – zumindest im unseriösen NLP, das verspricht, alles sei machbar. Auch die Arbeit mit Metaphern wurde im NLP von der Gestalttherapie inspiriert.

Als eine der ersten kognitiv orientierten Richtungen berücksichtigt die Gestalttherapie den körperlichen Ausdruck und integriert Körpersprache in das Denken, in dem sie jede Geste und jede Haltung hinterfragt. Andererseits ist sie vielen rein kognitiven Richtungen verbunden, weil sie davon ausgeht, dass Einsicht bereits eine Veränderung erwirkt. Erst Petzold legte Wert auf den Transfer der neuen Erfahrung in den Alltag.

6. Gordon-Training

Thomas Gordon entwickelt einen neuen Kommunikationsstil

Thomas Gordon ist der Begründer des Instituts *Gordon Training International,* einer Trainingsorganisation. Er wird in vielen Bereichen als Pionier des Kommunikationstrainings in Unternehmen betrachtet. Dabei war es nicht die *Managerkonferenz,* die Gordon berühmt machte, sondern die *Familienkonferenz,* die vielen Familien half, den Weg aus der patriarchialischen Struktur zu finden. Erst nach diesem Erfolg schloss sich die Managerkonferenz an, und in den Neunzigerjahren schob Gordon noch die *Patientenkonferenz* nach, die die Interaktion zwischen Arzt und Patient unter die Lupe nimmt. Seine *Familienkonferenz* entwickelte Gordon in den Sechzigerjahren, die *Managerkonferenz* folgte Ende der Siebzigerjahre und die *Patientenkonferenz* schließlich erschien 1997.

Thomas Gordon ist Psychologe. Er begann sein Studium an der De Pauw Universität und schloss es an der Ohio State Universität ab. In Chicago promovierte und arbeitete er fünf Jahre an der Fakultät. In den Jahren 1942 bis 1946 war er Pilot bei der *Army Air Force.*

Gordon versteht sich als humanistischer Psychologe und ließ sich von Carl Rogers, seinem Lehrer und Kollegen, inspirieren. Er ist Mitglied der *American Psychological Association* und der *Association of Humanistic Psychology.* Außerdem war er Präsident der *California Psychological Association* und gehörte verschiedenen Friedensorganisationen an.

In den Siebzigerjahren beriet er die *White House Conference on Children* und war Sprecher der *White House Fellows.* Darüber hinaus wurde er in den Jahren 1997, 1998 und 1999 für den Nobelpreis aufgestellt.

Mit seiner Frau Linda Adams hat Thomas Gordon zwei erwachsene Töchter und zwei Enkelkinder.

Die Gordon-Methode im Management

Der Unternehmensberater Thomas Gordon basiert sein Konzept der erfolgreichen Führung auf drei Prinzipien, die er auf der Philosophie von Carl Rogers (Non-Direktive Gesprächsführung) aufbaut:

- das *Aktive Zuhören*
- das Senden von *Ich-Botschaften*
- die *Jeder-Gewinnt-Methode*

Im Führungsprozess hält er die Beeinflussung ohne Machtgebrauch für den Schlüssel zum Erfolg. Er sieht durchaus die Brücke, die eine Führungskraft schlagen muss: den Ausgleich zwischen den Bedürfnissen der einzelnen Mitarbeiter und des Teams gegenüber den Interessen der Organisation. Diese Brückenarbeit kann eine Führungskraft seiner Meinung nach nur dann effektiv bewältigen, wenn sie als Problemlöser auftritt. Es ist ihre zentrale Aufgabe, den Problemlösungsprozess anzubahnen.

Türöffner nutzen, um ins Gespräch zu kommen

Kontakt zu den Mitarbeitern aufnehmen

Nicht immer sind die Mitarbeiter dazu bereit, ihrer Führungskraft von aufgetretenen Schwierigkeiten zu berichten. Gordon formuliert aus diesem Grund verschiedene *Türöffner*, die einer Führungskraft helfen können, Kontakt zu den Mitarbeitern aufzunehmen:

- »Möchten Sie darüber sprechen?«
- »Kann ich Ihnen bei diesem Problem helfen?«
- »Ich würde gerne hören, was Sie meinen.«
- »Würde es Ihnen helfen, wenn Sie darüber sprechen?«
- »Ich würde Ihnen gerne helfen, wenn ich kann.«

Schweigen = passiv zuhören

Hat es eine Führungskraft geschafft, sich mit dem Mitarbeiter zusammenzusetzen, dann steht ihr die Technik *Aktives Zuhören* zur Seite. Dafür ist es zunächst einmal wichtig, passiv zuzuhören, also schweigen zu können. Schweigen bringt die Menschen dazu, über das zu reden, was sie bekümmert. Wenn man zu jemandem spricht, der bereit ist zuzuhören, fühlt man sich ermutigt, sich ihm anzuvertrauen. Das konzentrierte Zuhören wird ergänzt durch Signale, die dem anderen verdeutlichen, dass man sich voll und ganz auf ihn konzentriert. Solche Anzeichen sind beispielsweise der Blickkontakt, Nicken und zustimmende Äußerungen wie

»Verstehe ...« oder »Interessant ...«. Nicht zu vergessen ist hier, dass der Ton die Musik macht.

Aktives Zuhören

Gefühle des Gesprächspartners bewusst machen

Das *Aktive Zuhören* geht über passives Zuhören und eingestreute Signale hinaus. Der Zuhörer sendet die Informationen zwischen den Zeilen zurück, er drückt die Gefühle des Gesprächspartners aus, um sie sich und dem anderen bewusst zu machen. Wenn ein Mitarbeiter beispielsweise sagt: »Was soll es bringen, wenn hier alles verändert wird?«, spiegelt die Führungskraft das Gefühl zurück. »Sie fühlen sich entmutigt« wäre eine hilfreiche Rückmeldung. Durch ein solches Feedback hat der Sprecher einen greifbaren Anhaltspunkt. Er weiß nun, dass sein Gegenüber zuhört, und kann bestätigen: »Stimmt genau« oder korrigieren: »Entmutigt ist nicht das richtige Wort. Ich bin eher ärgerlich.«

> Die Kunst des *Aktiven Zuhörens* liegt darin, dass der Zuhörer fortlaufend die Ergebnisse seines Zuhörens mitteilt. Nach Gordon liefert dies den Beweis, dass der Empfänger verstanden hat, und es ermutigt den Sender, weiterzusprechen und sich ebenfalls kooperativ an einer Lösungsfindung zu beteiligen.

Aktives Zuhören ist nicht nur im Problemlösungsprozess ein hilfreicher Begleiter. Auch in der alltäglichen zwischenmenschlichen Kommunikation beugt es Missverständnissen vor. Es schafft ein positives Gesprächsklima und sorgt dafür, dass Gespräche effektiver und verständnisvoller verlaufen. Folgende Botschaften werden auf der Metaebene mitgeteilt:

- »Ich höre, was du fühlst.«
- »Ich verstehe, wie du die Dinge im Moment siehst.«
- »Ich begreife dich so, wie du im Moment bist.«
- »Ich bin interessiert und nehme Anteil.«
- »Mir ist klar, wo du im Moment stehst.«
- »Ich verspüre keinen Wunsch, dich zu verändern.«
- »Ich fälle kein Urteil über dich.«
- »Du brauchst keine Angst vor meiner Kritik zu haben.« (*Managerkonferenz*, S. 71)

»Ich weiß nicht«, sagen manche Seminarteilnehmer, »ist das *Aktive Zuhören* nicht ein bisschen unecht?« Klar, wenn jemand triviale Fragen stellt, zum Beispiel nach der Uhrzeit, und dann eine Antwort im Gordon-Stil erhält, ist das tatsächlich unecht. *Aktives Zuhören* ist vor allem in Konfliktsituationen hilfreich, kann allerdings so manchem Konflikt auch vorbeugen. Professionelle Konfliktmediatoren nutzen die Methode bei verfahrenen Situationen, um die Standpunkte zu verdeutlichen. Jede Partei muss hier die Position der Gegenseite formulieren, und zwar bis diese sich verstanden fühlt. Oft sind dann schon einige Punkte gelöst, denn die Parteien hatten sich vorher nicht richtig zugehört. »Hätte ich gewusst, dass Sie das meinen ...« ist eine häufige Reaktion.

Kommunikationssperren meiden

Der beschriebenen hilfreichen Gesprächshaltung stellt Gordon zwölf *Kommunikationssperren* gegenüber, die den Problemlösungsprozess hemmen oder unterdrücken können. Liest man sich die Liste der Kommunikationssperren durch, so stellt sich unweigerlich die Frage: »Sind das nicht ganz normale Sätze, die im Führungsalltag immer wieder gebraucht – und zu Recht gebraucht – werden?«

Kommunikationssperren nach Gordon

1. Befehlen, anordnen, auffordern
   Beispiel: »Sie müssen das tun.«

2. Warnen, mahnen, drohen
   Beispiel: »Wenn Sie das nicht tun, dann ...«

3. Moralisieren, predigen, beschwören
   Beispiel: »Ich bitte Sie, das zu tun.«

4. Beraten, Vorschläge machen, Lösungen finden
   Beispiel: »Die beste Lösung ist ...«

5. Durch Logik überzeugen, Vorträge halten, Gründe anführen
   Beispiel: »Die Erfahrung / die Tatsachen sagen uns, dass ...«

6. Urteilen, kritisieren, widersprechen, Vorwürfe machen
   Beispiel: »Sie sind auf dem falschen Weg.«

7. Loben, zustimmen, schmeicheln
   Beispiel: »Sie sind ein intelligenter Mensch mit großen Fähigkeiten.«

8. Beschimpfen, lächerlich machen, beschämen
   Beispiel: »Sie reden, als hörten Sie das erste Mal von der Sache.«

9. Interpretieren, analysieren, diagnostizieren
   Beispiel: »Das sagen Sie nur, weil Sie ärgerlich sind.«

10. Beruhigen, Sympathie äußern, trösten, aufrichten
    Beispiel: »Die Dinge sehen immer schlimmer aus, als sie sind.«

11. Forschen, fragen, verhören
    Beispiel: »Was haben Sie getan, um eine Lösung zu finden?«

12. Ablenken, ausweichen, aufziehen
    Beispiel: »Das hat doch auch sein Gutes.«

Killerphrasen

Sicher haben die meisten Führungskräfte den einen oder anderen Satz schon mehrfach genutzt und damit Erfolg gehabt. Gordon ist jedoch der Auffassung, dass man mit diesen Sätzen implizit, wenn nicht explizit, den Wunsch ausdrückt, den Gesprächspartner zu verändern. Man akzeptiert ihn nicht so, wie er ist. Aus den *Kommunikationssperren* liest seiner Meinung nach der Zuhörer den Wunsch heraus, anders zu denken, zu fühlen und zu handeln. Dieses negative Klima hemmt den Problemlöseprozess. Derjenige, der das Problem hat, wird in eine Verteidigungshaltung gedrängt. Einige der *Kommunikationssperren* sind auch als »Killerphrasen« bekannt geworden – Formulierungen also, die den Gesprächsfortgang blockieren.

Zentral im Gordon-Ansatz ist die Annahme, dass der Ratsuchende sehr wohl selbst in der Lage ist, die angemessene Lösung zu finden. Die Sperren behindern jedoch diesen Prozess. Sie zeigen an, dass der Berater für den Ratsuchenden tätig wird. Nach Gordons Auffassung kann man aber diesen Prozess niemandem abnehmen, da die gefundene Lösung zwar für den Berater sinnvoll erscheinen mag, jedoch kein akzeptabler Weg für den Ratsuchenden sein muss. Zudem macht eine Führungskraft durch das *Aktive Zuhören* deutlich, dass die Verantwortung für das Problem beim Mitarbeiter verbleibt. Die Verantwortung ist nicht auf die Führungskraft übertragbar.

Die Verantwortung bei den Mitarbeitern belassen

Eine Führungskraft, die ihre Mitarbeiter dazu bringt, ihre Probleme selbst zu lösen, tätigt eine vernünftige Investition, die sich als gewinnträchtig erweisen wird. Die Mitarbeiter werden weniger abhängig von ihr sein. Sie werden sich als entscheidungsfreudiger, selbstständiger und fähiger erweisen, ihre Probleme zunehmend selbst zu lösen. Darüber hinaus sind die Probleme oftmals so vielschichtig, dass eine Führungskraft dieser Komplexität nur schwer gewachsen ist. Belässt sie die Verantwortung bei den Mitarbeitern, kommt sie nicht in die Verlegenheit, Probleme lösen zu müssen, über die sie nur geringe Informationen besitzt. »Selbst hoch trainierte, professionelle Berater«, erklärt Gordon, »sind sich darüber klar, wie begrenzt das Verständnis für Probleme anderer Menschen gewöhnlich ist. Deshalb hüten sie sich davor, die Verantwortung für die Probleme ihrer Klienten zu übernehmen, obwohl sie häufig heftig dazu gedrängt werden.«

Vorstellbar ist es darüber hinaus auch, dass Mitarbeiter einer Führungskraft ein Problem berichten, um sich einfach Luft zu verschaffen. Sie wollen gar keinen Rat oder Lösungsvorschlag hören. Allein die konkrete Formulierung des Problems klärt viele Fragen. Der Betroffene kann den Problemlöseprozess selbstständig zu Ende führen.

Gordon räumt ein, dass man manchmal die *Kommunikationssperren* verwenden dürfe, aber immer dann nicht, wenn es um Probleme geht. Während der produktiven, problemfreien Arbeitszeit hemmen die Sperren die Kommunikation seiner Meinung nach nicht. Sobald sich jedoch ein Teammitglied aus der problemfreien Zone hinausbewegt, sollte man konsequent auf *Aktives Zuhören* umschalten. Und das ist gar nicht leicht, weil einem genau dann die Sperren am ehesten auf der Zunge liegen.

Aktives Zuhören heißt nicht zustimmen

Ein weit verbreitetes Missverständnis ist, *Aktives Zuhören* bedeute, die Auffassungen und Ansichten des Gegenübers zu teilen. Wenn eine Führungskraft akzeptiert, dass der Mitarbeiter ein Problem hat, dann heißt das noch lange nicht, dass sie dieses Problem gut findet oder gar selbst auch hat. Eine Problemschilderung zu kommentieren mit dem Satz: »Sie haben wirklich die Hoffnung aufgegeben« ist etwas anderes, als zu sagen: »Ich finde auch, dass diese Situation hoffnungslos ist«.

> *Aktives Zuhören* signalisiert: »Ich verstehe, dass Sie so empfinden.« Das bedeutet weder Zustimmung, noch Widerspruch. Es ist kein Urteil darüber, ob das Gefühl angemessen oder unangemessen ist. Der Zuhörer bejaht nur, dass die Gefühle in dieser Form vorhanden sind.

Es würde auch keinen Sinn machen, das zu negieren, denn de facto sind die Gefühle vorhanden.

Bejahen der Gefühle

Dieses einfache Bejahen der Gefühle kann nach Gordon in Konfliktsituationen bereits sehr entwaffnend wirken. In vielen Fällen stellen sich sehr heftige Gefühle im Nachhinein als unangemessen heraus. Negative Gefühle sind oft flüchtiger Natur. Wurden sie einmal formuliert, nehmen sie meist in ihrer Intensität ab. Hier beginnt dann der aktive Problemlösungsprozess.

Aktives Zuhören ersetzt keine Entscheidung. Es trägt dazu bei, dass sich das Problem herausschält und eine Lösung entworfen werden kann. Die Lösung setzt jedoch Maßnahmen voraus, die die Führungskraft durchführen muss.

Mit Assertionstechniken führen

Hat nicht ein Mitarbeiter ein Problem, sondern der Vorgesetzte selbst, dann kommt er mit *Aktivem Zuhören* nicht weiter. Ihm stehen nun die Assertionstechniken (Selbstbehauptung) zur Seite. Viele Führungskräfte treten nicht deutlich genug auf. Deswegen fällt es ihnen schwer, Menschen gegenüberzutreten, deren Verhalten ein Problem für sie darstellt. Es widerstrebt fast allen Menschen, jemandem zu sagen, dass er uns Probleme verschafft. Denn wir laufen damit Gefahr, den anderen zu verärgern oder zu verletzen. Meistens reagieren Menschen auf Kritik auch negativ. Sie beginnen einen Streit, geben die Kritik zurück oder meiden den Kritiker von da an. Kritik zu vermeiden ist sicherlich nicht der Königsweg.

Ich-Botschaften senden

Reagiert ein kritisierter Mitarbeiter ärgerlich auf ein Kritikgespräch, so liegt das nach Gordon daran, dass die Führungskraft ungeschickt formuliert hat. In der Regel werden Kommunikationssperren eingesetzt, die auch dann ungeeignet sind, wenn man mit einem Mitarbeiter ein Fehlverhalten besprechen möchte. Betrachtet man die gesendeten Botschaften genauer, stellt man fest, dass sie eine ausgeprägte Du- oder Sie-Komponente beinhalten. Gordon nennt sie deswegen *Du-Botschaften.* Mit *Du-Botschaften* läuft man allerdings Gefahr, die Beziehung zu anderen Menschen zu schädigen, denn sie verursachen Schuldgefühle, werden als herabsetzender Tadel empfunden und provozieren reaktive Verhaltensweisen. Sie bewirken Groll, fördern aber nicht das, was sie beabsichtigen: Den anderen zum Nachdenken zu bringen und so eine Verhaltensänderung zu bewirken.

Du-Botschaften

Gibt man beispielsweise seiner Sekretärin einen Brief zurück mit dem Kommentar: »Der Brief enthält viele Tippfehler. Sie müssen ihn nochmals schreiben.«, dann hat die Sekretärin keine Chance, sich mit den Fehlern zu beschäftigen und von sich aus anzubieten, den Brief neu zu schreiben. Auch diese Formulierung ist eine *Du-Botschaft,* denn sie setzt die Leistungen der Sekretärin herab.

Das Senden von *Ich-Botschaften* nennt man auch *Leveling,* weil der Gesprächspartner auf dem gleichen Level bleibt. Man versucht nicht, den anderen herabzusetzen. Im Falle der Sekretärin wäre folgende Reaktion angemessen: »Der Brief enthält sieben Tippfehler. Ich fürchte, unsere Kunden werden nicht positiv reagieren, wenn sie einen Brief mit so vielen Tippfehlern erhalten.« Die Sekretärin wird ihrem Vorgesetzten nach diesen Worten nicht gerade um den Hals fallen. Niemand wird gerne kritisiert. Aber sie hat eine faire Chance anzubieten, die Korrekturen schnellstmöglich vorzunehmen.

> Das Formulieren von Kritik in Form von *Ich-Botschaften* ist hilfreich, um den anderen sein Gesicht wahren zu lassen.

Elemente von Ich-Botschaften

Damit der andere eine *Ich-Botschaft* nicht als Angriff erlebt, wie es beispielsweise bei dem Satz »Ich bin enttäuscht« geschehen könnte, enthalten korrekte *Ich-Botschaften* immer drei Elemente:

Verhalten + Gefühle + Wirkungen

Es wird also zunächst kurz das zu kritisierende Verhalten beschrieben, dann folgen die Gefühle, die es auslöst, und eine greifbare Wirkung oder Konsequenz. Der dritte Teil beinhaltet die Argumentation dafür, dass der Gesprächspartner sein Verhalten ändern soll. Aus einer *Du-Botschaft* wird nicht allein dadurch, dass der Sprecher ein »Ich« vorschaltet, eine *Ich-Botschaft*. Beispielsweise ist der Satz »Ich finde, Sie sollten den Brief neu schreiben« keine *Ich-Botschaft*.

Beim Senden von *Ich-Botschaften* sollte man sich immer bewusst sein, dass letztendlich der Empfänger entscheidet, ob er sein Verhalten verändern möchte. Die Verantwortung bleibt bei ihm. Da die Führungskraft das Problem hat, ist sie gewissermaßen von ihrem Mitarbeiter abhängig. *Ich-Botschaften* sind lediglich Hilfsappelle, aber genau das macht sie so wirksam. Die meisten Menschen reagieren deutlich kooperativer auf ehrliche Bitten als auf Forderungen, Drohungen oder Belehrungen.

Jeder-Gewinnt-Methode

Die *Jeder-Gewinnt-Methode* trägt als Abrundung zu den anderen Prinzipien dazu bei, die Bedürfnisse der Individuen mit den Interessen der Organisation zu vereinbaren. Mit dieser Methode werden Lösungen gesucht und gefunden, die die Interessen beider Parteien wahren. Gordon ist der Auffassung, dass diese Methode im Alltag zwischen Ehepartnern und Kindern sehr häufig angewendet wird. Voraussetzung dafür ist allerdings, dass beide Parteien dazu bereit sind, die Interessen des anderen zu berücksichtigen. Will sich einer auf Kosten des anderen durchsetzen oder verfolgt eine Partei ein bestimmtes Ziel, dann steht dies dem Problemlösungsprozess im Weg. Zu Beginn einer Konfliktsituation wissen beide Parteien noch nichts über ihren Ausgang. Beenden beide das Gespräch mit einer tragbaren und einvernehmlichen Lösung, so ist es sehr viel wahrscheinlicher, dass sich beide Partner an die Vereinbarungen halten. Nach Auffassung von Gordon kommen mit dieser Methode auch die qualitativ besseren Entscheidungen zustande.

Gordons Kredo für Beziehungen

> Du und ich stehen in einer Beziehung zueinander, die ich für wertvoll halte und bewahren möchte. Jeder von uns ist ein einzigartiger Mensch mit Bedürfnissen, die er auf seine Art befriedigen möchte.
>
> Wenn du Probleme hast, deine Bedürfnisse zu befriedigen, werde ich dir annehmend und verständnisvoll zuhören, um dir zu helfen, eigene Lösungen zu finden, anstatt dir meine anzubieten. Ich respektiere dein Recht, eigene Glaubensgrundsätze und Wertvorstellungen zu entwickeln, auch wenn sie anders sind als meine.

Wenn mich indessen dein Verhalten daran hindert, meine Bedürfnisse zu befriedigen, werde ich dir offen und ehrlich sagen, wie mir zumute ist. Und ich bin zuversichtlich, dass du meine Bedürfnisse und Gefühle genügend beachtest, um allenfalls dein für mich unannehmbares Verhalten zu ändern. Und wenn immer ich dich mit meinem Verhalten behindere, hoffe ich, dass auch du mir dies sagst, damit ich dir entgegenkommen kann und mein Verhalten angemessen ändere.

Wenn es einem von uns nicht möglich ist, sich so zu verhalten, dass der andere seine Bedürfnisse befriedigen kann, bedeutet das für mich, dass wir einen Konflikt haben. Ich möchte einen solchen Konflikt mit dir lösen, ohne dass einer von uns Drohungen oder Gewalt anwendet, um auf Kosten des anderen zu siegen. Ich werde deine Bedürfnisse ebenso respektieren wie meine und gemeinsam mit dir nach Lösungen suchen, welche unsere Bedürfnisse befriedigen und für uns beide akzeptabel sind. Wir werden jene Lösung wählen, die weder Sieger noch Verlierer zurücklässt – beide werden gewinnen.

Auf diese Weise kann jeder von uns gleichermaßen seine Persönlichkeit entwickeln, und indem er seine Bedürfnisse befriedigt, zu dem Menschen werden, zu dem er fähig ist. So können wir eine liebevolle, friedfertige und von Respekt getragene Beziehung zueinander haben (Gordon 1995, S. 272f.).

METHODE IM ÜBERBLICK

Die Methode im Überblick

Das Konzept der erfolgreichen Führung basiert auf drei Prinzipien: dem *Aktiven Zuhören*, dem Senden von *Ich-Botschaften* und der *Jeder-Gewinnt-Methode*.

Zwischen den Zeilen hören

Das *Aktive Zuhören* zeichnet sich dadurch aus, dass der Zuhörende nicht nur die Worte wahrnimmt, sondern das »zwischen den Zeilen« Ausgedrückte erfasst. Die Kunst des Aktiven Zuhörens liegt darin, dass der Zuhörer fortlaufend signalisiert, dass er zuhört und mitdenkt. Dies hilft, Kommunikationssperren zu überwinden. Allerdings bedeutet es nicht, die Meinung seines Gegenübers zu teilen, sondern nur, dass man sich die Mühe macht, sich mit dem Standpunkt des anderen auseinander zu setzen.

METHODE IM ÜBERBLICK

Neben dem *Aktiven Zuhören* ist es wichtig, deutlich und klar seinen eigenen Standpunkt zu formulieren. Dabei ist es hilfreich, *Ich-Botschaften* zu verwenden, denn keiner lässt gerne an sich herumnörgeln, sich in die Ecke treiben oder gar bedrohen. Wichtig ist, den anderen sein Gesicht wahren zu lassen. Jede kritisierende *Ich-Botschaft* soll drei getrennte Nachrichten enthalten: Verhalten + Gefühle + Wirkungen.

Beim Senden von *Ich-Botschaften* sollte klar sein, dass es letztendlich der Empfänger ist, der über eine Veränderung seines Verhaltens entscheidet.

Mit der *Jeder-Gewinnt-Methode* werden Lösungen gesucht und gefunden, die die Interessen beider Parteien wahren.

Die Managerkonferenz in Beratung und Training

Die Gordon-Prinzipien sind Grundlage für jedes Führungs- und Kommunikationstraining. Sie sind genauso wenig wegzudenken wie die Auseinandersetzung mit den Glaubenssätzen. Dadurch, dass die *Managerkonferenz* direkt für die Situation im Unternehmen geschrieben wurde, können alle Prinzipien direkt übernommen werden.

Positives Menschenbild

Und dennoch wird ein Seminarleiter, der die Gordon-Prinzipien in einem Führungsseminar trainiert, nicht nur Beifall ernten. Denn alle Techniken basieren auf einem sehr positiven Menschenbild. Zunächst scheinen die Prinzipien einleuchtend und einfach umsetzbar zu sein. Bei der ersten Übung bemerken die Teilnehmer jedoch schnell, dass sie oft in alte, bewährte Verhaltensmuster zurückfallen. Sie hören nicht mehr aktiv zu und fangen in Konfliktsituationen schnell an, den Fehler beim anderen zu suchen, anstatt konsequent mit *Ich-Botschaften* zu arbeiten und ihr eigenes Verhalten in Frage zu stellen. Auch die *Kommunikationssperren* sind für viele Menschen aus Konfliktgesprächen nicht wegzudenken.

Das, was die Gordon-Methode und die Techniken anderer Vordenker so schwer umsetzbar macht, ist die Tatsache, dass jeder bei sich selbst beginnen muss, obwohl alle den Wunsch haben, lieber die anderen Menschen zu verändern. Und dennoch lohnt es, die drei Grundprinzipien *(Aktives Zuhören, Ich-Botschaften und Jeder-gewinnt-Methode)* in jedem Kommunikations- und Führungstraining zu besprechen. Denn es handelt sich hier um handfeste Tools, die erlernt und mit deren Anwendung viele schwierige und konfliktreiche Situationen entschärft werden können.

Bezüge zu anderen Methoden

Thomas Gordon hat seine Methode nicht am »grünen Tisch« entwickelt. Auch er hat wie andere Theoretiker einen Zeitgeist aufgegriffen und ihn – und das unterscheidet ihn von den meisten anderen – außerhalb eines therapeutischen Rahmens für gesunde Menschen nutzbar gemacht.

Humanistische Basis

Zentrale Idee seines Kommunikationsstils sind die Ich-Botschaften. Ruth Cohn hat es zwar nicht so formuliert, gesagt aber hat sie das Gleiche, wenn sie schreibt: »Sprich nicht per man, sondern per ich« oder »Sag besser etwas von dir, anstatt zu fragen«. Den humanistischen Zeitgeist nutzen Cohn und Gordon als Basis für ihre Arbeit.

Das Einfache hat oft mehr Wirkung als komplexe Theorien und Persönlichkeitsdiagnostiken, die sich in Führungstrainings finden. Neue Ansätze nutzen im Prinzip die gleichen Mechanismen. Beispielsweise entspricht die Idee des Ressourcen-Weckens aus dem NLP weitgehend den drei Grundprinzipien Gordons. Der andere wirkt gestärkt und hat die Chance, neue Kräfte und Ideen zu entwickeln. Auch der moderne Begriff »Win-Win-Strategie« ist nichts anderes als die *Jeder-Gewinnt-Methode*, die letztendlich auf die Transaktionsanalyse nach Thomas Harris zurückgeht.

Grundsätzlich stützt Gordon sich zu hundert Prozent auf die humanistische Weltsicht von Carl Rogers. Das Gordon-Training kann als Umarbeitung der klientenzentrierten Gesprächsführung für Familien, Management und Ärzte gesehen werden.

7. Hypnotherapie

Milton Erickson ist ein Vorbild für seine Klienten

Milton Hyland Erickson wurde am 5. Dezember 1901 geboren und starb im Alter von 79 Jahren am 25. März 1980. Viele Menschen beschreiben ihn als den innovativsten, kreativsten und unkonventionellsten Psychotherapeuten des 20. Jahrhunderts.

Milton Erickson hatte aufgrund von Legasthenie eine schwere Grundschulzeit. Nach der Grundschule ging er auf die Highschool. Hier wurde er »Dictionary« genannt, da er oft stundenlang im Wörterbuch las. Er hatte nicht verstanden, dass die Wörter alphabetisch geordnet waren, und so suchte er jedes Wort. Erickson war als Kind außerdem farbenblind und tontaub. Aufgrund dieser Eigenarten galt er in seiner Kindheit lange als zurückgeblieben.

Kinderlähmung

Im Jahre 1919 schloss er die Highschool ab und erkrankte noch im selben Jahr an Kinderlähmung. Er entging nur knapp dem Tod. Die Infektion hatte ihn vorübergehend völlig gelähmt. Er konnte nur seine Augen ein wenig bewegen, Sprechen bereitete ihm große Mühe. Um seine Bewegungsfähigkeit wiederzugewinnen, nutzte er neben seinem unbändigen Willen auch Trance-Zustände. Er starrte stundenlang auf seine Hand und versuchte sich daran zu erinnern, wie es sich anfühlte, eine Heugabel in ihr zu halten. Nach elf Monaten konnte Erickson wieder an Gehstöcken gehen. In dieser Zeit entwickelte er eine außerordentliche Differenziertheit in der bewussten Einschätzung minimaler Bewegungen.

Er entschied sich, Medizin und Psychologie zu studieren, da er nicht in der Lage sein würde, eine Landwirtschaft zu führen wie sein Vater. Von einem Kanu-Trip, der ihn 600 Meilen den Mississippi abwärts und wieder zurückführte, kehrte er ohne Gehstöcke zurück. Das einzige, was blieb, war ein leichtes Hinken.

1925 heiratete Erickson und hatte mit seiner Frau drei Kinder. Nach Beendigung seines Studiums arbeitete er als Gutachter und begann eine Spezialausbildung am *Colorado Psychopathic Hospital*. Seine Magisterarbeit verhalf ihm zu einer Anstellung am *Rhode Island State Hospital*. Dort arbeitete er an einem Forschungsprojekt, das sich mit der Möglichkeit befasste, einen schnellen und vertrauensvollen Kontakt zu Patienten herzustellen. Sein Vorgesetzter war von seiner Arbeit so beeindruckt, dass er ihn für eine Stelle im Forschungsbereich des bekannten *Worchester State Hospital* in Massachusetts empfahl. Im Frühjahr 1934 ging Erickson an das *Wayne County General Hospital* in Eloise / Michigan. Er leitete dort die Abteilung für Psychiatrie und Forschung.

1935 reichte Erickson die Scheidung ein und begegnete kurz darauf seiner zweiten Frau Betty. Bereits 1936 fand die Hochzeit statt. Diese zweite Ehe beschreibt Erickson als sehr glücklich. Mit Betty hatte Erickson fünf Kinder.

Erickson nahm verschiedene Lehraufträge und Gastprofessuren an und widmete sich umfangreichen Forschungsarbeiten.

Allergischer Schock nach Unfall

Im Jahre 1947 hatte er einen Fahrradunfall. Die Wunde war sehr verschmutzt, so dass er sich für eine Tetanus-Impfung entschied, obwohl er wusste, dass er allergisch reagieren würde. Er erlitt einen anaphykalischen Schock und war wieder dem Tod nahe. Die folgenden 15 Monate waren von Gelenk- und Muskelschmerzen und von häufigen Zusammenbrüchen geprägt. In dieser Zeit entwickelte Erickson eine so schwere Pollenallergie, dass mehrere Krankenhausaufenthalte notwendig waren. Die Familie entschied sich, in ein anderes Klima umzuziehen. Das trockene Wüstenklima von Phoenix/Arizona brachte wie erhofft Linderung.

Erickson arbeitete in Phönix zunächst am *Arizona State Hospital* und eröffnete dann eine private Praxis, die aus gesundheitlichen Gründen in seinem Haus war. Im Jahre 1953 erkrankte Erickson erneut sehr schwer. Erst nach mehrmonatigen Tests wurde erkannt, dass er sich ungewöhnlicherweise erneut mit Kinderlähmung infiziert hatte. Für den Rest seines Lebens litt Erickson unter immer wiederkehrenden Krankheitsschüben. Sie schränkten sein Leben und seine Arbeit immer mehr ein. Er litt unter chronischen Schmerzen in Muskeln und Gelenken, so dass er die letzten Lebensjahre (ab 1976) halbseitig gelähmt im Rollstuhl verbrachte. Trotzdem arbeitete und lehrte er bis eine Woche vor seinem Tod.

Trotz seiner körperlichen Einschränkungen studierte Erickson an der Universität in Wisconsin und wurde Gründungspräsident der *American Society of Clinical Hypnosis*, Herausgeber des *American Journal of Clinical*

Hypnosis und Gründungsdirektor der *Education and Research Foundation of the American Society of Clinical Hypnosis*. Er bekleidete eine Professur für Psychiatrie an der Wayne State University und war Ehrenmitglied in verschiedenen Verbänden.

Erickson wandte sich nicht nur von der traditionellen Psychotherapie ab, sondern kehrte auch der klassischen Hypnose den Rücken. Sein Ziel war es nicht, Menschen »umzuprogrammieren«, sondern er wollte seinen Patienten in der Trance ihre Begabungen vor Augen führen. Die Trance erleichtert den Zugang zu unbewussten Fähigkeiten und setzt Kräfte für Veränderungen frei. Veränderungen seiner Klienten schrieb er sich nicht selbst zu, sondern freute sich, wenn Menschen es schafften, ihre Ressourcen zu aktivieren, um ihr Leben besser zu bewältigen.

Stimme als therapeutisches Werkzeug

Erickson wird beschrieben als eine Mischung aus Mediziner, Heiler, Poet, Wissenschaftler und Barde. Manche nannten ihn den »weltbesten Kommunikator«. Die schriftlich angefertigten Transkripte seiner Sitzungen geben deswegen nur die Hälfte seiner Arbeitsweise wieder. Sie sind unbefriedigend für jeden Interessierten, denn nicht verzeichnet sind alle Pausen, sein Lächeln, der Blickkontakt, die stimmlichen Veränderungen und der gekonnte Einsatz von Betonungen, die die gewählten Worte markieren. Gesammelt wurden seine wichtigsten und bekanntesten Lehrgeschichten in dem Band *My voice will go with you* von Sidney Rosen. Wegen seiner starken Handicaps entwickelte Erickson seine Stimme, um Sprache als therapeutisches Werkzeug zu nutzen. In dieser Fähigkeit ist er einzigartig. Sein Lehrer war, wie er selbst sagt, seine schwere Krankheit.

Obwohl Erickson über 140 Artikel publizierte und Co-Autor von fünf Büchern ist, besaß er keine explizite Persönlichkeitstheorie. Seiner Auffassung nach engte eine Theorie seinen kreativen Spielraum ein, und so tat er einfach das, was Erfolg versprach. Sein Kredo galt der Flexibilität, der Einzigartigkeit und der Individualität. Das spiegelt sich in seinen Schriften, aber auch in seinem eigenen Leben wider.

Hypnotherapie oder wie man durch geplante Umwege an sein Ziel kommt

Was ist Hypnose?

Niemand weiß wirklich, was Hypnose ist. Nur eines ist sicher: Sie wirkt. In Fachkreisen wird sie definiert als ein so genannter »veränderter Bewusstseinszustand«. Welche Veränderung hier allerdings gemeint ist, bleibt offen. Der unkundige Leser ist geneigt, an eine Art Schlaf oder Traum zu denken. Und damit hat er nicht ganz Unrecht, bedenken wir, dass die Hypnose ihren Namen dem griechischen Gott des Schlafs *Hypnos* verdankt. Doch mit nächtlichem Schlaf- oder Traumphasen hat die Hypnose nichts zu tun. Sie ähnelt viel eher dem Zustand des Tagträumens, für den wir in der Schule ermahnt wurden.

Der Versuch, den hypnotischen Zustand zu definieren, brachte Mediziner und Psychologen dazu, mit Hilfe eines EEGs typische Hirnströme ermitteln zu wollen. Dieser Ansatz schlug fehl, denn jeder Forscher berichtete von anderen Ergebnissen. Es konnte nicht einmal von allen ein Unterschied zum normalen Wachzustand nachgewiesen werden. So wissen wir bis heute nicht genau, welche physiologischen und psychologischen Veränderungen die Hypnose mit sich bringt.

Hypnose ist eine der ältesten psychologisch-medizinischen Verfahren und wurde vor Einführung der Narkose im letzten Jahrhundert erfolgreich bei Operationen und schmerzhaften Behandlungen eingesetzt. Auch heute noch hat sie in Medizin und Zahnmedizin ihren festen Platz. Mit ihr werden zunehmend mehr Schmerzen, Allergien, Hauterkrankungen und Immunerkrankungen behandelt.

Was Hypnose nicht kann

In Verruf gekommen ist die Hypnose durch verschiedene Show-Auftritte, bei denen so genannte Hypnotiseure ganze Zuschauergruppen »einlullten«. Mit autoritärem Ton suggerierten sie ihren Zuschauern beispielsweise, müde zu werden, und manipulierten so ihren Gefühlshaushalt. Dieses Gebaren hat allerdings mit der medizinischen oder psychotherapeutischen Form der Hypnose nichts zu tun. Geschulte Therapeuten nutzen keine Massenhysterien, um ihr Können unter Beweis zu stellen. Sie geben auch keine autoritär formulierten Standardinduktionen, wie zum Beispiel: »Du schläfst tiefer und tiefer.« Entgegen der landläufigen Meinung kann man mit Hypnose niemanden dazu bewegen, ein Verbrechen zu begehen oder andere fragwürdige Dinge zu tun. Auch dient sie nicht der Umprogrammierung gegen den eigenen Willen. Das gibt es nur in schlechten Filmen. Denn das Unbewusste ist eine kluge Instanz und lässt nicht zu, dass man etwas tut, das man im wachen Zustand nicht ebenfalls für gut befinden würde.

Therapeuten führen ihre Patienten sanft in die Hypnose. Allerdings streicheln sie ihren Patienten nicht mehr über den Kopf, wie Franz Mesmer, der Urvater der modernen Hypnose, den Zustand einleitete. Er war davon überzeugt, mit dieser Geste das »magnetische Fluidum« seines Patienten beeinflussen zu können.

Ablauf der hypnotischen Behandlung

Die Basis für eine hypnotische Behandlung im Rahmen einer Psychotherapie ist das Vertrauen zwischen dem Therapeuten und seinem Klienten. Aufbauend auf dieses Vertrauensverhältnis lässt sich ein Klient langsam in den »Tagtraum« führen. Der Hypnotiseur formuliert seine Anweisungen so offen, dass alle Gedanken und Vorstellungen des Klienten zu den Suggestionen passen. Der Therapeut bittet den Klienten beispielsweise, gedanklich an einen wunderschönen Ort zu gehen, um sich zu entspannen. Würde er den Klienten bitten, gedanklich in seinem Lieblingssessel Platz zu nehmen, so würde er bei manchen Menschen damit keine Hypnose einleiten können, nämlich bei all denen, die keinen Lieblingssessel haben, und bei denen, die sich lieber an einem anderen Ort entspannen. Auch bei allen weiteren Induktionen ist Vorsicht geboten. Entsteht eine Unstimmigkeit zwischen dem Inhalt der Suggestionen und der Vorstellungswelt der Klienten, unterbricht das blitzschnell den hypnotischen Zustand.

Im Anschluss an die Einleitung erhält der Klient von seinem Therapeuten verschiedene Aufträge, die zur Lösung des zu bearbeitenden Problems beitragen können. Durch die innere Ruhe und Konzentration wird der Klient auf Gefühle und Erlebnisse gestoßen, die ihm im Wachzustand nicht zugänglich sind.

Die Hypnose nach Milton Erickson

Wieder aufgegriffen wurde die Hypnose als ernst zu nehmende therapeutische Form vor allem in den Siebzigerjahren durch Milton Erickson. Er machte es sich, bedingt durch seine Krankheit, zur Aufgabe, Menschen genau zu beobachten. Seinem trainierten Auge entging weder die kleinste Bewegung noch die minimalste Hautfarbenveränderung. Er führte auch nicht explizit in den hypnotischen Zustand, sondern webte seine Suggestionen fast unbemerkt in ein scheinbar alltägliches Gespräch ein. Seine Techniken basieren nicht auf wissenschaftlich überprüftem Wissen, sondern auf dem Boden von Praxis und Menschenkenntnis. Im Wesentlichen nutzte Erickson folgende Techniken:

- Sich einstellen auf sein Gegenüber
- Metaphern und Anekdoten
- Utilisation
- Ungewöhnliche Aufgaben
- Minimale Veränderungen
- Den eigenen Ausdruck variieren
- Rekonstruktion

Sich einstellen auf sein Gegenüber

Erickson geht davon aus, dass sich der Klient nur selbst verändern kann. Deshalb passt er alle seine Interventionen dem Weltbild des Klienten an. Er orientiert sich an den Wertvorstellungen, den Interessen, der Motivation, den Überzeugungen, dem Verhalten und dem sprachlichen Stil des Klienten. Hat er einen *Rapport* (siehe NLP) geschaffen, ist also ein Vertrauen zwischen ihm und dem Klienten entstanden, dann kann er beginnen. Erickson interessiert sich auch nicht unbedingt für das Symptom, sondern vielmehr für den Zeitpunkt, die Frequenz und den Kontext, in dem es auftritt. Denn hier liegt die Chance für eine Veränderung. Das Symptom selbst ist seiner Meinung nach austauschbar.

Metaphern und Anekdoten

Erickson erzählte seinem Patienten Anekdoten, sprang von einem Thema zum anderen, arbeitete mit Metaphern und war davon überzeugt, dass das Unbewusste seines Gegenübers die richtigen Schlüsse daraus ziehen würde. Durch diese Verwirrungstechnik, hoffte er, würden seine Klienten abschalten. Er hörte erst auf, verwirrende, vielschichtige Geschichten mit undurchsichtiger Struktur zu erzählen, bis er eine Art Trance feststellen konnte.

> Mit dem Ausschalten des bewussten Zuhörens fällt der Klient in eine Trance, die es ihm ermöglicht, die Metaphern unbewusst zu entschlüsseln.

Momente der Verwirrung können auch dazu beitragen, ein eingefahrenes Denkmuster zu destabilisieren. Durch die interne Umstrukturierung können neue Möglichkeiten zur Lösung entstehen. Bemerkte Erickson, dass ein Klient die eingebauten Analogien zu sich selbst verstand, wechselte er blitzschnell das Thema. Denn er wollte explizit nicht mit Einsichten und Bewusstmachung arbeiten.

> Suggestionen zum Wecken von Veränderungspotenzialen sollen möglichst beiläufig formuliert werden, damit sie wenig Widerstand auslösen und in erster Linie vom Unbewussten aufgenommen werden. Kritische Denkgewohnheiten werden so umgangen.

Utilisation

Eine dritte bekannte und wichtige Technik ist die *Utilisation*. Kurz kann man sie mit dem Leitsatz »Alles nutzen, was hilft« beschreiben. Erickson versuchte, die Ressourcen aus den klientenspezifischen Persönlichkeitseigenschaften, Fähigkeiten und Lebenserfahrungen herauszufinden und zu nutzen. Alles, was der Klient »mitbrachte«, war für ihn interessant. Dazu gehört beispielsweise, dass sich der Therapeut auf den Sprachstil des Gegenübers einstellt, der die Wertvorstellungen nutzt, um neue Möglichkeiten zu schaffen und unvorhergesehene Reaktionen zu bewirken. Dabei helfen Umdeutungen und das Suchen ungewöhnlicher Lösungen. *Utilisation* ist eine Wissenschaft für sich. Der Einsatz bedarf einer enormen Einstellungsfähigkeit und eines schnellen Reaktionsvermögens. Nicht zu vergessen ist hier die außergewöhnliche, kreative Leistung des Therapeuten, denn es handelt sich um eine ausgesprochen komplexe Methode.

Wirklich erfolgreiche *Utilisation* erfordert ein enormes Maß an Kreativität im Denken und Flexibilität im Verhalten. Das soll anhand von drei Beispielen kurz erläutert werden. Erickson wurde mit den verschiedensten Menschen konfrontiert. Einmal wurde ein Junge zu ihm geschickt, der aufsässig und frech war. Schon beim Hereinkommen sagte er zu Erickson, er sei müde und habe keine Lust, sich Ericksons Worte anzuhören. Erickson erlaubte ihm einzuschlafen und begleitete diese Trance durch Suggestionen, die sich später als dienlich erwiesen. Er nutzte den Widerstand des Jungen, um an sein Ziel zu kommen. Ein anderer Patient, ein Mann mittleren Alters, erklärte deutlich, er sei nicht hypnotisierbar und orientiere sich immer an den tatsächlichen Dingen, wie dem Stuhl und dem Tisch, die er vor sich sähe. Erickson bat ihn, seine derzeitige Realität weiter zu beschreiben, und der Mann beschrieb den ganzen Behandlungsraum. Diese Beschreibung ergänzte Erickson zunächst mit realen sichtbaren Dingen, löste seine Ergänzungen nach und nach stärker von äußerlich wahrnehmbaren Dingen ab und führte so die Konzentration des Mannes langsam auf innere Prozesse, bis er ihn in Trance vorfand.

Im dritten Beispiel sah er sich einem alten, sehr stolzen, völlig gelähmten Preußen gegenüber. Dessen Widerstand lockte er hervor, indem er ihn unermesslich beleidigte. Er warf ihm unter anderem vor, ein altes Nazischwein zu sein und das karitative Bett für seine Faulheit auszunutzen. Der Mann hatte ein Jahr lang nicht sprechen können, aber als Erickson ihm ankündigte, dass er am nächsten Tag wiederkommen sollte, sagte er »Nein«, was Erickson wieder aufnahm, indem er sagte, er habe ein Jahr den Mund gehalten, um nun bei der kleinsten Beleidigung zu sprechen. Er trieb es so weit, bis dieser völlig gelähmte Mann aufstand und es schaffte, zu seinem Auto zu gelangen. Drei so unterschiedliche Situationen, und allen liegt die gleiche Technik zu Grunde:

> Was der Klient mitbringt, wird in einer Art genutzt,
> die Neues ermöglicht.

Ungewöhnliche Aufgaben

Berühmt geworden sind auch die »Prüfungen«, die Erickson seinen Patienten auferlegte. Auf seinen Rat hin haben viele Klienten den Squaw Peak erklommen, einen Berg bei Phoenix, wo Erickson praktizierte. Sein Ziel war es, dass die Klienten neue, ungewöhnliche Erfahrungen sammelten, um alte Muster zu durchbrechen. Es dauert etwa eine Stunde, bis man den ca. 300 Meter hohen Berg auf einem steinigen Weg erklommen hat. Von oben hat man eine ganz andere Weltsicht, und die eigenen Probleme fühlen sich dadurch auch anders an. Noch heute pilgern Menschen im Andenken an Erickson auf den Squaw Peak.

Bekannt geworden ist beispielsweise auch die Geschichte von einem Mann, der Alkoholiker war und selbst aus einer Alkoholikerfamilie stammte. Auch seine Eltern und sein Bruder waren seit langer Zeit abhängig. Für konventionelle Therapeuten ist eine solche Anamnese ein fast hoffnungsloser Fall, aber nicht so für Erickson. Er hypnotisierte den jungen Mann und trug ihm auf, sich in den Botanischen Garten ins Kakteenhaus zu setzen. Dort möge er beobachten, wie die Kakteen es schaffen, monatelang ohne etwas zu trinken auszukommen. Der junge Mann gehorchte und wurde von seiner Sucht befreit.

Minimale Veränderungen

Erickson versuchte immer, an den Stellen Veränderungen herbeizuführen, an denen sie am leichtesten umsetzbar sind. Kleine Veränderungen können einen großen Effekt haben. Eine geringfügige Veränderung an einer strategisch richtigen Stelle kann das Gebäude der Problemerhaltung erschüttern und eine Neuorganisation herbeiführen.

Den eigenen Ausdruck variieren

Erickson veränderte das eigene sprachliche und körpersprachliche Verhalten bei jedem Patienten. Er erzählte Gärtnern nicht nur etwas von Pflanzen und Ingenieuren etwas über Maschinen, sondern passte sein eigenes sprachliches und nonverbales Verhalten dem Gegenüber exakt an. Er wusste genau, welche Mimik und welchen Ausdruck er in einer bestimmten Situation hatte. Das trainierte er auch immer wieder vor dem Spiegel. Zudem machte er sich ausführliche Notizen über seine Suggestionen und schöpfte nach einiger Zeit aus einem reichen Fundus. Er übte und arbeitete immer, wenn er konnte. Seinen eigenen Angaben nach versetzte er in seinem Leben etwa 30 000 Menschen in Trance.

Rekonstruktion

In traumatischen Fällen nutzte Erickson das Mittel der Rekonstruktion. Hatten Menschen schreckliche Erlebnisse überstehen müssen, die sie nicht für sich abschließen konnten, dann begleitete Erickson sie in Trance in einer Rekonstruktion. Die erlebte Situation wurde gedanklich und gefühlsmäßig so lange verändert, bis sie für den Klienten erträglich wurde. Dabei wurden fiktive Elemente hinzugefügt oder unerträgliche Details herausgenommen. Der Unterschied zwischen Fakten und Fiktion wird nach einiger Zeit nicht mehr wahrgenommen.

Erickson folgte in seiner Arbeit streng anthropologischen Grundsätzen. Diese spiegelten sich in seinem Umgang mit den Klienten wider und beeinflussten die Wahl seiner Techniken. Entgegen vielen anderen psychotherapeutischen Richtungen lenkte Erickson seine Aufmerksamkeit nicht so sehr auf die Defizite, die seine Klienten mitbrachten. Er konzentrierte sich nicht auf die Ähnlichkeiten von Menschen, sondern auf die Unterschiedlichkeiten. Symptome betrachtete er eher als Möglichkeiten und als Besonderheiten. Erickson ging davon aus, dass jeder Mensch einen Erfahrungsschatz hat, mit dem er die anstehenden Probleme bewältigen kann. Störungen sind häufig von Denk-, Emotions- und Verhaltensmustern hervorgerufen, die Erickson versuchte, in seiner Begleitung zu durchbrechen. Veränderung bestand für ihn darin, sich von seiner eigenen Rigidität zu befreien, so dass man wieder in der Lage ist, neue Lösungen zu entwickeln. Hierfür nutzte er die Trance. Fünf Grundsätze begleiteten ihn dabei:

1. *Jeder Mensch hat Fähigkeiten, um seine Probleme zu lösen.*
   Die Hypnotherapie konzentriert sich nicht auf das Symptom, sondern versucht, dem Klienten zu helfen, seine Fähigkeiten kreativ zu nutzen.

2. *Jeder Mensch ist einzigartig.*
   Klienten sind individuell verschieden. Ihre Besonderheiten lassen sich therapeutisch nutzen (*Utilisation*). Jedem Klienten ist uneingeschränkt Respekt zu zollen.

3. *Jeder Mensch kann sich verändern.*
   Die therapeutische Arbeit stellt die Ressourcen bereit, die der Klient für seine Veränderungsarbeit benötigt. Die Veränderung wird nicht kognitiv vorweggenommen, sondern jedes Individuum darf seinen Weg gehen.

4. *Das Unbewusste ist eine Ressource.*
   Das Unbewusste ist ein Helfer. Jeder sollte Vertrauen in sein Unbewusstes haben und sich von ihm führen lassen. Spezifische Symptome werden vom Unbewussten sogar hergestellt und erfüllen eine Anpassungsaufgabe; sie stellen allerdings nicht die optimale Problemlösung dar. Diese gilt es, in der Therapie zu finden.

Trance ist natürlich und alltäglich

5. *Trance ist eine natürliche Ressource.*
   Trance ist ein natürlicher Zustand, der täglich stattfindet. Beispielsweise kann man Autofahren und gleichzeitig ein Gespräch führen. Auch können wir bestimmte Dinge nicht mehr erinnern, obwohl wir wissen, dass wir sie wissen (Amnesie) oder wir erleben uns von Erinnerung bedrängt (Hypermnesie). Oder man regrediert, ausgelöst durch bestimmte Dinge, in eine frühere Zeit.

Ericksons Erfolg blieb nicht unumstritten

Laut seinen eigenen Berichten und den Beobachtungen seiner Schüler ist Ericksons Erfolg unumstritten, obwohl es kaum wissenschaftliche Untersuchungen gibt, die die Wirksamkeit seiner Techniken prüfen. Man schreibt ihm eine besondere Form der Autorität zu, die seine Patienten dazu brachte, das zu tun, was er für richtig hielt.

Seine Interventionen waren teilweise auch etwas ungehobelt. Beispielsweise soll ihn eine Mutter gebeten haben, ihre Tochter zu behandeln, die die Wahnvorstellung hatte, sie habe viel zu kleine Füße. Bei einem Besuch bei der Mutter war auch die Tochter zugegen. Erickson trat der Kleinen absichtlich sehr heftig auf die Füße und schimpfte lautstark, sie solle ihm ihre »Quadratlatschen« nicht in den Weg stellen. Nach der Überlieferung war das Mädchen nach dieser Intervention von ihrem Wahn befreit. Zugegeben, dies ist eine sehr unkonventionelle Form der hypnotischen Suggestion. Aber was soll man dagegen sagen, wenn sie von Erfolg gekrönt ist.

Spektakuläre Heilungen oder reine Erfindungen?

Ericksons atemberaubende Ergebnisse wurden häufig bezweifelt. Nicht jeder Therapeut glaubt an die vielen Fälle, die er in rasantem Tempo geheilt haben will. Offen bleibt, ob die Zweifel berechtigt sind oder ob der Neid Kollegen zu diesen Urteilen bewegte. Albert Ellis, der Begründer der Rational-Emotiven Therapie (RET), sagte beispielsweise in einem Interview: »Ich glaube, Erickson hat ganz viele seiner Geschichten und Erfolge erfunden und vergaß die tausend und abertausend Fälle, wo seine Technik fehlschlug.«

Viele Menschen fühlten sich auch in der Gegenwart Ericksons unwohl. So erging es beispielsweise Virginia Satir. Sie hatte Bedenken, dass er immer wieder versuchen würde, sie gegen ihren Willen zu beeinflussen. Erst als sie verstand, dass beide die gleichen humanistischen Grundsätze verinnerlicht hatten, konnte sie unbefangen mit ihm arbeiten.

Der Versuch, Erickson zu imitieren, misslang. Vielleicht ist das der Hauptgrund für die Kritik an seiner Arbeit. Die von ihm entwickelten Techniken sind zum großen Teil an seine Person gebunden. Die Psychotherapie konnte aber grundlegende Erkenntnisse übernehmen:

Grundlegende Erkenntnisse

1. Hypnose ist eine Art Trance, die die Struktur des Denkens verändert.
2. Die Aufmerksamkeit wird auf das konzentriert, was der Hypnotiseur sagt.
3. Der Patient nimmt die Suggestionen des Therapeuten an, auch wenn sie ihm im bewussten Zustand inakzeptabel erscheinen würden.
4. Wie im Traum ereignen sich obskure Szenen, die irgendetwas mit dem zu bearbeitenden Problem gemein haben.

Hypnose kann auf ganz verschiedene Weise eingeleitet werden und besitzt keine verlässlichen Kennzeichen, mit denen man sicher belegen kann, ob sich jemand in einem hypnotischen Zustand befindet. Es wurde in Fachkreisen inzwischen fast aufgegeben, eine verlässliche Definition zu finden. Wir wissen nur, dass sie wirkt. Angewendet in der Psychotherapie, setzt sie kreative Kräfte frei und gestattet dem Patienten in ungewohnten Bahnen zu denken und gewohnte Verhaltensmuster zu überdenken. Und das ist die Hauptsache. Sie ist ein Verfahren, bei dem die Patienten ihre Aufmerksamkeit nach innen wenden. Durch diesen Prozess verstärkt sich die Durchblutung, das Immunsystem arbeitet wirksamer, hormonelle Parameter verändern sich und regenerative Körperfunktionen werden aktiviert.

Hypnose als Kurzzeittherapie

Hypnose hat sich als Kurzzeittherapie bewährt. Im Trancezustand lässt sich gebündelter arbeiten. Das Bewusstsein hält seine gewohnten Denkbahnen zurück; neue Erfahrungen werden so möglich. Sie kann auch in effektiver Form mit anderen Therapieformen kombiniert werden. Beispielsweise fand sie in dem neuen therapeutischen Ansatz NLP (Neurolinguistisches Programmieren, siehe Kapitel 12) ihren festen Platz.

Ungewöhnliche Methoden

Keine Persönlichkeitstheorie, sondern pragmatisches Vorgehen

Erickson nutzte sehr unkonventionelle Methoden. Andere Therapeuten schlagen die Hände über dem Kopf zusammen, wenn sie davon hören. Er glaubte, die Würde des Menschen liege in seiner Einzigartigkeit. Deswegen formulierte er auch nie ein Persönlichkeitsmodell, denn das hätte seiner Meinung nach sein Denken und sein Verhalten nur eingeschränkt. Er arbeitete angelehnt an den amerikanischen Pragmatismus: das tun, was funktioniert. So scheute er sich nicht, Tabus zu durchbrechen. Sein Beratungszimmer lag direkt neben dem Wohnzimmer, so dass seine Kinder die Wartenden unterhielten. Auch beschränkte er seine Beratungen nicht zeitlich, sondern sprach so lange mit den Patienten, wie er es für nötig hielt. In manchen Fällen hielt er sogar familiären Kontakt oder bestellte Verwandtschaft und die Freunde. Oder er schickte seine Kinder, um die Wohnungen von Patienten beispielsweise nach Alkohol zu durchsuchen. Weiterhin beauftragte er seine Kinder, sich mit den Patienten zu beschäftigen und aufzupassen, dass sie nicht tranken. Erickson fühlte sich persönlich seinen Patienten verbunden. Er versuchte, die Muster der Patienten zu erkennen, und veränderte dann behutsam die Richtung. Er überließ ihnen nicht die Freiheit, sich zu verändern oder nicht, sondern er arbeitete so lange und suchte neue Möglichkeiten, bis er sein Ziel erreicht hatte.

METHODE IM ÜBERBLICK

Die Methode im Überblick

Die Hypnose ist eine sehr alte Methode zur Schmerzlinderung und wurde vor der Erfindung von Anästhesien wirksam eingesetzt. Wieder aufgegriffen wurde die Hypnose als ernst zu nehmende therapeutische Form vor allem in den Siebzigerjahren durch den amerikanischen Therapeuten Milton Erickson.

Erickson, der selbst an Kinderlähmung erkrankt war, spezialisierte sich auf die genaue Beobachtung von Menschen. Daraus schuf er einen pragmatischen und wirkungsvollen Weg der therapeutischen Problemlösung. Dabei nutzte er folgende Methoden:

- Sich einstellen auf sein Gegenüber
- Metaphern und Anekdoten
- *Utilisation*
- Ungewöhnliche Aufgaben
- Minimale Veränderungen
- Den eigenen Ausdruck variieren
- Rekonstruktion.

Erickson folgte in seiner Arbeit fünf anthropologischen Grundsätzen:

Anthropologische Grundsätze

1. Jeder Mensch hat Fähigkeiten, um seine Probleme zu lösen.
2. Jeder Mensch ist einzigartig.
3. Jeder Mensch kann sich verändern.
4. Das Unbewusste ist eine Ressource.
5. Trance ist eine natürliche Ressource.

Erickson zu kopieren schlug fehl. Obwohl er seine Techniken transparent machte und viele Schüler ihn bei seiner Arbeit beobachten konnten, erreichte nicht einer von ihnen den gleichen Erfolg wie er. Seine Methode scheint fest an seine Person gebunden zu sein. Aus diesem Grunde wurde seine Arbeit häufig kritisiert.

Zur Durchführung der Hypnose sind nur entsprechend ausgebildete Mediziner oder Psychologen in der Lage.

Hypnose in Beratung und Training

Nutzbar machen kann sich jeder Trainer die Prinzipien der Hypnose, um kleine Trancen zur Entspannung oder zur Konzentration auf eine bestimmte Aufgabe einzusetzen. Beispielsweise können Brainstormings zu bestimmten Themen effektiv mit einer Gedankenreise eingeleitet werden. Der Trainer bittet seine Manager in einem Führungstraining sich zu erinnern, wann, wo und wie sie Führung einmal positiv erlebt haben. Dabei dürfen sie weit, bis in die eigene Kindheit, zurückblicken. Folgendermaßen lässt sich eine Trance induzieren:

Einleitung einer Trance

»Schließen Sie die Augen und setzen Sie sich bequem hin. Denken Sie nun an ein positives Führungserlebnis. Das kann in Ihrer Kindheit gewesen sein. Vielleicht war es im Sportverein, bei den Pfadfindern oder in der eigenen Familie oder in einem ganz anderen Bereich. Suchen Sie geduldig, bis Sie ein passendes Erlebnis gefunden haben (leichtes Kopfnicken der Teilnehmer abwarten). Was gab es bei Ihrem Beispiel zu sehen? War Ihr Erlebnis draußen oder im Raum? Ist es ein Bild oder ein Film? Oder vielleicht auch einfach ein Gefühl?«

Diese Instruktion vollendet und vertieft der Trainer weiter mit hypnotischen Sprachmustern und kann sich anschließend auf die Dinge freuen, die seine Teilnehmer nach wenigen Minuten zu berichten wissen. Die Erfahrung zeigt, dass die Teilnehmer nach einer solchen Mini-Trance bereitwilliger erzählen und über mehr Details verfügen, als wenn der Trainer einfach die Frage »Hatten Sie schon einmal ein positives Führungserlebnis?« in den Raum geworfen hätte.

Gewohnte Denkpfade verlassen

Genau wie in der Psychotherapie ist Hypnose in Einzel-Coachings ein bewährtes Hilfsmittel, um von gewohnten Denkpfaden abzukommen. Trancen können hier helfen, um herauszufinden, welche Verhaltensweisen oder Probleme man gerne besprechen möchte und welche kreativen Wege und Lösungsmöglichkeiten es gibt. Die Hypnose ist ebenso hilfreich, wenn man sich auf eine bevorstehende schwierige Situation vorbereiten möchte.

Mit den von Erickson beschriebenen Techniken kann man verschiedene Erfolge erzielen – vorausgesetzt, man möchte nicht so genial wie Erickson selbst sein. Das Stellen von ungewöhnlichen Aufgaben birgt manchmal neue Lösungswege. Ein Therapeut bat beispielsweise einmal einen Klienten – nachdem er selbst nicht mehr weiter wusste –, zum Bahnhof zu fahren. Er behauptete, am Bahnhof hinge eine Werbung, die die Lösung seiner Probleme zum Inhalt hätte. Der Klient wurde fündig und war zufrieden. Auch im Training kann das Prinzip Anwendung finden: Eine Trainerin verteilt nach dem Training Überraschungseier und behauptet glaubhaft, dass ihr Inhalt dem einzelnen Teilnehmer den weiteren Weg weisen wird. So absurd die Aufgaben klingen mögen – sie erinnern sehr an den Blick in die Kugel oder das Bleigießen zu Silvester –, der Berater weiß nicht, welche Anknüpfungspunkte der Klient für seine gesuchte Lösung finden wird, denn mit solchen Aufgaben werden kreative Potenziale freigesetzt und der Ratsuchende kommt von erprobten und bewährten Pfaden ab.

Geeignet für Coaching

Die Beispiele zeigen, dass sich die Arbeit mit hypnotischen Mustern überwiegend im Coaching realisieren lässt. Denn – und das zeigt Erickson in seiner Methodik deutlich – das Einlassen auf die individuelle Persönlichkeit des Gegenübers ist maßgebliche Voraussetzung für den Erfolg der Hypnose.

Bewährt haben sich auch Trancen, um Ruhe zu finden und um vom Tagesgeschäft Abstand nehmen zu können. In dieser Form kann die Hypnose im Management-Training, im Coaching oder auch für das Selbstmanagement genutzt werden. Anstatt nun durch etwas durchzusehen und dann zu erschrecken, wenn man merkt, wie »gedankenverloren« man gerade dagesessen hat, ist es besser, diese Alltagstrancen willkommen zu heißen und als Quelle der Kraft anzusehen.

Bezüge zu anderen Methoden

Im Verhältnis zu tiefenpsychologischen Verfahren, die 300 Sitzungen und mehr beanspruchen, kommt die Hynotherapie mit ca. 25 Sitzungen aus. Sie wird insofern nur von NLP und systemischen Ansätzen geschlagen, die manchmal bei unter 10 Sitzungen liegen. Natürlich hängt das auch von der Komplexität des zu lösenden Problems ab.

Im Trancezustand lässt sich gebündelter arbeiten. Das Bewusstsein hält seine gewohnten Denkbahnen zurück; neue Erfahrungen werden so direkter möglich. Hypnose kann auch in effektiver Form mit anderen Therapieformen kombiniert werden. Beispielsweise fand sie in dem neueren therapeutischen Ansatz NLP ihren festen Platz. Ein Modell im NLP heißt »Milton-Modell« und versucht Ericksons Techniken erlernbar zu machen.

Umfeld eines Symptoms

Erickson interessierte sich nicht so sehr für die jeweiligen Symptome, als vielmehr für den Zeitpunkt, die Frequenz und den Kontext, in dem sie auftraten. Diese Idee knüpft eng an die Vorstellungen der Systemtherapie an. Auch wird dem Symptom und sogar dem Symptomträger nicht die Beachtung zuteil wie dem Umfeld, das dieses Symptom ermöglicht. Die Bedingungen, unter denen sich ein Symptom entwickeln kann, sind sehr viel interessanter, um eine Lösung zu erarbeiten, als das Symptom selbst. Wer von wem gelernt hat, ist hier schwer zu entscheiden, denn in den Sechziger- und Siebzigerjahren kamen viele neue Ideen parallel auf. Man ließ sich inspirieren und entwickelte die interessanten Ideen weiter.

Dem Anschein nach ist eine systemtherapeutische Sitzung mit vielen aktiv Beteiligten etwas grundsätzlich anderes als der suggestive Monolog eines Hypnotiseurs für einen scheinbar passiven, regungslos zuhörenden Klienten. Und doch hat die Familientherapie vermutlich am unmittelbarsten von der Ericksonschen Hypnotherapie profitiert. Ein Teil der Prinzipien Ericksons sind von der systemischen Therapie direkt übernommen worden. Dazu gehören *Utilisation*, strategisches Vorgehen, *Musterunterbrechung* und der Verzicht auf unbedingte Transparenz der Lösungsfindung. Dennoch ist ein grundsätzlicher Unterschied offensichtlich: Erickson arbeitete nur mit Individuen.

Die Ericksonsche Therapie ist wie die Verhaltenstherapie stark erfahrungsorientiert. Sie verwendet neben Imagination (in Trance) die praktische Erfahrung, die in Form posthypnotischer Suggestionen (Ausführen bestimmter Handlungen, Musterunterbrechungen usw.) veranlasst wird. Beide Therapieformen sind problemorientiert und zielen darauf ab, bestimmte Ziele zu erreichen.

Ericksons enorme Fähigkeit, sich auf die individuellen Denk-, Gefühls- und Verhaltensmuster einzustellen, verleiht der Hypnotherapie ein konstruktivistisches Element. Denn auch Erickson geht davon aus, dass es keine »richtige« Lösung für die vorgetragenen Probleme gibt. Vielmehr gibt es für jeden Klienten eine individuell effektive Lösung, die in seine Konstruktion der Welt hineinpasst – so absurd sie Erickson selbst auch erscheinen man. Hauptsache, es funktioniert. So könnte man Ericksons Philosophie als pragmatischen Konstruktivismus bezeichnen.

Gesprächstherapie, Gestalttherapie und Transaktionsanalyse verstehen Therapie als einen Wachstumsprozess, bei dem der Klient vor allem von einem emotional gesunden Klima der therapeutischen Beziehung profitiert. Die Selbstentfaltung soll gefördert werden. Auf diese Weise sollen verkümmerte und durch Ängste zurückgedrängte Seiten des Individuums zugänglich werden. Den damit verbundenen Optimismus bezüglich einer positiven menschlichen Grundstruktur und ihrer Entwicklungsmöglichkeiten teilt auch die Hypnotherapie. Die biografische Dimension, die z. B. in der Transaktionsanalyse betont wird (Skript), tritt bei der Hypnotherapie als Regression in Erscheinung. Allerdings agiert Erickson sehr viel direktiver als seine Kollegen.

Eingriff in Veränderungsprozesse

Die Hypnotherapie baut nicht auf die Selbstheilung allein, sondern greift in den Veränderungsprozess aktiv ein durch suggerierte Musterunterbrechung, strategische Minimalveränderung, Information und Umdeutung sowie andere direktive Interventionen. Entgegen der Idee der Gestalttherapie wird nicht versucht, starke Emotionen aufzuspüren, obwohl es nicht selten zu kathartischen Reaktionen kommt. Auch steht die therapeutische Beziehung nicht im Vordergrund, d.h., der Klient soll nicht in der Hauptsache an einer emotionalen Nachreifung genesen, indem er zum Therapeuten eine starke Bindung eingeht. Vielmehr wird der *Rapport* zwischen Klient und Therapeut eingesetzt, um die Rezeption der therapeutischen Suggestion zu erleichtern.

Ein weiterer Unterschied zu den humanistischen wie auch zu den anderen genannten Therapieformen besteht darin, dass die Veränderungen der Erlebnis- und Sichtweise nicht unbedingt bewusst ablaufen, sondern unbewusst belassen werden. Es steht nicht im Vordergrund, die Problemlösung bewusst zu reflektieren, da aus Ericksons Sicht das Unbewusste in Ruhe arbeiten können sollte. Daher sind vorübergehende Amnesie oder Ablenkung durchaus wünschenswerte Vorgänge innerhalb des Veränderungsprozesses. Über einen längeren Zeitraum gesehen werden allerdings die Ergebnisse des unbewussten Arbeitens im Allgemeinen dem Bewusstsein zugänglich – nämlich dann, wenn diese dafür »reif« sind.

8. Klientenzentrierte Gesprächspsychotherapie

Carl Rogers konzentriert sich auf die Beziehung zu seinen Klienten

Rogers war Pionier

Carl Rogers ist einer der bedeutendsten Pioniere der Psychotherapie. Am 8. Januar 1902 in Oak Park in Illinois geboren, wurde er vor allem für seine neuen humanistisch orientierten Anschauungsweisen bekannt. Er wendete sich von Techniken ab und versuchte, seinen Klienten mit einer akzeptierenden Haltung gegenüberzutreten.

Rogers war das vierte von sechs Kindern. Sein Elternhaus beschreibt er als ein Haus mit enger Familienbindung, gekennzeichnet durch eine strenge und kompromisslos religiöse und ethische Atmosphäre. Seine Eltern hielten den Wert der Arbeit sehr hoch und empfanden alkoholische Getränke, Tanzen oder gesellschaftliche Spiele als verwerflich. Das führte dazu, dass Rogers bei seiner ersten Flasche Limonade eine Art Verworfenheit empfand. Als Rogers 12 Jahre alt wurde, zogen seine Eltern auf eine Farm, um die Kinder vor den Versuchungen der Kleinstadt fern zu halten.

Rogers begann zunächst ein Studium der Agrarwissenschaft und wechselte dann zur Theologie. Nach einer Orientreise (1922) begannen sich Zweifel an den christlich-religiösen Zwängen in ihm zu melden, und so verließ er das theologische Seminar. Er begann die Arbeit in der Erziehungsberatung und eine Ausbildung zum Klinischen Psychologen. Rogers verliebte sich in der Zeit seiner China-Reise in eine Frau, die er bereits seit seiner Jugend kannte. Mit zögernder Einwilligung der Eltern heirateten sie. Er beschreibt die ständig helfende Liebe seiner Frau und ihr Dabeisein während all der Jahre als einen höchst wichtigen und bereichernden Faktor seines Lebens.

Rogers nahm eine Stelle in Rochester, New York, an und arbeitete parallel an seiner Dissertation. Er diagnostizierte straffällig gewordene und unterprivilegierte Kinder und führte Behandlungsgespräche. Es war für Rogers eine Periode der fachlichen Isolierung, in der seine einzige Sorge darin bestand, möglichst noch effektiver mit den Klienten zu arbeiten.

Während der zwölf Jahre in Rochester zog Rogers einen Sohn und eine Tochter groß. Sie lehrten ihn weit mehr über Individuen, Entwicklung und Beziehung als der Beruf, wie er meinte.

Beziehung zum Klienten als Schlüssel

1931 erhielt er von der Columbia Universität seinen Doktortitel und beschäftigte sich in seinen therapeutischen Arbeiten vor allem mit der Frage: Was wirkt? Die Grundgedanken seiner Psychotherapie entwickelte Rogers in den Jahren zwischen 1928 und 1940. In dieser Zeit war er an einer Beratungsstelle für Eltern von sozial auffällig gewordenen Kindern tätig. Aufgrund der Gespräche mit Eltern und Kindern kam er zu der Überzeugung, dass eine Psychotherapie nicht gelingen kann, solange die Therapeuten versuchen, ihre Erkenntnis den Patienten zu vermitteln. Als entscheidend für den Erfolg betrachtete Rogers viel mehr die Beziehung zwischen Klient und Therapeut. Arbeitsklima, Wärme und Akzeptanz erschienen ihm wichtiger als Ratschläge und Anweisungen.

Nach der Tätigkeit als Klinischer Psychologe wurde Carl Rogers in der Zeit von 1940 bis 1963 an drei amerikanischen Universitäten Professor für Psychologie. In dieser Position erhielt er Gelegenheit zu intensiver wissenschaftlicher Forschung. Seine Beobachtungen über den Zusammenhang zwischen einer personenzentrierten Haltung und konstruktiven Persönlichkeitsveränderungen konnten auf diese Weise mit einer Fülle von empirischen Untersuchungen bestätigt werden. Als er seine Gedanken zum ersten Mal zusammenschrieb, fand der Verleger seine Ideen zwar interessant, war aber der Überzeugung, dass er nicht mehr als 2000 Exemplare seines Buches verkaufen könne. Binnen kurzer Zeit setzte er jedoch 70 000 Exemplare ab, und es ging zügig weiter.

1962 wurde Rogers Mitbegründer der *American Association of Humanistic Psychology* (u.a. mit Charlotte Bühler, Kurt Goldstein und Abraham Maslow) in Kalifornien, wo er bis zu seinem Tode (1987) tätig war.

Carl Rogers vertrat wie kein anderer die humanistische Psychologie: »Es ist meine Erfahrung gewesen, dass Menschen eine im Grunde positive Entwicklungsrichtung haben.« Auf diese Erfahrung baute er all seine Ideen auf.

Rogers starke Umstrittenheit bewog ihn in seinen letzten beruflichen Jahren dazu, sich zurückzuziehen an Orte, an denen ihn niemand kannte. In Mexiko und in der Karibik widmete er sich einige Stunden am Tag dem Schreiben und verbrachte den Rest der Zeit mit Schnorcheln,

Schwimmen und Malen. An diesen Orten, meinte er, habe er die meisten Fortschritte gemacht, da er sich ganz in Ruhe seinen Gedanken widmen konnte.

Klientenzentrierte Gesprächsführung oder wie man die Regeln des Aktiven Zuhörens anwendet

»Verstehe ich Sie richtig: Sie finden einerseits ihre Position als Trainer in Ihrem Unternehmen sehr interessant. Es ist ein großes Unternehmen, in dem es viele Entwicklungsmöglichkeiten gibt. Das Arbeitsgebiet ist abwechslungsreich, und nicht zuletzt haben Sie einen sicheren Arbeitsplatz. Auf der anderen Seite gibt es jetzt aber das Angebot von dem kleinen mittelständischen Unternehmen. Sie wären dort der einzige Personalentwickler und könnten sehr viel mehr selbstverantwortlich handeln als bisher. Sie berichten dort direkt an die Geschäftsleitung.« Wenn jemand eine Entscheidungshilfe sucht und ein Berater oder Coach in dieser Weise spricht, dann hat er die Prinzipien der Klientenzentrierten Gesprächsführung verinnerlicht.

Ziel: Freie Entfaltung

Jeder kann seine Probleme selbst am besten lösen

Die Gesprächspsychotherapie wurde Ende der Vierzigerjahre entwickelt. Sie zählte neben der Verhaltenstherapie und der Psychoanalyse lange zu den drei großen etablierten Therapieformen in Deutschland. Rogers war der Auffassung, dass Menschen *selbst* am besten wissen, wie sie ihre Probleme lösen können. Sind sie in einer Phase ihres Lebens nicht in der Lage, ihre eigenen Kräfte zu mobilisieren, muss der Therapeut dafür sorgen, dass sie sich frei entfalten und ihre Möglichkeiten wieder entwickeln können. Denn je mehr ein Individuum verstanden und akzeptiert wird, desto besser ist es in der Lage, sein individuelles Leben zu leben.

Rogers' Konzept ruht auf zwei Säulen: auf einer Grundannahme über die Natur des Menschen (die Aktualisierungstendenz) und auf einer wissenschaftlich überprüften Aussage über wirkungsvolles Eingehen auf den Klienten (die personenzentrierte Haltung).

Aktualisierungstendenz

Die *Aktualisierungstendenz* wird als die wichtigste Triebfeder menschlichen Verhaltens und Erlebens angesehen. Sie bewirkt, dass der menschliche Organismus alle körperlichen, seelischen und geistigen Möglichkeiten zu erhalten und zu entfalten sucht. In diesem Streben nach Erhalt und Weiterentwicklung ist der Mensch grundsätzlich konstruktiv, rational und sozial. Leidet er unter seelischen Störungen und Hemmungen oder verhält er sich destruktiv, irrational oder asozial, wird dies als Ausdruck einer blockierten Aktualisierungstendenz verstanden.

Personenzentrierte Haltung

Die *personenzentrierte Haltung* meint diejenige seelisch-geistige Einstellung eines Beraters, die dem Rat suchenden Individuum hilft, Blockierungen seiner Entwicklungsimpulse aufzulösen und seine Fähigkeit zur Selbsterhaltung und -verwirklichung zu verbessern. Die personenzentrierte Haltung zeigt sich im Umgang eines Therapeuten mit seinem Klienten in drei Prinzipien, die nach Meinung Rogers über den Beratungserfolg entscheiden:

1. Kongruenz / Echtheit
2. Wertschätzung / Akzeptanz
3. Empathie / Einfühlendes Verstehen

Die drei Prinzipien

Kongruenz/ Echtheit

Der Therapeut begegnet dem Klienten in erster Linie als Mensch, weniger als allwissender Problemlöser. Eine Therapie ist eine Begegnung von Mensch zu Mensch. Seine Ausdrucksweise sollte mit seinen Überzeugungen und Gefühlen zusammenpassen. Der Inhalt des Mitgeteilten soll Gestik, Mimik, Tonfall und Körpersprache entsprechen. Voraussetzung dafür ist, dass Gedanken, Gefühle und Handeln des Beraters ein kongruentes Bild ergeben.

Rogers geht davon aus, dass persönliches Wachstum und Lernen erleichtert werden, wenn der Berater das ist, was er ist, wenn er in der Beziehung zu seinem Klienten also *echt* ist. Er soll offen das Fühlen und die Haltung leben, die im Augenblick in ihm sind. Personen gegenüber, die sich inkongruent verhalten, öffnet man sich nicht tief. Rogers vertritt die Auffassung, dass nur dann eine Persönlichkeitsänderung vollzogen werden kann, wenn der Berater sich authentisch und kongruent verhält.

Mit Ehrlichkeit meint Rogers die Bereitschaft, sich in Worten und Verhalten zu den verschiedenen vorhandenen Gefühlen zu bekennen und sie auszudrücken. Die klientenzentrierte Gesprächsführung idealisiert den Therapeuten als eine integrierte Persönlichkeit. Sie lehnt unechtes Verhalten ab.

In diesem Zusammenhang nennt Rogers den Begriff der Transparenz. Er schreibt, er wäre vollkommen damit einverstanden, wenn sein Klient völlig durch ihn hindurchsieht, so dass nichts versteckt werden kann. Auch wenn er Gefühle und Ideen sähe, die der Beziehung nicht förderlich wären, so könne es doch helfen, der Realität nahe zu kommen.

> Eine Persönlichkeit, die Echtheit lebt, ist aufrichtig und ehrlich gegenüber sich selbst, ist durchschaubar und arbeitet permanent an sich selbst.

Wertschätzung / Akzeptanz ...

Was immer der Klient denkt, fühlt oder tut, es ist die vordringliche Aufgabe des Therapeuten ihn dabei wertzuschätzen. Diese bedingungslose Akzeptanz soll dem Klienten das Gefühl vermitteln, dass er nicht nur dann angenommen wird, wenn er ein bestimmtes Verhalten zeigt. Der Therapeut soll dem Klienten mit einer grundlegend positiven Stimmung und Wärme gegenübertreten. Wertungen und Beurteilungen sind fehl am Platz. Das bedeutet allerdings nicht, dass der Therapeut alles gut finden muss, was der Klient äußert.

... als innere Einstellung

Diese innere Haltung kann nach Meinung Rogers' nicht trainiert werden. Erlernte Redewendungen oder eine freundliche Fassade ersetzen keine innere Einstellung. Rogers vergleicht die Einstellung des Beraters zum Klienten mit einer Eltern-Kind-Beziehung. Der Berater achtet den Klienten unabhängig davon, wie sich dieser gerade verhält. Er respektiert den anderen Menschen als ein eigenständiges Individuum und nimmt ihn nicht in Besitz; genauso sollten sich Eltern gegenüber ihren Kindern verhalten. Es ist eine Art Zuneigung, die eine gewisse Stärke und Intensität besitzt, aber nicht fordert. Rogers umreißt diese innere Haltung mit folgenden Fragen:

> »Blicken wir auf den anderen herab? Sehen wir jeden Menschen als jemanden an, der Selbstwert und Würde besitzt? Wenn wir das auch mit Worten bejahen, in welchem Ausmaß spiegelt es sich in unserem Verhalten wider? Sehen wir wirklich die anderen Menschen von Wert an, oder werten wir sie etwa auf sehr feine Art

> durch unsere Haltung und durch unser Verhalten ab? Steht in unserer Weltanschauung die Achtung vor dem anderen ganz oben an? Achten wir seine Möglichkeiten und sein Recht auf Selbstbestimmung? Oder glauben wir im Grunde, dass er eigentlich ein Leben leben sollte, wie wir es für ihn am besten hielten? In welchem Ausmaß ist es unser Bedürfnis und unser Wunsch, über andere zu dominieren? Sind wir bereit, dem anderen zuzugestehen, seine eigenen Werte zu bestimmen und auszuwählen? Oder ist unser Verhalten ihm gegenüber von der Überzeugung bestimmt, die normalerweise unausgesprochen ist, dass er am glücklichsten wäre, wenn er uns gestattet, dass wir für ihn seine eigenen Werte, Maßstäbe und Ziele bestimmen?« (Rogers, zit. n. Tausch, 1990, S. 67).

Durch diese Fragen wird deutlich, dass Rogers dem Klienten gegenüber eine uneingeschränkte Achtung verlangt. Er räumt allerdings selbst ein, dass eine solche in vollständiger Form nicht existiert. Ein erfolgreicher Therapeut lebt während vieler Momente im Kontakt mit dem Klienten uneingeschränkte Achtung für ihn, jedoch von Zeit zu Zeit nur eingeschränkte Achtung. Immer uneingeschränkte Achtung zu zeigen und zu leben, würde auf Kosten der Echtheit gehen.

Empathie / Einfühlendes Verstehen

Der Therapeut soll bemüht sein, das Denken und Fühlen des Klienten zu verstehen. Er soll nachvollziehen können, warum der Klient Ereignisse in seinem Leben in einer bestimmten Art und Weise bewertet. Dafür berücksichtigt der Therapeut auch die Körpersprache des Klienten. Er ist dazu angehalten, seinem Klienten fortlaufend so genau wie möglich mitzuteilen, was er wahrgenommen und verstanden hat. Er reflektiert damit dessen Welt. Einfühlen bedeutet aber nicht, an der Verwirrung des Klienten teilzuhaben oder seine Probleme unreflektiert mitzuerleben. Denn dann ist der Berater keine Hilfe mehr für den Klienten.

> Für Rogers bedeutet das einfühlende Verstehen, die persönliche Wahrnehmungswelt eines anderen zu betreten und ganz in ihr zu Hause zu sein. Es bedeutet, in jedem Augenblick für die Gefühlsregungen des Gegenübers empfänglich zu sein.

Darüber hinaus kann sich der Berater zeitweise in das Leben des anderen begeben und, ohne Urteile zu fällen, Gefühle erspüren, die dem anderen noch nicht bewusst sind. Er darf allerdings diese Gefühle nicht aufdecken, denn das wäre zu bedrohlich.

Einfühlung schließt das Mitteilen der eigenen Gefühle des Helfers bezüglich seiner Erlebniswelt mit ein, zumal er die Elemente, die den anderen ängstigen, unvoreingenommen und unerschrocken betrachtet. Der Berater sollte permanent die Genauigkeit der eigenen Wahrnehmung überprüfen und sich von dem Klienten leiten lassen, so dass er für den anderen in seiner Welt ein vertrauensvoller Gefährte wird. Indem er die Gefühlsbedeutungen im Strom des Erlebens aufzeigt, hilft er dem Klienten, diese in seine Gefühlswelt zu übernehmen, die Gefühlsbedeutungen vollständiger zu erfahren und sich weiterzuentwickeln.

Die drei Prinzipien schließen aus, dass der Therapeut den Klienten in irgendeiner Weise belehrt, bewertet oder sein Verhalten interpretiert. Diese zentrale Technik nennt die Gesprächspsychotherapie *Spiegeln*, neben dem nur das Geben von Informationen erlaubt ist.

Prinzipien immer gemeinsam anwenden

Besonders zu beachten ist auch, dass die drei Basisvariablen der personenzentrierten Gesprächspsychotherapie immer gemeinsam auftreten sollten. Jede der drei Variablen kann sich schädlich auswirken, wenn sie isoliert verwendet wird. Versucht man als Seminarleiter beispielsweise, unter allen Umständen »echt« zu sein, ohne seine Teilnehmer wertzuschätzen, kann das dazu führen, dass man sie beleidigt oder ihre Gefühle verletzt. Andererseits gibt es natürlich auch Grenzen dessen, was ein Coach oder Trainer akzeptieren kann. Beispielsweise kann er die Regel »Alle Teilnehmer können aufstehen und gehen, wenn sie lieber etwas anderes machen möchten« nur eingeschränkt akzeptieren. Was bei »Open-Space-Konferenzen« hilfreich ist, kann ein Teamtraining kaputtmachen. Schwelende Konflikte sollten angesprochen werden; einfach den Raum zu verlassen bringt keine Weiterentwicklung. So sind die drei Prinzipien vor allem dann hilfreich, wenn sie in Kombination angewendet werden.

Es gibt zahlreiche Untersuchungen, die die Wirksamkeit der drei Basisvariablen nachweisen konnten. Auch hier stellte sich die Kombination der drei Prinzipien als sehr hilfreich heraus. Die Variablen dienen in erster Linie dazu, so die Ergebnisse der Untersuchungen, die Wahrnehmung und Interpretation der Welt anderer Menschen verstehen zu können. Erst wenn ein Berater versteht, welche Bedeutung bestimmte Ereignisse für einen Menschen haben, kann er ihm hilfreich zur Seite stehen.

Durch das offene, aufmerksame und feinfühlige Zuhören ermöglicht man einem anderen Menschen, sich selbst zu begegnen. Man hilft dem anderen, Bewusstheit über seine Gedanken und Gefühle zu erlangen. Reinhard und Anne-Marie Tausch, die sich in Deutschland für Rogers' Prinzipien stark gemacht haben, stellten fest, dass die Begegnung mit sich selbst bereits dann möglich ist, wenn die Basisvariablen sehr vorsichtig und zurückhaltend angewendet werden. Sie beurteilen die gegenteiligen Verhaltensweisen, bewertendes Verhalten, geringe Achtung und Wärme sowie geringe Echtheit als »Krankmacher«.

Erfahrungen als Instanz

Neben den Basisprinzipien fußt Rogers seine Art, auf Menschen zuzugehen, auf Leitprinzipien, die er im Laufe seiner Arbeit kennen gelernt hat. Dazu gehören folgende Gedanken:

Erfahrung als Autorität

Ein Ergebnis nennt er: »Ich kann meiner Erfahrung trauen.« Er fasst diese Erkenntnis sogar noch stärker, indem er formuliert: »Erfahrung ist für mich die höchste Autorität« (Rogers 1976, S. 39). In Rogers festigte sich die Idee, dass seine Gefühle, die er bei einer Tätigkeit erlebte, verlässlicher sind als sein Intellekt. Erfahrung ist nicht unfehlbar, aber sie ist seiner Meinung nach die Grundlage der Glaubwürdigkeit. Ihre Fehlerhaftigkeit ist jederzeit einer Korrektur zugänglich.

Erfahrung ist für Rogers die höchste Autorität. Keine andere Idee und keine seiner eigenen Ideen sind für ihn so maßgeblich wie die Erfahrung. Wenn man zur Erfahrung zurückkehrt, findet man seiner Meinung nach die Wahrheit. Das Selbst ist nach seiner Auffassung eine organisierte Einheit. Sie gestaltet sich aus Erfahrungen und aus Bewertungen. Das Selbst hat die Bestrebung, sich kontinuierlich weiterzuentwickeln und zu wachsen. Erfahrungen werden zugelassen, bewertet, symbolisiert, verarbeitet und umgesetzt. Ein Mensch fühlt sich dann krank, wenn Erfahrungen ignoriert, geleugnet oder verzerrt werden müssen, weil sie mit dem Selbst nicht in Beziehung gebracht werden können.

Während seiner beruflichen Karriere hat sich Rogers in Richtungen bewegt, die andere für töricht hielten. Er hat zwar viel gezweifelt, sich aber letztendlich nicht beirren lassen und ist letztlich zu dem Ergebnis gekommen, den richtigen Weg gewählt zu haben, dem sich seine Kritiker später auch anschlossen. Diese Erfahrung legte für Rogers nahe, dass »das Urteil anderer für ihn keine Leitlinie ist« (Rogers 1976, S. 38). Nach allen Beschuldigungen und Kritiken, die Rogers erdulden musste, kam er zu dem

Schluss, dass nur ein einziger Mensch tatsächlich in der Lage ist, seine Arbeit zu beurteilen, und das ist er selbst. Er ist davon überzeugt, dass seine Arbeit ehrlich, gründlich und offen ist.

Persönliches = Allgemeines

Eine weitere Lebenserfahrung beschreibt Rogers so: »Ich genieße es, Ordnung in der Erfahrung zu entdecken.« Diese Erfahrung gab Rogers Sicherheit im Handeln. Daraus leitete er folgenden Satz ab: »Das Persönlichste ist das Allgemeinste.« Rogers geht davon aus, dass persönliche Probleme immer auch allgemeine Probleme sind. Er machte immer wieder die Erfahrung, dass er Einstellungen äußerte, von denen er glaubte, sie spiegelten seine sehr persönlichen Ideen wider, aber bemerken musste, dass viele seiner Studenten diese Ideen verstanden und teilten. Menschen scheinen mehr gemeinsam zu haben, als ihnen vielleicht lieb ist.

Die Rogers-Prinzipien als Weltanschauung

Die personenzentrierte Gesprächspsychotherapie ist durch ihre drei Basisvariablen keine ausschließlich therapeutische Technik, sondern beschreibt eine individuelle Einstellung, eine Grundhaltung oder sogar Weltanschauung. Die Therapeuten müssen sich in ihren ethischen Prinzipien sehr stark an Rogers' Idealbild annähern. Rogers ist der Auffassung, dass der Mensch von Natur aus gut ist und zu Selbstverwirklichung, Wachstum, Gesundheit und Anpassung tendiert. Wird der Mensch aus irgendwelchen Gründen an diesen Prozessen gehindert, so muss man nur eine geeignete Atmosphäre herstellen, damit er den Weg zurückfinden kann. Als reine Technik, um dem Klienten schnellstmöglich zum Wohlbefinden zurückzugeleiten, wird die Gesprächstherapie abgelehnt. Sie soll nicht angewendet, sondern gelebt werden, so Rogers' Anspruch.

Methode muss eigener Grundeinstellung entsprechen

Sich in einer Beratung entsprechend den Basisvariablen zu verhalten reicht also nicht aus, sondern man »muss tatsächlich so sein«. »Nach unserer Erfahrung«, schreibt Rogers in seinem Standardwerk *Klientenzentrierte Gesprächspsychotherapie* von 1951, »ist ein Berater, der versucht, eine Methode anzuwenden, zum Misserfolg verurteilt, solange diese Methode nicht mit seinen eigenen Grundeinstellungen übereinstimmt.«

Ziel dieser inneren Einstellung ist es, dem Klienten die Möglichkeit zu geben, in einer angstfreien Atmosphäre in sich selbst hineinzuhorchen und seine Sichtweise der Dinge zu reflektieren. Er kann sich so mit seinen

Gedanken und Gefühlen auseinander setzen und zu neuen Einstellungen und Verhaltensweisen gelangen.

In der Ausbildung von Therapeuten legt die Gesprächspsychotherapie keinen Wert auf das Entwickeln von Techniken. Viel eher steht die Persönlichkeit des Beraters im Mittelpunkt. Der zukünftige Therapeut soll seine Persönlichkeit entfalten können. Die Ausbildung besteht vornehmlich in Selbsterfahrungsgruppen, in denen die Teilnehmer die Basisvariablen erwerben können.

Kombination mit anderen Methoden in der Beratung

Kritiker werfen Carl Rogers vor, er habe sich eher um eine Philosophie der Mitmenschlichkeit verdient gemacht als um einen hilfreichen therapeutischen Ansatz. Auch beschreiben einige Anwender Rogers' Lebenshaltung als naiv. Aus diesem Grund wird heute die Gesprächstherapie meistens nur als ein Bestandteil in einer Beratung angewendet und mit anderen kognitiven wie körperorientierten Methoden kombiniert. Ein weiterer Vorwurf an die Gesprächstherapie ist, dass sie narzistische Züge im Klienten unterstütze. Wenn sich ein Klient in seinem Leben immer als Mittelpunkt betrachtet und sein eigenes Verhalten außerordentlich wichtig nimmt, kann dieser narzistische Zug durch einen überaus geduldig zuhörenden Gesprächspartner verstärkt werden. In einer Zeit, in der die Individualisierung der Gesellschaft zunimmt und die gewachsenen sozialen Strukturen bedroht sind, ist ein solcher Vorwurf besonders bedenkenswert.

Die Methode im Überblick

Nach Carl Rogers wissen Menschen selbst am besten, wie sie ihre Probleme lösen können. Es muss nur eine geeignete Umgebung geschaffen werden, in der sie sich frei entfalten können. Diese Umgebung finden sie durch die personenzentrierte Psychotherapie, die es ermöglicht, Problemlösungen zu finden.

Rogers' Ideen sind weniger eine Psychotherapie als eine Weltanschauung. Nach Rogers ist der Mensch von Natur aus gut und strebt nach Selbstverwirklichung, Wachstum, Gesundheit und Anpassung.

Rogers' Konzept ruht auf zwei Säulen: auf einer Grundannahme über die Natur des Menschen (die *Aktualisierungstendenz*) und auf einer wissenschaftlich überprüften Aussage über wirkungsvolles Eingehen auf den Klienten (die *personenzentrierte Haltung*).

Die personenzentrierte Haltung zeigt sich im Umgang eines Therapeuten mit seinem Klienten in drei Prinzipien, die über den Beratungserfolg entscheiden:

3 Prinzipien

1. Kongruenz/Echtheit
Der Inhalt des Mitgeteilten soll der Körpersprache entsprechen. Voraussetzung dafür ist, dass Gedanken, Gefühle und Handeln des Beraters ein kongruentes Bild ergeben.

2. Wertschätzung/Akzeptanz
Die bedingungslose Akzeptanz soll dem Klienten das Gefühl vermitteln, dass er nicht nur dann angenommen wird, wenn er ein bestimmtes Verhalten zeigt.

3. Empathie/Einfühlendes Verstehen
Der Therapeut soll bemüht sein, das Denken und Fühlen des Klienten zu verstehen.

Die drei Prinzipien sorgen dafür, dass der Therapeut den Klienten weder belehrt, noch bewertet oder sein Verhalten interpretiert.

Die drei Basisvariablen der personenzentrierten Gesprächspsychotherapie sollten immer gemeinsam auftreten, da sie sich jeweils bei isolierter Verwendung schädlich auswirken.

Manche Klienten beschweren sich darüber, dass sie von ihrem Coach oder Therapeuten keine Ratschläge erhalten. Sie wünschen sich, dass ihnen jemand sagt, was sie tun sollen. Die Gesprächspsychotherapie geht davon aus, dass jeder im Rahmen seines Weltbildes selbst am besten weiß, was für ihn gut ist. Dennoch kann ein Berater Vorschläge machen und Anregungen geben. Es gibt beispielsweise Informationen, die in jedem Fall richtig sind. So kann ein Berater seinem Anvertrauten vorschlagen, eine Ernährungsberatung aufzusuchen, oder die Idee formulieren, sich körperlich zu betätigen.

Klientenzentrierte Gesprächsführung in Beratung und Training

Im Management-Training sind die Grundhaltungen der Gesprächspsychotherapie ein hilfreiches Instrument für jeden Trainer. Besonders das Prinzip der Wertschätzung trägt dazu bei, den Teilnehmern das Gefühl zu vermitteln, ernst genommen zu werden. Das Arbeiten an den Fragen und Problemstellungen der Teilnehmer ist ein wesentlicher Bestandteil des Seminarerfolgs. So kann ein Trainer die Interessen seiner Gruppe in den Mittelpunkt stellen, ohne dabei seine Ziele für die Seminartage zu vernachlässigen. Besonders glaubwürdig wird ein Trainer durch das Prinzip der Kongruenz. Wenn die Teilnehmer das Gefühl haben, dass der Trainer als Vorbild nach den vermittelten Inhalten lebt, wird er ernst genommen. Handelt er entgegen seinen Lerninhalten, wirkt er nicht als integrierte Persönlichkeit.

Das Prinzip des Spiegelns hat im Kommunikationstraining unter dem Begriff des *Aktiven Zuhörens* bereits einen festen Platz erhalten. Es ist ein hilfreiches Instrument bei Verhandlungen und bei Konfliktlösungen und gleichzeitig ein scheinbar einfaches Prinzip, das den Teilnehmern viel Kopfzerbrechen bei der Umsetzung bereitet. Denn die ungeteilte Konzentration auf sein Gegenüber scheint schwerer zu sein als das Vorformulieren eigener Gedanken und das Reagieren auf bestimmte Stichworte. Was kognitiv sehr einfach zu verstehen und nachzuvollziehen ist, birgt in der Praxis einige Stolperfallen.

Weiterentwicklung des Trainers

Um seine Arbeit als Trainer an den Rogers-Prinzipien auszurichten, bedarf es einer kontinuierlichen Möglichkeit zur eigenen Weiterentwicklung, zum Beispiel in einer Supervision. Ein Trainer sollte jede Möglichkeit nutzen, sein Verhalten und seine Wirkung auf andere zu reflektieren. Bei diesem Austausch mit Kollegen hat er die Chance zu reifen und kann seine Erlebnisse und Erfahrungen als Gruppenmitglied an seine Teilnehmer weitergeben.

Befindet man sich allerdings nicht in einem beratenden Kontext, kann das antrainierte Handeln nach den Rogers-Prinzipien eher verwirrend wirken. Folgendes Beispiel von Biermann-Ratjen, Eckert und Schwartz (1997) macht das deutlich:

Beispiel *Passant: »Können Sie mir sagen, wo der Bahnhof ist?«*
Berater: »Verstehe ich Sie da recht, Sie sind sich unsicher, wo in dieser Stadt der Bahnhof liegt?«
Passant: »Jaja, das habe ich gerade gesagt; aber können Sie mir den Weg dorthin beschreiben?«
Berater: »Ist es so, dass Sie da von mir eine konkrete Auskunft erwarten?«
Passant: »Meine Güte, wollen Sie mich auf den Arm nehmen? Ich frage Sie was und Sie labern herum!«
Berater: »Ich höre aus Ihrer Äußerung so einigen Ärger, verstehe ich Sie recht?«

Nicht nur, dass der Passant inzwischen seinen Zug verpasst haben dürfte, auch der Berater wendet die Rogers-Prinzipien eher mechanisch an, anstatt reflektiert und wertschätzend das Ziel des Passanten aufzunehmen und ihm hilfreich zur Seite zu stehen. Diese Gefahr besteht häufig in nicht-therapeutischen Kontexten. Deswegen kann ein Management-Training nicht ausschließlich mit dieser Methode erfolgreich geleitet werden. Die Teilnehmer erwarten in der Regel mehr Input vom Referenten, als das in einem therapeutischen Setting der Fall ist.

Bezüge zu anderen Methoden

Das von Rogers propagierte einfühlende Verstehen ist nichts anderes als das, was NLPler »die andere Landkarte« nennen. Man stellt sich auf die Landkarte des anderen ein und erlebt die Welt aus dessen Sicht. Genau wie ein Wanderer und ein Autofahrer eine Landschaft unterschiedlich erleben und verschiedene Karten benötigen, erlebt jeder Mensch das Gebiet anders.

Rapport Das verbale und nonverbale *Spiegeln* ist durch NLP (Neurolinguistisches Programmieren) wieder neu zur Blüte gekommen. Was im NLP *Rapport* heißt, unterscheidet sich nicht wesentlich von Rogers' Vorstellungen. Allein das Ziel, das erreicht werden soll, differiert. Rogers nutzte diese Technik grundsätzlich nur dafür, damit sich sein Gegenüber aufgehoben und verstanden fühlte und Klarheit über seine Situation gewann. Im NLP nutzt ein Therapeut oder Berater den Rapport auch, um Einfluss auf seinen Klienten nehmen zu können.

In NLP-Kreisen erzählt man sich eine Geschichte über Carl Rogers, von der keiner weiß, ob sie tatsächlich passiert ist. Sie soll zeigen, dass auch Rogers nicht nur spiegelte, sondern genau wie andere Therapeuten seine Klienten beeinflusste, wenn auch unbewusst:

Eine Frau kam zu Rogers, weil sie sich zwischen zwei Zukunftsentwürfen für ihr Leben nicht entscheiden konnte. Sie schilderte auf der einen Seite ihr Leben mit ihrem Ehemann, den Kindern und all den Annehmlichkeiten, die das Eheleben ihr boten. Auf der anderen Seite fühlte sie sich aber auch zu ihrem Liebhaber hingezogen, der ihr mehr die aufregende Seite des Lebens zeigte. Ihr Ziel war es nun herauszufinden, für welches Leben sie sich entscheiden sollte. In ihren Gesprächen mit Rogers versuchte dieser, sie zu *spiegeln*. Wenn er reflektierte, was sie über das Eheleben sagte, hob er immer die rechte Hand. Fasste er ihre Meinung zu ihrem Liebhaber zusammen, dann gestikulierte er vorwiegend mit der linken Hand. Als sich die Sitzung dem Ende neigte und eine Entscheidung gefunden werden sollte, sagte Rogers: »Ich bin sicher, dass Sie die richtige Entscheidung für sich finden werden.« Diese Worte unterstrich er mit der rechten Hand. Das veranlasste die Ratsuchende dazu, bei ihrem Mann zu bleiben und die Liebesbeziehung abzubrechen.

Kongruenz ohne Lösungsorientierung

Rogers vertritt, wie beispielsweise Moreno oder Berne, die Auffassung, dass allein die Erkenntnis ein neues Verhalten ermöglicht. Insofern arbeitet er entgegen den Vorstellungen der Systemischen Therapie oder des NLP nicht lösungsorientiert. Allerdings findet sich sein Prinzip der Kongruenz hier wieder. Rogers fordert es für den Therapeuten; die anderen Richtungen setzen es hier ebenfalls voraus, formulieren es aber auch als Lernziel für den Klienten.

Rogers' Annahmen bilden die Basis für das Gordon-Training. Gordon hat manche Ideen einfach umformuliert, sie aus der psychotherapeutischen Szene herausgelöst und im Management-Bereich anwendbar gemacht.

Genau das von Rogers propagierte einfühlende Verstehen ist es, dessen Frank Farelly schnell überdrüssig wurde: Immer wieder Menschen ohne Selbstachtung in der Therapie »aufzupumpen« (wie sich Farelly ausdrückt), in der Hoffnung, dass es bis zur nächsten Stunde anhält, dazu hatte er keine Lust. Der provokative Gesprächsstil ist genau das Gegenteil von Rogers' Gesprächspsychotherapie.

9. Kognitive Verhaltenstherapie

So viele Namen ...

Albert Ellis zählt neben Aaron T. Beck, Hans J. Eysenck, Arnold A. Lazarus *(Multimodale Verhaltenstherapie)*, Donald Meichenbaum *(Kognitive Verhaltensmodifikation)* und Joseph Wolpe zu den Hauptvertretern der Kognitiven Verhaltenstherapie (VT). Es gibt keine eindeutige Gründerfigur, da die Techniken dieser Methode in England, USA und Südafrika parallel entwickelt wurden. Besonders hervorgehoben wird hier nur Ellis.

Die kognitive Verhaltenstherapie wurde als gegenwartsorientierte Kurzzeit-Psychotherapie gegen Depression entwickelt. Sie war darauf ausgerichtet, die aktuellen Probleme des Patienten zu lösen sowie dysfunktionales Denken und Verhalten zu verändern.

Durch Einsicht und neues Verhalten zum Ziel kommen

Störungen verlernen

Genauso, wie Ratten in einem Labyrinth einen Weg erlernen können, sind Menschen in der Lage, im Laufe ihres Lebens eine Störung zu erwerben. Und weil Ratten auch einen anderen Weg erlernen können, ging die Verhaltenstherapie in den ersten Jahren, den späten Fünfzigern, davon aus, dass auch Menschen eine Störung wieder ent- oder verlernen können, um auf einen befriedigenderen Lebensweg zu gelangen. Verhaltenstheoretische Annahmen basieren auf der klassischen Lerntheorie: Der Mensch wird als »Black Box« betrachtet, in die man etwas Bestimmtes hineingibt, um einen entsprechenden Output zu erhalten. Verhalten wird somit von außen steuerbar.

Input → **Black Box** → **Output**

Mit dieser Annahme experimentierten die Verhaltenstherapeuten mit menschlichen Schicksalen, erreichten aber keineswegs die Erfolge, mit denen sich ihre Kollegen in den Ratten-Labors schmücken konnten. Da dieses Vorgehen der Verhaltenstherapie mehr Kritik als Zuspruch einbrachte, veränderte man die Auffassung von der Funktionsweise des Menschen. Man dachte nun über den Inhalt der Black Box nach. Diese Überlegungen mündeten in die *Kognitive* Verhaltenstherapie, die den Menschen als aktives, handelndes Wesen ansieht.

Bestandteile der Kognitiven Verhaltenstherapie

Eine Kognitive Verhaltenstherapie besteht aus Rollenspielen, Verhaltensübungen, Systematischer Desensibilisierung, Belohnungschips für weniger Schokolade, Weingläser oder Zigaretten am Tag und aus Gesprächen über Werte und Gefühle. Diese methodische Vielfalt deutet darauf hin, dass die Kognitive Verhaltenstherapie viele bereits bekannte therapeutische Techniken neu benannt und mit den Ergebnissen der psychologischen Forschung verknüpft hat. Aus der Verhaltenstherapie entwickelt, verläuft die kognitive Variante in der Regel in vier Schritten.

Die vier Schritte der Verhaltenstherapie

- 1. Schritt: Erstgespräch: Kennenlernen von Therapeut und Klient, Klärung der Situation, Vereinbarung des zweiten Schritts
- 2. Schritt: Vorbereitende Gespräche: Diagnostische Phase, Erhebung von Informationen (Lebensgeschichte, Lebensumstände, u. U. psychologische Tests)
- 3. Schritt: Therapieziel: Die im zweiten Schritt erhobenen Informationen werden systematisiert und ausgewertet. Das Therapieziel wird formuliert und ein angemessener Therapieplan erstellt. Der Therapeut gelangt zu einem Erklärungsmodell für die Probleme des Klienten.
- 4. Schritt: Durchführung der Therapie

Fehlverhalten resultiert aus absurden Gedanken

Die Grundannahme der Kognitiven Verhaltenstherapie ist die Hypothese, dass nicht Ereignisse an sich, sondern deren persönliche Interpretation die Qualität einer Empfindung bestimmt. Diese Annahme ist die gleiche, die Albert Ellis seiner Rational-Emotiven Therapie (RET) zu Grunde legt. Kognitive Verhaltenstherapeuten gehen davon aus, dass Patienten in einer irrationalen, realitätsfernen oder sogar falschen Weise über ihre Umwelt denken und dadurch als krank zu bezeichnende Gefühle und Verhaltensweisen entwickeln. Psychisches Leiden wird also auf ein gestörtes Denken zurückgeführt. Ein Gedanke löst ein Gefühl aus, das ein entsprechendes Verhalten hervorbringt.

> Heilung bedeutet demnach im Sinne der Kognitiven Verhaltenstherapie, den Klienten über seine irrationale und krank machende Art und Weise der Gedankenführung aufzuklären.

Der Klient wird nach einiger Zeit den Gedankenfehler einsehen und wieder richtig bzw. gesund handeln können, so hoffen die Therapeuten. Sie vertreten die Meinung, dass der Mensch als vernunftbegabtes Wesen dem klaren Denken letztendlich den Vorzug geben wird. Die Frage, wie Gedanken entgleisen können, stellt sich die Kognitive Verhaltenstherapie nicht. Sie nimmt an, dass Irrationales in der Kindheit erlernt wurde. Stimmt diese Logik, so müssten wir durch die Einsicht, dass unsere Gedanken absurd sind, unser Verhalten verändern können.

Wenn jemand vor einer bevorstehenden Präsentation solche Angstzustände bekommt, dass ihm schlecht wird und er sich ganz krank fühlt, könnte er sich der Kognitiven Verhaltenstherapie anvertrauen. Der Therapeut würde ihm verdeutlichen, dass seine Gedanken, die diese Gefühle und Verhaltensweisen auslösen, absurd sind. Ihm wird in der Situation nichts Lebensbedrohliches passieren und deswegen ist es nicht sinnvoll, solche Angst zu haben. Wenn er mittels Vernunft diesen Gedanken für sich akzeptieren kann, dann ist er nach den Annahmen der Kognitiven Verhaltenstherapie von seiner Angst befreit.

Die kognitive Therapie interessiert sich vor allem für solche Denkprozesse, die zusätzlich zu den offensichtlichen, bewussten Gedanken ablaufen. Das sind vor allem automatische Gedanken, Grundannahmen und bedingte Annahmen.

Automatische Gedanken

Automatische Gedanken sind nicht das Ergebnis von Überlegung oder logischem Denken, sondern scheinen einfach so aufzutauchen. Meist sind Menschen sich dieser Gedanken nicht bewusst und nehmen viel stärker die darauf folgende Emotion wahr. Hat man beispielsweise bei einer Erklärung in einer schulischen Situation das Gefühl, den Lösungsweg einer bestimmten Aufgabe nie zu verstehen, dann resultiert daraus tatsächliches Nicht-Verstehen. Diese automatischen Gedanken sollen aufgedeckt werden.

Grundannahmen

Grundannahmen sind tief verwurzelte Annahmen über sich selbst, über andere Menschen und über die Umwelt, die nicht ausgesprochen werden, aber das Denken und Fühlen entscheidend beeinflussen. Jeder Mensch entwickelt von Kindheit an solche Annahmen und prägt so sein

Weltbild. Es kann sich um hilfreiche, aber auch um hemmende Annahmen handeln.

Bedingte Annahmen

Die bedingten Annahmen sind zwischen die Grundannahmen und die automatischen Gedanken einzuordnen und bestehen häufig aus Einstellungen, Regeln und Axiomen, die während der Kindheit verinnerlicht wurden.

Alle diese Annahmen beeinflussen die Perspektive in einer Situation, was sich auf Gedanken, Gefühle und Verhalten auswirkt. Die Entstehung solcher Annahmen lässt sich vor allem darauf zurückführen, dass Menschen im Kleinkindalter versuchen, ihre Umwelt zu begreifen. Erfahrungen werden in logischen Zusammenhängen strukturiert, damit die Anpassung an die Umwelt gelingt. In dieser Auseinandersetzung mit unserer Umwelt gelangen Kinder zu Einsichten und Annahmen, die mehr oder weniger funktional und zutreffend sein können. Sie beschreiben den Zustand aus kindlicher Sicht zutreffend, können sich aber für den weiteren Lebensweg als hinderlich erweisen.

Mit verschiedenen Rollen arbeiten

Egolose Existenz

Vor allem bei neurotisch veranlagten Menschen dominieren die absurden Gedanken die »vernünftigen« Ansätze und wirken damit beherrschend auf das Gefühlsleben und die resultierenden Verhaltensweisen. Menschen fühlen sich manchmal gegen ihren eigenen Willen gezwungen, absurd zu handeln. Der Ratschlag der Kognitiven Verhaltenstherapie lautet hier: »Suche den Weg zur egolosen Existenz.«

> Ist jemand in der Lage, verschiedenen Anteilen seiner Persönlichkeit verschiedene Rollen zuzuweisen, anstatt seine Persönlichkeit als Einheit zu sehen, dann läuft er nicht Gefahr, sich global überzubewerten oder alle seine Leistungen zu verwerfen.

Wenn der Präsentierende also keine Angst hat, sich als ganze Person zu blamieren, könnte er seine Zweifel nur auf seinen präsentierenden Persönlichkeitsanteil beziehen. So wäre er seiner Angst nicht mehr ausgeliefert. Er könnte besser mit seinem Unbehagen umgehen, da die anderen Persönlichkeitsanteile als Kraftreserven weiterhin unangetastet zur Verfügung stünden.

Wenn jemand im beruflichen Umfeld sein Ziel nicht erreicht, kann er von der Anerkennung, die er als Partner oder Elternteil, als Freund oder Geliebter genießt, sein Selbstwertgefühl aufbauen. Der Mensch wird nicht mehr als einheitliches Ganzes gesehen. Zerlegt in einzelne Rollen, ist er weniger störanfällig.

Rollen wechseln

Ziel der Kognitiven Verhaltenstherapie ist es, dem Menschen seine Rollen bewusst zu machen. Versagt jemand in einer Rolle, dann kann er nach Auffassung der VT auch nur in diesem Maße betroffen sein. Füllt jemand beispielsweise zehn verschiedene Rollen aus und gibt es in *einem* Bereich Schwierigkeiten, dann sind auch nur 10 Prozent Traurigkeit zulässig.

Das ist leichter gesagt als getan, vor allem dann, wenn eine wichtige Rolle, aus der man viel Energie schöpft, aus dem Lot gerät; denken wir nur an Ehescheidungen oder den Tod des Partners. Der Wechsel in eine andere glücklichere Rolle ist nicht so einfach, wie die Theorie es beschreibt. Schließlich ist das Leben kein einfaches Rollenspiel.

Der Vorteil des *partiellen* Unglücks, den die Rollenaufteilung des Menschen mit sich bringt, wird durch den Nachteil geschmälert, dass konsequenterweise Glück dann nicht mehr umfassend erlebt werden kann. Der Zugang zum Erleben des Leichten und Unbeschwerten als gesamtes Gefühl wird erschwert. Wenn weder Glück noch Unglück als starke Gefühle erlebt werden, dann stehen wir einer Person gegenüber, die möglicherweise allzu gleichmütig erscheint. Das Gefühlsleben wird nivelliert und die verschiedenen Regungen im zwischenmenschlichen Kontext werden wenig spürbar. Die kognitiven Verhaltenstherapeuten hoffen, dass das Glück generalisiert wird und die traurigen Anteile partiell gesehen werden.

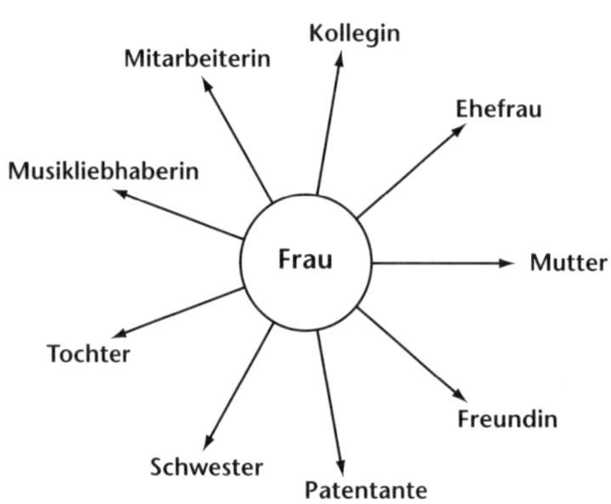

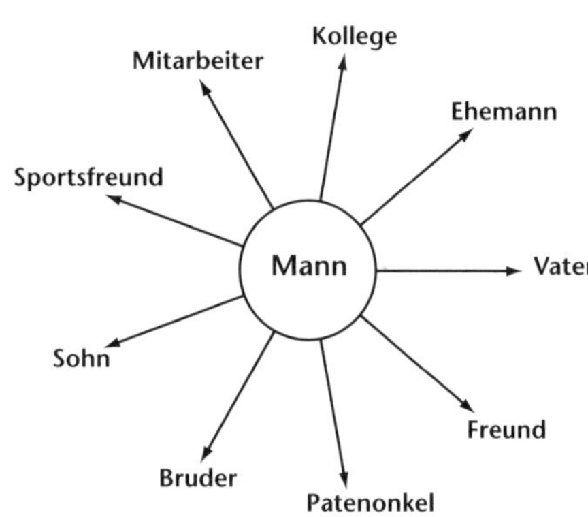

Die Verhaltenstherapie als Individualtherapie sieht es aber auch als zentral an, den Klienten als Gesamtheit zu akzeptieren. Es gibt insgesamt fünf Merkmale, die diese Sichtweise verdeutlichen.

Charakteristika

1. *Verhaltenstherapie ist auf den einzelnen Menschen ausgerichtet*
   Der Mensch mit seinen Stärken und Schwächen steht im Mittelpunkt des Interesses. Ziel ist es, die Stärken auszubauen und zu lernen, mit den Schwächen neu umzugehen. Dabei wird die individuelle Geschichte genauso berücksichtigt wie die aktuelle Lebenssituation.

2. *Kleine Schritte gehen*
   Menschen verändern sich langsam. Deswegen geht die Verhaltenstherapie möglichst behutsam und in kleinen Schritten vor. Die Therapieziele werden in kurz-, mittel- und langfristige Ziele aufgeteilt.

3. *Der Patient durchschaut das Vorgehen*
   Der Patient wird in allen Schritten in den Verlauf der Therapie mit einbezogen. Er ist zu jeder Zeit darüber informiert, wie und mit welchen Mitteln gearbeitet wird.

4. *Aktivierung des Patienten*
   Ziel der Therapie ist es, den Patienten zu aktivieren. Er wird deswegen in jede therapeutische Phase miteinbezogen und muss einen angemessenen Beitrag zum Erfolg der Therapie leisten.

5. *Die Eigenart des Menschen*
   Die Eigenart des Menschen wird respektiert. In das Leben einer Person wird nur insoweit eingegriffen, als es unbedingt notwendig erscheint, um den Menschen vor seelischen Krankheiten und Störungen zu schützen.

Rollenspiele als zentrale Methode

Die klassische und bekannteste Methode der Verhaltenstherapie ist das Rollenspiel. Bei diesem Training übt der Klient ein sozial kompetentes Verhalten, während der Therapeut den Part derjenigen Person übernimmt, die die Unsicherheit hervorruft. Der äußere Rahmen wird dabei möglichst wirklichkeitsgetreu gestaltet. Ein Rollenspiel wird unter ständiger Korrektur so lange wiederholt, bis das jeweilige Übungsziel erreicht ist. Während des Rollenspiels bietet der Therapeut Hilfestellungen, praktische Anleitungen und Erfolgsrückmeldungen an. Im Anschluss an das Rollenspiel erfolgt ein Audio- oder Videofeedback. Ziel ist es, systematisch ein neues Verhalten für einen Problemkontext einzuüben.

Das Rollenspiel wird in erster Linie dafür eingesetzt, sozial ängstlichen, also eher zurückgezogenen oder schüchternen, Klienten zu einem sicheren Auftreten zu verhelfen. Dementsprechend stehen Selbstbehauptungs- und Durchsetzungsreaktionen im Vordergrund.

Belohnungschips für gute Leistungen

Aus den Lernexperimenten mit Ratten und Tauben ist in der Kognitiven Verhaltenstherapie das Arbeiten mit Belohnungen erhalten geblieben. Zeigt ein Klient das gewünschte Zielverhalten, dann erhält er vom Therapeuten entsprechende Belohnungschips mit unterschiedlichen Punktzahlen. So hofft der Berater, die Auftretenshäufigkeit des Zielverhaltens zu erhöhen. Diese so genannten *Token-Programme* haben gegenüber anderen Belohnungen den Vorteil, dass eine Form der Sättigung vermieden wird. Weiterhin ist die Vergabe von *Belohnungschips* direkt im Hinblick auf das gewünschte Verhalten möglich und erfüllt damit eine wichtige Voraussetzung für die Wirksamkeit von Belohnungen.

Wurde das Zielverhalten systematisch aufgebaut, so kann bald auf die *Chips* verzichtet werden, um zu vermeiden, dass das Sammeln von *Chips* als Ersatz für menschliche Zuwendung zum Selbstzweck wird.

Selbststeuerung

In der Verhaltenstherapie sieht sich der Therapeut als eine Art Steuermann für den Klienten. Mit dem Klienten zusammen, der sein Schiff auf Grund gefahren hat, sucht er ein gewünschtes Zielverhalten aus und manövriert das Schiff in kleinen Schritten wieder in die Fahrrinne.

In den letzten zwei Jahrzehnten wurden zunehmend Selbststeuerungskonzepte propagiert. Die Konzepte sollen mehr Selbstverantwortung auf den Klienten übertragen. In der Regel wird bei diesem Verfahren ein Vertrag zwischen Berater und Klient vereinbart, der folgende Punkte enthält:

1. Detaillierte Beschreibung des geforderten Verhaltens
2. Kriterien zum Erkennen der Zielerreichung

3. Maximale Vertragsdauer
4. Vereinbarung über Belohnung für das Erreichen von Teilzielen
5. Vereinbarung über Konsequenzen bei Nicht-Erfüllen des Vertrags
6. Vereinbarung über außergewöhnliche Belohnungen, wenn die Minimalforderungen erheblich übertroffen werden
7. Vereinbarung über Kontrolle

Ergebnisloses Grübeln unterbrechen

Zirkuläre Gedankenmuster überwinden

Neben der Verhaltenssteuerung versucht die Kognitive Verhaltenstherapie auch, zirkuläre gedankliche Prozesse zu unterbinden. Hier geht es vor allem darum, unerwünschtes Grübeln zu unterbrechen und letztendlich abzubauen. Das Verfahren hierfür wird zunächst unter Anleitung des Therapeuten geübt. Der Klient schließt die Augen und konzentriert sich auf die unerwünschten Gedanken. Sobald die störenden oder nachteiligen Gedanken präsent sind, gibt der Klient ein Zeichen. Auf dieses Signal hin ruft der Therapeut laut und scharf: »Stopp!« und schlägt dabei kräftig mit der flachen Hand auf den Tisch oder klatscht in die Hände. Ziel ist es, mit diesem unerwarteten Verhalten tatsächlich die Gedanken des Klienten zu stoppen – was in der Regel auch gelingt. Das Gleiche soll der Klient zukünftig selbst tun, wenn ihn die unerwünschten, zirkulären Gedanken gefangen nehmen.

Systematische Desensibilisierung

Entspannung

Die *systematische Desensibilisierung* macht sich die Tatsache zu Nutze, dass ein Mensch nicht gleichzeitig zwei konträre Gefühlszustände haben kann. Man kann beispielsweise nicht gleichzeitig glücklich und traurig sein oder gleichzeitig ängstlich und entspannt. So wird in der Therapie versucht, der Angst vor bestimmten Dingen mit Entspannung zuvorzukommen.

Die Desensibilisierung beginnt mit der Zusammenstellung der Reize, die Angst hervorrufen. Danach wird eine Hierarchie der Angstauslöser erstellt, vom schwächsten bis zum stärksten. Anschließend folgt für den Klienten ein Entspannungstraining, zum Beispiel mit Progressiver Muskelentspannung. Das kann mehrere Sitzungen erfordern. In manchen, sehr schwierigen Fällen kann auch Hypnose eingesetzt werden. Als letztes Mittel greift der Therapeut zu Medikamenten.

Nun beginnt die eigentliche Desensibilisierung. Ist der Klient entspannt, soll er sich so lebhaft wie möglich den schwächsten Angstreiz vorstellen. Sobald er die geringste Angst empfindet, wird unterbrochen und wieder entspannt. Kann er sich den schwächsten Reiz angstfrei vorstellen, geht man zum nächststärkeren über. Nach einigen Sitzungen ist man schließlich beim schlimmsten Angstauslöser angelangt. Dieses Verfahren geht auf die Klassische Konditionierung nach Ivan P. Pawlow zurück.

Kritik an der Kognitiven VT

Von den Symptomen zum Verhalten

Kritiker werfen verhaltenstheoretisch orientierten Beratern vor, mit ihren Interventionen zu stark am Symptom zu haften und die Ursachen für die Bildung der Störung oder Krankheit unberücksichtigt zu lassen. Die Vertreter der Verhaltenstherapie sind dagegen der Auffassung, dass sehr viele Einflüsse auf einen Menschen einwirken, darunter die individuelle Lebensgeschichte. Eine Therapie kann ihrer Meinung nach am gezeigten Verhalten einer Person ansetzen, denn die aktuelle Lebenssituation wird als Ursache für Probleme, Störungen und Krankheiten definiert.

Auch die Kritik, dass die Verhaltenstherapie autoritär und manipulierend sei, konnte inzwischen abgeschwächt werden. In den Anfängen war es so, dass ein Patient seine Probleme schilderte und der Therapeut als »Verhaltenstechniker« genau wusste, was zu tun war. In modernen Verfahren steht die Zielsetzung des Klienten stärker im Mittelpunkt.

METHODE IM ÜBERBLICK

Die Methode im Überblick

Die Kognitive Verhaltenstherapie arbeitet mit Rollenspielen, Verhaltensübungen, Systematischer Desensibilisierung, Belohnungschips und Gesprächen über Werte und Gefühle.

Dieser Therapieform liegt die Hypothese zugrunde, dass nicht Ereignisse an sich, sondern die persönliche Interpretation der Geschehnisse die Qualität der Empfindung bestimmt (siehe auch RET in Kapitel 16).

Die kognitive Therapie konzentriert sich vor allem auf Denkprozesse, die neben den bewussten Gedanken ablaufen, also auf automatische Gedanken, Grundannahmen und bedingte Annahmen, die allesamt die Perspektive in einer Situation und damit Gedanken, Gefühle und Verhalten beeinflussen. Die Entstehung der Annahmen geht häufig auf das Kleinkindalter zurück.

Die Kognitive Verhaltenstherapie vertritt die Auffassung, dass ein Mensch aus verschiedenen Persönlichkeitsanteilen besteht. Beeinflusst ein negativ bewertetes Ereignis einen Persönlichkeitsbereich, so ist es sinnvoll, Trauer zu empfinden. Die anderen Persönlichkeitsbereiche sollten aber unangetastet bleiben und als Kraftquellen weiterhin zur Verfügung stehen.

Verhaltenstherapeuten orientieren sich an folgenden fünf Grundsätzen:

5 Grundsätze

1. Verhaltenstherapie ist auf den einzelnen Menschen ausgerichtet.
2. Sie geht in kleinen Schritten vor.
3. Der Patient weiß, mit welchen Mitteln gearbeitet wird.
4. Der Patient leistet einen angemessenen Beitrag.
5. Die Eigenart des Menschen wird respektiert.

Nähert sich ein Klient dem Zielverhalten, so erhält er *Belohnungschips (Token),* um seine Motivation zu stärken und die eingeschlagene Richtung fortzusetzen.

Vertrag bei Therapiebeginn

Um den Klienten aktiv mit in das therapeutische Geschehen einzubeziehen, wird zu Beginn der Therapie ein Vertrag geschlossen, der u.a. das geforderte Verhalten, Belohnungen bei Erreichen des Ziels und Konsequenzen bei Nicht-Erreichen festlegt.

Die Kognitive Verhaltenstherapie konzentriert sich darauf,

- Verhalten zu steuern,
- zirkuläre Gedankenprozesse (Grübeln) zu unterbrechen und abzubauen,
- in Rollenspielen sozial kompetentes Verhalten einzuüben und
- durch Desensibilisierung Angst hervorrufenden Reizen ihren Schrecken zu nehmen.

Kognitive Verhaltenstherapie in Beratung und Training

Genau genommen werden in jedem Training, das im Verhaltensbereich arbeitet, VT-Techniken angewendet. In den meisten Kommunikationstrainings beispielsweise steht das Rollenspiel mit Videofeedback im Mittelpunkt. An konkreten, aktuellen Situationen wird mit den Seminarteilnehmern ein definiertes Zielverhalten trainiert. Der Einzelne hat so die Chance, sich selbst in einer bestimmten Rolle zu erleben und von den anderen Teilnehmern Feedback zu seinem Verhalten zu erhalten. Oft glaubt man im Nachhinein nicht, dass man dieses oder jenes gesagt hat. Wenn man aber das Band anhören oder sehen darf, dann fallen einem selbst die Schwachpunkte ins Auge.

Aber auch an seinen Stärken kann man lernen. Was funktioniert, sollte unbedingt beibehalten werden, wie Steve de Shazer es formuliert (siehe Kapitel 17, Systemische Therapie).

Weiterhin findet in der Regel analog zur Verhaltenstherapie im Training ein Austausch über Gedanken und Gefühle in der Seminargruppe statt. Andere verhaltenstherapeutische Techniken (abgesehen von Ellis' *ABC-Technik*) haben jedoch im Training keinen Platz. Es würde auch etwas befremdend anmuten, wenn ein Trainer nach kleinen Erfolgen *Belohnungschips* austeilen würde, obwohl Giveaways zum Teil durchaus üblich sind. *Belohnungschips* erinnern mehr an eine Hundedressur als an die Arbeit mit Menschen.

Für eine Einzelberatung, im Sinne eines Coachings oder einer Einzelsupervision, können die VT-Techniken jeden Berater unterstützen. Der Berater sollte jedoch feinfühlig erkennen können, ob die Techniken der VT seinem Klienten helfen.

Bezüge zu anderen Methoden

Kombination mit Entspannungstechniken

Verhaltenstherapeutische Methoden, von denen hier nur eine kleine Auswahl beschrieben werden konnte, werden oft in Kombination mit Entspannungstechniken eingesetzt. Die meisten Therapeuten nutzen das Autogene Training, das Biofeedback oder die Progressive Muskelentspannung, um dem Klienten Phasen der Ruhe zu ermöglichen. So finden wir hier einen direkt kombinierten Einsatz mit körperorientierten Methoden.

Rollenspiele auch in anderen Tools

Die Annahme der Kognitiven Verhaltenstherapie, dass Menschen im Leben verschiedene Rollen einnehmen, erinnert an den Ansatz unterschiedlicher Persönlichkeitsanteile, zum Beispiel in der systemischen Therapie oder im NLP. Die Verhaltenstherapie beschreibt mit ihren Rollen aber eher den Verhaltensanteil, während sich der systemische Ansatz und das NLP eher auf die Persönlichkeit beziehen und erst in zweiter Linie die daraus resultierenden Verhaltensweisen betrachten.

Die Idee, bei ergebnislosem Grübeln oder bei chronisch negativen Gedanken im wahrsten Sinne des Wortes mit der »Faust auf den Tisch« zu schlagen, scheint sich auch im NLP mit dem *Separator State* zu bewähren. Ziel beider Strategien ist es, den Klienten aus einer negativen Engpass-Situation herauszuholen.

Das Arbeiten mit Rollenspielen wurde im Psychodrama weiterentwickelt und verfeinert. Die Rollenspiele des Psychodramas sind allerdings weitaus komplexer, da mehr Menschen beteiligt sind und weitere Techniken, wie zum Beispiel das *Doubeln*, angewendet werden.

Als eine der ersten Methoden nach der klassischen Psychoanalyse stand die Kognitive Verhaltenstherapie Modell für viele andere Ansätze.

10. Konstruktivismus

Paul Watzlawick bezweifelt unsere Wahrnehmung

Konstruktivistische Ideen stammen ursprünglich aus der wissenschaftlichen Diskussion. Vor allem Biologen und Physiker beschäftigten sich mit diesen Ansätzen, aber auch Philosophen. Allen voran sind hier Ernst von Glasersfeld (Kybernetiker), Heinz von Foerster (Biophysiker) und die Biologen Humberto Maturana, Francisco Varela (beide werden in erster Linie der Systemtheorie zugeordnet) sowie Jean Piaget zu nennen. Für die psychologische Beratung hat diese Ideen in erster Linie Paul Watzlawick mit der Palo Alto-Gruppe nutzbar gemacht.

Paul Watzlawick wurde 1921 in Villich / Kärnten geboren. Er studierte in Venedig Philosophie und Sprachen und schloss 1949 mit einer Promotion über Sprachphilosophie und Logik ab. Von 1950 bis 1954 wurde er am C. G. Jung-Institut in Zürich zum Psychotherapeuten ausgebildet und betrieb anschließend eine eigene Therapie-Praxis. 1954 beendete er sein Studium der Psychoanalyse und schloss mit einem Diplom als Analytiker ab. 1957 bis 1960 war er Professor für Psychotherapie und Psychopathologie in El Salvador. In San Salvador lehrte er Psychotherapie und Psychoanalyse. In dieser Zeit setzte er sich mit den Schriften von Gregory Bateson auseinander. Im Jahre 1960 war er Forschungsbeauftragter am *Institute for Study of Psychotherapy* der Temple-Universität in Philadelphia. Dort analysierte er Filmaufnahmen von Arzt-Patienten-Beziehungen in der Therapie. Im selben Jahr holte ihn der berühmte Psychotherapeut Don Jackson an das *Mental Research Institute* in Palo Alto, Kalifornien. Dieses Institut, dem auch Bateson und Satir angehörten, wurde als Palo Alto-Gruppe bekannt. Mitte der Sechzigerjahre kam es zu einer stürmischen Umbruchphase am Institut und fast alle Gründungsmitglieder gingen ihrer Wege. Nun übernahm Watzlawick die Führungsrolle. Er veröffentlichte 1967 gemeinsam mit Janet H. Beavin und Don Jackson das Grundlagenwerk *Menschliche Kommunikation*. Dieses Buch verursachte ein großes Interesse von Praktikern an systemtheoretischen und konstruktivistischen Ideen. Seit 1967 lehrt Watzlawick an der Stanford University.

Watzlawick ist trotz seiner akademischen Brillanz humorvoll und versteht es, seinen Lesern einfach und interessant ihre Schwächen vor Augen zu führen. Diese Fähigkeit hat er besonders in seinem Bestseller *Anleitung zum Unglücklichsein* bewiesen.

Wie wir uns die Welt selbst erschaffen

Was ist wirklich?

Der Konstruktivismus ist eine Theorie der Erkenntnis, die ein anderes Verständnis von »Wirklichkeit« als das übliche kultivierte und tradierte vertritt. Im Verständnis des Konstruktivismus gibt es keine »Wirklichkeit« an sich. Wirklichkeit ist nicht von sich aus da, sondern jeder, der etwas wahrnimmt, konstruiert sich seine Wirklichkeit aktiv. Daher kann man entsprechend dem Konstruktivismus durchaus sagen:

Wir erfinden unsere Wirklichkeit selbst.

Wenn Sie also bei sich aus dem Fenster schauen und Bäume oder Häuser erblicken, dann heißt das noch lange nicht, dass dort wirklich Bäume oder Häuser stehen. Sie konstruieren sich dieses Bild Ihrer Straße oder Ihres Gartens aufgrund Ihrer Erfahrungen.

Der Konstruktivismus beschäftigt nicht nur Psychotherapeuten, sondern ganz wesentlich alle naturwissenschaftlichen und philosophischen Disziplinen. Alle experimentellen Wissenschaften sehen sich durch diesen Denkansatz gezwungen, scheinbar gesicherte, objektiv messbare Ergebnisse nicht als Wahrheit, sondern als *jeweils mögliche* Erklärung anzusehen.

Bedeutung der Wahrnehmung

Im radikalen Konstruktivismus geht man davon aus, dass alles, was wir von unserer äußeren Umgebung wahrnehmen, von uns selbst beeinflusst wird. Es wird angenommen, dass eine äußere Wirklichkeit existiert, obwohl es dafür keine Beweise gibt. Die Wirklichkeit aber, die jedes Individuum wahrnimmt, ist zu hundert Prozent *subjektives Erleben*. Im besten Fall stimmt sie weitgehend mit dem, was wirklich ist, überein, im schlechtesten Fall ist sie schlichtweg eine Erfindung. Daraus kann man schließen, dass unsere Wahrnehmung absolut unzuverlässig ist und wir erst dadurch, dass wir uns mit anderen Menschen austauschen, versuchen können, unser Verständnis der Welt zu objektivieren.

So trifft auch jede Kultur Vereinbarungen darüber, wie bestimmte äußere Ereignisse zu interpretieren sind. Was bedeutet es beispielsweise, wenn wir einen Komet am Himmel erblicken? Führt er zu unserer Rettung oder zu unserem Untergang oder ist er schlichtweg ein Zufallsprodukt der Natur? Entsprechend der Interpretation der äußeren Ereignisse verhalten wir uns, wobei wir nicht einmal sicher sein können, ob wir tatsächlich den gleichen Reiz wahrgenommen haben.

Menschen erleben ihre Umgebung regelhaft. Jeden Morgen geht die Sonne auf und abends wieder unter. Die Jahreszeiten wechseln sich kontinuierlich ab. Und das Haus bleibt immer an der gleichen Stelle stehen.

Wirklichkeit und Wahrnehmung

Nach von Foerster entsteht eine Wirklichkeit dadurch, dass ein Mensch sie wahrnimmt, für diese Wahrnehmung Verantwortung trägt und seine Wahrnehmung mit der Wahrnehmung anderer Menschen vergleicht.

Verpasst ein Mensch die Chance, sich mit anderen auszutauschen, dann führt das laut von Foerster zu einer Blindheit der eigenen Blindheit und diese reduziert wiederum die Lebensmöglichkeiten.

Laut von Glasersfeld sind es feste Strukturen, die der Mensch dem äußeren Erleben gibt. Die Dinge sind nicht unbedingt als solche vorhanden. Beispielsweise geht auch die Sonne nicht auf, sondern die Erde dreht sich ihr entgegen. Aber die Erddrehung können wir nicht wahrnehmen, und so bilden wir uns eine andere Idee.

Autopoietische Systeme

Anknüpfen an Erfahrung

Zentraler Begriff im Konstruktivismus ist das *autopoietische System*. Es ist nach außen hin abgeschlossen und selbstreferenziell. Maturana und Varela nennen als typisches autopoietisches System das menschliche Gehirn. Für unsere Wahrnehmung bedeutet dies, dass das Gehirn nichts anderes macht, als Reize und Signale zu verarbeiten und in unsere bestehenden Erfahrungen zu integrieren. Die Interpretation dieser Reize ist immer auch ein Vorgang des Verarbeitens von persönlichem Vorwissen und Erfahrungen. Aus diesem Grund kann die Umwelt niemals objektiv betrachtet werden, sondern ist immer subjektive Konstruktion. In seiner strengen Bedeutung legt diese Annahme nahe, dass wir Dinge, die wir hören und sehen, zu denen wir aber in unserem Erfahrungsschatz keine Anknüpfungspunkte finden, nicht verarbeiten können. Sie werden aussortiert. Diese Hypothese kann experimentell belegt werden. Halten wir etwas für unsinnig oder verstehen es nicht richtig, so können wir uns nach einem Gespräch oft nicht mehr daran erinnern. Wir bezweifeln sogar, dass überhaupt darüber gesprochen wurde.

Beispielsweise nehmen wir Veränderungen in der Verkehrsführung bei einer uns gut bekannten Strecke nicht wahr. Wir nehmen wie selbstverständlich anderen Verkehrsteilnehmern die Vorfahrt und glauben im Recht zu sein. Nicht umsonst stellt die Polizei bei Veränderungen eine Polizeipuppe aus Holz an die Kreuzung, um Gewohnheitsfahrer wachzurütteln.

Anpassung an die Umwelt

Je nachdem, wie der Einzelne seine Erfahrungen organisiert und strukturiert, wird er auf neue Ereignisse anders zugehen und sie anders interpretieren. Dabei braucht jeder neue Eindruck nicht mit der objektiven äußeren Wirklichkeit übereinzustimmen, sondern muss lediglich *viabel* sein, also zu der bereits bestehenden Erfahrungswelt des Wahrnehmenden passen. Laut Piaget heißt dies, dass sich ein Mensch bestmöglich an seine Umwelt anpassen (assimilieren) muss. Stößt man sich beispielsweise das Bein an einer Tischkante, so wählt man zukünftig einen anderen Weg. Ein autopoietisches System versucht immer, im Gleichgewicht zu bleiben. Störungen von außen versucht es zu umgehen. Ist es nicht möglich sich anzupassen, also einen anderen Weg zu suchen, dann findet eine Akkomodation statt: Entweder man verstellt den Tisch, oder man gewöhnt sich an den Schmerz.

Intersubjektivität

Die dritte maßgebliche Idee des Konstruktivismus ist die *Intersubjektivität,* nach der eine von vielen Menschen konstruierte subjektive Meinung objektive Züge bekommt. Wenn also beispielsweise viele Menschen den Baum in unserem Garten als Baum erkennen, so liegt die Vermutung nahe, dass dort tatsächlich ein Baum steht. Der Baum ist somit nicht nur wirklich (= von einer Person als wirklich empfunden), sondern real (= viele Menschen empfinden ihn als wirklich). Diese Intersubjektivität ist eine entscheidende Voraussetzung für zwischenmenschliche kommunikative Prozesse. Ohne sie hätten wir keine Möglichkeit, um uns zu verständigen.

Eine gute Kommunikation kann allerdings nur zwischen zwei Systemen (oder Menschen) stattfinden, die über ein ähnliches oder sogar vergleichbares Vorwissen verfügen. Dazu gehören die individuelle Erfahrung, aber auch die gemeinsame Sprache und der kulturelle Hintergrund. Da Kommunikation die Voraussetzung von Lernen ist, können diese Ideen auf das Lernen übertragen werden.

> Jeder Lernprozess ist ein aktiver Prozess der Wissenskonstruktion. Es handelt sich nicht um ein passives Aufnehmen und Abspeichern von Vorgedachtem.

In letzter Konsequenz bedeutet dies, dass die Vermittlung des Lernstoffes oder Wissens im Sinne einer Übertragung nicht möglich ist. Das erklärt auch, warum jedes Kind wieder selbst auf die heiße Herdplatte greifen muss. Da es über kein Konzept von »heiß« verfügt, kann es die Gefahr erst nachvollziehen und zukünftig vermeiden wollen, wenn es begriffen hat, worum es geht.

Paul Watzlawicks konstruktivistische Ideen

Von Glasersfelds Auffassung lässt sich nach Meinung von Watzlawick nicht mit dem traditionellen Denken vereinbaren. Er stimmt mit von Glasersfeld aber in folgender zentraler Auffassung überein:

> Der Glaube eines Menschen daran, dass es nur *eine* Wirklichkeit gäbe, ist eine gefährliche Selbsttäuschung.

Finden = Erfinden

Nach Watzlawick gibt es zahllose Wirklichkeiten. Jede einzelne Wirklichkeit ist ganz unmittelbar eine Konstruktion der Person, die die Wirklichkeit erlebt. »Das vermutlich *Ge*fundene ist ein *Er*fundenes«, schreibt er und weist darauf hin, dass wir uns als Erfinder in der Regel nicht bewusst sind, wie kreativ wir interpretieren. Wir hängen der Auffassung nach, dass das, was wir wahrnehmen, den Gegebenheiten entspricht. Watzlawick begründet seine Auffassung unter anderem mit den interessanten Ergebnissen der so genannten *Noncontingent reward*-Experimenten. Es handelt sich hierbei um psychologische Tests, bei denen es keinen Zusammenhang zwischen dem Verhalten einer Versuchsperson und dem Verhalten des Versuchsleiters gibt. Die Handlungen der Versuchsperson werden zufällig belohnt oder bestraft. Dieses Zufallshandeln des Leiters ist der Versuchsperson allerdings nicht bekannt. Aus diesem Grund versucht sie, einen Zusammenhang zwischen ihrem Tun und der »Belohnung« zu erkennen. Sie entwickelt in der Regel eine Idee, die sich im Versuchsverlauf zwar nicht als vollkommen richtig, aber doch als relativ zuverlässig erweist, obwohl der Versuchsleiter zufällig »belohnt«. Die

Versuchsperson konstruiert sich also eine Wirklichkeit, an der sie häufig auch dann noch hartnäckig festhält, wenn der Versuchsleiter nach dem Versuch sein Verhalten aufklärt. Die von ihr konstruierte Wirklichkeit passt zwar zur Testsituation, beschreibt aber in keinem Fall die tatsächliche Versuchsanordnung. Das bedeutet, die Versuchsperson nimmt eine Wirklichkeit als real an, die lediglich nicht im Widerspruch zu den Gegebenheiten steht, aber die Dinge nicht wirklich erklärt.

Wenn wir uns überlegen, was das für unser tägliches Tun bedeutet, dann trifft es Watzlawick richtig, wenn er sagt: »Die Entdeckung, dass wir unsere Wirklichkeit selbst erschaffen, kommt einer Vertreibung aus dem Paradies des vermeintlichen So-Seins der Welt gleich.« Alles, was wir als äußere Gegebenheit wahrnehmen, könnte auch anders sein, ganz zu schweigen von den Handlungen anderer Menschen. Oft fühlen wir uns so sicher, wenn wir das Tun anderer Menschen interpretieren – und sehr wahrscheinlich liegen wir ganz oft mit unseren Vermutungen falsch. Uns ergeht es nicht anders als den Versuchspersonen: Wir stellen Vermutungen an und verlassen uns auf diese. Im besten Fall liegen wir nahe an der Realität, im schlechtesten Falle verlassen wir uns auf falsche Hypothesen und tun unserer Umgebung Unrecht.

Konstanz durch Vorerfahrungen

Gehen wir davon aus, dass jedes neue Ereignis aufgrund der gewonnenen Erfahrungen interpretiert wird, so kann es eigentlich nur noch wenige Überraschungen für einen Menschen geben, denn er hat für alle Ereignisse ein überprüftes Erklärungsmuster – auch wenn es unzutreffend ist, hat es sich für ihn selbst doch als nützlich erwiesen. Eine neue Erfahrung wird von Vorerfahrungen bestimmt. Im Laufe der Zeit wächst dadurch das Gefühl der Konstanz. Das bedeutet aber auch, dass wir nichts Neues geschehen lassen, sondern immer wieder auf Bewährtes zurückgreifen.

Im Konfliktfall ist diese Auffassung fatal, denn jeder glaubt sich natürlich im Recht. Die eigene Auffassung scheint die richtige zu sein und das Gegenüber muss seine Auffassung ändern und sein Verhalten anpassen. Nach von Foerster trägt jeder von uns die Verantwortung für die Wirklichkeit, die er sich konstruiert; dazu gehört auch ein regelmäßiges Überprüfen seiner eigenen Ideen und Ansichten sowie natürlich die Flexibilität, andere überzeugende Argumente gelten lassen zu können.

Kommunikation

Kommunikation bedeutet also nichts anderes, als sich mit anderen Menschen auf eine Wirklichkeit zu verständigen und gewisse Handlungen zu vereinbaren, und zwar unabhängig von den tatsächlichen biologischen oder physikalischen Gegebenheiten.

Paul Watzlawick hat drei Ziele der konstruktivistischen Erkenntnistheorie hinsichtlich des menschlichen Verhaltens und seiner Umgebung formuliert:

Freiheit und Verantwortung

Entscheidend ist die Freiheit jedes Einzelnen, die daraus resultiert, dass jeder die Möglichkeit hat, in seiner Wirklichkeit für Veränderungen zu sorgen. Dabei ist allerdings immer die ethische Verantwortung für die eigenen Handlungen zu berücksichtigen. Man kann die Schuld nicht mehr bei anderen suchen, sondern steht für seine Konstruktion der Wirklichkeit gerade. Aus den beiden ersten Punkten der Freiheit und der Verantwortung folgt unbedingt der dritte Aspekt:

> Jeder Mensch ist konziliant gegenüber den Wirklichkeitskonstruktionen der anderen. Jeder Mensch geht also davon aus, dass andere Menschen die Dinge anders wahrnehmen und verstehen und aus diesem Grund andere Urteile fällen, andere Ergebnisse erzielen und Situationen, aus denen sie ihr Verhalten ableiten, anders empfinden.

Wenn diese Erkenntnisse von allen Menschen umgesetzt würden, gäbe es erheblich weniger Konflikte.

Mit seiner Weltsicht schließt Watzlawick wie viele andere an antike Vordenker an. Bereits bei Epiktet, den Watzlawick zitiert, steht: »Es sind nicht die Dinge, sondern die Meinungen von Dingen, die uns beunruhigen.« Die Dinge an sich nennt er *Wirklichkeit erster Ordnung* und die Meinungen von Dingen heißen *Wirklichkeit zweiter Ordnung*. Im Training, in der Beratung und natürlich auch in der Psychotherapie hat man es mit der Wirklichkeit zweiter Ordnung zu tun. Ein guter Berater versucht, das Weltbild des Ratsuchenden zu erweitern, indem er weitere Wirklichkeiten zweiter Ordnung einführt, also neue Perspektiven schafft, die die Wirklichkeit erster Ordnung interpretieren. Es geht also in einem Coaching nicht mehr darum zu überlegen, was man falsch gemacht hat, weil der Vorgesetzte immer so »böse« schaut, sondern nachzudenken, welche anderen Ursachen es für seinen Gesichtsausdruck geben könnte.

Aus den konstruktivistischen Ideen leitet Watzlawick drei Interventionsmöglichkeiten für die Beratung ab:

1. Direkte Verhaltensverschreibung

Das abgelehnte Verhalten wird dem Klienten »verschrieben«: Er soll genau das tun, wovor er sich fürchtet. Einem Doktoranden, der seine Arbeit nicht vollendet, verschreibt Watzlawick beispielsweise, sich bewusst einmal in der Woche lächerlich zu machen. Das soll seiner Meinung nach helfen, um einen Wandel herbeizuführen, der vor der Einsicht liegt. Die *direkte Verhaltensverschreibung* erinnert an die Homöopathie: Gleiches wird mit Gleichem geheilt. Warum ein Problem entstanden ist, interessiert Watzlawick nicht. Er konzentriert sich lediglich auf funktionale Lösungen.

2. Paradoxe Kommunikation / Intervention (Double Bind)

In krank machenden Beziehungen und Familien wird häufig die *paradoxe Kommunikation* eingesetzt, die Watzlawick gleichermaßen zur Heilung heranzieht. Wenn paradox kommuniziert wird, dann macht der Angesprochene auf jeden Fall einen Fehler, denn er hat keine Chance, es dem anderen recht zu machen. Besonders aufschlussreich sind folgende zwei Beispiele:

- Eine Mutter schenkt ihrem Sohn zwei Krawatten zu Weihnachten. Weil er ihr einen Gefallen tun möchte, zieht er gleich am nächsten Tag eine der beiden Krawatten an, woraufhin die Mutter sagt: »Ach, gefällt dir die andere nicht?«

- Eine Frau schimpft mit ihrem Mann: »Nie bringst du mir Blumen mit!« Wenn er ihr tags darauf einen wunderschönen Strauß schenkt, dann sagt sie: »Das tust du nur, weil ich es dir gestern gesagt habe.«

Watzlawick versucht seine Patienten genau in diese paradoxe Situation zu versetzen, damit sie unbedingt das tun müssen, wovor sie sich fürchten. Eine Frau kam beispielsweise in einer Gruppentherapie zu ihm und sagte, dass sie nicht Nein sagen könne. Watzlawick konstruierte folgende Übung: »Sie gehen jetzt zu jedem einzelnen Gruppenmitglied. Jeder wird Sie um etwas bitten, und Sie sagen zu jedem Nein.« Die Frau befand sich in einer Zwickmühle. Entweder sie lehnte die Aufgabe ab, oder sie lehnte die Bitten der anderen Teilnehmer ab. Aber Nein sagen musste sie in jedem Fall.

3. Positive Konnotation

Es gibt Klienten, die in ein Training oder in eine Beratung kommen und dort alle Bemühungen des Beraters für Unsinn erklären. Egal, wie man sich abmüht, immer wird es heißen: »Das habe ich alles schon probiert, es funktioniert nicht.« Manchmal fügen diese Spezialisten noch den schmeichelnden Satz hinzu: »Sie sind meine letzte Hoffnung.« Bei solchen Manövern erklärt Watzlawick sehr freundlich, dass der gegenwärtige beklagte Zustand der beste für diesen Klienten sei. Jede Veränderung würde die Sache nur noch verschlimmern. Das Resultat ist, dass die Klienten versuchen, den Berater davon zu überzeugen, dass sie sich verändern können. Oder sie verlassen gar den Berater, entdecken ihren Widerspruchsgeist und wollen nun dem Übeltäter zeigen, wie sehr sie sich verändern können. Ihre Veränderung führen sie in der Regel aber nicht auf die Intervention des Beraters zurück, was nach Aussage Watzlawicks geschäftsschädigend ist. Denn weitererzählt wird nicht »Der Berater hat es geschafft«, sondern »Der hat keine Ahnung«.

Spontanheilungen

Watzlawick faszinieren die vielen so genannten Spontanremissionen sehr, also Heilungen, die ohne medikamentöse oder psychotherapeutische Hilfestellung zustande kommen. In diesen versuchte er Regelmäßigkeiten für seine Interventionen zu entdecken. Beispielsweise erzählt er von einem Ehepaar, das keinen Verkehr mehr miteinander hatte. Die psychotherapeutischen Interventionen schlugen fehl. Im Urlaub des Ehepaars stand ihr Hotelbett an der Wand. Als der Ehemann nachts aufstand, um auf die Toilette zu gehen, musste er über seine Frau klettern. In diesem Augenblick fühlte er sich so zu ihr hingezogen, dass ehelicher Verkehr stattfand, der sich mit normaler Frequenz fortsetzte.

METHODE IM ÜBERBLICK

Die Methode im Überblick

Im Konstruktivismus gibt es keine »Wirklichkeit« an sich, sondern jeder konstruiert seine Wirklichkeit aktiv. Jede Erkenntnis, jede Erklärung wird im Konstruktivismus als eine Möglichkeit unter vielen angesehen. Jede menschliche Gemeinschaft, jede Kultur trifft Vereinbarungen darüber, wie intersubjektive Phänomene zu verstehen sind.

Mit der Annahme der aktiven Konstruktion der eigenen Wirklichkeit entsteht eine Verantwortlichkeit jedes Einzelnen gegenüber seiner Wahrnehmung und seinem daraus abgeleiteten Verhalten.

Zentraler Begriff im Konstruktivismus ist das autopoietische System, ein nach außen abgeschlossenes und selbstbezügliches System, wie zum Beispiel das menschliche Gehirn. Es tut nichts anderes, als Reize und Signale zu verarbeiten und in unsere bestehenden Erfahrungen zu integrieren.

Die Interpretation dieser Reize ist immer auch ein Vorgang des Verarbeitens von persönlichem Vorwissen und Erfahrungen.

Die Betrachtungsweise der Welt ist abhängig von Erfahrungen. Dabei wird die neue Wahrnehmung in die bestehenden Strukturen eingepasst. Sie muss nicht real, aber viabel sein.

Viele Wirklichkeiten

Paul Watzlawick hält den Glauben der meisten Menschen, dass es nur *eine* Wirklichkeit gäbe, für eine gefährliche Selbsttäuschung.

Kommunikation bedeutet, sich mit anderen Menschen auf eine Wirklichkeit zu verständigen und gewisse Handlungen zu vereinbaren, unabhängig von den biologischen oder physikalischen Gegebenheiten.

Watzlawick hat drei Ziele der konstruktivistischen Erkenntnistheorie hinsichtlich des menschlichen Verhaltens und seiner Umgebung formuliert:

1. die Freiheit jedes Einzelnen, in seiner Wirklichkeit für Veränderungen zu sorgen
2. die Verantwortung für sein Handeln
3. jeder Mensch ist offen für die Wirklichkeitskonstruktion der anderen.

Aus den konstruktivistischen Ideen leitet Watzlawick vor allem drei Interventionsmöglichkeiten für die Beratung ab:

- *1. Direkte Verhaltensverschreibung:*
  Das abgelehnte Verhalten wird dem Klienten »verschrieben«. Er soll genau das tun, wovor er sich fürchtet.

- *2. Paradoxe Kommunikation/Intervention:*
  Man bringt seine Klienten in Situationen, in denen sie das Gefürchtete tun müssen.

- *3. Positive Konnotation:*
  Der Therapeut bestätigt, dass der derzeitige Zustand der beste sei und man nichts ändern könne, ohne die Lage weiter zu verschlimmern. Damit wird der Widerspruchsgeist des Klienten geweckt.

Konstruktivismus in Beratung und Training

Konflikt-vermeidung und -lösung

Konstruktivistische Sichtweisen haben in jedem Kommunikations- und Führungstraining einen festen Platz. Mit der Einsicht, dass andere Menschen anders denken und fühlen und man nicht davon ausgehen kann, dass die eigene Sichtweise die Welt umfassend beschreibt, ist für ein Konfliktgespräch bereits viel gewonnen. Zeitfressende Diskussionen über Recht oder Schuld können entfallen, um gemeinsam an Lösungsmöglichkeiten zu arbeiten. Missverständnisse können geklärt werden, und keiner muss dem anderen mehr eine »böse« Absicht unterstellen. Konstruktivistisches Gedankengut ist sowohl als Konfliktlösungs- wie auch als Konfliktvermeidungsstrategie hilfreich. So müssen sich manche Auseinandersetzungen nicht zuspitzen, wenn alle Beteiligten von vornherein davon ausgehen, dass jeder ein anderes Verständnis des Problems hat.

Allerdings sind die Interventionen, die Watzlawick vorstellt, nicht uneingeschränkt für den Trainingskontext geeignet, sondern eher für Coaching. Hier kann ein Coach das Problemverhalten verschreiben (»Nehmen Sie sich bei ihrer nächsten Präsentation vor, so zu schwitzen, dass das Wasser aus ihren Schuhen herausschwappt«). Auch kann paradox interveniert werden. In manchen Coaching-Situationen kann auch die Positive Konnotation das Mittel der Wahl sein: Der Therapeut schlägt sich auf die Seite des Symptoms und erklärt dem Ratsuchenden, wie phantastisch es sich damit lebe. Beklagt sich eine Mitarbeiterin beispielsweise, dass sie nicht Nein sagen könne und von jedermann in der Firma ausgenutzt werde, dann kann man ihr verdeutlichen, dass die Wirtschaft ohne Menschen wie sie nicht funktionieren würde. Überzeichnet man diese Argumentation und sagt ihr, dass sie den Betrieb oder vielleicht die gesamte Volkswirtschaft mit ihrem Verhalten rette, dann bewegt man sich bereits auf den provokativen Kommunikationsstil (vgl. Kapitel 14) zu.

Bezüge zu anderen Methoden

Systemtheorie

Konstruktivismus und Systemtheorie stehen in einem engen Zusammenhang. Manche Theoretiker stehen auf dem Standpunkt, die Systemtheorie sei aus dem Konstruktivismus und der Kybernetik entstanden, andere vertreten die Auffassung, der Konstruktivismus sei die konsequente Weiterentwicklung der Systemtheorie. Beide Auffassungen sind wahrscheinlich richtig. Systemtheorie und Konstruktivismus sind fast parallele Entwicklungen, die naturwissenschaftlichen und soziologischen Ursprungs sind. Sie haben sich gegenseitig angeregt und beständig weiterentwickelt. Watzlawick, der den Konstruktivismus für die Psychotherapie nutzbar machen wollte, definiert Kommunikation als die Beziehung zwischen zwei offenen Systemen. Diese Wirkung zweier Systeme aufeinander schafft sehr schnell Rückkopplungen. Das heißt, es wirkt nicht nur a auf b und b auf c, sondern die in Gang gesetzten Prozesse haben eine Rückwirkung auf den Ausgangspunkt a. Und das wiederum ist eine zentrale Hypothese des Konstruktivismus. Systemtheorie und Konstruktivismus sind somit untrennbar miteinander verbunden.

Logotherapie

Auch Viktor Frankls Logotherapie scheint in den Geist des Konstruktivismus zu passen. Frankl legt ausgesprochen großen Wert auf die Sinnhaftigkeit von Erfahrungen und von menschlichem Tun. Solange ein Erleben einen Sinn macht, sobald man der eigenen Existenz einen Sinn abgewinnen kann, ist man lebensfähig. Genauso wie Frankl legt Watzlawick Wert auf die aktive Übernahme von Verantwortung. Und damit schließen beide an von Foerster an, der diese in Bezug auf die eigene Wahrnehmung und deren Interpretation formuliert. Frankl hat in seinen Vorträgen mehrfach betont, dass seiner Meinung nach der Freiheitsstatue in den USA eine weitere Statue hinzugefügt werden müsse: eine Statue der Verantwortung.

NLP

Auch zum NLP können Verbindungen gesehen werden. Im NLP wird durch das *Reframing* versucht, neue Wirklichkeiten zweiter Ordnung einzuführen. Ist eine Situation verfahren, versucht der Berater, sie einfach in einem anderen Licht zu sehen und der Situation etwas Positives abzugewinnen. Bekannt geworden ist im NLP das Beispiel einer Mutter, die sich wiederholt über die Unordnung der Kinder beklagt. Zu Hause sähe es immer aus wie bei »Hempels unter dem Sofa«. Der Berater versucht hier eine zweite Wirklichkeit, einen neuen Sinn oder ein *Reframing* einzuführen, indem er sagt: »Stellen Sie sich vor, wie sauber und aufgeräumt Ihre Wohnung wäre, wenn Ihre Kinder verstorben wären. Sie würden keinerlei Spuren mehr von ihnen entdecken können.« Die Frau war von da an bei jedem herumliegenden Socken sehr erleichtert, denn sie wusste, dass alle lebendig sind – und das ist schließlich das Wichtigste.

Die konsequente Suche nach effektiven Lösungen ohne Ursachenforschung finden wir ebenfalls in der Systemtheorie – vor allem nach de Shazar – und im NLP wieder. Die Berater dieser Methoden blocken lange Erklärungen über Hintergründe und Entstehungsgeschichte eines Symptoms autoritär ab – manchmal einfach, indem sie auf den Kostenfaktor verweisen. Die Konzentration liegt auf dem Machbaren.

11. Logotherapie und Existenzanalyse

Viktor Frankl auf der Suche nach dem Sinn

»Ein existenzielles Vakuum erfasst bereits etwa ein Viertel der Bevölkerung«, meint Viktor Frankl (1905–1997), der Begründer der Logotherapie, die neben der Psychoanalyse Freuds und der Individualpsychologie Adlers die dritte Wiener Richtung ist. Mehr als 70 Jahre begleitete Frankl die psychotherapeutische Entwicklung. Viktor Frankl wuchs, wie er sagte, mit zwei Geschwistern unter einem strengen Vater und einer herzensguten Mutter in Wien auf.

Früher Kontakt zu Freud und Adler

Bereits seine Schulzeit war geprägt von einem Interesse für die Psychologie. In seinem 15. Lebensjahr korrespondierte er mit Sigmund Freud. So erschien auch die erste Publikation Frankls 1924 in der *Internationalen Zeitschrift für Psychoanalyse* auf ausdrückliche Empfehlung von Sigmund Freud. In dieser Zeit studierte Frankl Medizin und wurde in Adlers Kreis der Individualpsychologie aufgenommen. Hier gründete er die Zeitschrift *Der Mensch im Alltag*, um psychologische Ideen zu verbreiten. Aus diesem Team wurde er 1927 wegen Unorthodoxie ausgeschlossen.

Schon zu dieser Zeit hatte Frankl verschiedene Vorträge im In- und Ausland über den Sinn des Daseins gehalten. Er beschreibt den Sinn jedes Menschen als einzigartig. Er gründete die erste Jugendberatungsstelle, die bald Nachahmung in weiten Teilen Europas fand. Frankl erhielt die Gelegenheit, noch vor Abschluss seines Studiums 1930 an einer Klinik psychotherapeutisch zu arbeiten. Er arbeitete als Arzt an einem Wiener neurologischen und danach an einem psychiatrischen Krankenhaus. Bereits 1938 publizierte er eine Arbeit, in der die Logotherapie und die Existenzanalyse in ihren Grundlagen beschrieben werden.

Deportation ins KZ

Nach dem Einmarsch der Nazis in Österreich durfte er als Facharzt nur noch eingeschränkt arbeiten. 1940 wurde er Primarius der Neurologie am Rothschildspital, dem letzten jüdischen Krankenhaus in Wien. Durch seine Arbeit erhielten seine Eltern Deportationsschutz bis zum Jahre 1942, als Frankl, seine erste Frau Tilly und die Eltern in die Konzentrationslager Theresienstadt, Auschwitz und Dachau transportiert wurden. Frankl alleine überlebte die Lager; seine Schwester war rechtzeitig nach Australien ausgewandert. Um seinen Eltern den Deportationsschutz bieten zu können, hatte Frankl ein bereits vorhandenes Visum für Amerika verfallen lassen.

Verlust der Familie

Nach Kriegsende kehrte Frankl nach Wien zurück und versuchte, mit Arbeit über den Verlust seiner Familienangehörigen hinwegzukommen. Er schrieb unter anderem seine Erlebnisse im KZ aus Sicht der Psychoanalyse nieder. Er erwarb sein zweites Doktorat im Fach Philosophie und habilitierte 1949 an der Universität Wien. Von 1946 bis 1970 arbeitete er als Primarius an der Neurologie der Wiener Poliklinik. Er wurde außerordentlicher Professor in Wien und erhielt Professuren unter anderem an den Universitäten Harvard und Stanford. Noch Tage vor seinem Tode erhielt Viktor Frankl sein 29. Ehrendoktorat an der Universität von Ohio, USA.

Frankl hat sein wissenschaftliches Wirken in mehr als 32 Büchern festgehalten, die in 25 Sprachen übersetzt wurden. Sein Buch *Man's Search for Meaning* wurde in den USA von der *Library of Congress* zu einem der zehn einflussreichsten Bücher gewählt.

Im Juli 1996 feierte Frankl goldene Hochzeit mit seiner zweiten Frau, Dr. h.c. Eleonore Frankl, von der ein Kollege Frankls, Jacob Needleman, gesagt hatte: »Sie ist die Wärme, die das Licht begleitet.«

Logotherapie oder wie man durch humorvolles Akzeptieren wieder die Führung übernimmt

Der Sinn des Lebens

Frankls Idee lehnt sich direkt an Nietzsches Ausspruch an: »Wer ein Warum zu leben hat, erträgt auch jedes Wie.« Dass der Sinn den Menschen am Leben hält, bewies Frankl während seiner Inhaftierung in einem Konzentrationslager der Nazis. In den USA sagt man ihm nach, dass er im KZ seine These entwickelt hätte. Genau genommen gab es diesen Ansatz aber schon vor seiner Inhaftierung. Seine Erlebnisse und Erfahrungen hat er in bewundernswerter Art und Weise in seiner Arbeit umsetzen können. »Das Leiden macht die Menschen hellsichtig und die Welt durchsichtig«, meint Frankl.

> Das einzige, was Menschen am Leben hält, ist ein Sinn, an dem sie ihr Tun ausrichten können. Im Gegensatz zum Tier hat der Mensch keinen Instinkt, der ihm sagt, was er tun *muss*. Dies wurde früher durch das achtsame Leben von Traditionen ersetzt. Der Mensch wusste, was er tun *soll*. Heute weiß aber keiner mehr so richtig, was er tun *will*. Das Leben selbst stellt nun dem Menschen die zentrale Frage, die jeder selbst beantworten muss, um sein Leben zu verantworten.

»Der amerikanischen Freiheitsstatue müsste eine Statue der Verantwortung hinzugefügt werden«, ereiferte sich Frankl im Gespräch.

Verwirklichung persönlicher Werte

Unter dem Sinn des Lebens versteht Frankl die *Verwirklichung persönlicher Werte*. Er kategorisierte die Werte in kreative, Erlebnis- und Einstellungswerte. Ein kreativer Wert ist einer, bei dem eine Aufgabe erfüllt oder ein Werk erschaffen wird. Ein Erlebniswert zeigt dem Menschen sein Sein in der Natur und in der Gesellschaft. Er reicht von Mitmenschlichkeit und Liebe bis hin zu Naturerfahrungen und dem Erleben von Ästhetik. Einstellungswerte werden zum Beispiel dann offenbar, wenn ein Schicksal mit Würde ertragen werden muss. Die größte Erfüllung nach Frankl ist, wenn man sogar zum Leitbild für andere Menschen wird. Dazu ist seiner Meinung nach nur ein Mensch fähig, der sich seiner Selbstverantwortung bewusst ist.

Der Sinn des Lebens hilft sogar in den schwersten Lebenslagen. In seinen frühen Aufzeichnungen schildert Frankl den Fall eines Arztes, der ihn im Zustand schwerer Depression aufsuchte und um Rat fragte. Er hatte ein Jahr zuvor seine über alles geliebte Frau verloren und war darüber mit sich und der Welt uneins geworden. Aber schon mit der ersten Frage, was denn wohl geworden wäre, wenn er zuerst hätte sterben müssen, und mit der Antwort, dass seine Frau dann sicher verzweifelt gewesen wäre, bahnte sich die helfende Einsicht an. Frankl brauchte in dem Patienten nur noch die feste Einsicht zu verankern, dass seiner Frau ein unermessliches Leid erspart geblieben ist. Damit hatte ihr plötzlicher Tod einen Sinn erhalten.

Wenn er Patienten aus einem Klinikaufenthalt entlassen sollte, dann fragte Frankl sie immer, was sie planten. Hatten sie konkrete Vorstellungen, dann ließ er sie gehen. Waren sie unentschlossen, so meinte Frankl, fehlte es ihnen an Lebenskraft, denn sie hatten keinen Lebenssinn, den sie verwirklichen konnten.

Sinnlosigkeit im Leben zeigt sich seiner Meinung nach bei depressiv gestimmten Menschen im Selbstmord, bei aggressiven Menschen in der Kriminalität und bei abhängig veranlagten Menschen im Drogenkonsum. Diesen Menschen wollte Frankl mit seiner Sinnlehre helfen. Jede kleine und alltägliche Situation, meinte er, hatte einen einzigartigen Sinn. So forderte er seine Klienten auf, ihr Schicksal anzunehmen.

Sinn und Wille Immer wenn davon ausgegangen werden kann, dass ein Mensch unter einer Sinnleere – im Fachjargon »existenzielles Vakuum« genannt – leidet, dann ist die Logotherapie indiziert. Gemeint ist allerdings nicht, dass der Berater oder Therapeut versucht, dem Klienten einen Sinn zu vermitteln. Den muss der Betreffende vielmehr selbst finden, denn einen Lebenssinn kann man schlecht ärztlich verordnen. Auch den Willen zum Sinn versucht man ihm nicht einzureden. Sobald ein Sinn gefunden ist, keimt der Wille von alleine auf.

Diesen Hinweis nahmen Menschen von jemandem, der durch solche existenzielle Bedrohungen gegangen ist wie Frankl, dankbar an. Jede Sinnkrise wird im Verhältnis zu Frankls Leistung lächerlich. Eine Methode, die einen Menschen im Konzentrationslager über Wasser hält, ist auch für alle alltäglichen Probleme gut.

Paradoxe Intention

Eine zentrale Methode der Logotherapie ist die *Paradoxe Intention*. Menschen, die in eine Beratung kommen, möchten sich in der Regel von bestimmten Gedanken oder von einem bestimmten Verhalten trennen. In der Psychotherapie sind es oft Zwänge, wie etwa das Gefühl, keine Treppe hochgehen zu können, ohne den Zwang zu haben, herunterspringen zu müssen. Von der Treppenbrüstung scheint ein unendlicher Sog auszugehen, der in die Tiefe zieht.

Lampenfieber Im Bereich der Managementberatung geht es beispielsweise darum, dass jemand lernen möchte, besser mit seinem Lampenfieber beim Sprechen vor Gruppen umzugehen. Vielleicht hat er das Gefühl, dass ihm die Röte ins Gesicht steigt. Oder jemand möchte in Konfliktgesprächen ruhiger werden und nicht bei der kleinsten Aufregung anfangen zu schwitzen.

Diesen Beispielen ist eines gemeinsam: In allen Fällen hat der Klient das Gefühl, seinen Gedanken und seinem Verhalten vollkommen ausgeliefert zu sein. Er kann es nicht bewusst steuern. Es scheint nicht so zu sein, dass der Klient unter einem bestimmten Symptom leidet, vielmehr beunruhigt ihn seine Erwartungsangst. Denn das Symptom scheint unberechenbar auszubrechen. »Es liegt im Wesen der Angst«, meint Frankl, »dass sie heraufbeschwört, wovor jemand sich fürchtet.« Eine solche Angst verstärkt das Symptom und das verstärkte Symptom festigt die Angst. Ein Teufelskreis beginnt.

Angst bewusst produzieren

Hier versucht die paradoxe Intention entgegenzuwirken. Die Logotherapie »verschreibt« den Klienten das problematische Verhalten. Man soll sich wünschen, wovor man sich fürchtet. Der Klient, der sich gegen seine Gedanken, von der Treppe springen zu müssen, nicht wehren kann, wird gebeten, bewusst diese Gedanken zu produzieren. Während des Aufstiegs soll der Klient bewusst den Gedanken des Springens herbeiholen und nicht versuchen, ihn zu vermeiden. Der Gedanke soll so stark werden, dass er lächerlich wird: »Gleich bekomme ich noch mehr Angst und will springen, und ganz oben, da wird es furchtbar schlimm. Da steigere ich das Gefühl noch. Gestern bin ich fünfmal heruntergesprungen, heute werde ich es zehnmal tun. Von mir aus werde ich richtig geisteskrank und sterbe ich an dieser Angst.«

Dem Manager, dem die Röte ins Gesicht steigt, würde man verschreiben, bei der nächsten Präsentation oder der nächsten Rede so rot wie möglich zu werden – so rot, dass man meint, er hätte Clownsschminke im Gesicht. Denjenigen, dem es in schwierigen Gesprächen immer warm wird, würde man bitten, so sehr zu schwitzen, dass er in einer Pfütze steht, die alle sehen können.

Mit dieser Methode zeigt man dem Klienten einen Weg, ein bisher unbewusstes, automatisches Verhalten bewusst steuern zu können. Wer ängstliche Gedanken aktiv produzieren kann, wer rot werden kann, wenn er will, und wer bewusst schwitzen kann, kann es genauso gut auch lassen. Und damit laufen die Gedanken und das Verhalten nicht mehr unbewusst ab, sondern der Klient gewinnt einen gewissen Einfluss. Der Erwartungsangst wird so der Wind aus den Segeln genommen und die Symptome verkümmern.

Humor heilt

Neben einer präzisen Aufgabenbeschreibung darf nicht auf Humor verzichtet werden. Humor ermöglicht es den Menschen, sich von sich selbst zu distanzieren und über sich selbst zu lachen. Man gewinnt Abstand vom problematischen Gedanken und Verhalten und erhält eine andere Perspektive. So bekommt man unbewusste Mechanismen wieder in die Hand. Als Beispiel für das Wirken von inversen Intentionen zitiert Frankl eine Anekdote:

Ein Schuljunge kommt zu spät zur Schule und entschuldigt sich: »Auf der Straße ist arges Glatteis. Wann immer ich einen Schritt vorwärts gegangen bin, bin ich zwei Schritte rückwärts gerutscht.« Worauf die Lehrerin triumphierte: »Wenn dem wirklich so gewesen wäre, wie hättest du dann überhaupt zur Schule kommen können?« Der Schüler war um keine Antwort verlegen: »Ganz einfach: ich habe mich umgedreht und bin nach Hause gegangen.«

Von den meisten Klienten wird die paradoxe Intention nicht besonders wohlwollend aufgenommen. Es scheint zunächst ungeheuerlich, bewusst die Gedanken oder das Verhalten zu produzieren, das man loswerden möchte. Hier erfordert es Überzeugungsgeschick und Humor, um den Ratsuchenden dazu zu bewegen, es doch wenigstens einmal zu versuchen. Oft ist es sogar ratsam, gemeinsam mit dem Klienten die paradoxe Intention zu formulieren. Auch beginnt man mit kleinen Aufgaben, die zunehmend komplexer werden. Die meisten Klienten, die es tatsächlich ausprobieren, sind verblüfft über die schnelle Wirkung.

Werteverwirklichung

Die Logotherapie vertritt nicht die Auffassung, dass ein Mensch alles frei wählen könne. Im Gegenteil, jeder von uns ist ein Stück gefangen in den Bedingtheiten der menschlichen Existenz. Aber jeder ist darin frei, wie er mit diesen Grenzen umgeht, und er hat das Recht dazu, das Beste daraus zu machen. Das lateinische Wort »ex-sistere« heißt »heraustreten«. Im Sinne der Logotherapie ist es ein Heraustreten aus den Gegebenheiten und die Möglichkeit, sich seine Existenz zu gestalten. Frankl meint damit nicht die Selbstverwirklichung, denn die hält er für modisches Gerede. Seiner Meinung nach geht es um die Verwirklichung von Werten (s.o.). Erst wenn man seine Werte verwirklicht, dann verwirklicht man auch sich selbst. Aber zunächst kommt die Arbeit.

Auch Glück und Erfolg kann man nicht erzielen, sondern sie er-folgen, wenn man zuvor Entsprechendes geleistet hat. Daraus folgt, dass Menschen nicht fragen sollen, was ihr Leben für sie bereithält, sondern überlegen sollten, welchen Beitrag sie für die Welt leisten können.

Freiheit

Freiheit macht erst dann Sinn, wenn man weiß, wozu sie dienen soll. Frankl erlebte so manchen Aussteiger, der nach seinem Ausstieg nicht mehr mit seiner Freiheit umgehen konnte. Denn ein Ausstieg ist nur dann sinnvoll, wenn es auch einen Wieder-Einstieg gibt. In seiner Praxis saßen viele Menschen, die zwar wussten, was sie nicht mehr wollten, aber was sie wollten, wohin es gehen sollte, war ihnen nicht bewusst.

Die Methode im Überblick

Nach Friedrich Nietzsche erträgt jemand, der ein Warum zu leben hat, jedes Wie. Darauf basiert Frankls zentrale Idee. In der heutigen Gesellschaft, die keine festen Orientierungspunkte mehr bietet, scheint es besonders wichtig, dass jeder Mensch für sich einen Sinn im Leben definiert, daraus Werte ableitet und die Verantwortung dafür übernimmt. Frankl differenziert zwischen drei verschiedenen Werten:

1. kreativen Werten
2. Erlebniswerten und
3. Einstellungswerten.

Leidet ein Mensch unter einer Sinnleere, einem *existenziellen Vakuum*, dann kann die Logotherapie helfen. Anstatt viel vom Leben zu erwarten, fragt Frankl jeden Klienten, welchen Beitrag er zu dieser Welt leisten kann. Um einen Sinn zu finden, arbeitet Frankl mit Interventionen, auch wenn sich die Logotherapie in erster Linie durch ihre Haltung zum Leben auszeichnet.

Paradoxe Intention

Um die Angst vor einem auftretenden unliebsamen Verhalten in den Griff zu bekommen, nimmt sich der Klient fest vor, genau das betreffende Verhalten zu zeigen. Mit dieser Methode wird das Verhalten steuerbar und läuft nicht mehr überraschend oder unwillkürlich ab.

Humor

Humor wird als Mittel der Distanzfindung eingesetzt. Auch die Distanzierung vom Symptom macht die bewusste Kontrolle möglich.

Logotherapie in Beratung und Training

Nicht jede Methode eignet sich zur Beratung jedes Menschen oder jeder Lebensgeschichte, und nicht jeder Berater arbeitet gleich erfolgreich mit einer Methode. Die Logotherapie macht hier keine Ausnahme. Jeder Berater oder Trainer sollte überlegen, in welchem Kontext er mit der Logotherapie arbeiten kann.

Klärung von Arbeitszielen

In Team- und Führungstrainings ist zum Beispiel ein Einsatz denkbar. Dort geht es zunächst um die Klärung des Arbeitsziels. Die Motivation einer Gruppe ist ungleich höher, wenn sie das Gefühl hat, an einem sinnvollen Projekt beteiligt zu sein. Wenn nur die Führungsebene den Sinn versteht, dann helfen auch die besten Motivationsworkshops nicht, um das Team zum engagierten Arbeiten zu bewegen.

Zudem kann jedes Training mit Humor weitaus mehr erreichen, als wenn es immer nur um ernste Arbeit geht. Zum einen macht es einfach mehr Spaß – und in dieser Atmosphäre fällt bekanntlich das Lernen leichter –, zum anderen distanziert Humor von der eigenen Aufgabe und Person und hilft, die Dinge nicht zu verbissen zu sehen. Das setzt neue Ideen und kreative Kräfte frei.

Die Methode der Paradoxen Intention passt wahrscheinlich eher zu einem Einzelcoaching. Hier kann der Klient angeleitet werden, sich ein unliebsames Verhalten, das sich seiner Steuerung entzieht, wieder bewusst zugänglich zu machen. Und letztendlich kann jeder die Wirkungsweise für sich selbst nutzen. Wenn man vor etwas ganz besondere Angst hat, dann nimmt man sich gerade das vor. Denn je mehr man versucht, etwas nicht zu tun, umso eher geschieht es.

Bezüge zu anderen Methoden

Systemtheorie

Auch andere therapeutische Richtungen arbeiten mit der Erwartungsangst. Der systemische Ansatz geht beispielsweise in dieser Situation so vor, dass er die Aufmerksamkeit vom Symptom selbst ablenkt und auf die Voraussagbarkeit richtet. Hier wäre eine klassische Verschreibung beispielsweise: »Versuchen Sie herauszufinden, ob der nächste Tag oder das nächste Ereignis, zu dem Sie Ihr Symptom erwarten, gut oder schlecht verläuft.« Der Klient konzentriert sich nicht mehr auf das

Symptom, sondern versucht, seinen Zustand korrekt vorauszusagen. Damit gewinnt er Einfluss.

Was die Logotherapie weiterhin mit der Systemtheorie verwandt erscheinen lässt, ist die Tatsache, dass Systeme grundsätzlich auf einen Sinn hin ausgerichtet sind. Ohne Sinn kann ein System nicht existieren – es wird überflüssig. So wird in beiden Theorien ein Sinn als Basis für Verhalten angesehen.

Meta-Programme im NLP

Die Suche nach dem Sinn für das eigene Leben erinnert an die Arbeit mit Meta-Programmen im NLP. Wenn das Leben keinen Sinn mehr zu machen scheint, dann sucht die Logotherapie nach dem NLP-Jargon ein Meta-Programm, ein »Hin-zu-Programm«, das der Existenz wieder einen Grund geben kann. Auch in einzelnen Verhaltensweisen sucht NLP zunächst nach einem Sinn. Bei einem störenden Verhalten wird immer erst gefragt, in welchem Kontext es einen Sinn macht *(Reframing)*, um über diese positive Distanzierung eine Handhabung zu ermöglichen. Erst danach beginnt man mit der Veränderungsarbeit. In manchen Fällen ist ein solches *Reframing* so effektiv, dass der Klient die Veränderungsarbeit ablehnt oder nur auf bestimmte Kontexte beschränken möchte.

Die Idee, mit Humor Distanz zum eigenen Verhalten zu gewinnen, macht sich die Provokative Therapie fast als alleinige Interventionstechnik zu Nutze. Das zeigt, dass ausschließlich mit Distanz Heilung möglich wird. Und auch im NLP fand dieser Aspekt seinen Niederschlag.

Frankls Gesprächsführung erinnert an die Gespräche von Carl Rogers: Der Klient steht im Mittelpunkt, und es wird sehr einfühlsam auf ihn eingegangen. Allerdings gibt es bei Frankl nicht die non-direktive Komponente.

Genau wie im Konstruktivismus »verschreibt« die Logotherapie das Symptom, was eine bewusste Steuerung ermöglicht. Als Zeitgenossen und offen interessierte Therapeuten haben Frankl und Watzlawick sich gegenseitig beeinflusst.

12. Neurolinguistisches Programmieren (NLP)

Richard Bandler und John Grinder modellieren die Meister der Psychotherapie

Richard Bandler

Richard Wayne Bandler wurde im Jahre 1950 in New Jersey geboren, wuchs aber in Kalifornien auf. In den Sechzigerjahren gehörte er zu den langhaarigen »Blumenkindern«, die aufgrund der wirtschaftlichen und politischen Situation in den Vereinigten Staaten eine oppositionelle Strömung entwickelten und sich der normierten Leistungsgesellschaft verweigerten.

Robert Spitzer, ein renommierter Psychiater und Präsident des Verlagshauses *Science&Behavior Books* in Palo Alto, suchte einen Schlagzeuglehrer für seinen Sohn. Er fand ihn in Richard Bandler, einem damals 17-jährigen Schüler. Die Familie Spitzer machte es sich zur Aufgabe, diesen begabten jungen Mann zu fördern, und übertrug ihm die verschiedensten Aufgaben – wie zum Beispiel das Anfertigen von Video- und Tonbandaufzeichnungen therapeutischer Sitzungen.

Bandler begann sein Studium an dem Foothill College in Los Altos Hills, wo er Spitzers Auffassung zufolge seine Professoren fast zur Verzweiflung trieb. Er war nicht dazu bereit, Kompromisse zu schließen und sich den akademischen Ritualen unterzuordnen. Nach dem College-Abschluss wechselte er an die *University of California* in Santa Cruz. Dort studierte er Philosophie, Mathematik und Informatik. Sein Interesse für Verhaltenswissenschaften festigte sich in dieser Zeit.

Sitzungen von Fritz Perls

1972, nach dem Tod von Fritz Perls, bat Spitzer Bandler, ihm dabei behilflich zu sein, Transkriptionen von Videofilmen von Perls' Therapiesitzungen anzufertigen. Diese intensive Auseinandersetzung mit Perls führte dazu, dass Bandler anfing, genauso wie Perls zu sprechen und sich ebenso zu verhalten. Noch im selben Jahr bot Bandler für Studenten Gestaltseminare an.

Es ergab sich, dass John Grinder, der 10 Jahre älter ist als Richard Bandler, Supervisor für diese Seminare wurde. Bandler bat Grinder, ihn zu beobachten und ihm zu erklären, wie er seine Seminare hielt. Er wollte das, was er erfolgreich tat, auch bewusst tun. So nahm Grinder regelmäßig teil und modellierte Bandler.

Kontakt mit Virginia Satir

Ebenfalls 1972 lernte Bandler, vermittelt durch die Spitzers, Virginia Satir kennen. In den Jahren 1972 bis 1974 nahm er an ihren Workshops teil und machte Videoaufnahmen von ihrer Arbeit. Für ein Buchprojekt mit Spitzer beschäftigte er sich so intensiv mit ihrer Arbeit, dass er ihre Art zu sprechen übernahm.

John Grinder

John Grinder wurde am 10. Januar 1939 im Bundesstaat Michigan geboren. In jungen Jahren hatte er gelegentlich als Undercoveragent für die CIA gearbeitet. Diese Tätigkeit führte ihn nach Deutschland, Italien und Jugoslawien. In den Siebzigerjahren hatte er sich als junger Assistenzprofessor für das Fach Linguistik mit Noam Chomskys Transformationsgrammatik einen Namen gemacht. Am *Kesge College* lehrte er unter Gregory Bateson.

Grinder interessierte sich für fortschrittliche Lehrmethoden. Den ersten Kontakt zur Psychotherapie erhielt er durch die Begegnung mit Richard Bandler.

Die gemeinsame Zeit

Nach zwei Monaten konnte Grinder die Muster darstellen und genauso wie Bandler Sitzungen abhalten. Grinder steuerte zur gemeinsamen Zusammenarbeit sein Wissen um Modellbildung und seinen linguistischen Hintergrund bei. Bandler kannte psychotherapeutische Schulen und besaß das außerordentliche Talent, andere Menschen nachzuahmen. Die beiden nutzten die Studentengruppen, um zu experimentieren.

Bandler und Grinder entwickelten eine Beobachtungsmethode, um die Arbeit von Virginia Satir systematisieren zu können. Sie wollten herausfinden, wie Beeinflussung und Veränderung funktionieren. Dann untersuchten sie mit dieser Methode die Filme von Fritz Perls und suchten Milton Erickson auf. Aus dem ursprünglichen Grundgedanken entwickelte sich schnell die Idee, einige Schlüsselfiguren der modernen Psychotherapie zu modellieren. Zu den beiden stießen in dieser Zeit auch andere engagierte Trainer hinzu. Die bekanntesten sind Robert Dilts, Judith DeLozier, die spätere Frau von John Grinder, und Lesslie Cameroon, die spätere Frau von Richard Bandler.

Mit Hilfe der linguistischen Ideen von Grinder erarbeitete die Gruppe eine Formalisierung von Sprachmustern und überprüfte ihre Wirkung. Diese Arbeit wurde 1975 in einem Buch mit dem Titel *The Structure of Magic Vol. 1 (Die Struktur der Magie)* veröffentlicht, auch als das *Meta-Modell* bekannt.

Kontakt mit Milton Erickson

1974 nahmen die beiden Kontakt zu Milton Erickson auf und wollten an seinen Teachings teilnehmen. Sie wollten ihr Modell auf Erickson anwenden, um herauszufinden, wie er arbeitete. Die Begegnung mit ihm empfanden sie als sehr inspirierend. Erickson hatte sein ganzes Leben dem Erforschen von Kommunikationsmustern gewidmet und bot ihnen seinen reichen Erfahrungsschatz an. Aus diesen Arbeiten entwickelten Bandler und Grinder das *Milton-Modell*. Die Ergebnisse wurden in dem ersten Buch mit dem Titel *Therapie in Trance – Neurolinguistisches Programmieren* veröffentlicht.

Die pragmatische Vorgehensweise von Milton Erickson, die wesentlich auf Ziele ausgerichtet war, ohne sich in der Wahl der Mittel vorzeitig zu beschränken, wurde zum dominierenden Denkstil innerhalb des NLP. Das Leitmotiv war nun:

> Wann immer das, was du tust, nicht funktioniert,
> dann tue etwas anderes!

In den nächsten Jahren konzentrierte sich die Gruppe auf das nonverbale Verhalten von Perls, Satir und Erickson. Dabei war es ihr Ziel, ein Konzept zu entwickeln, das sich nicht nur auf Psychotherapie beschränkte, sondern auf alle kommunikativen Prozesse angewendet werden konnte. Hieraus entstanden das Konzept des *Rapports* und die *4-Tuples* (s. u.).

Richard Bandler und John Grinder haben seit einiger Zeit ihre erfolgreiche Zusammenarbeit aufgegeben. Sie entwickelten das NLP in verschiedene Richtungen weiter und lehren jetzt unabhängig voneinander.

Die ersten beiden Therapeuten, die NLP in Deutschland unterrichteten, sind Gundl Kutschera und Thies Stahl.

Neurolinguistisches Programmieren oder wie man die Fähigkeiten der Meister nutzt

»NLP«

Seit Richard Bandler und John Grinder ihr Buch *Frogs into Princes* (1979) auf den Markt brachten, das 1981 ins Deutsche übersetzt wurde (aktuelle Ausgabe: *Neue Wege der Kurzzeittherapie,* 1997), ist der Bekanntheitsgrad des NLP enorm gestiegen. Dieses Buch löste eine Lawine der Begeisterung und eine ebenso große kritische Welle aus. Es handelt sich um Tonbandaufzeichnungen aus Seminaren und therapeutischen Sitzungen, die Bandler und Grinder leiteten. Im ganzen Buch fällt nicht einmal der Name NLP – außer in den Vorworten von John O. Stevens, Thies Stahl und Hilarion Petzold. Seinen Namen verdankt das Neurolinguistische Programmieren oder kurz NLP wohl eher dem kalifornischen Wein und einer fortgeschrittenen Stunde als sachlichen Überlegungen, bekannten Bandler und Grinder einmal. Aber der Name NLP setzte sich durch und fasste in einem Zeitalter, in dem Computer mit neuronalen Netzwerken arbeiten, enorm schnell Fuß. Manch einer verwechselte diese therapeutische Richtung mit einer neuen Programmiersprache und lag damit nicht ganz so weit von einer der wesentlichen Grundannahmen des NLP entfernt:

> Menschliches Verhalten ist programmiert – eine neue Formulierung für die alte Hypothese, dass Menschen ihr Verhalten erlernen.

Sich umprogrammieren

Möchte man sein Verhalten verändern, so muss man sich von einem automatisierten inneren Programm befreien und sich »umprogrammieren«, und zwar nicht nur auf elektronischer Ebene wie beim Computer, sondern auf neuronaler Ebene, wie der erste Teil des Wortes »NLP« verdeutlicht. Der Namensanteil »linguistisch« bezieht sich darauf, dass sich Denk- und Verhaltensmuster mittels Sprache offenbaren und deswegen auch durch Sprache beeinflusst werden können. Ein Mensch ist dann nicht mehr »psychisch krank«, sondern er kommuniziert abweichend von der Norm.

Sammlung verschiedener therapeutischer Muster

NLP bezeichnet eine Sammlung verschiedener therapeutischer Interventionsmuster, die die Begründer nicht neu erfunden haben. Vielmehr bestand ihre Leistung darin, sehr erfolgreiche Therapeuten zu beobachten und deren Verhalten in kleinen Schritten zu systematisieren, um diese Fähigkeiten allen Menschen zugänglich zu machen. Intensiv beschäftigten sie sich mit dem Gestalttherapeuten Fritz Perls, den Hypnotherapeuten Milton H. Erickson und der Familientherapeutin Virginia Satir; aber sie berücksichtigten auch Vertreter und Methoden anderer, traditioneller und innovativer Therapien. Nahezu alle in diesem Buch dargestellten Richtungen beeinflussten das NLP. Seit seiner Entstehung in den Siebzigerjahren werden diese grundlegenden Techniken fast täglich von NLP-Therapeuten erweitert und verfeinert. »Alles ist NLP«, sagen deswegen manche Mitglieder der NLP-Gemeinde selbstbewusst, werden damit aber der Geschichte und der zukünftigen Entwicklung therapeutischer Richtungen in keinster Weise gerecht. »Alles, was es in den Siebzigerjahren gab, hat NLP beeinflusst«, wäre die richtigere Formulierung.

Einsatz in betrieblicher Weiterbildung

Seit Anfang der Achtzigerjahre wird NLP nicht mehr nur im therapeutischen Kontext angewendet, sondern auch in der betrieblichen Weiterbildung. So war es durchaus auch von den Begründern gewünscht. Sie wollten sich explizit nicht auf den therapeutischen Kontext beschränken.

Einige Firmen haben mit den NLP-Techniken ihre Effizienz steigern können, andere sind buchstäblich »auf die Nase gefallen« und möchten von NLP nichts mehr wissen. Diese unterschiedlichen Erfahrungen liegen nicht an der Methode selbst, sondern an der Art und Weise, wie sie an ein Unternehmen herangetragen wird und in welchen Bereichen sie Anwendung findet. NLP verfügt über sehr effektive und transparente Methoden, die, richtig angewendet, wirkungsvoll sein können. Allerdings sind sie sehr komplex und haben teilweise einen mathematisch formalistischen Hintergrund.

Bandler und Grinder selbst gingen davon aus, dass die Größen der Psychotherapie nicht einer ungeheuer effektiven Schule angehörten, sondern dass ihr persönlicher Kommunikationsstil sie so erfolgreich machte. Diesen Stil wollten sie modellieren. Wenn die Idee stimmt, dann verfügen erfolgreiche Therapeuten über kommunikative Fähigkeiten und Verhaltensweisen, die in einem explizit zugrunde gelegten Therapiemodell nicht enthalten sind. Wer also nur das Modell kennt, aber nicht seine eigene Kommunikation trainiert und verfeinert, kann mit NLP nicht viel anfangen.

Und das ist genau das derzeitige Problem. NLP kann jeder lernen und anwenden, unabhängig davon, welche Vorbildung er hat. In einem Wochenendseminar kann man ein oberflächliches Know-how erwerben und dann drauflos »programmieren«. Zudem wird mit unrealistischen Zielvorstellungen geworben: »Lernen Sie NLP und lassen Sie die Konkurrenz hinter sich!« oder »Nie mehr unglücklich mit NLP« oder »Der Erfolg hat drei Buchstaben: NLP«.

Grenzen der NLP-Techniken

Fritz Perls, der das NLP nicht kennen konnte, wies auf den Zeitgeist hin, der NLP möglich machte. Er äußerte sich in der Einleitung zu *Gestalt Therapy Verbatim* dahingegehend, dass Techniken in der Psychologie zur Mode geworden seien. Diese seien jedoch nur Tricks, die zu Ersatzaktivitäten oder Scheintherapien werden könnten, die echtes Wachstum verhindern.

NLP kann viel, aber es kann nicht zaubern, auch wenn manche Techniken wie Zauberei anmuten. Wenn man sich die Methoden des NLP anschaut, wird schnell deutlich, dass solche Versprechungen unsinnig sein müssen. Denn NLP arbeitet – außer im hypnotischen Bereich – eben gerade nicht mit unklaren Anweisungen. Die Methode ist sehr konkret und zeigt dem Anwender auch deutlich die Grenzen ihrer Entwicklungsfähigkeit auf. Es kann mit NLP nicht jeder Einstein, Chopin oder Disney werden, auch wenn das die Gründerväter und -mütter in den Anfängen – und manche jetzt noch – propagier(t)en. Wir können uns aber die Fähigkeiten dieser Genies zu einem gewissen Maße aneignen, um unseren Alltag ein bisschen genialer bewältigen zu können.

Keine inhaltliche Arbeit

Der große Unterschied von NLP und anderen psychotherapeutischen Techniken ist, dass NLP so wenig wie möglich inhaltlich arbeitet. Das bedeutet, dass ein Klient sein Problem nicht mit seinem Berater bespricht. Der Therapeut erkennt aufgrund der Körpersprache – im NLP-Jargon »Physiologie« genannt –, ob der Klient in einer guten oder schlechten Verfassung ist. Möchte er an seinem Problem arbeiten, dann versucht der Therapeut, ihn vorher in eine möglichst kreative und positive Stimmung zu bringen, in der er leichter und ergebnisreicher nachdenken kann. Zudem leitet er diesen inneren Prozess durch gezielte Fragen und Aufgabenstellungen. Diese Vorgehensweise vermeidet die Gefahr, dass der Therapeut Ratschläge aus seiner eigenen Erfahrung gibt oder in das Problem mit hineingezogen wird.

Unabhängig von der Meinung des Therapeuten kann der Patient die beste Lösung für sich selbst herausfinden und neue Ideen entwickeln. Falls also inhaltlich gearbeitet wird, achtet der Berater nur darauf, dass der Klient die Regeln des Meta-Modells nicht verletzt und bietet Techniken zur Lösungsfindung an. Der Therapeut leitet also einen inneren, kreativen Prozess ein, ohne eine inhaltliche Richtung vorzugeben. Er nennt kein Ziel, sondern begleitet den Klienten auf dem für ihn richtigen Weg.

NLP als Methode versucht, Menschen zu helfen, ökologisch verträgliche Ziele zu erreichen. Damals als »Antipsychotherapiekonzept« entwickelt, sollte es nicht therapierend sein und der Psychotherapie den »kranken« Stempel nehmen. Jeder Mensch hat Probleme und je früher er sich in die Hände eines erfahrenen Beraters begibt, umso weniger wird er an seinen Problemen erkranken. Man muss also nicht verrückt sein, um sich coachen zu lassen.

NLP entstand aus unterschiedlichen therapeutischen Richtungen und modellierte erfolgreiche Psychotherapeuten. In wissenschaftlicher Sicht basiert NLP auf folgenden theoretischen Grundlagen:

Grundlagen

1. der Kybernetik nach Gregory Bateson
2. der sozial-kognitiven Lerntheorie von Albert Bandura
3. der Transformationsgrammatik von Noam Chomsky
4. der Annahme von grundsätzlicher Zielorientierung des Menschen (TOTE-Modell nach George A. Miller u. a.)
5. der auf William James zurückgehenden Theorie der sinnesspezifischen Repräsentationssysteme als Grundbausteine der Informationsverarbeitung und des subjektiven Erlebens
6. der Annahme von bewussten und unbewussten Elementen von Sigmund Freud.

Philosophie im NLP

Einen kleinen Einstieg in die neurolinguistische Denkweise geben folgende Grundannahmen:

1. *Menschen reagieren auf das, was sie von der Welt wahrnehmen, nicht auf die Welt selbst.*
   Jeder Mensch nimmt die Welt aufgrund seiner sinnesspezifischen, sozialen und persönlichen Erfahrung wahr. Aufgrund dieser Wahrnehmungen und ihrer individuellen sprachlichen Verarbeitung wählt er ein bestimmtes Verhalten. Würde er anders wahrnehmen, könnte er sich anders verhalten. NLP versucht, die Wahrnehmungsmöglichkeiten zu erweitern und damit mehr Flexibilität in das Verhalten zu bringen.

Wahrnehmung

2. *Jedes Weltbild ist einzigartig und entspricht einer Landkarte.*
   Diese ist nicht identisch mit der Landschaft, die sie darstellt, sondern ein Hilfsmittel, um sich in dieser Landschaft gut zurechtzufinden. Dementsprechend gibt es für den jeweiligen Zweck auch unterschiedlich nützliche *Landkarten*. Jeder Mensch handelt – bewusst oder unbewusst – entsprechend dieser subjektiven »inneren Landkarte« und richtet sein Denken und Verhalten so aus, dass er diese aufrechterhalten kann.

Weltbild

3. *Geist und Körper gehören zusammen – sie beeinflussen sich gegenseitig, denn sie sind Teil des gleichen kybernetischen Systems.*
   Alles, was gedanklich passiert, hat eine Reaktion im Körper. Jeder unterscheidbare Bewusstseinszustand wird an minimalen Veränderungen der körperlichen Ausdrucksweise sichtbar *(Physiologie)*. Aus diesem Grund ist es möglich, als Therapeut zu helfen, ohne zu wissen, an welchen Problemen der Klient gerade arbeitet.

Geist und Körper

4. *Die Bedeutung einer Äußerung lässt sich erst an der Reaktion, die man erhält, beurteilen.*
   Kommunikation hat nichts mit der Absicht des Kommunizierenden zu tun. Auch geht es nicht um die Wahl der Worte. Kommunikation bedeutet, eine bestimmte Reaktion im anderen hervorzurufen. Deswegen ist man im NLP der Auffassung, dass es zwar ein verständlicher Wunsch ist, wenn man jemand anderen verändern möchte, aber in Wirklichkeit ist man nur erfolgreich, wenn man die eigene Kommunikation so lange flexibel variiert, bis man das gewünschte Ergebnis erhält.

Äußerung

5. *Das Ziel ist höchstmögliche Flexibilität im Verhalten.*
   In einem System ist immer dasjenige Element führend, das über eine höhere Flexibilität verfügt als die übrigen. Deswegen besteht

Verhalten

ein NLP-Ziel darin, Verhalten nicht mehr unkontrollierbar und automatisch ablaufen zu lassen, sondern eine Wahlfreiheit im Verhalten zu bewirken. Wenn also etwas, das man tut, nicht funktioniert, dann sollte man etwas anderes ausprobieren. Viele Einschränkungen, denen man sich im Leben ausgesetzt glaubt, existieren nicht in der objektiven Realität, sondern nur in der begrenzten sinnesspezifischen Wahrnehmung und sprachlichen Deutung des subjektiven Weltbilds. Gelingt es, dieses zu erweitern, stehen auch mehr Wahlmöglichkeiten im Verhalten zur Verfügung, das Leben vielfältiger zu gestalten.

Menschen

6. *Menschen funktionieren perfekt.*
NLP hat keine «Störungsphilosophie«. Das Verhalten jedes Menschen ist auf seine eigene Art und Weise logisch und stimmig. Es beruht auf Erfahrungen, die ihn dazu gebracht haben, in dieser oder jener Form zu handeln. Menschen treffen die beste ihnen jeweils zur Verfügung stehende Wahl. Daher hat jedes Verhalten Sinn und Nutzen im Zusammenhang mit dem Weltbild der Person und dem Kontext, in dem es ursprünglich entstanden ist. Wichtig ist es herauszufinden, wie man selbst funktioniert, um dann gezielt auf Veränderungen hinwirken zu können.

Absicht

7. *Hinter jedem Verhalten steckt eine positive Absicht.*
Jedes Verhalten im Leben eines Menschen erfüllt eine positive Funktion, ungeachtet dessen, ob es in einem bestimmten Kontext schädliche (manchmal tödliche) Auswirkungen hat. Kein Mensch erwirbt eine Verhaltensweise, die grundsätzlich negativ für ihn ist, sondern er verfolgt mit seinem Verhalten immer eine positive Absicht. So gibt es immer mindestens eine Situation, für die ein bestimmtes Verhalten sinnvoll ist. Deswegen sind dauerhafte Veränderungen nur dann möglich, wenn der ursprüngliche Sinn und Nutzen des jeweiligen »störenden« Verhaltens berücksichtigt wird.

Ressourcen

8. *Jeder Mensch verfügt über alle Ressourcen, die er braucht.*
Jeder Mensch hat alle Kräfte, die er braucht, um sich in einer bestimmten Art und Weise zu verändern. Diese Kräfte können nicht von außen kommen, sondern müssen dem Betroffenen in seinem Inneren wieder zugänglich gemacht werden. In schwierigen Lebenssituationen hat man oftmals den Kontakt zu seinen Fähigkeiten verloren.

9. *Unser Bewusstsein begrenzt unser Verhalten und ist nicht das kontrollierende Element in unserem System.*
Unbewusste Prozesse arbeiten in autonomer, schöpferischer und intelligenter Weise.

Bewusstsein

10. *Wenn ein Mensch etwas lernen und tun kann, kann es – im Rahmen biologischer Grenzen – potenziell jeder andere auch.*

Lernen

11. *Jeder Mensch ist einzigartig und sollte dementsprechend behandelt werden.*

Einzigartigkeit

Viele dieser grundsätzlichen Annahmen finden sich in anderen therapeutischen Richtungen wieder. Bandler und Grinder wollten die Fähigkeiten berühmter Therapeuten allen Beratern zugänglich machen. So gingen sie davon aus, dass man eine Fähigkeit nur ausreichend detailliert erkennen und beschreiben muss, damit andere sie erlernen können. Dies drückt sich in Grundannahme Nr. 10 aus, die zugleich auch die umstrittenste ist. Beispielsweise konnte Milton Erickson – eins der Vorbilder – niemals wirklich kopiert werden, obwohl seine Sprache und seine hypnotischen Muster sehr genau untersucht und beschrieben wurden.

Erste NLP-Methoden

Das Meta-Modell

Bandler und Grinder wollten ein linguistisch fundiertes Modell formulieren, das veränderungswirksame sprachliche *Transaktionen* zwischen Klienten und Therapeuten beschreibt. Sie beschäftigten sich insbesondere mit der Fragetechnik, die sie bei Perls und Satir erlebt haben. So fanden sie heraus, dass die meisten Klienten in einer *Oberflächenstruktur* sprachen, der eine *Tiefenstruktur* zugrunde liegt. Diese Tiefenstruktur enthält wesentlich mehr Informationen als die Oberfläche, die formuliert wird, und gibt das Gemeinte verkürzt wieder. Um alle Einzelheiten und veränderungswirksamen Details wieder zur Verfügung zu haben, fragen die erfolgreichen Therapeuten konsequent nach der zugrunde liegenden Struktur. So hinterfragen sie beispielsweise *Generalisierungen, Tilgungen* und *Verzerrungen*. Im Vordergrund stehen die Fragen Wie, Wer und Was, die in der Gestalttherapie ihren festen Platz haben.

Der Berater konzentriert sich darauf, ob ein Satz alle relevanten Informationen enthält – im NLP-Jargon: ob der Satz *wohlgeformt* ist. Fehlen Informationen, dann fragt er nach, bis er alle relevanten Informationen kennt. Das kann in manchen Fällen sehr penetrant wirken, hat aber den hilfreichen Effekt, dass der Klient selbst mehr Klarheit über sein Verhalten im Problemkontext gewinnt.

Äußert ein Klient beispielsweise den Satz: »In unserem Team nimmt mich keiner als Führungskraft ernst« (= Oberflächenstruktur), dann fragt der Therapeut nach folgenden Zusatzinformationen, um die Tiefenstruktur erkennen zu können. Denn einige Angaben fehlen:

- Wer genau nimmt ihn nicht ernst?
- Woher weiß das der Klient? Ist es eine Vermutung? (NLP-Jargon: Gedankenlesen)
- Wie äußert sich das Nicht-Ernst-Nehmen?
- Wie möchte der Klient stattdessen behandelt werden?
- Was tut er selbst dafür, um ernst genommen zu werden?
- Gibt es Situationen, in denen er sich ernst genommen fühlt?
- Gibt es jemanden im Team, der ihn ernst nimmt?

Generalisierungen, Tilgungen, Verzerrungen

Dieses penetrante Nachfragen kann sich auf *Generalisierungen* beziehen, die durch Hinweise wie »immer«, »nur« oder »alle« im Satz erkennbar werden. Es können aber auch wie im obigen Beispiel *Tilgungen* eine Rolle spielen. Tilgungen weisen darauf hin, dass relevante Informationen von Klienten nicht mehr wahrgenommen werden. So torpediert oft eine ungünstige Formulierung die Handlungsfreiheit eines Menschen, zum Beispiel die Äußerung »Ich kann das nicht machen«. Mit »Wieso, weshalb, warum?« fragt der Berater nach. Der dritte Punkt im Meta-Modell bezieht sich auf die so genannten *Verzerrungen*. Sagt beispielsweise jemand: »Jetzt ist alles aus«, dann tut er so, als würde das Leben keinen prozesshaften Charakter haben, sondern mit einem Mal stehen bleiben. Hier sollte der Berater die Prozesshaftigkeit wieder in Erinnerung rufen.

Der Vorteil dieses Modells liegt einerseits in seinen formalen Analysekriterien und andererseits darin, dass sich mit diesen Fragetechniken das Modell der Welt des Klienten zwangsläufig erweitert und so neue bewusste Handlungsspielräume auftreten.

Das Milton-Modell

Nach der Entwicklung des Meta-Modells nahm die NLP-Gruppe die Sprachmuster von Erickson unter die Lupe, die zu einem großen Anteil aus »Verletzungen« des Meta-Modells bestehen. Ericksons Sprache war vage und unspezifisch.

Bandler und Grinder überlegten, wie man mit solch vagen Formulierungen gezielt Veränderungen herbeiführen kann. Sie formulierten das Konzept der *Transderivationalen Suche*. Das Konzept geht der Frage nach, wie Menschen einer Formulierung eine Bedeutung zuordnen. Hört ein Mensch eine vage Formulierung, so versteht er immer sehr viel mehr mit – er sucht transderivational nach Sinnhaftigkeiten und ordnet eine Bedeutung zu. Der Hörer reaktiviert hier Erfahrungen aus dem eigenen Lebensbereich, um den Satz überhaupt verstehen zu können. Der Sprecher gibt nur Anregungen und überlässt dem Hörer, wie er das Gesagte verstehen möchte. Entscheidend ist, dass vom Sprecher Probleme im Zusammenhang mit Lösungen angerissen werden – eine therapeutisch wirksame Verbindung, die neue Wahlmöglichkeiten schafft.

Die gleiche Sprache verwenden Orakel oder astrologische Berater. Beide nutzen die transderivationale Suche aus, mit der sich der Hörer einen Sinn erschließt.

Sehr viele NLP-Techniken machen sich die fünf Sinne eines Menschen zu Nutze: sehen, hören, riechen, fühlen, schmecken. Im NLP werden diese sinnlichen Zugänge und Verarbeitungsprozesse *Repräsentationssysteme* genannt. Und zwar steht der Begriff »visuell« für das Sehen, der Begriff »auditiv« für das Hören; »kinästhetisch« beschreibt Fühlen und Tasten sowie das Tun und »olfaktorisch« steht für Riechen und Schmecken.

4-Tupel

Bandler und Grinder war es früh aufgefallen, wie sehr die drei »Meister« mit den verschiedenen Sinnessystemen arbeiten. Außerdem war durch neurologische Untersuchungen bekannt, dass Menschen ihre Erinnerungen in unterschiedlichen Sinnesmodi speichern können. Zugrunde liegt der Gedanke, dass sich jedes Erleben in der Welt aus sinnlichen Erfahrungen zusammensetzt. Diese Erfahrungen werden als *4-Tupel* notiert:

Ad <V, K, At, O>

Ad = auditiv-digital (gilt dabei als Meta-Repräsentationssystem, da in der Sprache alle anderen Repräsentationssysteme symbolisiert werden können)
V = visuell
K = kinästhetisch
At = auditiv-tonal
O = olfaktorisch (Geruch, Geschmack)

In manchen NLP-Büchern wird auch ein 5-Tupel skizziert, wobei O für olfaktorische Eindrücke und G für gustatorische Erfahrungen steht. In aktuellen Schriften wird überwiegend von <V, A, K> gesprochen, wobei K das Olfaktorische und das Gustatorische umschließt.

Im NLP geht man davon aus, dass ein Mensch alle fünf Sinne nutzt, um sich in der Welt zu orientieren und um Probleme zu lösen. Die unterschiedliche Fähigkeit, mit den fünf Sinnen wahrzunehmen, entscheidet maßgeblich darüber, auf welchen Wegen ein Mensch seine Ziele erreicht. Nach weiteren Experimenten stellten Bandler und Grinder fest, dass Menschen dazu neigen, ein bestimmtes System – manchmal auch zwei bestimmte Systeme – hauptsächlich zu benutzen. Dieses bevorzugte System nannten sie *Primäres Repräsentationssystem*.

Repräsentationssystem

Die Konzentration auf ein Sinnessystem kann beispielsweise als Wahrnehmungsfilter wirken, der dem Klienten nahe liegende Lösungsmöglichkeiten für sein Problem vorenthält. Kann ein Therapeut die Fähigkeit seines Klienten in den vernachlässigten Systemen verbessern und damit seine Wahrnehmungsstrategien erweitern, so hat er neue Möglichkeiten, seine Ziele zu definieren und mit Problemen umzugehen.

Perls, Satir und Erickson benutzten systematisch Prädikate, die sich auf ein bestimmtes Wahrnehmungssystem bezogen. Mit jeder Klasse an Prädikaten lösten die drei eine sehr unterschiedliche Qualität der Erinnerung aus. Sinnesspezifische Prädikate leiten die Aufmerksamkeit des Klienten bewusst auf einen bestimmten Anteil. Und umgekehrt ist es auch nicht zufällig, welche Prädikate ein Klient wählt, um ein Erleben sprachlich zu schildern. Eine visuelle Darstellungsweise beispielsweise deutet darauf hin, dass diese Person ihre Erinnerung im Wesentlichen visuell abgespeichert hat, und zwar bewusst. Unbewusst sind in der Regel alle Sinneskanäle verfügbar.

Bandler und Grinder gehen davon aus, dass der Mensch in der Verarbeitung auch tatsächlich das Sinnessystem benutzt, das aus seiner sprachlichen Äußerung herauszuhören ist. Wenn jemand beispielsweise sagt »Das sehe ich ein«, dann hat er nach ihrer Auffassung die Sache klar vor Augen. Sagt er aber »Das fühlt sich gut an«, dann ist das ein Hinweis darauf, dass diese Person die Lösung fühlt und nicht sieht.

Beispiele für Prädikate und Redewendungen, die eine sinnesspezifische Repräsentation nahe legen:

Wörterbuch VAK-Sprache

Visuell	Auditiv	Kinästhetisch
scheint so	klingt so	riecht nach
sieht so aus	ich meine	ich finde
einen Blick haben	es stimmt	nach meinem Geschmack
ins Bild fügen	Zwischentöne hören	begreifbar machen
bildlich gesprochen	übersetzt heißt das	gefühlsmäßig
ich sehe mich	harmonisch	Stolpersteine
durchblicken	aus dem Takt	Beigeschmack haben
sichtlich	spricht mich an	kratzt mich / juckt mich
ins Auge fallen	da klingelt's bei mir	etwas aufgreifen
nachschauen / nachsehen	herumbrüllen	etwas erleben können
schwarzsehen	ziemlich schrill	anknüpfen können an
übersteigt meinen Horizont	gut tönen / sich gut	annehmen können
strahlend	anhören	in etwas einsteigen
ausmalen	Musik in meinen Ohren	etwas aufnehmen
vor Augen haben	es rauscht nur noch	etwas beibehalten
einsehen	ein Donnerwetter	dem entnehme ich
anschaulich machen	Ankündigung	sich hineinfinden
Perspektive	sagen	entgegenstehen
ansehnlich	Antwort	das berührt mich
scheinbar	den Marsch blasen	das erschlägt mich
die Augen offen halten	gute Stimmung	darstellen
undurchsichtige Sache	er hat wörtlich gesagt	abwimmeln
transparent machen	kreischende Atmosphäre	hineinpassen
klar machen	schwatzhaft sein	erfüllt die Anforderungen
weitsichtig sein	sich unterhalten	harter / weicher Mensch
beobachten	himmlische Ruhe	glatter Mensch
in Sicht haben	Ausreden bringen	rauh im Umgang
klar sehen	Ruhe haben	aufdrehen
glänzend	an jedem Wort hängen	aufdrängeln / aufzwängen
in dieser Hinsicht	die erste Geige spielen	erfüllt sein von
unter die Lupe nehmen	leeres Geplapper	hier steht die Luft
im Dunklen stehen	in den höchsten Tönen	frischen Wind um die Nase
offensichtlich	sang- und klanglos	jemanden riechen können
Einsicht gewinnen	eine leise Ahnung	die Nase voll haben
in einem anderen Licht	Krach haben	den Mund voll nehmen
ein heller Kopf	den Ton angeben	sich etwas abschminken
übersehen	die Ohren spitzen	spüren, ob etwas gut ist
liebäugeln	betont / tonlos	kopfschüttelnd
schleierhaft	unerhört	sich zusammenkrampfen
Vorbild sein	anrufen	sich alleine fühlen
im Blick haben	zustimmen	kontaktieren
im Hinblick auf	zu Ohren kommen	gutes / schlechtes Gefühl haben

Blickrichtungen

Dabei fiel den beiden auf, dass je nachdem, welche Worte der Sprecher wählt, sich auch seine Augen bewegen. Sprachen die Teilnehmer davon, dass sie etwas sehen, dann blickten die meisten ihrer Studenten nach oben; gab es etwas zu hören, dann ging der Blick eher nach rechts und links. Sprachen die Menschen über Gefühle, so konnte man in der Regel verfolgen, wie der Blick nach unten rechts ging; erinnerte sich die Person an ein Gespräch oder sprach gerade innerlich mit jemanden, so fand sich der Blick unten links wieder. Bei Linkshändern waren die beiden Seiten vertauscht, aber sonst fanden sie bei den meisten ihrer Klienten eine enorme Übereinstimmung.

Standardschema ohne universelle Gültigkeit

Ve = visuell erinnerte Bilder
Vk = visuell konstruierte, kreative visuelle Vorstellungen
Ae = auditiv erinnert
Ak = auditiv konstruiert, kreative auditive Vorstellung
K = Körpergefühle, auch riechen und schmecken
Ad = innerer Dialog oder Monolog

Bandler und Grinder weisen mehrfach darauf hin, dass ein Berater durch dieses Schema nicht davon entbunden ist, seinen Klienten genau zu beobachten und sich auf die jeweiligen Zugangsmuster zu eichen.

Leitsystem

Denn – und das wird in vielen NLP-Büchern unterschlagen – es gibt auch andere Fälle. Manche Menschen schauten nach unten und benutzten eindeutig visuelle Prädikate. Deswegen unterschieden Bandler und Grinder zwischen dem *Repräsentationssystem* und dem *Leitsystem*. Das Repräsentationssystem ist das System, mit dem sich eine Person einer Erinnerung bewusst ist. Sie kann sie verbalisieren. Das Leitsystem hingegen zeigt nur die Suchstrategie an und wird benutzt, um überhaupt Zugang zu einer Erinnerung zu bekommen.

Auch für Stimmlage, Sprechtempo, Atemmuster und andere beobachtbare Phänomene konnten analoge Beschreibungen gemacht werden.

Unscharfe Funktionen

Bandler und Grinder haben herausgefunden, dass sich Menschen immer dann schlecht fühlen, wenn zwischen Repräsentationssystem *(R-Operator)* und Leitsystem *(L-Operator)* ein Unterschied besteht. Diese so genannte unscharfe Funktion *(Fuzzy Functions)* liegt beispielsweise dann vor, wenn ein Mensch innerlich Gefühle erlebt (kinästhetisches Augenmuster), aber nur die Bilder zu der entsprechenden Situation bewusst erlebt (visuelle Prädikate). Er spricht im visuellen Kanal über seinen Zustand, schaut dabei aber fortwährend nach unten, was aufzeigt, dass er keinen bewussten Zugang zu seinen Gefühlen erlebt.

Eine unscharfe Funktion liegt also immer dann vor, wenn sich der R- und der L-Operator unterscheiden. Ein Berater kann dem Klienten mit diesem Modell nun helfen, die unbewussten, aber erlebten Sinneseindrücke bewusst zu erleben. Die Repräsentation der vergangenen Situation wird damit vollständiger, und der Klient löst sich von seiner Fixierung auf nur ein Sinnessystem. Eine reichere Repräsentation beinhaltet immer auch mehr Wahlmöglichkeiten.

Ob die Bevorzugung eines Systems angeboren ist, weiß bis heute keiner. Fest steht, dass es durchaus kulturelle Unterschiede gibt. In unseren Breitengraden und in Nordamerika können die meisten Menschen (ca. 45 Prozent) am besten sehen. Das bedeutet nicht, dass es wenig Brillenträger gibt. Ganz im Gegenteil, es bedeutet, dass die meisten Menschen ihre Umwelt in erster Linie visuell wahrnehmen und verarbeiten – kein Wunder bei unserer stark auf visuelle Eindrücke ausgerichteten Kultur. Etwa 40 Prozent verarbeiten ihre Umwelt kinästhetisch (darunter wird auch gustatorisch und olfaktorisch gefasst) und nur etwa 15 Prozent auditiv. Im östlichen Raum sieht das ganz anders aus. Hier dominieren Menschen mit auditiven Verarbeitungsstrategien, in Afrika die Kinästheten.

Menschen scheinen sich unbewusst ihrer Präferenzen bewusst zu sein und wählen ihre Jobs und Freizeitbeschäftigungen dementsprechend. Handwerksberufe sind in der Regel kinästhetische Berufe. Radiojournalisten und Musiker sind auf dem auditiven Kanal gut trainiert, und die Visuellen unter uns finden sich beispielsweise in technischen Berufen, in denen es auf räumliches Vorstellungsvermögen ankommt, in der Medizin und beim Fernsehen. Kinästheten erholen sich in einem ruhigen Urlaub mit gutem Essen oder gehen gerne sportlichen Aktivitäten nach. Visuelle möchten im Urlaub etwas sehen, und Auditive suchen die Ruhe; ein Hotel mit Diskothek ist für sie ein Alptraum.

Submodalitäten

Die Frage nach Submodalitäten im therapeutischen Geschehen hilft, die visuellen, auditiven oder kinästhetischen Eindrücke weiter zu verfeinern. Ein Beispiel für eine Verfeinerung im visuellen System ist die Frage: »Sehen Sie es als Film oder als Bild?«, »Ist es bunt oder schwarz-weiß?«, »Sehen Sie sich selbst als Akteur oder beobachten Sie andere aus ihrer damaligen Perspektive?« etc. Die Verfeinerung der Erlebnisse soll eine volle Repräsentation wieder ins Gedächtnis holen. Das ist besonders bei positiven Erlebnissen, die Ressourcen bergen, und bei Zielen, die jemand erreichen möchte, sinnvoll.

Weitere Ideen und Techniken

Strategien

Aus den Beobachtungen im Umgang mit den Sinnessystemen geht hervor, dass Menschen gewohnheitsmäßig Strategien verfolgen. Jeder geht beispielsweise anders vor, wenn er sich davon überzeugen muss, dass morgens um 7.00 Uhr Zeit ist aufzustehen. Der eine macht sich erst ein Bild, dann stellt er sich Kaffeeduft vor und fühlt bereits die warme Dusche. Ein anderer genießt die frische Morgenluft im Zimmer, fühlt die Wäsche auf der Haut und hat gedanklich bereits das Brötchen im Mund. Jeder hat andere Strategien, um sich selbst zu motivieren. Und so unterscheiden sich die Strategien erfolgreichen Tuns sehr deutlich von Dingen, die weniger erfolgreich verlaufen.

In einer Beratung kann es hilfreich sein herauszufinden, welche Strategien ein Mensch im Erfolgsfall nutzt, um sie auf Problemkontexte übertragen zu können. Aber auch das muss gekonnt erfolgen, sonst kann es passieren, dass man die Erfolgsstrategie zerstört und mit dem Problemkontext keinen Schritt vorangekommen ist.

Rapport

Die Voraussetzung für jede Einflussnahme ist im NLP der so genannte *Rapport*. Genau wie man einen Computer erst dann programmieren kann, wenn man seine »Programmiersprache« spricht, kann man erst dann Einfluss nehmen, wenn man verbal und nonverbal die »Sprache« seines Gegenübers spricht. Der Begriff *Rapport* stammt aus der klinischen

Hypnotherapie. Er steht für das intensive Aufeinanderbezogensein von Hypnotiseur und Gegenüber. Bevor ein Berater also mit Veränderungstechniken beginnt, baut er eine echte Vertrauensbasis zu seinem Klienten auf, die sich nach außen hin an einer verbalen und körpersprachlichen Synchronisation zeigt. Diese offenbart sich darin, dass einer eine körpersprachliche Haltung vorgibt und der andere diese unbewusst nachahmt. Besteht ein »guter Draht« zum anderen, dann kann man eine gleiches verbales und nonverbales Ausdrucksverhalten beobachten. Lacht beispielsweise in einem Gespräch immer nur einer, so ist der Rapport nicht hergestellt. Ebenso ist er nicht vorhanden, wenn einer der beiden Partner eine größere Veränderung in der Körperhaltung zeigt (Veränderung der Sitzposition), aber der andere keinen Impuls verspürt, seine Haltung ebenfalls zu verändern.

Nachahmung genügt nicht

»Rapport ist ein Geschenk«, sagen manche NLP-Therapeuten und drücken damit aus, dass man *Rapport* nicht bewusst »herstellen« kann. Man kann darauf hinarbeiten, aber erzwingen kann man ihn nicht, insbesondere nicht dadurch, dass man sein Gegenüber, ohne tatsächliches Interesse an der Person, nur nachahmt, wie viele unseriöse NLPler behaupten. Entsteht die verbale und körpersprachliche Synchronisation, so ist die Beziehung ausbaufähig und eine Einflussnahme möglich. Bewusst den anderen zu imitieren, um ihn beeinflussen zu können, funktioniert allerdings nur als Show-Effekt auf der Bühne. Gibt es keinen Draht zum anderen außer dem »Nachäffen«, wird man nicht beeinflussen können.

Wer körpersprachlich das Gespräch führt, tut es meist auch inhaltlich. Er ist im *Leading,* bestimmt Thema und Richtung und sein Gegenüber ist bereit, ihm zu folgen. Er befindet sich in der NLP-Sprache im *Pacing*. In gleichwertigen Beziehungen wechseln sich *Pacing* und *Leading* kontinuierlich ab. Dominiert ein Gesprächspartner, beispielsweise aufgrund seiner gesellschaftlichen Position oder aufgrund von Hierarchie, ist er meist auch im *Leading*.

Meta-Programme

Eine weitere therapeutische Möglichkeit ist die Arbeit mit den so genannten Meta-Programmen, die zeigen, wie ein Mensch Entscheidungen trifft und Ziele setzt. Es sind übergeordnete Dinge, die eine aktuelle Entscheidung beeinflussen. Sieht man sich in einem Coaching einer Person gegenüber, die unbedingt ihren Arbeitgeber wechseln möchte, damit sie mit bestimmten Schwierigkeiten nicht mehr konfrontiert wird, dann lautet das führende Meta-Programm: »Weg von x«. Eine hilfreiche Intervention im Sinne von NLP ist es hier, den Klienten nach seiner Zielvorstellung zu befragen. Wie soll sein neuer Arbeitsplatz aussehen? Auf welche Faktoren legt er Wert? Neben dem »Weg-von-Programm« baut der Klient parallel ein »Hin-zu-Programm« auf, das ihm mehr Informationen über seine Wünsche gibt und die bevorstehende Entscheidung tragfähiger werden lässt.

Glaubenssätze formulieren

In Verbindung mit den Meta-Programmen arbeitet NLP mit den so genannten Glaubenssätzen, die nichts mit einer religiösen Orientierung zu tun haben, obwohl man manchmal den Eindruck hat, dass wir Menschen an unseren Glaubenssätzen genauso festhalten wie an ideologischen oder religiösen Einstellungen. Glaubenssätze geben Auskunft darüber, was ein Mensch im Leben generell für wahr annimmt. Sie sind Teil des Modells von der Welt und charakterisieren sehr deutlich die Möglichkeiten und Grenzen, in denen sich ein Mensch bewegt. Hat eine Frau zum Beispiel die Auffassung »Alle Männer sind schlecht« und gleichzeitig den Wunsch, einen Partner zu finden, dann ist die Arbeit auf der Verhaltensebene müßig. Damit die Frau sich wieder aufgeschlossen dem anderen Geschlecht annähern kann, muss sich ihre Einstellung verändern. Erst dann ändert sich auch ihr Verhalten. Die Glaubenssätze hat maßgeblich Robert Dilts in das NLP eingebracht.

Pyramide nach Robert Dilts

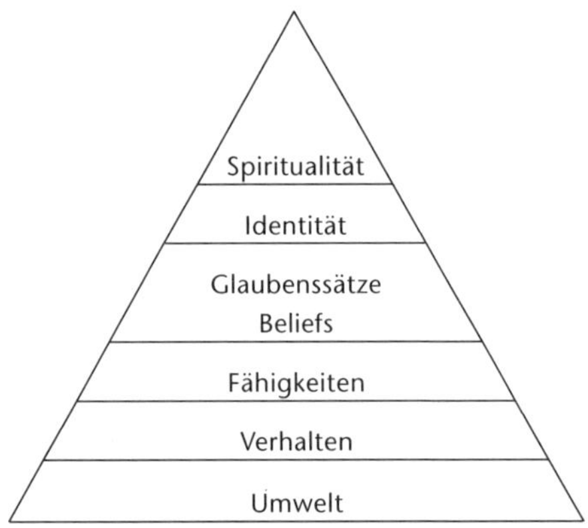

Dilts ist vor allem dadurch bekannt geworden, dass er seine Mutter durch die Arbeit an ihren Glaubenssätzen vom Sterbebett rettete. Seine Mutter litt unter schwerem Brustkrebs und war von den Ärzten aufgegeben worden. Dilts begann die Arbeit mit ihr und fand heraus, dass sie die Auffassung vertrat, keinen besseren Tod verdient zu haben, denn auch ihre Mutter und ihre Oma starben an Brustkrebs. Durch seine Arbeit mit ihr konnte er sie aber davon überzeugen, dass sie ein gutes Beispiel für seine

Schwester sein müsse, sonst werde ihr das gleiche Schicksal widerfahren. Mit dem Gedanken an ihre Tochter war die Frau in der Lage, diesen und andere Glaubenssätze, die mit ihrer Krankheit in Zusammenhang standen, zu verändern und lebte viele Jahre weiter. Die Dilts-Pyramide findet Anwendung in therapeutischen Settings, in denen mit schwer kranken Menschen gearbeitet wird.

Grundpositionen

Virginia Satir formulierte die Idee, dass man einen anderen erst beurteilen solle, wenn man eine Meile in seinen Mokassins gelaufen sei. Ergänzend hierzu entwickelte sie die Idee, dass man, wenn man sich von außen aus einer Art Meta-Perspektive betrachtet, selbst objektiver einschätzen kann. Im NLP wurden hieraus die drei Grundpositionen formuliert. Man konzentriert sich auf ein Erleben und nimmt zunächst die erste Position ein, auch »assoziiert« genannt. Man sieht die Situation aus eigenen Augen in der Ich-Perspektive. Danach konzentriert man sich auf die zweite Position. Man schaut die Situation aus der Perspektive einer anderen beteiligten Person an. Aus der dritten Position schließlich sieht man sich selbst und andere aus einer distanzierten, dissoziierten Sichtweise. Die Schmerz- und Freudeempfindungen sind in der dissoziierten Sichtweise nicht mehr so stark und man kann, insbesondere bei emotional angreifenden Erlebnissen, einfacher über Lösungsmöglichkeiten nachdenken.

Beispielsweise kann ein Berater oder Coach überlastete und gestresste Klienten, die unbedingt etwas dagegen unternehmen möchten, aber nicht so recht wissen, was, in einen »Kinosessel« setzen und sich an einem ganz normalen Arbeitstag beobachten. Was denkt derjenige über sich, wie er selbst dort agiert? Welche Ideen entstehen? Erst wenn Klienten Distanz zu ihrem eigenen Verhalten und ihren Gefühlen entwickeln können, werden sie wieder handlungsfähig. Distanz kann auch über Humor entstehen.

Reframing

Die meisten Menschen, die sich einen professionellen Berater suchen, möchten ihm ausführlich sein Leid klagen. Im NLP muss sich ein Berater das nicht alles anhören. Zum einen kann er inhaltsfrei arbeiten, zum anderen sollte er versuchen, die Ressourcen im Klienten zu wecken. Dazu gehört, dass er wie im systemischen Ansatz die beklagenswerten Zustände in einen anderen Zusammenhang setzt und diesen vielen negativen Dingen so durchaus Positives abgewinnt. Dadurch, dass man das beklagte Verhalten in einen anderen Zusammenhang stellt – und das möglichst humorvoll – beginnt der Klient seine Weltsicht zu erweitern.

Sagt beispielsweise ein Klient: »Was mich besonders an meiner Frau nervt, ist, dass sie jeden Abend fragt, wie mein Tag war.« Der Therapeut könnte zum Beispiel reagieren mit: »Es gibt nur sehr wenige Ehen auf diesem Planeten, auf dem die Ehepartner nach 15 Jahren Ehe noch so viel Interesse am anderen zeigen. Wirklich erstaunlich. Wie lange sie das wohl noch tun wird?« Der Klient erhält so den Gedanken: »Meine Frau hat Interesse an mir«, der ihm vorher nicht präsent war. Außerdem wird die Idee gesät, dass sie vielleicht nicht mehr lange Interesse an ihm hat, wenn er nicht liebevoller auf sie reagiert. Der beklagenswerte Zustand wird um neue Sichtweisen erweitert.

Im NLP gibt es eine Reihe unterschiedlicher Techniken, die das *Reframing* nutzen. Am bekanntesten ist das *6-step-Reframing*, das das *Reframing* mit einer Art *Parts Partys* kombiniert.

Ankern

Bandler und Grinder beobachteten insbesondere bei Virginia Satir, dass sie ihre Klienten immer wieder berührte. Und nach jeder Berührung schien der Klient wieder in einen besseren Zustand zu kommen. Die Ressourcen standen wieder zur Verfügung. Warum diese Beobachtung nicht systematisieren? So beschrieben sie bereits in ihrem ersten Buch die *Ankertechnik*. Im therapeutischen Geschehen kann der Therapeut nun positive Zustände (im NLP »Physiologien« genannt) ankern, indem er den Klienten an einer bestimmten Körperstelle berührt. Bemerkt er, wie der Klient in einen depressiven Zustand rutscht, dann aktiviert er wieder durch eine Berührung den *Anker*, um ihn herauszuholen.

Das Phänomen kennt jeder von Souvenirs oder von Songs. Sieht man zu Hause etwas, das man sich aus einem angenehmen Urlaub mitgebracht hat, so versetzt einen dieser Anblick in Sekundenschnelle wieder in das wunderbar entspannte Urlaubsgefühl. Oder hört man einen altbekannten Song im Radio, dann erinnert man sich wieder an die Situation, in der er eine wesentliche Rolle spielte. Man sieht und hört die Situationen und hat das entsprechende Gefühl dazu. Manchmal merkt man erst bewusst, wenn man eine Traurigkeit spürt, dass es der Song ist, den man gemeinsam mit seinem Verflossenen hörte, oder man wundert sich im umgekehrten Fall, dass man plötzlich so »gut drauf« ist.

Separator State

Eine andere Technik, um jemanden aus einem schlechten Zustand, in den er gerade gerutscht ist, herauszuholen, ist ein so genannter *Separator State*. Er soll den Klienten von seinem schlechten Zustand »separieren«, also entfernen. Das kann ein Klatschen in die Hände sein, ein Pfiff, eine

Berührung, das Verlassen eines Raumes oder anderes, um den Klienten zu reorientieren. Manche geplagten Eltern haben sich schon gefragt, warum sich ihre Sprösslinge im Restaurant wie wild gewordene Löwen gebärden. Kaum aber sitzt die Familie völlig genervt im Auto, sind es wieder Schmusekätzchen. In diesem Fall hat der veränderte Raum die veränderte Verhaltensweise hervorgebracht.

Ressourcen nutzen

Unabhängig vom zu erreichenden Ziel soll in der NLP-Arbeit immer darauf geachtet werden, dass der Klient in einer guten Physiologie arbeitet und seine Ressourcen nutzt.

Modelling

Bandler und Grinder haben bei der Entwicklung des NLP nichts anderes gemacht, als die ihrer Meinung nach besten Therapeuten zu modellieren. Sie haben sie beobachtet und befragt und so ihre Strategien im Denken und Handeln systematisiert. Das versuchte NLP auch im Hinblick auf Walt Disney, Amadeus Mozart und Albert Einstein. Die hieraus gefilterten Strategien sind nun allen Menschen zugänglich, was der zehnten Grundannahme im NLP entspricht:

> Wenn ein Mensch in der Lage ist, eine Fähigkeit zu erwerben, dann sind grundsätzlich alle Menschen dazu in der Lage. Man muss nur die entsprechenden Strategien filtern und nutzen.

Diese Auffassung lässt Annahmen über genetische Unterschiede und über Talent nicht zu. Bisher ist auch kein neuer Disney, Mozart oder Einstein entstanden. Nicht mal ein so genialer Therapeut wie beispielsweise Milton Erickson konnte sich etablieren. Bei Erickson spielt sicher seine schwere Krankheit eine große Rolle. Im Gegensatz zu gesunden Menschen war er gezwungen, sein Leben völlig neu zu strukturieren, neue Strategien zu entwickeln und seine Ressourcen anders einzusetzen. Diese Dinge bleiben beim *Modelling* unberücksichtigt.

Wohlgeformte Ziele

Virginia Satir hielt einen lösungsorientierten Fokus auf Gegenwart und Zukunft für wichtiger als die Darstellung vergangener Erlebnisse. Ihr war bewusst, dass sich Familien selbst Ziele setzen, unter denen jedes Mitglied etwas anderes verstehen könnte. Beispielsweise hat jeder Mensch andere Assoziationen zu den Themen »Gemeinsamkeit«, »Harmonie« oder »Toleranz«. Daher achtete sie sehr darauf, dass in ihren Sitzungen spezifische und konkrete Ziele erarbeitet wurden. Im NLP wurden ebenfalls Kriterien festgelegt, die ein wohlgeformtes Ziel definieren:

1. Das Ziel muss sinnesspezifisch konkret sein. Was gibt es zu hören, sehen, riechen, fühlen, schmecken, wenn das Ziel erreicht ist?

2. Das Ziel muss positiv formuliert sein. Es geht nicht darum festzuhalten, was nicht mehr geschehen sollte, sondern der Fokus liegt auf dem Erreichen des Ziels. Es sollte deutlich werden, wodurch das Problemverhalten ersetzt werden soll.

3. Das Ziel muss von dem Betreffenden selbst erreicht werden können. Ziele wie: »Ich wünsche mir, dass mein Mann ...« sind ausgeschlossen.

4. Das Ziel soll die vorhandenen Ressourcen nutzen. Ein Ziel, das beispielsweise die materiellen Verhältnisse oder die Fähigkeiten des Betreffenden unberücksichtigt lässt, ist wertlos.

5. Das Ziel darf nicht zu trivial sein, aber es muss auch erreichbar sein. Es sollte das Element der Herausforderung beinhalten.

6. Das Ziel sollte ökologisch sein, d.h., kein anderer darf dadurch zu Schaden kommen und es darf keine anderen Nebenwirkungen haben.

7. Im Prozess der Zielerreichung sollten diverse Feedback-Schleifen eingebaut sein. So kann der Betreffende immer sehen, wieweit er ist, und auch unvorhergesehene Umstände einbauen. Er kann sich über erreichte Teilziele freuen.

Ökologische Ziele

Bei der therapeutischen Einflussnahme mit NLP muss sicher gestellt sein, dass die gefundene Lösung für den Klienten »ökologisch« ist. Das meint, dass ein Veränderungsprozess keine negative Konsequenzen haben sollte. Wenn jemand lernt, sich gegenüber seinem Chef besser durchzusetzen, darf das neu erworbene Verhalten zum Beispiel nicht den Arbeitsplatz kosten. Man betrachtet also nicht die isolierten Verhaltensweisen, sondern beschäftigt sich in Anlehnung an den systemischen Gedanken mit dem Ganzen. Denn eine Veränderung in einem Bereich zieht meistens Veränderungen in einem anderen nach sich. NLP-Anwender verpflichten sich daher, nur ökologische Einflussnahmen zu vollziehen. Die in unseriösen Seminaren gepriesene Fähigkeit, jedem alles verkaufen zu können, wenn man nur NLP lerne, ist für die Kunden und damit auch für den Verkäufer langfristig höchst unökologisch und scheidet daher aus.

NLP erfordert eine enorme Konzentration, Beobachtungsfähigkeiten, verbales und nonverbales Einfühlungsvermögen. Dazu ist nicht jeder in der Lage.

Interventionsstrategien

Aus den beschriebenen Annahmen und Werkzeugen baut das NLP seine Interventionsstrategien wesentlich zusammen. Es nutzt manchmal eine Technik auch isoliert, aber die meisten Interventionen berücksichtigen viele dieser Elemente. Es gibt inzwischen eine unüberschaubare Vielfalt von NLP-Techniken und fast jeder NLP-Therapeut oder -Trainer entwickelt seine eigenen Ideen dazu. Dadurch ist nicht mehr alles, was auf dem Markt erscheint und sich »NLP« nennt, auch wirklich NLP und berücksichtigt Ökologie oder andere Grundannahmen. Der Anwender muss sorgsam prüfen, ob die neue Technik mit den Grundsätzen des NLP übereinstimmt.

Die Methode im Überblick

Das Neurolinguistische Programmieren wurde von Richard Bandler und John Grinder gemeinsam mit Robert Dilts, Leslie Cameron-Bandler und Judith DeLozier begründet. In späteren Jahren hat Robert Dilts maßgebliche Ideen beigesteuert. Die grundlegende Hypothese ist, dass menschliches Verhalten erlernt (programmiert) ist und somit auch umgelernt werden kann.

NLP steht für eine Sammlung verschiedener therapeutischer Interventionsmuster, die die Begründer bei erfolgreichen Therapeuten beobachtet, systematisiert und modelliert haben, um diese Fähigkeiten allen Beratern zugänglich zu machen. Die Vorbilder waren unter anderem der Gestalttherapeut Fritz Perls, der Hypnotherapeut Milton H. Erickson und die Familientherapeutin Virginia Satir. Seit der Entstehung des NLP in den Siebzigerjahren werden diese grundlegenden Techniken fast täglich von NLP-Therapeuten erweitert und verfeinert.

Der Unterschied zwischen NLP und anderen kognitiv orientierten Techniken besteht darin, dass NLP wenig inhaltlich arbeitet, also das Problem eines Klienten nicht unbedingt mit dem Berater besprochen wird. Der Therapeut erkennt aufgrund der Körpersprache, ob der Klient in einer guten oder schlechten Verfassung ist. Möchte er an seinem Problem arbeiten, dann versucht der Therapeut, ihn vorher in eine möglichst kreative und positive Stimmung zu bringen, in der er viel leichter und ergebnisreicher nachdenken kann.

Wissenschaftlich gesehen, basiert NLP auf:

1. der Kybernetik nach Gregory Bateson
2. der sozial-kognitiven Lerntheorie von Albert Bandura
3. der Transformationsgrammatik von Noam Chomsky
4. der Annahme einer grundsätzlichen Zielorientierung des Menschen
5. der auf William James zurückgehenden Theorie der sinnesspezifischen Repräsentationssysteme als Grundbausteine der Informationsverarbeitung und des subjektiven Erlebens
6. der Annahme bewusster und unbewusster Elemente nach Sigmund Freud.

Aus diesen theoretischen Grundlagen hat das NLP folgende Grundhaltungen entwickelt:

Grundhaltungen

1. Menschen reagieren auf das, was sie von der Welt wahrnehmen, nicht auf die Welt selbst.
2. Jedes Weltbild ist einzigartig und entspricht einer *Landkarte.*
3. Geist und Körper gehören zusammen. Sie beeinflussen sich gegenseitig, denn sie sind Teil des gleichen kybernetischen Systems.
4. Die Bedeutung einer Äußerung lässt sich erst an der Reaktion, die man erhält, beurteilen.
5. Das Ziel ist höchstmögliche Flexibilität im Verhalten.
6. Menschen funktionieren perfekt.
7. Hinter jedem Verhalten steckt eine positive Absicht.
8. Jeder Mensch verfügt über alle Ressourcen, die er braucht.
9. Unser Bewusstsein begrenzt unser Verhalten und ist nicht das kontrollierende Element in unserem System.
10. Wenn ein Mensch etwas lernen und tun kann, kann es – im Rahmen biologischer Grenzen – potenziell jeder andere auch.
11. Jeder Mensch ist einzigartig und sollte dementsprechend behandelt werden.

Viele dieser grundsätzlichen Annahmen finden sich auch in anderen therapeutischen Richtungen wieder.

Techniken

METHODE IM ÜBERBLICK

Zu den wiederkehrenden Methoden des NLP gehören folgende Techniken:

Meta-Modell: Arbeitet ein Berater auf der inhaltlichen Ebene mit seinen Klienten, dann achtet er darauf, ob ein Satz alle relevanten Informationen enthält, ob er also »wohl geformt« ist.

Milton-Modell: Neben diesem penetranten Nachfragen kann ein Berater seine Sprache auch an hypnotische Muster anlehnen, um interne Reaktionen anzuregen. Er drückt sich im Gegensatz zur obigen Technik bewusst unpräzise aus, um tranceähnliche Zustände zu erzeugen.

4-Tupel: Viele NLP-Techniken arbeiten mit allen fünf Sinnen, »Repräsentationssysteme« genannt. In welchem Sinnessystem eine Person gerade eine Situation erlebt, lässt sich anhand der Wortwahl erkennen. Daneben geben Augenbewegungsmuster einen Hinweis auf das Leitsystem, das die Suchstrategie anzeigt. Stimmen Leitsystem und Repräsentationssystem nicht überein, kann der Berater dem Klienten helfen, eine Situation vollständig zu erinnern und eine Übereinstimmung herzustellen. Menschen neigen dazu, ein oder manchmal auch zwei Sinnessysteme bevorzugt zu benutzen.

Submodalitäten: Mit Submodalitäten kann man die visuellen, auditiven kinästhetischen und olfaktorischen Eindrücke weiter verfeinern.

Strategien: Die Art und Weise, wie ein Mensch seine Ziele erreicht, kann er systematisieren, um weniger erfolgreichen Bereichen auf die Beine zu helfen.

Rapport: Die Voraussetzung für jede Einflussnahme ist im NLP der »gute Draht« zwischen Berater und Klienten.

Meta-Programme zeigen, anhand welcher Kriterien ein Mensch Entscheidungen trifft und Ziele setzt.

Glaubenssätze geben Auskunft darüber, was ein Mensch im Leben für wahr annimmt und welche Leitsätze er für sein Leben für relevant hält. Robert Dilts hat mit seiner Pyramide die Hierarchie der lebensbestimmenden Faktoren systematisiert.

METHODE IM ÜBERBLICK

Grundpositionen: Eine Situation kann aus drei Perspektiven betrachtet werden: 1. mit den eigenen Augen, 2. aus der Sicht einer anderen beteiligten Person und 3. aus der Perspektive eines unabhängigen Dritten. Das Wechseln der Wahrnehmungspositionen führt zu einer Erweiterung der Lösungsmöglichkeiten.

Reframing: Beklagenswerte Zustände werden in einen anderen Zusammenhang gesetzt. Dadurch beginnt der Klient, seine Weltsicht zu erweitern und erkennt positive Seiten des negativen Verhaltens oder Zustands.

Ankern: Der Therapeut kann positive Zustände ankern, indem er den Klienten an einer bestimmten Körperstelle berührt.

Separator State: Mit dem Separator State kann man eine Person aus einem schlechten Zustand herausholen und ihre Aufmerksamkeit in eine andere Richtung lenken.

Ressourcen nutzen: Bei der Arbeit mit NLP soll der Klient lernen, seine Ressourcen zu nutzen.

Modelling: Strategien im Denken und Handeln werden systematisiert, um sie allen Menschen zugänglich zu machen.

Wohlgeformte Ziele: Damit Ziele auch tatsächlich erreicht werden können, müssen sie folgenden Kriterien genügen: sie müssen konkret, positiv formuliert, von der Person selbst erreichbar, herausfordernd und realistisch, ökologisch und mit möglichst kurzen Feedback-Schleifen formuliert sein.

NLP in Beratung und Training

Schwierige Seminarteilnehmer

Für Management-Trainer kann es in der täglichen Arbeit hilfreich sein, mit NLP-Techniken vertraut zu werden. Es erleichtert beispielsweise den Umgang mit »schwierigen« Seminarteilnehmern und hilft, andere Menschen besser zu verstehen. Beschäftigt man sich mit der Frage, welche positive Wirkung sich jemand von seinem Verhalten erhofft, wird eine Spannung gelöst und man gewinnt neue Kräfte, um auf den anderen zuzugehen. Ein Trainer reagiert gelassener und entwickelt mehr Ideen, um den »schwierigen« Kandidaten ins Boot zu holen. Auch kann ein geübter NLPler sein Verhalten entsprechend flexibel auf die jeweilige Seminar- oder Beratungssituation abstimmen. Zum Training der eigenen Person ist NLP ein hervorragendes Instrument und es lohnt sich, viele Situationen zum Trainieren zu nutzen.

Techniken je nach Situation abwägen

In einigen Fällen kann es auch interessant sein, die Seminarteilnehmer direkt mit NLP-Techniken vertraut zu machen. Ein Trainer sollte sich jedoch kritisch fragen, ob die vermittelte Technik von den Seminarteilnehmern in der konkreten Situation sinnvoll angewendet werden kann. Voraussetzung für den effektiven Einsatz ist die Fähigkeit, reflektiert zu beobachten, und das Vermögen, eigene Verhaltensmuster kritisch wahrzunehmen. Dieser Lernschritt erfolgt im Idealfall vor oder begleitend zum Kennenlernen von NLP.

Oft wird NLP in Seminaren eingesetzt, damit sich der Trainer in den Aha-Effekten seiner Teilnehmer sonnen kann. Allerdings ist ein oberflächliches Verstehen für die schnelle Anwendung im Job nicht ausreichend. Es führt zu Fehlanwendungen und damit zum Verbot von NLP. Man sollte daher genau abwägen, ob es beispielsweise sinnvoll ist, einer Gruppe von Laien die *Augenbewegungsmuster* zu erklären.

Von einem NLP-Profi kann die Methode sehr erfolgreich im Coaching angewendet werden. Auch hier ist zu fragen, ob es das Tool der Wahl für den jeweiligen Klienten ist. Oft kann NLP mit anderen Techniken kombiniert mehr erreichen.

Bezüge zu anderen Methoden

Das Neurolinguistische Programmieren weist die meisten Bezüge zu anderen Methoden auf, denn immerhin wurde es direkt aus deren Anregungen und Gedanken erschaffen – man kann fast sagen »abgeguckt«, systematisiert und dem Zeitgeist angepasst: schnell, unproblematisch, erfolgreich.

NLP erwuchs direkt aus der Gestalt, der Hypno- und der Familientherapie. Im Unterschied zur Gestalttherapie arbeitet NLP stärker auf ein bestimmtes Ziel hin. In der Gestalttherapie ist das Problem, nicht das Ziel, Ausgangspunkt für das therapeutische Handeln. Außerdem betont NLP die Sprachmuster stärker und arbeitet mit *Ankern*, Submodalitäten und nutzt dissoziierte wie assoziierte Zustände. Aus der Hypnotherapie nach Erickson hat NLP die hypnotischen Sprachmuster im Milton-Modell zusammengestellt. Ericksons Strategien wurden nur geringfügig verändert. Mit der systemischen Psychotherapie verbindet NLP die Grundgedanken von Virginia Satir und auch anderer systemischer Richtungen. So finden wir das Reframing wieder und die Philosophie von Steve de Shazer ist ebenfalls eindeutig vertreten. NLP fügt den systemischen Gedanken das Arbeiten mit Trancezuständen, den Rapport, die Repräsentationssysteme und Submodalitäten hinzu. Später wurden viele weitere Konzepte angefügt, denn nicht nur Bandler und Grinder fühlten sich berufen, ihre Ideen weiter auszubauen.

Spielerisches Wecken von Ressourcen

Auch der humorvolle Umgang mit problematischen Situationen, der wahrscheinlich durch die Arbeit von Frank Farrelly angeregt wurde (ihn haben Bandler und Grinder ebenfalls bei seiner Arbeit beobachtet), findet sich im NLP wieder. Humor dissoziiert den Klienten von seinen Problemen und weckt Ressourcen. Im spielerischen Umgang mit Ressourcen ähnelt die NLP-Arbeit dem Psychodrama, wobei bei NLP mehr die Einzel- und beim Psychodrama mehr die Gruppenarbeit im Vordergrund steht. Mit der kognitiven Verhaltenstherapie ist die Faszination für kognitve Ideen gemeinsam. Anstatt Verstärker nutzt NLP Anker.

Auch Albert Ellis ist mit seiner ABC-Theorie den kognitiven Ansätzen zuzurechnen. Seine Ideen erinnern sehr stark an die von Robert Dilts ergänzte Arbeit mit Glaubenssätzen. Von Carl Rogers hat NLP die unbedingte Zuwendung zum Gesprächspartner und die genaue Einstellung auf ihn (mit allen 5 Sinnen) übernommen. Mit der Transaktionsanalyse teilt NLP die Annahme des Unbewussten und die Handlungsorientierung in den Interventionstechniken. Genau wie die Transaktionsanalyse und der systemische Ansatz geht NLP von der Aufteilung des Inneren in »Teile« aus. Allerdings sieht es diese Teile individuell unterschiedlich und klassifiziert sie nicht in drei feste Kategorien.

Kein Bezug zu Scientology

Entgegen mancher Auffassung hat NLP nichts mit Scientology zu tun. Es mag von dem einen oder anderen mit diesem Hintergrund missbraucht werden, steht aber in keinerlei Zusammenhang zu der Ideologie. Deswegen ist es so wichtig, NLP vor dem ethischen Hintergrund zu sehen und mit diesem konform zu gehen.

13. Progressive Muskelentspannung

Edmund Jacobson sucht eine effektive Methode zur Entspannung

Der 1885 geborene, amerikanische Arzt Edmund Jacobson stellte fest, dass die Anforderungen des heutigen Lebens jeden Menschen in Spannungszustände bringen. Die täglichen Aufgaben führen dazu, dass wir ununterbrochen unter Stress stehen und dadurch mehr Energie als notwendig verbrauchen. Das Streben nach Leistung und Erfolg befriedigt zwar emotionale Bedürfnisse, verspannt aber den Körper mehr und mehr. Das Ergebnis sind alltägliche Beschwerden. Mit dieser Auffassung hat sich Jacobson in die Gebiete Psychosomatik und Psychotherapie eingearbeitet.

Jacobsons Untersuchungen zur muskulären Entspannung beruhen auf Studien, die im Jahre 1908 an der Universität Harvard begonnen wurden. Jacobson führte sie an der Cornell Universität in Chicago fort und publizierte die Ergebnisse 1910 in seiner Doktorarbeit. Erst 1929 veröffentlichte er das Buch *Progressive Relaxation* (*Entspannung als Therapie*, 1999), das der Methode zu einem großen Bekanntheitsgrad verhalf.

1909 als Lehrmethode eingeführt

Seine ersten Versuchspersonen waren Ausbilder von Fliegerkadetten, die zu ängstlichen Nervenzusammenbrüchen neigten. Er studierte hier den Zusammenhang zwischen Angst und muskulärer Anspannung. Bereits 1909 führte er die Progressive Muskelentspannung an der Universität Harvard als Lehrmethode ein.

1918 trat er eine Chefarztstelle für innere Medizin in einer Klinik in Chicago an. Ab 1936 arbeitete Jacobson in seinem eigenen Labor für klinische Psychologie in Chicago, in das er viel private Zeit und Mittel investierte. Edmund Jacobson starb 1976.

Progressive Muskelentspannung oder durch Anspannung entspannen

Erschöpfungszustände, Rückenschmerzen, Kopfschmerzen, Verdauungsstörungen, Atembeschwerden, Bluthochdruck, Nervosität und Schlafstörungen sind nach Edmund Jacobson die körperlichen Symptome des modernen Lebens. Der moderne Mensch, so meint er, vernachlässige den ästhetischen Aspekt des Lebens, um sich ausschließlich dem materiellen Genuss hinzugeben. Freude am Sonnenschein, am Gesang der Vögel und der Farbenpracht der Blumen genießen nur noch wenige Menschen bewusst. Kaum jemand ist sich aber darüber im Klaren, wie viel nervliche und geistige Energie er in seinem materiellen Streben verbraucht. Die täglichen Ziele verfolgt der Mensch mit einer Ernsthaftigkeit und Verbissenheit, die nur dann angebracht wären, wenn wir unsterblich wären. Sobald die Menschen verstehen, dass sich ihre Ziele auch mit weniger Energieaufwand erreichen lassen, haben sie eine gesündere Einstellung zur Realität.

Spannungsbedingte Krankheiten

Edmund Jacobson, der Erfinder der Progressiven Muskelentspannung, stellte nach dem Ersten Weltkrieg fest, dass 40 Prozent aller Topmanager von erfolgreichen amerikanischen Unternehmen ihre Energien ohne jedes Maß verbrauchten. Sie gingen – und gehen noch immer – ihrer beruflichen Aufgabe mit einer außerordentlichen Effizienz nach, ruinieren damit aber systematisch ihr Gefäßsystem. Spannungsbedingte Krankheiten treten deswegen inzwischen häufiger auf als Erkältungskrankheiten. Jacobson ist der Auffassung, dass das Top-Management seinen erhöhten Energieverbrauch sogar mit einer vorzeitigen Beendigung des Lebens bezahlen muss.

Wir verbrauchen zu viel Energie

Angespannte Menschen verbrauchen zu viel Energie. Sie strengen sich zu sehr an, anstatt ihre Energie sparsam und effizient einzusetzen. Genauso wie ein Auto Benzin verbraucht, benötigen wir für jegliche Art von Betätigung Energie, um einige unserer 1030 Skelettmuskeln zu kontrahieren oder zu entspannen. Als so genannter Antriebsstoff dient das Adenosintriphosphat (ATP), das unsere Nerven- und Muskelzellen aktiviert. ATP gewinnen wir aus der Nahrung, aus dem Schlaf und aus der Entspannung. Mit diesem Stoff sollten wir sparsam umgehen, denn er steht, genau wie

Benzin, nicht unbegrenzt zur Verfügung. Verausgaben wir uns bis zur Erschöpfung, haben wir alle Vorräte an ATP aufgebraucht.

Hat man bereits Beschwerden, so gibt es für Jacobson nur einen Schlüsselsatz:

Lernen Sie sich zu entspannen!

Hobbys und Sport

Die meisten Menschen aber haben keine feste Vorstellung davon, was Entspannung bedeutet. Sie denken, sie könnten sich beim Autofahren, bei der Gartenarbeit oder beim Golfen entspannen. Das gelingt allerdings nur in Ausnahmefällen. Denn die Menschen wissen nicht, dass sie bei ihrem Hobby weitaus mehr Energien lassen, als ihnen bewusst ist. Jacobson hält Hobbys und Sport für sehr wichtig und vergnüglich, nur helfen sie nicht, wenn man lernen möchte, sich zu entspannen. Die Idee, dass das Ausüben eines Hobbys zur Entspannung führe, ist genauso falsch, wie die Annahme, man könne sich im jährlichen Drei-Wochen-Urlaub von den täglichen Strapazen erholen.

Angst erzeugt Anspannung

Jacobson interessierte sich für den Zusammenhang zwischen muskulärer Anspannung und Angst. Er fand heraus, dass sich Anspannung in der Verkürzung der Muskelfasern niederschlägt. Jeder Muskel besteht aus sehr dünnen und langen Fasern, die nur unter dem Mikroskop zu erkennen sind. Diese Fasern verkürzen sich, wenn ein Teil des Muskels oder der Muskel als Ganzes bei irgendeiner körperlichen oder geistigen Aktivität eingesetzt wird. Der Muskel zieht sich zusammen, er wird angespannt. Auf diese Kontraktion folgt die spontane Ausdehnung des Muskels, die Entspannung. Jacobson nennt diese spontane Ausdehnung »auf Null gehen«, da hierfür keine Anstrengung erforderlich ist. Und das ist gar nicht so einfach für Menschen, die sich täglich »auf 180« befinden.

Bewusst entspannen

Bereits 1929 veröffentlichte Jacobson unter dem Namen »Progressive Relaxation« ein Verfahren zur physischen Muskelentspannung. Seiner Auffassung nach müssen Menschen neu lernen, sich bewusst zu entspannen, um physisch und psychisch gesund den Anforderungen des modernen Lebens gerecht werden zu können – ein Thema, das bis heute nicht an Aktualität verloren hat.

Diesem Phänomen wollte Jacobson begegnen, indem er ein Programm entwickelte, mit dem Menschen dazu in der Lage sind, Gewohnheiten, die einen zu hohen Energieaufwand fordern, abzulegen und Energien einzusparen, ohne ihre Pflichten zu vernachlässigen.

Muskelentspannung ...

Anstatt jedoch bereits angespannte Muskeln direkt in die Entspannung zu führen, schlägt Jacobson genau das Gegenteil vor. Erst wenn wir ein Gefühl davon bekommen, wie sich Anspannung anfühlt, können wir diesen Zustand von der Entspannung unterscheiden. Einen heilenden Effekt seiner Methode sieht er allerdings erst dann gewährleistet, wenn regelmäßige Übungsstunden eingehalten werden. Denn nur bei dieser Form der Entspannung wird der ATP-Speicher aufgefüllt.

... bewirkt auch gedankliche Entspannung

Allein auf dem Sofa zu liegen und sich auf Entspannung zu konzentrieren, verspannt die meisten Menschen nur noch mehr. Tiefe Entspannung erkennt man daran, dass die Muskulatur keine nervliche Aktivität mehr aufweist. Mit der Progressiven Muskelentspannung wird die Spannung Schritt für Schritt abgebaut, denn manchmal dauert es einige Minuten, bis man wirklich »auf Null« kommt. Ein entspannter Mensch atmet gleichmäßig, der Puls fällt auf eine normale Frequenz ab und Körpertemperatur sowie Blutdruck sinken. Auch die gedankliche und emotionale Aktivität nimmt ab und verschwindet allmählich.

Entspannt sich ein Mensch bewusst, so folgt dieser aktiven Phase später eine ähnliche Beruhigung des Herzens, der Blutgefäße und des Dickdarms. Das sind wiederum die Zentren, in denen spannungsbedingte Krankheiten am häufigsten auftreten. Progressive Muskelentspannung kann also nicht nur als vorbeugende Maßnahme, sondern auch als heilende Therapie eingesetzt werden.

Für einen Einsatz als therapeutische Maßnahme sollte man sich professionell beraten lassen. Zur Vorbeugung kann man einige kleine Übungen in sein tägliches Repertoire aufnehmen, um sich bewusst zu entspannen. Voraussetzung für die regelmäßige Übung ist nach Jacobson, dass man eine Stunde völlig ungestört ist. Damit fällt diese Methode für viele Menschen aus. Wahrscheinlich ist es aber besser, einige Aspekte der Methode in den Alltag zu integrieren, anstatt sich überhaupt nicht um den Aufbau seiner Kräfte zu kümmern. Jacobson hat deswegen neben seinem ausführlichen Übungsprogramm ein zweites zusammengestellt, das er »Entspannung im Alltag« nennt. Mit diesen Hinweisen kann man bereits einige Fortschritte erzielen.

Entspannung im Alltag

Übungen für Arme und Beine

Setzen Sie sich in der ersten Übungsphase auf einen bequemen Stuhl mit Armlehne. Zuerst schließen Sie die Augen. Jetzt beginnen Sie, den Arm zu beugen und damit anzuspannen. Erst wenn Sie die Anspannung wahrnehmen, konzentrieren Sie sich einige Sekunden auf dieses Gefühl und finden heraus, wo genau Sie die Anspannung spüren. In welchem Teil des Ober- oder Unterarms bemerken Sie den Energieverbrauch? Dann lassen Sie den Arm wieder fallen, so dass er bequem auf dem Stuhl aufliegt. Das Gleiche führen Sie nun mit dem linken Arm aus. Sobald die Spannung nachlässt, können Sie deutlich das Gefühl von Entspannung wahrnehmen. Beginnen Sie jede Übungsphase mit den Armen und Händen. Danach üben Sie mit Füßen und Beinen.

Ziehen Sie Ihre Fußspitze zu sich heran. Spüren Sie die Anspannung in der Muskulatur unterhalb der Kniescheibe. Lassen Sie wieder locker und strecken Sie anschließend den Fuß von sich weg. Konzentrieren Sie sich auf die Anspannung in der Wadenmuskulatur. Lockern Sie die Spannung nach einer Weile. Wenn Sie nun Ihr Bein ausstrecken und anheben, spüren Sie die Anspannung auf der Vorderseite des Oberschenkels. Ziehen Sie Ihre Fußspitze zu sich, intensivieren Sie das Gefühl und empfinden eine zusätzliche Anspannung auf der Unterseite des Unterschenkels. Lassen Sie wieder locker. Wenn Sie nun Ihren Fuß und Ihren Unterschenkel unter dem Stuhl nach hinten bewegen, spüren Sie die Anspannung auf der Rückseite des Oberschenkels. Genießen Sie nach dieser Übungsphase das Gefühl der Entspannung.

Übungen für Rücken und Hals

In der zweiten Phase geht es um die Entspannung von Rücken und Hals. Sie setzen sich aufrecht hin und achten auf das Gefühl von Anspannung auf beiden Seiten der Wirbelsäule. Einfach durch das aufrechte Sitzen wird die Muskulatur schon beansprucht. Ziehen Sie nun die Schultern hoch und spüren Sie die Anspannung auf der Oberseite der Schultern und seitlich am Hals. Lassen Sie nach einer Weile die Schultern wieder fallen. Nehmen Sie jetzt das Gefühl der Entspannung wahr. Danach führen Sie Ihre Schulterblätter nach hinten in Richtung Wirbelsäule zusammen. Die Anspannung ist zwischen den Schulterblättern lokalisiert. Den Rücken spannen Sie am besten an, wenn Sie in ein Hohlkreuz gehen. Entspannen Sie diesen Bereich nun so gut wie möglich, ohne dass Sie dabei vom Stuhl fallen oder sich sehr weit nach vorne oder hinten legen.

Wenden Sie sich nun der Halsregion zu. Sie sollten nicht nur auf die Anspannung beim Bewegen oder Neigen des Nackens achten, sondern auch auf die ganz normale Spannung beim Aufrechthalten des Kopfes. Wenn Sie den Kopf während der Entspannung im Sitzen nach vorne fallen lassen, so kann es sein, dass Sie das in der ersten Zeit als schmerzhaft empfinden. Diese Schmerzen verschwinden im Laufe der Übungszeit.

Übungen für die Augen

Die dritte Übungsphase beschäftigt sich mit der Entspannung der Augen. Runzeln Sie mit geschlossenen Augen die Stirn. Meistens sitzt die Anspannung direkt unter der in Falten gelegten Haut. Nachdem Sie die Anspannung wahrgenommen haben, glätten Sie die Stirn wieder. Nach dem Zusammenziehen der Augenbrauen wird auch dieser Bereich entspannt. Drücken Sie nun die Augenlider fest zu und achten Sie auf deren Anspannung. Lassen Sie die Lider locker und beginnen Sie, die Augäpfel zu rollen. Achten Sie auf die Anspannung der Augäpfel unter den geschlossenen Lidern. Wiederholen Sie jede Bewegung so oft, bis Sie die Anspannung deutlich spüren. Dann erst entspannen Sie die Muskulatur. Beim Entspannen versuchen Sie, nicht in eine bestimmte Richtung zu schauen. Genießen Sie nun die Entspannung mit offenen Augen und schauen Sie langsam im Zimmer umher. Die Entspannung der Muskulatur im Augenbereich ist wichtig, weil die Anspannung hier Verspannungen im ganzen Körper auslösen kann. Was wir vor unserem geistigen Auge sehen, meint Jacobson, bestimmt zum großen Teil unsere Handlungen.

Diese Entspannungsmethode berücksichtigt alle 16 menschlichen Muskelgruppen. Die Spannung wird jeweils für ca. 7 Sekunden gehalten und bewusst nachgefühlt. Nach 20 Sekunden wird die Übung wiederholt. Nach 40 Sekunden Entspannung geht man zur nächsten Muskelgruppe über.

Regelmäßiges Training verspricht nach Jacobson einen langfristigen Erfolg, der sogar in mehr Selbstbewusstsein durch innere Ausgeglichenheit münden soll. Eine entspannte Seele bringt Gelassenheit, die sich auf das Alltagsleben auswirkt.

Der Entspannungseffekt setzt dadurch ein, dass sich die Gefäße erweitern und das Blut besser fließen kann. Durch die parasympatische Wirkung füllen sich die Gefäße mit mehr Blut, und es entsteht das Gefühl der Schwere. Das warme Blut aus dem Körperinneren gibt das Gefühl der entspannenden und lockernden Wärme.

Die von Jacobson vorgestellte Methode ist so unspezifisch, dass sie bei fast allen Krankheitssymptomen eine unterstützende Rolle spielen kann und mit jeder psychotherapeutischen Form vereinbar ist.

Die Methode im Überblick

METHODE IM ÜBERBLICK

In unserem täglichen, unreflektierten Tun verbrauchen wir zu viel Energie, da wir unseren Aufgaben nicht entspannt, sondern angespannt nachkommen. Ausgehend von dieser Hypothese entwickelte der amerikanische Arzt Edmund Jacobson eine Entspannungstechnik, die innerhalb von 30 Minuten Erleichterung bringen kann. Eine Stunde Übung wird jedoch empfohlen. Langfristig soll sie zu einem entspannteren, gelasseneren Leben beitragen und dem Menschen neben einer höheren Lebensqualität auch ein längeres Leben bescheren.

Erst Anspannung, dann Entspannung

Entgegen anderen Entspannungstechniken werden bei der Progressiven Muskelentspannung zunächst die einzelnen Muskeln angespannt, um sie danach zu entspannen. Da dies eine sehr aktive Methode ist, wird sie besonders für unruhige Menschen empfohlen.

Ein entspannter Mensch atmet gleichmäßig, der Puls fällt auf eine normale Frequenz ab, und Körpertemperatur und Blutdruck sinken. Auch die gedankliche und emotionale Aktivität nimmt ab und verschwindet allmählich.

Entspannt sich ein Mensch bewusst, so folgt dieser aktiven Phase später eine Beruhigung des Herzens, der Blutgefäße und des Dickdarms, also der Zentren, in denen spannungsbedingte Krankheiten am häufigsten auftreten.

Jacobson hat ein Übungsprogramm zusammengestellt, das er »Entspannung im Alltag« nennt. In drei Phasen führt es zum gewünschten Erfolg:

Übungsphasen

1. Phase: Arme, Hände, Beine und Füße werden zunächst angespannt, um die darauf folgende Entspannung deutlich wahrnehmen zu können.
2. Phase: In der zweiten Phase geht es um Rücken und Hals. Auch hier wird erst bewusst angespannt, um die Entspannung zu fühlen.

METHODE

3. Phase: Die Konzentration liegt auf den Augen. Die Entspannung der Muskulatur im Augenbereich ist deswegen so wichtig, weil die Anspannung hier Verspannung im ganzen Körper auslösen kann.

Diese Entspannungmethode berücksichtigt alle 16 menschlichen Muskelgruppen. Die Spannung wird jeweils für ca. 7 Sekunden gehalten und die Übung nach 20 Sekunden wiederholt. Nach 40 Sekunden Entspannung geht man zur nächsten Muskelgruppe über.

Progressive Muskelentspannung in Beratung und Training

Einfach erlernbar

Die Progressive Muskelentspannung ist relativ einfach erlernbar. Fast jeder Laie kann bereits mit einer schriftlichen Anleitung seine körperliche Anspannung mildern. So lässt sich die Progressive Muskelentspannung wirkungsvoll in allen Bereichen des Management-Trainings einsetzen, in denen Entspannung eine Voraussetzung für den Lernerfolg ist.

Beispielsweise ist sie eine hilfreiche Methode in Anti-Stress-Seminaren. Teilnehmer reagieren auf die Instruktion des Trainers »Entspannen Sie sich bitte« häufig ratlos. »Wie soll ich mich nur entspannen?«, fragen sie immer wieder. »Ich weiß nicht, wann meine Muskulatur entspannt ist. Wie fühlt sich das denn an?« Ein Mensch, der den ganzen Tag intensiv arbeitet, sich konzentrieren muss und von einem Termin zum nächsten eilt, verbringt seine Tage auf einem bestimmten Energieniveau. Für diesen Menschen ist es kaum möglich, dieser Anweisung des Seminarleiters zu folgen. Denn er kennt den Zustand des Entspanntseins nicht mehr. Das kann er neu lernen. Progressive Muskelentspannung hilft, diese Menschen »auf Null« zu bringen. Denn nur auf diesem Energieniveau kann ein sinnvolles Anti-Stress-Seminar ansetzen.

Auch in anderen Seminarbereichen hat sich Progressive Muskelentspannung bereits bewährt. Sie ist immer dann das Mittel der Wahl, wenn Seminarteilnehmer in der Trainingssituation unter Stress stehen. Das geschieht beispielsweise in Rhetorikseminaren, vor dem großen Auftritt vor der Kamera oder in Konflikt-Trainings, in denen sich die Parteien auf keinen Konsens verständigen können. Auch bei unbeweglichen Teamkonflikten kann die Progressive Muskelentspannung als hilfreiche Unterstützung eingesetzt werden.

Der große Vorteil der Methode liegt in ihrer sehr schnellen Erlernbarkeit und Umsetzbarkeit. Fast jeden Klienten kann man im Training oder in der Beratung mit der Methode konfrontieren und Elemente nutzen, um den aktuellen Stress zu reduzieren. Es gibt sehr wenige Menschen, die den Sinn der Methode nicht erfassen und mit ihr keine Erleichterung finden.

Unterschied zum Autogenen Training

Im Gegensatz zum Autogenen Training braucht man bei der Progressiven Muskelentspannung kein ausgeprägtes Vorstellungsvermögen. Die Methode eignet sich vor allem für aktive und unruhige Menschen, denn sie können selbst aktiv werden und selbst zu Hause oder am Arbeitsplatz die Methode einsetzen. Nur wenige Minuten haben einen deutlichen Effekt.

Genau das kann sich auch ein Coach zu Nutze machen. Wenn er spürt, dass sein Klient unter starker Anspannung leidet, ist es einfach, ihn zunächst »zurückzufahren«, bevor man anfängt, inhaltlich Probleme zu besprechen. Das ist oft effektiver, als wenn man mit den geballten Emotionen des Gegenübers konfrontiert wird. Außerdem erlernt der Coachee auf diese Weise eine Fertigkeit, die er in seinem Alltagsstress erfolgreich einsetzen kann, um so möglicherweise den Aufbau und die Eskalation bestimmter Situationen zu vermeiden.

Bezüge zu anderen Methoden

Die Progressive Muskelentspannung ist in Deutschland deutlich weniger bekannt als das Autogene Training. Dabei verfolgt sie wie dieses, Feldenkrais und Bioenergetik das gemeinsame Ziel, sich zu entspannen, den Alltag loszulassen, um nicht nur körperliche Ausgeglichenheit, sondern auch psychische Stabilität zu erreichen. Im Gegensatz zu den anderen körperorientierten Methoden ist sie auch ohne persönliche Anleitung erlernbar. Ein Buch und ein stiller Raum reichen, um Erfolge zu erzielen.

Die Einfachheit des Konzeptes ist das Interessante. Andererseits ist die Progressive Muskelentspannung nicht so umfassend und tief wie andere Methoden. Dadurch ist sie mit allen kognitiven Methoden leicht kombinierbar.

14. Provokativer Kommunikationsstil

Frank Farrelly langweilte die Gesprächstherapie

Frank Farrelly wurde 1931 als neuntes von zwölf Kindern in den USA geboren. Er hat irische Vorfahren, von denen er es seiner Meinung nach geerbt hat, nicht »die Klappe halten« zu können. Farrelly ist verheiratet und hat vier Kinder.

Viele berufliche Stationen

Ursprünglich wollte er Priester werden, aber nach vier Jahren wurde er aus dem Kloster hinausgeworfen. Es mangelte ihm an Gehorsam. Danach versuchte er sich als professioneller Sänger. Aber auch das machte ihn nicht dauerhaft zufrieden. So studierte er schließlich Philosophie und Sozialarbeit. Die ersten Jahre verbrachte Farrelly in der klinischen Forschungsgruppe von Carl Rogers am *Mendota State Hospital*. Er arbeitete mit dem damals neuen klientenzentrierten Ansatz. Schon in dieser Zeit fand er es unbefriedigend, nur einfach verständnisvoll dazusitzen, zuzuhören und sich auf die Zunge zu beißen. Im Juli 1963 hielt er es nicht mehr aus. Bei der Behandlung eines chronisch Schizophrenen, dem er versuchte beizubringen, dass er wertvoll und wichtig sei, probierte er einfach etwas anderes aus: »O.k., Bill, vergessen wir es. Sie werden sich niemals ändern. Sie haben Recht. Sie sind einfach ein hoffnungsloser Fall.« Innerhalb von Sekunden veränderte sich das Verhalten des Klienten. Er begann zu erklären, warum und wie er sich verändern könnte. Der provokative Ansatz war geboren.

Farrelly arbeitete fast 20 Jahre am *Mental Hospital* in Madison, wo er seinen Provokativen Stil entwickelte und ausformulierte. Heute führt er eine Praxis in Madison und bekleidet eine Professur an der Universität von Wisconsin. Seit über 25 Jahren bildet er Therapeuten aus und führt Veranstaltungen in den USA, in Europa, Australien, Neuseeland und auf den Philippinen durch.

Richard Bandler zollt Farrelly großen Respekt. Er bezeichnete ihn als »den wildesten Kliniker, den ich jemals gesehen habe«. Denn seine Sprache ist alles andere als gelehrt. Er spricht wie derjenige, der vor ihm sitzt, und schreckt auch nicht vor Kraftausdrücken zurück.

Der Provokative Kommunikationsstil oder wie Humor Energien freisetzt

Im Juli 1992 ging die Mitteilung durch die Presse, dass sich Patienten mit psychosomatischen Störungen in Birmingham auf Krankenschein gesundlachen können. In der Klinik wurden den Kranken Videos und Witze präsentiert, was in den meisten Fällen zum Erfolg führte. Humor hat eine heilende Komponente. Und man braucht sie nicht erst dann einzusetzen, wenn man chronisch krank ist. Bereits beim Diskutieren alltäglicher beruflicher Probleme im Training kann Humor als wertvolle Komponente ergänzend wirken. Durch Lachen gewinnt man eine gesunde Distanz zur Fragestellung und kann sie aus einer neuen Perspektive betrachten. Das fördert den Erfindungsgeist und die Konzentration auf Lösungsmöglichkeiten.

Akzeptierende Haltung gegenüber Klienten ist alltagsfremd

Knapp 30 Jahre zuvor entwickelte Frank Farrelly (1963) den provokativen Stil der Psychotherapie, weil er glaubte, mit einer humorvollen Art leichter an sein Ziel zu gelangen als mit seriösen, tief greifenden und problemorientierten Gesprächen. Farrelly war es Leid, immerzu verständnisvoll und mitfühlend auf seine Klienten zu reagieren. Denn diese akzeptierende Haltung gegenüber neurotischen oder psychotischen Ideen würden seine Klienten, nach ihrer Entlassung, im Alltag nicht wiederfinden, so meinte Farrelly. Die Praxissituation ist damit eine in sich abgeschlossene Welt, die nicht auf das Leben vorbereitet. So wollte er sich einfach anders verhalten und entwickelte nach und nach die Provokative Therapie, mit der er bereits schwerstkranke Patienten aus geschlossenen Anstalten hinausprovoziert hat.

> Der Provokative Stil versteht sich nicht als neue Therapieschule, sondern als sinnvolle Ergänzung bestehender Richtungen und als eine ungewöhnliche Art der Kommunikation.

Frank Farrelly macht alles, was ein Therapeut oder Coach nicht machen sollte: Er hört nicht länger zu, als er Lust dazu hat, er unterbricht, er lässt sein Gegenüber nicht immer zu Wort kommen, er singt, er zieht Grimassen, er macht sich über den anderen lustig, er fasst den anderen an, er ist unhöflich, er macht idiotische Vorschläge und amüsiert sich dabei allem Anschein nach königlich.

Humor auf beiden Seiten

Wesentlich bei einem solchen Vorgehen ist allerdings, dass man trotz Humor oder Überzeichnung den guten Draht – im NLP würde sagen: Rapport – zum anderen behält. Ohne guten Draht zum Gegenüber kann man den Provokativen Stil nicht anwenden. Das mündet allenfalls in einem autoritären, sarkastischen Gehabe, das wenig hilfreich ist. Der Berater muss sich voll auf den Klienten konzentrieren und ganz bei ihm sein. Das ist die tragende Basis der Provokativen Therapie, die dann an ein herzliches »Sich-Hochnehmen« unter Freunden erinnert. Man kann nur dann wirklich provokativ arbeiten, wenn man die Auffassung vertritt, dass sich der Klient verändern kann, und wenn man mit Herz an die Sache herangeht. Tut man das nicht, dann benimmt man sich »wie ein arrogantes Arschloch«, so Farrelly.

Mit dem Provokativen Stil behält ein Trainer oder Berater das Ruder in der Hand. Er lässt sich nicht vom Sog der Probleme fortreißen. Der Provokative Stil will eine problemorientierte Stimmung unterbrechen und Ressourcen freisetzen. Denn letztendlich kann ein Trainer oder Coach nicht für sein Gegenüber die Probleme lösen. Er ist nicht allwissend. Helfen kann sich jeder nur selbst. Der Ratsuchende muss selbst aktiv werden, das kann ihm keiner abnehmen. In einer humorvollen Atmosphäre lässt sich jedoch leichter nach Lösungen suchen. Und das funktioniert nur dann, wenn auch der Trainer über sich selbst lachen kann und eine vertrauensvolle Beziehung besteht.

Die 10 wichtigsten Bausteine

1. Der gute Draht zum anderen

Will man provokativ vorgehen – und das kann nicht oft genug gesagt werden –, so ist eine gute Beziehung zum Gegenüber Voraussetzung. Ein Berater sollte mit seiner Reaktion wirklich auf das Bezug nehmen, was der andere sagt, und dies kombinieren mit Wohlwollen, Verständnis, Kompetenz und der Fähigkeit zum Führen. Die Reaktion darf nicht ironisch oder herablassend klingen. Der Trainer oder Coach stoppt mit einer humorvollen Reaktion die Problemorientierung und übernimmt die Führung. Dabei beherzigt er immer folgende Prinzipien:

Prinzipien

1. Anerkennung der menschlichen Würde,
2. Fairness und Aufrichtigkeit im Umgang mit Menschen und
3. die Pflicht zur eigenen Weiterentwicklung.

Der gute Draht zeigt sich oft in einer körpersprachlich sehr zugewandten Haltung und einem Augenzwinkern, während provokativ formuliert wird.

2. Der Trainer/Coach bleibt aktiv

Nonverbale Signale

Der Trainer kann von Beginn an Unterstellungen formulieren, um herauszufinden, wo der Schuh drückt. Wenn er willkürliche Behauptungen ausdrückt oder gnadenlos übertreibt, zwingt er den anderen zur Korrektur und dazu, Stellung zu beziehen. Eine Form der Unterstellung ist das absichtliche Missverstehen. Eine weitere Möglichkeit ist die absurde Umdeutung. Beschwert sich beispielsweise ein Teilnehmer im Seminar: »Ich habe immer die falschen Mitarbeiter«, dann kann ein Trainer kontern: »Manche Leute haben die bemerkenswerte Fähigkeit, im Umkreis von 50 Kilometern ganz sicher den nächsten Idioten herauszufischen«. Wichtig ist, dass man in seinen nonverbalen Signalen immer Akzeptanz herüberbringt, auch wenn man verbal frech wird.

Diese Art des Eingehens auf den Klienten kann eine befreiendere Wirkung haben als ein ernstes Diskutieren des Problems. Allerdings ersetzt diese Art der Reaktion nicht das Erklären. Es lockert lediglich den Prozess und schafft für denjenigen, der gedanklich festsitzt, eine Reorientierung und die Fähigkeit, selbst eine Lösung zu entwickeln. Er kann über sich selbst lachen und so mit einem lockereren Zugang über sein Problem nachdenken. Der Klient öffnet sich neuen Möglichkeiten, anstatt in seinem Problemkreis zu verharren.

3. Einstieg in das Weltbild des anderen

»Ein Trainer hat sowieso keinen Durchblick und nur ungenügende Praxiserfahrung, außerdem kann er sich gar nicht vorstellen, wie ein normaler Tag draußen beim Kunden abläuft. Er beschäftigt sich im warmen Arbeitszimmer mit Theorien und meint, sie müssten wirken. Aber so einfach, wie sich der Trainer das vorstellt, geht es nicht.« Diese oder ähnliche Aussagen kennt wahrscheinlich jeder Seminarleiter. Im Provokativen Stil dreht man die Verhältnisse einfach um. Man schlägt sich auf die Seite des anderen, sogar mehr, als es ihm lieb ist. Man steigt konsequent in das Weltbild des anderen ein und spricht es aus. Damit formuliert man das, was der andere sowieso schon öfter gedacht hat. Und dann kann man das Thema besprechen.

4. Persiflieren des Weltbildes

Zerrspiegel

Der Berater versucht die absurden Ideen des Klienten von der Welt zu karikieren. Dabei benutzt er alle fünf Sinnessysteme. Außerdem erlaubt und empfiehlt man dem Ratsuchenden ausdrücklich, sein problematisches Verhalten weiterzuführen. »Bleibe so, wie du bist, Veränderung hat sowieso keinen Sinn.« So kitzelt man den Widerstand des Teilnehmers heraus. Jemand, der dazu neigt, sich selbst abzuwerten, wird schnell Gründe dafür liefern, dass er seinen Job doch ganz passabel schafft. Mit diesem Verfahren schafft man es in der Regel, die positiven Reserven eines Menschen zu aktivieren.

5. Globalisieren des Weltbildes

Stereotype

Globalisiert ein Trainer oder Coach das Weltbild seines Gegenübers, dann »pumpt« er die Ideen so stark auf, dass der Teilnehmer von selbst anfängt zu relativieren. Typisch für solch stereotype Formulierungen sind Formulierungen, die mit »alle«, »immer«, »nie« oder »keiner« beginnen. Berichtet beispielsweise ein Teilnehmer, dass er das Gefühl hat, in seiner Firma kein Gehör zu finden, kann der Trainer diese Idee verallgemeinern, indem er sagt: »Es ist doch immer das Gleiche im Leben. Keiner hört auf einen, auch wenn man noch so gute Gedanken hat. Es ist, als rede man gegen eine Wand. Man scheint Luft für die anderen zu sein. Immer wenn man eine kluge Idee vorbringen will, stopfen sich alle Stöpsel in die Ohren. Das ist so ungerecht.«

6. Den Advocatus Diaboli spielen

Technik für Zwiegespräche

Die Technik des *Advocatus Diaboli* eignet sich mehr für ein Zweiergespräch, zum Beispiel im Coaching, als für eine Seminarsituation. Denn als *Advocatus Diaboli* spricht der Coach die negativsten eigenen Gedanken aus, die er auch bei seinem Gegenüber vermutet. Und das kann zu privat sein, um es vor Kollegen oder Vorgesetzten preiszugeben. Beklagt sich jemand beispielsweise darüber, dass er in der Firma nicht weiterkommt, könnte der Coach sagen: »Kein Wunder, wenn man so aussieht und auftritt wie Sie! Wer will denn so einen schon als Vorgesetzten haben! Ich bitte Sie! Sie sehen ja aus wie ein anorektischer Teenager!« Was von Seiten Frank Farrellys häufig sehr frech klingt, findet meist ein Echo wie: »Das habe ich auch schon gedacht« und wird deswegen nicht als so furchtbar frech empfunden. Bei Farrellys Bühnengesprächen geht oft ein Raunen durch den Saal. Die Zuhörer sind entsetzt über diese Frechheiten. »Mir würde der so was nicht sagen!«, hört man spontane Ausrufe. Aber die Klienten finden es in der Regel in Ordnung. Denn endlich spricht einer mal aus, was innen rumort. Und dann ist die Tür offen, um miteinander zu arbeiten. Versucht man den Klienten entgegen seiner eigenen Auffassung davon zu überzeugen, dass er kompetent, liebenswert und wunderbar ist, wird man nur Skepsis ernten und im Alltag bestätigt sich das wahrscheinlich auch nicht.

7. Begeisterung für das Symptom

Trainer und Coaches, die sich konsequent auf die Seite des Symptoms schlagen, wecken am schnellsten die Kräfte des Betroffenen, um etwas dagegen zu unternehmen. Dahinter steckt die Idee, dass sich hinter jedem Verhalten, das jemand verändern möchte, auch etwas Positives verbirgt. Beklagt sich jemand darüber, dass alle anderen die Arbeiten auf ihn abwälzen, könnte man reagieren mit: »Sehen Sie, so wichtig sind Sie! Es gibt keinen außer Ihnen, der so etwas schaffen würde. Die Kollegen sind stolz auf Sie! Sie sind einfach unverzichtbar. Mein Gott, wie wunderbar! Jemanden wie Sie wünscht man sich in der Firma. Falls Sie mal einen anderen Job suchen, melden Sie sich bei mir. Was war noch mal Ihr Problem?«

8. In Bildern sprechen

Bilder haften besser im Gedächtnis als Worte und stehen dem Zuhörer oft spontan in Situationen zur Verfügung, in denen das Problem wieder auftritt. Bilder können auch erweitert und ergänzt werden, um sie der individuellen Lage anzugleichen. Jemandem, der sich ausgenutzt und minderwertig fühlt, könnte man das Bild eines »Fußabstreifers auf zwei Beinen« anbieten. Das ist oft wirkungsvoller, als wenn man versucht ihn davon zu überzeugen, dass er ein wertvolles Mitglied der menschlichen Gesellschaft ist. Bilder können so lange ausgeschmückt und karikiert werden, bis sie in einem entspannenden Lachen münden und so die Distanz zum Problem wiederhergestellt ist.

9. Keine Ratschläge, höchstens idiotische

Eigenverantwortung übernehmen

Sucht ein Teilnehmer im Training oder Coaching einen Rat, dann muss man sich als Beratender immer darüber im Klaren sein, dass man zum einen nie erfährt, wie sich die Situation tatsächlich darstellt (man erfährt immer nur eine Perspektive) und zum anderen interveniert man immer aufgrund des eigenen Erfahrungshintergrundes. Der kann zufällig passen, kann aber auch ganz und gar am anderen vorbeigehen. »Ratschläge sind auch Schläge« heißt es landläufig und gemeint ist, dass sie meistens unpassend sind und in der Regel vom Gegenüber sabotiert werden, um zu zeigen, dass es nicht funktioniert. Fragt ein Teilnehmer beispielsweise, was er tun könne, um einen unliebsamen Mitarbeiter loszuwerden, könnte man antworten: »Oh, da gibt es viele Möglichkeiten. Sie könnten ihn zum Beispiel zu einem Wochenende an der Nordsee einladen und wenn keiner hinschaut, schubsen Sie ihn ins Wasser. Oder Sie könnten den Koch in der Kantine bitten, sein Essen zu vergiften. Sie könnten ihm auch anonyme Drohbriefe schicken.« Durch *idiotische Ratschläge* versucht man seinem Gegenüber die Verantwortung für sich selbst zurückzugeben. Der Teilnehmer lernt so, selbst nachzudenken. Manche Menschen versuchen ihre Verantwortung zu delegieren und hoffen, dass Fremde oder Seminare ihre Probleme lösen. Liebevoll, bestimmt und humorvoll reagiert hier der Trainer oder Coach, indem er überzeichnet, was passiert, wenn der andere sich weiterhin als Opfer der Umstände betrachtet.

10. Hypnotische Kommunikation
Die Elemente, die im Provokativen Stil hypnotisch sind, wurden von Milton Erickson übernommen. *Hypnotische Kommunikation* kann genutzt werden, um Denkprozesse auszulösen und um den Klienten bewusst in positive wie negative Szenarien hineinzuhypnotisieren (ausführliche Darstellung siehe Kapitel über Hypnotherapie).

Muster unterbrechen

Alle diese Methoden dienen der *Musterunterbrechung*. Wenn sich der Klient im echten Leben einer der geschilderten Situationen gegenüber sieht, dann fallen ihm vielleicht Farrellys Persiflagen ein und anstatt wie immer handeln zu können, muss er unweigerlich über sich selbst grinsen. Eingefahrene Verhaltensweisen werden hier effektiv unterbrochen, so dass sich Räume zur Veränderung eröffnen. Dabei ist die Dosierung dieser zehn Elemente sehr wichtig. Treibt es der Therapeut zu weit in eine Richtung, dann verliert er den Rapport. Er muss ein sensibles Gespür dafür besitzen, wie viel sein Klient »vertragen« kann.

Um Muster effektiv zu unterbrechen, sollte der Klient in seiner Schilderung möglichst frühzeitig unterbrochen werden, um geeignete Kommentare einzuwerfen. Das kann man auch dann tun, wenn man noch nichts Sinnvolles verstanden hat, und frei assoziieren.

Wer erfolgreich provokativ arbeiten möchte, sollte in der Lage sein, im Leben das Tragische, das Komische und das Absurde zu sehen und zu schätzen. Natürlich gibt es Schmerzen und Leiden, aber es gibt immer auch das Lachen. Man muss einfach wissen, wann die Zeit zum Weinen und wann die Zeit zum Lachen ist.

Ziele des Provokativen Stils

Ziel einer Beratung oder eines Trainings im provokativen Stil ist es, den Teilnehmer oder Ratsuchenden auf drei Dinge hinzuweisen:

- Jeder ist verantwortlich für sein Leben.
- Nur jeder selbst kennt die Lösung für seine Probleme.
- Es gibt Realitäten im Leben, die alle Menschen akzeptieren müssen.

Leuchtturmprinzip

Das letzte Ziel der Beratung verdeutlichen Eleonore Höfner und Hans Ulrich Schachtner in ihrem Buch *Das wäre doch gelacht!* anhand des Leuchtturmprinzips, das besagt, dass wir Dinge akzeptieren müssen und uns Gegebenheiten unterordnen müssen, die unveränderbar sind, auch wenn sie uns nicht gefallen:

»Ein Schlachtschiff ist bei einbrechender Dunkelheit auf Manöver im dicken Nebel unterwegs. Der Beobachtungsposten auf der Brücke meldet dem Kapitän: ›Licht Backbord voraus.‹ Der Kapitän gibt dem Funker die Anweisung: ›Funken Sie dem anderen, dass wir auf Kollisionskurs sind und ihm eine Kursänderung von 20 Grad vorschlagen.‹ Der Funker tut wie ihm geheißen und erhält den Funkspruch zurück: ›Wie empfehlen *Ihnen* eine Kursänderung um 20 Grad!‹ Der Kapitän darauf, leicht verärgert: ›Schicken Sie den Funkspruch: Hier spricht der Kapitän, ändern Sie den Kurs um 20 Grad!‹ Es kommt die Antwort: ›Hier ist ein Matrose zweiten Grades. Es ist besser, *Sie* ändern den Kurs um 20 Grad.‹ Der Kapitän ist nun in Rage: ›Funken Sie: Wir sind ein Schlachtschiff! Ich befehle Ihnen, den Kurs um 20 Grad zu ändern!‹ Umgehend kommt die lapidare Antwort: ›Wir sind ein Leuchtturm.‹«

Es gibt nur wenige Gesetze, an die wir uns halten müssen. Es macht das Leben leichter, wenn wir lernen, damit umzugehen, als wenn wir Zeit damit verbringen, gegen diese Dinge anzukämpfen und so unsere Energien verschwenden. Energien sollten wir da einsetzen, wo wir sinnvoll etwas verändern können.

Beispiel für den Provokativen Stil

Ein Klient fragt: »Können Sie mein Problem lösen?«

Antwortalternativen (nach Höfner/Schachtner 1995, S. 83):

- (Überrascht) »Bisher war ich mir ganz sicher, dass *jeder* so ein Problem lösen könnte – bis ich *Sie* kennen gelernt habe.«

- (Ächzend) »Heute kann ich so etwas Schwieriges nicht mehr lösen, ich habe den ganzen Tag schon zu viele und schwierige Fälle gehabt.«
- (Fröhlich) »Ich mag heute Ihr Problem noch nicht lösen, obwohl ich es könnte. Das ist ein 5000-Euro-Problem! Sie glauben doch nicht, dass ich es für ein lumpiges Stundenhonorar löse!«
- (Geheimnisvoll, zögerlich) »Ich weiß nicht, ob Sie für eine so tiefe Einsicht schon bereit sind. Ich glaube, dass Sie diese profunde Wahrheit noch nicht vertragen können.«
- (Bestimmt) »Da braucht es doch gar keine Lösung. Sie sind doch mit dem Problem so, wie es ist, viel besser dran!«
- (Entschuldigend) »Für Ihr Problem gibt es noch keine Lösung. Die Wissenschaft ist noch nicht so weit.«
- (Nebenbei) »Wissen Sie, früher habe ich Leute noch geheilt, aber das war zu anstrengend. Heute gewöhne ich sie nur noch an ihre Grenzen.«

METHODE IM ÜBERBLICK

Die Methode im Überblick

Frank Farrelly entwickelte 1963 den Provokativen Stil der Psychotherapie, weil er glaubte, mit einer humorvollen Art besser an sein Ziel zu gelangen als mit seriösen, tief greifenden und problemorientierten Gesprächen.

Keine Therapie

Der Provokative Stil ist keine neue Therapie, sondern eine sinnvolle Ergänzung bestehender Richtungen und eine ungewöhnliche Art der Kommunikation.

Neuer Kommunikationsstil

Frank Farrelly verhielt sich konträr zur gängigen therapeutischen Norm und konfrontierte so seine Patienten mit einer ganz anderen Art der Kommunikation, auf die viele sehr positiv reagierten. Wesentlich bei diesem Vorgehen ist, dass der Berater trotz Humor oder Überzeichnung den guten Draht und den vertrauensvollen Zugang zum Gegenüber behält. Geht er verloren, kann man den Provokativen Stil nicht anwenden.

Die 10 wichtigsten Bausteine im Überblick

1. Der gute Draht zum anderen
2. Der Trainer/Coach bleibt aktiv

3. Einstieg in das Weltbild des anderen
4. Persiflieren des Weltbildes des anderen
5. Globalisieren des Weltbildes des anderen
6. Den *Advocatus Diaboli* spielen
7. Begeisterung für das Symptom
8. In Bildern sprechen
9. Keine Ratschläge, höchstens idiotische
10. Hypnotische Kommunikation

METHODE IM ÜBERBLICK

Unterbrechung eingefahrener Muster

Alle diese Methoden dienen der *Musterunterbrechung*. Eingefahrene, selbstverständlich gewordene Denk- und Verhaltensmuster sollen unterbrochen werden, um Möglichkeiten für Veränderungen zu schaffen. Ziel einer Beratung oder eines Trainings im Provokativen Stil ist es, den Teilnehmer oder Ratsuchenden darauf hinzuweisen, dass er selbst verantwortlich ist für sein Leben, er selbst die Lösung für seine Probleme kennt und dass es Realitäten im Leben gibt, die akzeptiert werden müssen.

Provokativer Stil in Beratung und Training

Wenn ein Seminarteilnehmer im Führungstraining sagt: »Wissen Sie, in der Theorie mag das ja alles stimmen, was Sie so schön erklärt haben, aber in der Praxis sieht es ganz anders aus. Die Mitarbeiter sind so stur, da kann man einfach nichts machen«, können Sie humorvoll reagieren. Anstatt nun, wie gewohnt, in mühevoller und geduldiger Kleinarbeit zu versuchen, den Teilnehmer umzustimmen und zu aktivieren, wird ein Trainer, der den Provokativen Stil anwendet, etwa wie folgt antworten: »Stimmt. In den meisten Unternehmen sind die Mitarbeiter fair und kooperationsbereit. Sie wollen die Sache anpacken und ihr Unternehmen erfolgreich auf dem Markt platzieren. Nur in Ihrem Unternehmen und insbesondere in Ihrer Abteilung sieht das ganz anders aus. Da kann man nichts machen. Es gibt eben erfolgreiche Unternehmen und Führungskräfte, und dann gibt es Sie ...« Man wird nicht lange auf eine Reaktion warten müssen. In der Regel springen die Seminarteilnehmer bei einer solchen Antwort nicht aus dem Fenster, sondern fangen an zu erklären, warum ihre Mitarbeiter, ihre Abteilung oder ihr Unternehmen doch nicht so schlecht sind und wie man das soeben Gelernte erfolgreich umsetzen kann. Und genau das wollen Trainer erreichen.

Nach einem provokativen Einschub im Seminar ist es wichtig, mit veränderter Stimme und Körpersprache real über das Thema zu sprechen, um dem anderen wirklich eine Hilfe zu sein. Verharrt ein Trainer im Provokativen Stil, so stellt er sich über die Teilnehmer und kann keine Lösung mit ihnen entwickeln. Im Gegenteil, er verärgert eher seine Zuhörer. Der Provokative Stil dient nur dazu, die Situation zu lockern, um neue Erfahrungen zu ermöglichen. Man muss also nicht während des gesamten Seminars witzig und einfallsreich reagieren, sondern es ist ebenso wichtig, wieder ganz normal über die Dinge sprechen zu können.

Achtung und Respekt sind Voraussetzung

Trainer, Berater und Therapeuten, die den Provokativen Stil erlernen und umsetzen, sollten sich bewusst sein, dass er nur funktionieren wird, wenn sie gegenüber ihrem Schützling Achtung und Respekt empfinden. Sobald der Stil zum eigenen Vergnügen angewendet wird, werden die Aufträge ausbleiben. Es ist keine Methode, um dem anderen zu zeigen, wo es langgeht, sondern um ihm zu verdeutlichen, dass er Kräfte und Ideen hat, mit denen er seine Probleme lösen kann. Und anstatt seinen Widerstand gegen den zu verständnisvollen Berater zu richten, nutzen Provokative Berater den Widerstand gegen das unliebsame Verhalten.

Auch im Coaching kann der Provokative Stil ein hilfreicher Begleiter sein – vor allem dann, wenn man mit dem gewohnten Handwerkszeug nicht mehr weiter kommt. Genau wie im Training ist hier auf den respektvollen Umgang mit dem Gegenüber besonderer Wert zu legen. Wohl dosiert und respektvoll eingesetzt ist der Provokative Stil eine Methode, auf die man – einmal verinnerlicht – nicht mehr verzichten möchte. Außerdem, meint Farrelly, schützt sie Berater vor einem Burn-Out-Syndrom.

Bezüge zu anderen Methoden

Milton Erickson war der Überzeugung, dass der beste Garant für die Veränderung eines Klienten die Unvorhersagbarkeit des Therapeuten ist. Dem trägt Farrelly deutlich Rechnung.

Modell für NLP

Richard Bandler hat im März 1978 bei einem Workshop in Santa Cruz Frank Farrelly bei seiner Arbeit gefilmt und sie zum *Modelling* genutzt. Sogar in der Kaffeepause hat er Farrelly gefilmt und seine Ergebnisse aus diesen Analysen für das NLP formuliert. Allerdings wird im NLP nicht darauf hingewiesen, dass neben Satir, Perls und Erickson auch Farrelly Modell stand. Sogar manche Praxisfälle von Farrelly wurden von Bandler so zitiert, als seien es seine. Aber Farrelly sieht das ganz gelassen. »Das konnten wir klären«, meint er. »Plagiat ist die intensivste Form der Schmeichelei.«

Symptom-verschreibung

Genau wie die Logotherapie und die Familientherapie arbeitet Farrelly mit der Symptomverschreibung. Auch wenn die ersten beiden genannten diese Intervention meistens höflicher einführen, verfolgen doch alle drei Richtungen das gleiche Ziel: Die Klienten sollen aktiviert werden. Sie sollen sich nicht mehr energielos ihrem Schicksal hingeben, sondern ihr Leben wieder in die Hand nehmen und selbst Lösungsmöglichkeiten finden. Mit der gleichen Intention können sich genau wie Farrelly Systemiker und NLPler für das Symptom begeistern. Darüber hinaus entsteht dadurch, dass man sich konsequent auf die Seite des Symptoms schlägt, ein *Reframing*. Durch diese Distanzierung vom eigenen Verhalten wird Veränderung leichter möglich.

15. Psychodrama

Jakob Levy Moreno bringt das Leben auf die Bühne

1889 geboren, war Jakob Levy Moreno mit der Psychologie Freuds großgeworden und hatte ihn als väterliche Figur anerkannt. Wie viele seiner Kollegen (z.B. Eric Berne, Transaktionsanalyse) widmete er sein Leben der Widerlegung von Freuds Theorien, um sich von diesem Übervater zu lösen.

In Bukarest geboren, verbrachte er seine Schulzeit in Wien und promovierte dort 1917 im Fach Medizin. Anschließend übernahm er die medizinische Betreuung des Flüchtlingslagers bei Wien. Ab 1919 war er zunächst als Fabrikarzt, später als praktischer Arzt in Vöslau tätig. 1925 wanderte er nach Amerika aus.

Begründer der Gruppentherapie

Anders als Freud therapierte Moreno keine Einzelpersonen, sondern interessierte sich von Beginn seiner Karriere an für Gruppenphänomene. Moreno gilt als Begründer der modernen Gruppentherapie. Er leitete Diskussionsgruppen mit Prostituierten und beschäftigte sich bei seiner Tätigkeit im Flüchtlingslager ebenfalls mit Strukturen von Gruppen. 1935 gründete er das erste Psychodrama-Theater und die erste psychodramatisch orientierte Klinik in Beacon (USA).

Neben seiner therapeutischen Tätigkeit arbeitete Moreno auch mit Künstlern und Intellektuellen. 1921 gründete er das erste Stehgreiftheater in Wien. Jeden Samstag fand eine Aufführung mit 30 bis 40 Zuschauern statt. In diesem Theater gab es keine deutliche Trennung zwischen Bühne und Zuschauerraum. Das Theater war immer überfüllt. Viele Menschen interessierten sich für Morenos Experimente. Gespielt wurden Sketche und aktuelle politische Themen. Das Publikum wurde in Konzeption und Aufführung involviert. 1923 legte Moreno erstmals seine Ideen in seinem Buch *Das Stegreiftheater* nieder. Sein Hauptwerk *Gruppenpsychotherapie und Psychodrama* wurde erstmals 1989 veröffentlicht.

Moreno lebte ganz den Augenblick. Alles Geplante lehnte er ab. Er improvisierte und entschied spontan über das Spiel, die Handlung, die Motive und auch über die Lösung von Konflikten. Jeder Zuschauer in seinem Theater sollte gleichermaßen auch Schauspieler sein. Er konzipierte ein Theater nur für Darsteller, in dem kein Platz für Zuschauer ist – ein »Theater ohne Zuschauer«.

Nach eigenen Angaben entwickelte er seine Psychodrama-Idee bereits im Alter von vier Jahren. Er spielte mit einer Gruppe anderer Kinder im Keller seines Elternhauses in Wien und veranlasste die Gruppe zu einem Stegreif-Spiel. Er spielte die Rolle Gottes und die anderen Kinder waren die Engel. Sie türmten Stühle übereinander bis zur Decke, und ganz oben saß Moreno; die anderen Kinder umkreisten ihn singend und mit den Flügeln schlagend. Dann fragte ihn ein Kind, ob er fliegen könne. Er bejahte, versuchte es und landete mit gebrochenem Arm am Boden. Wahrscheinlich war und ist der kleine Moreno nicht das einzige Kind, das solche Spiele initiiert. Dennoch hat er diese kindliche Idee konsequent weiterentwickelt. – Moreno starb 1974 in New York.

Psychodrama oder wie man durch Rollenspiele neue Ideen entwickelt

Katharsis

Morenos zentrale Idee im Psychodrama ist die *Katharsis*. Er selbst bezeichnet Psychodrama als diejenige Methode, welche die Wahrheit der Seele durch Handeln ergründet. Katharsis im psychologischen Sinne bedeutet, sich von seelischen Konflikten und unterdrückten Spannungen durch eine emotionale Reaktion zu befreien. Aus dem Griechischen kommend, bezeichnet der Begriff die »(kultische) Reinigung«. Er wurde von Aristoteles benutzt, um die Läuterung der Seele von Leidenschaften durch das Trauerspiel zu beschreiben. Nach Aristoteles bewirkt das Betrachten tragischer Ereignisse auf der Bühne Furcht und Mitgefühl und somit eine reinigende Befreiung des Betrachtenden.

> Moreno wollte die Befreiung der Seele durch eine Inszenierung der Probleme bewirken.

Damit ging er wiederum einen Schritt weiter als Freud. Er behandelte mit dieser Methode nicht nur Gruppen statt Einzelpersonen, sondern er nutzte neben der Verbalisation von Gefühlen auch das emotionale Erleben und die körperlich vollzogene Aktion.

Moreno ging davon aus, dass in jedem Menschen ein kreatives Potenzial angelegt ist, das in sozialen und psychischen Rollen entfaltet wird. Der Mensch ist Teil des Kosmos und trägt nicht nur für sein eigenes Tun die Verantwortung, sondern auch für das Gelingen gesellschaftlicher Systeme. Entwickelt ein Mensch schädigende Handlungsmuster, so erkrankt er psychisch und physisch.

Rollen Psychodrama basiert auf der Annahme, dass ein Mensch verschiedene Rollen in seinem Leben einnimmt. Der Mensch lernt und lebt seine Rollen in seinen jeweiligen Bezugssystemen. Um diese Rollen erfolgreich ausfüllen zu können, muss ein Mensch in der Lage sein, sich selbst wahrzunehmen und eine Gruppensituation zu erkennen. Dazu gehört die Fähigkeit, subjektive Freiheitsgrade, aber auch Grenzen zu erkennen.

Inszeniert man aktuelle Probleme oder Schwierigkeiten des Lebens auf der Bühne, so ist es nach Moreno unwesentlich, was in der tatsächlichen Situation geschah. Es interessiert nur, wie der Betreffende das für ihn schwierige Gespräch erlebt hat. Dabei hat der Trainer eine regieführende Rolle. Er setzt das Problem mit allen wesentlichen Beteiligten auf der Bühne in Szene.

> Durch dieses szenische Rollenspiel erhält der Darsteller laut Moreno mehr neue Einsichten und Gefühle in sein Problem als durch Gespräche und Diskussionen in der Gruppe. Die Vorstellungskraft ist seiner Meinung nach nicht so beeindruckend wie das tatsächliche Erleben.

Auf der Bühne können gegenwärtige, vergangene oder zukünftige phantasierte Situationen dargestellt werden. Ziel der Aufführung ist es,

- problematische, menschliche Beziehungen zu klären
- Kommunikationsstörungen und dysfunktionale Interaktionen zu erkennen und zu beheben
- Konfliktursachen aufzudecken
- destruktive Rollenmuster abzubauen und umzugestalten
- abgewehrte Geschehnisse wiederzuerleben und in das gegenwärtige Leben zu integrieren
- Grenzen zu akzeptieren
- neue Verhaltensmuster einzuüben
- neue Wege und Ideen zu entdecken und zu erproben.

Moreno verfolgte das Ziel, dass die Darsteller durch das Spiel die bewusste, logische Ebene des Ichs verlassen. Er wollte Menschen von den »Fesseln« des Verstandes befreien. Vor diesem Hintergrund gibt es auf der psychodramatischen Bühne keine Trennung zwischen Vergangenheit, Gegenwart und Zukunft. Denn auch die Seele kennt diese Trennung nicht, wie sich das beispielsweise in Träumen zeigt. Diese besondere Wirklichkeit auf der Bühne nennt Moreno *Surplus-Reality* (wörtlich übersetzt »überschüssige Realität«).

> Durch das Arbeiten mit Rollen wird es laut Moreno möglich, die individuellen Stärken zu fördern und sich von Rollenfixierungen zu lösen. Es können neue Verhaltensweisen erprobt werden und die innere Flexibilität wird wiederhergestellt.

Das Leben auf der Bühne

Moreno beschreibt fünf wesentliche Bausteine im Psychodrama, mit Hilfe derer er lebensnah Situationen inszeniert:

Die Bühne

Die von Moreno für seine Inszenierungen entworfene *Bühne* ist rund und erhebt sich in drei Stufen aus dem im Halbkreis darum angeordneten Zuschauerraum. Die Bühne ist für Moreno der Lebensraum. Daher kann auf eine Einrichtung der Bühne verzichtet werden. Die Bühne stellt immer die aktuellen Gegebenheiten dar. Sie kann eine Straße, ein Platz, ein Büro oder auch ein Wohnzimmer sein. Für Moreno ist die Bühne eine Art Erweiterung des Lebens.

Der Protagonist

Der Hauptdarsteller ist die zentrale Figur im Bühnengeschehen. Er oder sie stellt sich selbst in einem Konfliktgeschehen dar. Der Konflikt kann ein vergangener oder ein zukünftiger sein. Der *Protagonist* nutzt die Bühne im letzteren Fall zum Probehandeln. Der Hauptdarsteller ordnet mit Hilfe des Regisseurs oder Leiters die Bühnenszene.

Der Leiter

Der *Spielleiter* ist gleichzeitig der Berater, Trainer oder Therapeut. Seine Aufgabe ist es, alle minimalen Hinweise, die der Protagonist gibt, in die Szene einzubauen. So ergibt sich die dramatische Handlung, die von den vielen Ambivalenzen des menschlichen Seins geprägt ist. Er achtet auch darauf, dass das Spiel möglichst nah am Leben des Protagonisten orientiert ist und die Fühlung zum Publikum behält.

Das Hilfs-Ich Assistenten des Beraters oder andere Mitspieler können dem Protagonisten zu Hilfe kommen, um ihn zu unterstützen. So kann das *Hilfs-Ich* die Rolle des problematischen Gegenübers übernehmen. Beim Doppeln (s. u.) übernimmt das Hilfs-Ich die Rolle des *Doubles*. Hier warnt oder ermutigt es den Protagonisten und verdeutlicht ihm seine eigenen Standpunkte und Gefühle.

Das Publikum Das *Publikum* ist in der Regel klein und überschaubar. Es sind nicht mehr als 30 bis 40 Personen, die nicht nur das Spiel verfolgen, sondern auch dazu aufgefordert werden, sich mit dem Protagonisten zu identifizieren. Das Publikum darf sich auch mit Bemerkungen am Spiel beteiligen oder sich tatkräftig einmischen. Es fungiert laut Moreno als »Resonanzboden der öffentlichen Meinung«. Jeder Zuschauer erkennt im Publikum auch Teile seines Selbst wider und erfährt so die Gruppenkatharsis. So kann es manchmal turbulent zugehen, wenn sich jeder ungehemmt mit seinen eigenen Gedanken und Gefühlen zum Geschehen äußert.

Wenn ein Gruppenteilnehmer ein Problem einbringt, inszeniert der Protagonist mit Hilfe des Regisseurs (Trainers) und anderer Gruppenteilnehmer (Hilfs-Ich) sein Problem auf der Bühne. Die Gruppenteilnehmer spielen ihre Rollen nach Anweisung des Protagonisten. Dieser beschreibt seine Problempartner und gibt gegebenenfalls besondere Textpassagen vor. Im ersten Durchgang würde in einem Training zum Thema »Mitarbeitergespräche« eine Führungskraft sich selbst spielen und ein geeignetes Gegenüber für die Rolle des Mitarbeiters aussuchen. Er gibt ihm dann eine genaue Beschreibung der Verhaltensweisen dieser Person, damit sein Gegenüber sich in diese Rolle einfinden kann.

Der Regisseur Der *Regisseur* hält sich im Hintergrund. Er hat drei Funktionen: Er ist Spielleiter, Trainer und Analytiker. Als Spielleiter muss er jeden Hinweis des Hauptdarstellers ins dramatische Geschehen umsetzen. Als Trainer darf er die Darsteller provozieren oder humorvoll angreifen. Zeitweise kann er auch einfach passiv dem Geschehen folgen. Als Analytiker kann er die eigenen Deutungen durch Reaktionen, die von Informanten aus dem Publikum kommen, ergänzen, zum Beispiel von Kollegen oder Mitarbeitern.

Das Publikum folgt der Darbietung und gibt anschließend auswertende Kommentare. Oft können sich die Zuschauer in der einen oder anderen Rolle oder in einem Verhaltensaspekt wiedererkennen und folgen daher meistens wie hypnotisiert der Vorstellung.

Ein Psychodrama ist in drei Phasen unterteilt, wobei der Spielteil den mittleren Part, den Hauptteil, ausmacht. Zuvor wird die Gruppe erwärmt und gelockert. In Gesprächen wird ein gemeinsames Thema und ein Protagonist gesucht. Nach der Spielphase beginnt die abschließende Integrationsphase. In Form von Gesprächen wird die Gruppe am individuellen Geschehen beteiligt.

Psychodrama-Techniken

Es gibt verschiedene Psychodrama-Techniken, die zum Ziel haben, dass Protagonist und Gruppe zu Spontaneität und Kreativität finden. Der Regisseur muss für den Gruppenprozess empfänglich sein und zum gegebenen Zeitpunkt die richtige Methode auswählen, um das Spiel voranzutreiben, dem Hauptdarsteller Rückhalt zu geben oder Einsichten zu erzeugen. Dabei ist besonders darauf zu achten, dass kein Teilnehmer verletzt wird und jeder in der Lage ist, die neuen Einsichten und Erlebnisse zu verarbeiten. Und das ist nicht ganz leicht.

Der Rollentausch

Bei einem *Rollentausch* übernimmt der jeweilige Spielpartner die Rolle des Gegenübers. In der Szene zwischen Führungskraft und Mitarbeiter zum Beispiel kann die Führungskraft die Rolle des Mitarbeiters übernehmen. Der Rollentausch wird vorgenommen, wenn es wichtig erscheint, dass der Protagonist lernt, Verständnis für die andere Position aufzubringen. Der Rollentausch kann ihm auch helfen, sich selbst wie in einem Spiegel zu sehen. Das bewirkt Einsichten über sich selbst. Darüber hinaus fördert er die Spontaneität, da der Protagonist aus seiner gewohnten – oft abwehrenden – Haltung herausgeholt wird. Möglicherweise entdeckt die Führungskraft, dass der Mitarbeiter nicht, wie er sagte, »mit Fleiß« gegen ihn arbeitet, sondern durchaus Gründe für sein abweichendes Vorgehen hat. Vielleicht hat er nur nicht die Kraft, sich verbal mit seinem Chef auseinander zu setzen und hofft einfach, dass dieser nicht bemerkt, wenn er das Vorgehen verändert. Mit dieser Erkenntnis kann die Führungskraft versuchen, auf anderen Wegen mit dem Mitarbeiter ins Gespräch zu kommen.

Manchmal dient der Rollentausch auch einfach dazu, dem Hilfs-Ich besser verständlich zu machen, wie der Hauptdarsteller die Rollen auffasst.

Der Rollentausch ist eine Technik, um vorübergehend aus sich selbst herauszutreten und die eigene Identität aus einem anderen Blickwinkel wahrzunehmen. Durch diese Erweiterung der Selbst- um die Fremdwahrnehmung wird eine sinnvolle, kooperative Kommunikation erleichtert.

Das Doppel/ Double Moreno war der Auffassung, dass wir alle im Kosmos unseren Doppelgänger haben, wobei sich einer der beiden dazu entschließt, auf die Erde hinabzugehen und sich dabei seine Eltern aussucht. Das ganze Leben eines Menschen wird bestimmt von der Kommunikation zwischen ihm und seinem *Doppel*. Während des Lebens entdeckt man sein Double in vielen anderen Menschen wieder. Ebenso oft, wie das Doppel den Menschen dazu bringt, sich ganz zu fühlen, wird es ihn auch zum Zweifeln bringen. Bei Eintritt des Todes wird man wieder mit seinem Doppel vereint. Ausgehend von diesen Gedanken hat das Double neben dem im Rollenspiel praktischen und bewusst machenden Effekt auch eine philosophische Seite.

Versucht man im Szenenspiel, einen Darsteller zu doppeln, wird das Double oder der Doppelgänger tatsächlich zu diesem anderen. Wenn der Protagonist die Rolle der Führungskraft spielt, versetzt sich auch das Double in diese Rolle. Das Doppel sitzt dicht neben der Führungskraft und versucht, körperlich und emotional die gleiche Haltung einzunehmen. Das Double hat die Aufgabe, verborgene Gefühle zu äußern, die es während des Dramas erlebt. Bekundet der Chef seinem Mitarbeiter gegenüber, dass er Verständnis habe, empfindet das Doppel jedoch eine Portion Unverständnis und Irritation, so darf es dies äußern. Der Protagonist kann auf verschiedene Weisen auf diese Äußerungen reagieren. Er kann zustimmen, er kann sein Verständnis noch heftiger äußern, er kann die Bemerkung ignorieren, oder er kann Widerspruch einlegen. Die Reaktionen auf ein Double sind in der Regel aufschlussreich und hilfreich für den weiteren Verlauf der Sitzung. Durch die Erweiterung bereichert das Doppel die Szene, gibt aber gleichzeitig seinem Protagonisten auch Unterstützung. Das Double kann helfen, Dinge auszusprechen, die dieser nicht auszusprechen wagt.

Das Double fügt der Szene Aspekte hinzu, die der Hauptdarsteller aus verschiedenen Gründen nicht selbst darstellen kann, und ist ihm ein treuer Gefährte auf dem Weg der Selbsterkenntnis. Als Double wird deswegen am besten eine Person ausgewählt, der der Protagonist im Alltag besonderes Vertrauen schenkt. Darauf sollte ein Berater achten.

Der Monolog Beim *Monolog* spricht der Protagonist seine Gedanken laut aus. Diese Technik lässt die verborgenen Gefühle und Absichten des Hauptdarstellers klar werden. Der Monolog hilft, widersprüchliche Gefühle wie Vertrauen und Misstrauen nebeneinander stehen lassen zu können. Oft entspricht der Monolog auch dem sichtbaren Handeln des Protagonisten. Wie die anderen Methoden auch fördert der Monolog das dramatische Geschehen der Sitzung.

Die Technik des Doppelns lässt sich mit dem Monolog kombinieren, indem das Double einen Monolog anstelle des Protagonisten äußert. Das setzt ein enormes Einfühlungsvermögen des Doubles voraus.

Die Zukunftsprobe

Der Hauptdarsteller spielt, unterstützt von den Hilfsdarstellern und der Gruppe, eine wichtige Situation, die ihn in Zukunft erwartet, zum Beispiel das nächste Gespräch mit besagtem Mitarbeiter. Er wird auf die zukünftige Situation eingestimmt und kann schon einmal »Probehandeln«. Es ist wichtig, dass möglichst viele Besonderheiten und Nebenumstände berücksichtigt werden. Der Protagonist kann dann erleben, welche Konsequenzen seine Entscheidungen in dieser Situation für ihn haben und Gefühle vorweg empfinden, zum Beispiel bei Eskalation des Konfliktes, Kündigung, Ausschluss aus dem Team usw. Oft macht die *Zukunftsprobe* einen Menschen mit neuen Gefühlen vertraut. Das Kind muss so nicht erst in den Brunnen fallen, sondern der Spieler kann seine bisherige Entscheidung nochmals überdenken. In den meisten Fällen nehmen die Hauptdarsteller von ihrer Verhärtung Abstand, erkennen eigene Fehler und können verständnisvoller auf ihren Gesprächspartner zugehen.

Spiegeln

Beim *Spiegeln* spielt das Hilfs-Ich jemanden, der nicht gewillt oder in der Lage ist, sich selbst zu spielen. Das setzt aber dennoch dessen Einverständnis voraus. Der Spieldarsteller springt für den Protagonisten ein. Die Spiegelung erlaubt dem Betroffenen, sein eigenes Verhalten in einer Schlüsselsituation mit hinreichendem Abstand zu betrachten. Dadurch kann er neue Einsichten gewinnen. Der Protagonist wird immer wieder ermutigt, die *Spiegelung* durch den Hilfsdarsteller zu kommentieren und auf sie zu reagieren. Manchmal wird er selbst die Rolle übernehmen, sobald er sich hinreichend eingestimmt fühlt. Es fällt dann leichter, dem eigenen Verhalten eine neue Richtung zu geben.

Dieses Verfahren kann ein Berater oder Trainer auch dann wählen, wenn er meint, dass nur wenige Teilnehmer mit einem Problem zu kämpfen haben. Es können dann zwei oder mehr Personen das Rollenspiel stellvertretend für die ganze Gruppe durchführen. Die Zuschauer kommentieren aus ihrem Erfahrungsschatz heraus und erhalten so verschiedene Anregungen, wenn sie beobachten können, wie ihr eigenes oder ein ähnliches Verhalten auf andere Menschen wirkt.

Feedback In dem sich anschließenden, ausführlichen *Feedback*-Prozess wird das Rollenspiel ausgewertet. Die Gruppenmitglieder erzählen von ihren eigenen Ideen und Gefühlen, die während des Rollenspiels entstanden sind. Dieser Auswertungsprozess ist oft wichtiger als das Rollenspiel selbst. Es kommt hier darauf an, dass der Trainer Erfahrung hat, Teilnehmer aufzufangen, Rückhalt zu geben, Feedback konstruktiv zu gestalten und emotionale Aussagen in den Gruppenprozess zu integrieren. Der Feedback-Prozess muss vorausschauend und lösungsorientiert gestaltet werden, sonst besteht die Gefahr des allgemeinen Lamentierens. Moreno ist im Gegensatz dazu der Auffassung, dass durch die Tiefe des Rollenspiels alle negativen Seiten eines Menschen offenbar werden und so angeschaut werden können. Er rühmt sich, in jeder scheinbar funktionstüchtigen Beziehung mittels Psychodrama die Schattenseiten aufdecken zu können.

Im Psychodrama wird niemals eine reale Situation nachgespielt. Es geht darum, das in Szene zu setzen, was der Protagonist empfindet. Das weicht manchmal stark von dem ab, was tatsächlich passiert ist. So schildern Teilnehmer etwa ihren jeweiligen Partner als egozentrischen, unfreundlichen und gemeinen Menschen. Wenn sie dann in einer der nächsten Sitzungen den Partner mitbringen, ist die Gruppe manchmal erstaunt, einem liebenswürdigen und umsichtigen Menschen zu begegnen.

Morenos Psychodrama war zu seinen Lebzeiten nicht unumstritten. Manche schimpften ihn »Zauberer« und »Scharlatan«. Heute gehört das Psychodrama zu den etablierten Richtungen der Psychotherapie. Psychodrama wird häufig nicht als einzige Therapieform eingesetzt, kann aber vor allem die Gesprächstherapie um eine sehr lebendige Komponente ergänzen.

METHODE

Die Methode im Überblick

Die zentrale Idee im Psychodrama ist die Katharsis, also eine Befreiung von seelischen Konflikten und unterdrückten Spannungen durch eine emotionale Reaktion. Psychodrama basiert auf der Annahme, dass ein Mensch verschiedene Rollen in seinem Leben begleitet.

Auf der Bühne können gegenwärtige, vergangene oder zukünftige phantasierte Situationen dargestellt werden. Problembeladene Situationen können nachempfunden, besser verstanden und neu organisiert werden. Moreno verfolgte das Ziel, dass die Darsteller durch das Spiel die bewusste, logische Ebene des Ichs verlassen. Durch das Arbeiten mit Rollen wird es laut Moreno möglich, die individuellen Stärken zu fördern und sich von Rollenfixierungen zu lösen. Es können neue Verhaltensweisen erprobt und die innere Flexibilität wiederhergestellt werden.

Moreno beschreibt fünf wesentliche Bausteine im Psychodrama, mit Hilfe derer er lebensnah Situationen inszeniert:

5 Bausteine

- *Die Bühne:* Die von Moreno für seine Inszenierungen entworfene Bühne ist rund und erhebt sich in drei Stufen aus dem im Halbkreis darum angeordneten Zuschauerraum.
- *Der Protagonist:* Der Hauptdarsteller ist die zentrale Figur im Bühnengeschehen. Er oder sie stellt sich selbst in einem Konfliktgeschehen dar.
- *Der Leiter:* Der Spielleiter ist gleichzeitig der Berater, Trainer oder Therapeut. Seine Aufgabe ist es, alle Hinweise des Protagonisten in die Szene einzubauen.
- *Das Hilfs-Ich:* Assistenten des Beraters oder andere Mitspieler können dem Protagonisten zu Hilfe kommen, ihn unterstützen.
- *Das Publikum* verfolgt das Spiel und gibt seine Kommentare ab.

Nach der Spielphase beginnt die abschließende Integrationsphase.

Es gibt folgende Techniken für die Inszenierung auf der Bühne:

Techniken der Inszenierung

- Bei einem *Rollentausch* übernimmt der jeweilige Spielpartner die Rolle des Gegenübers.
- *Das Double*: Doubelt man im Szenenspiel einen Darsteller, so wird der Doppelgänger tatsächlich zu diesem anderen.
- *Der Monolog:* Der Protagonist spricht seine Gedanken laut aus. Diese Technik lässt die verborgenen Gefühle und Absichten des Hauptdarstellers klar werden.
- *Die Zukunftsprobe:* Unterstützt von den Hilfsdarstellern und der Gruppe, spielt der Hauptdarsteller eine wichtige Situation, die ihn in Zukunft erwartet.
- Beim *Spiegeln* springt das Hilfs-Ich für jemanden ein, der nicht gewillt oder nicht in der Lage ist, sich selbst zu spielen.

Psychodrama in Beratung und Training

Wenn Seminarteilnehmer die praktische Anwendbarkeit von Führungstheorien bezweifeln, beginnt die echte Herausforderung im Trainerdasein. Mit geeignetem Handwerkszeug kann man abstrakte Theorien für die Seminarteilnehmer erlebbar machen. »Ich habe da einen Mitarbeiter, der macht buchstäblich, was er will. Manchmal denke ich sogar, er macht mit Fleiß das Gegenteil von dem, was ich sage. Neulich zum Beispiel, da hat er ...« Und es folgt eine lange Geschichte, die oft nur für den Betroffenen interessant ist.

Rollenspiele für Führungsprobleme

Lenken Sie das Ganze in ein spontanes Rollenspiel um, dann hat nicht nur die Seminargruppe mehr davon, sondern auch die Führungskraft, die mit diesem Mitarbeiter nicht zurechtkommt, erhält die Möglichkeit, neue Erfahrungen zu sammeln. Indem die Führungskraft die Szene in verschiedenen Variationen durchspielt, kann sie sich selbst und den Mitarbeiter anders sehen. Oft führt dieses stark strukturierte Rollenspiel zu Verhaltensveränderungen.

Ein Management-Training ausschließlich mit den Methoden des Psychodramas zu gestalten, würde der Zielrichtung eines Seminars nicht gerecht werden. Viele Teilnehmer wollen nicht so viel von sich preisgeben, wie es das Psychodrama fordert. Dennoch können einzelne Methoden – wohldosiert und gut ausgewählt – helfen, ein Training lebendig zu gestalten. Außerdem bleiben erlebte Erkenntnisse mittels Rollenspielen länger im Gedächtnis als pure Theorie.

Ist beispielsweise eine Seminargruppe in einem Training unentschlossen, wie sich eine Führungskraft in einem Fallbeispiel einem Mitarbeiter gegenüber verhalten soll, dann kann man die Szene einfach in verschiedenen Varianten durchspielen lassen. Der Trainer kann die gespielte Führungskraft doubeln und monologisieren lassen und natürlich die Beobachtungen aller Beteiligten nutzen, um zu einer zufrieden stellenden Antwort zu gelangen. Auch der Rollentausch kann hier hilfreich sein. So wechseln Mitarbeiter und Führungskraft nach einem Durchgang die Rollen und beginnen das Spiel von vorne. Mit vertauschten Rollen ändern sich auch die Perspektiven und die Einstellung zum Partner. Selbst wenn die Methode sehr aufwendig erscheint, ergeben sich oft schnellere und tragfähigere Ergebnisse als bei langen Diskussionen. Es ist einfach etwas anderes, ob man darüber redet, wie man sich verhalten könnte, oder ob man spontan in einer Situation reagieren muss.

Gruppen- oder Personenzentrierung

Psychodrama kann gruppenzentriert oder personenzentriert angewendet werden. Gruppenzentriert ist der Einsatz zu empfehlen, wenn es um Teamschwierigkeiten geht. Denn nun steht die Interaktion in der Gruppe im Vordergrund. Es geht darum, gruppendynamische Gesetzmäßigkeiten zu erkennen und zu durchschauen. Die Teilnehmer erkennen Möglichkeiten, um den Zusammenhalt der Gruppe zu fördern. Durch freie Gruppenspiele werden auch verborgene Konstellationen offensichtlich und die Rollen der einzelnen Mitglieder offenbar. In der Regel fördert das Psychodrama – bei professioneller Begleitung – die Arbeitsfähigkeit und die Kohäsion der Gruppe.

Themenzentrierung

Das themenzentrierte Psychodrama stellt für eine Gruppe, für eine Organisation, für einen Einzelnen bzw. für den Arbeitszusammenhang ein wesentliches Thema in den Vordergrund, das auf vielen verschiedenen Wegen bearbeitet und variiert werden kann.

Voraussetzung für den Einsatz von Psychodrama im Management-Training ist eine fundierte psychologische Ausbildung. Denn bei den szenischen Rollenspielen entstehen nicht nur positive Gefühle. Der Trainer muss in der Lage sein, mit überzogenen Erwartungen, Enttäuschungen und schwer tragbaren Einsichten umzugehen. Dafür können auch individuelle Pausen- und Abendgespräche notwendig sein.

Ein weiterer Knackpunkt an dieser Vorgehensweise ist, dass die Ergebnisse von den Fähigkeiten der Teilnehmer abhängen, sich spontan auf eine gespielte Situation und auf andere Rollen einzustellen. Dabei spielt das Vertrauen und die Offenheit in einer Gruppe eine entscheidende Rolle. Man darf nicht vergessen, dass Moreno dieses Verfahren für die Gruppentherapie entwickelt hat. Die Teilnehmer an diesen Therapien sehen sich oft über Jahre hinweg ein bis zweimal wöchentlich und haben weder am Arbeitsplatz noch im privaten Bereich Berührungspunkte. Je weniger Hemmungen der einzelne Schauspieler hat, umso erfolgreicher verläuft das Rollenspiel. Dass manche Gruppen oder Teilnehmer für diese Lernform nicht offen sind, muss ein Trainer auch akzeptieren können. Es darf nicht die einzige Methode in seinem Repertoire sein.

Ein Management-Training ist keine Therapie, und deswegen sollte man die Teilnehmer auch nicht zu einem »Seelen-Striptease« zwingen. Auch darf es im Management-Training nicht ausschließlich darum gehen, die Schattenseiten aufzudecken, wie es Morenos Ziel war. Ein Trainer sollte vielmehr sein Augenmerk darauf richten, was im Rollenspiel funktioniert, und so die Fähigkeiten der Spieler in den Vordergrund rücken. Die negativen Aspekte thematisieren die Darsteller und Zuschauer oft ausreichend. Im Mittelpunkt muss der Grundsatz stehen, dass alle Teilnehmer voneinander lernen können. Jeder kann auf seine Weise einen Beitrag dazu leisten, dass alle Beteiligten nach dem Training einen Schritt vorangekommen sind. Werden einzelne Teilnehmer im Seminar rückhaltlos zerpflückt, braucht sich ein Trainer nicht zu wundern, wenn sich seine Auftragslage verschlechtert.

Bezüge zu anderen Methoden

Beziehung zur Gestalttherapie

Die meisten Gemeinsamkeiten weist das Psychodrama mit der Gestalttherapie auf. Als Zeitgenossen begegneten sich Moreno und Perls und sie teilten die Faszination für Theater und neue intellektuelle Richtungen in der Aufbruchstimmung der Zwanzigerjahre. Beide experimentieren gerne und handeln spontan. Morenos Augenblick, den er stark lebte, ist für Perls das Fühlen und Handeln im Hier und Jetzt. Auch sind beide davon überzeugt, dass eine körperlich vollzogene Aktion, ein Ausagieren, den Menschen befreit und neue Ideen gibt. Perls hat sich ganz deutlich von Moreno inspirieren lassen.

Das NLP hat vom Psychodrama den Rollentausch übernommen. Es beschreibt ihn als das Wechseln von Wahrnehmungspositionen. In der ersten Position betrachte ich eine Situation aus meiner Perspektive. In der zweiten Position überlege ich, wie mein Gegenüber die Situation sieht, und in der dritten Position geht es darum zu erforschen, wie ein unabhängiger Dritter über die Situation und die Kommunikation denken würde.

Das Rollenspiel an sich hat das Psychodrama gemeinsam mit der Kognitiven Verhaltenstherapie, wobei diese nicht so viele differenzierte Techniken im Rollenspiel entwickelt hat.

Psychodrama lässt sich sehr gut mit anderen psychotherapeutischen Methoden kombinieren. So kann das Psychodrama ein Element innerhalb einer Beratung oder eines Trainings sein. Durch seine Lebendigkeit fördert das Psychodrama den Team- und Gruppenprozess.

16. Rational-Emotive Therapie (RET)

Albert Ellis sucht nach einfachen Lösungen

Albert Ellis wurde 1913 geboren und leitet als geschäftsführender Direktor das *New York Albert Ellis Institute.*

Ellis ist Autor oder Herausgeber von ungefähr 50 Büchern und hat mehr als 500 Beiträge in psychologischen, psychiatrischen und soziologischen Zeitschriften verfasst. In über 40 Jahren Psychotherapie hat er es in den USA dazu gebracht, neben Sigmund Freud und Carl Rogers als einer der drei einflussreichsten Psychotherapeuten des 20. Jahrhunderts angesehen zu werden. Ellis wurde als außerordentlicher Professor an mehrere amerikanische Universitäten berufen und berät verschiedene staatliche und private Institutionen. 1985 erhielt er eine der höchsten Auszeichnungen der *American Psychological Society.*

Autodidakt

In der psychotherapeutischen Szene wurde Ellis trotz seiner analytischen Ausbildung in der Regel wie ein Außenseiter behandelt. Er lernte trotz seines Doktorgrades autodidaktisch und warf in den Fünfzigerjahren die gängige Theorie über Bord, um eine ganz neue Sichtweise in die psychotherapeutische Arbeit einzubringen.

Mit der Gründung seines eigenen Instituts wurde er unabhängiger und konnte RET-Therapeuten ausbilden. Ellis arbeitete selbstbestimmt, leistete innovative Arbeit und achtete nicht auf seine Kritiker. Für ihn sind die meisten Menschen viel gestörter als nötig, weil sie sich nicht damit abfinden können, dass sie fehlbar und damit ganz »normal« sind.

RET oder warum man am eigenen Unwohlsein selbst Schuld hat

Ellis brilliert auf Vorträgen und Kongressen mit einem unschlagbaren Selbstbewusstsein. Psychotherapie ist für ihn ein Kinderspiel. Wer neurotisch ist, so seine Devise, ist selbst daran schuld. Er muss die Suppe, die er sich eingebrockt hat, auch wieder auslöffeln. Ellis' therapeutisches Konzept – die Rational-Emotive Therapie – nimmt Abstand davon, emotionale Probleme auf äußere Faktoren, zum Beispiel auf die Erziehung eines Menschen, oder auf seine Umwelt zurückzuführen. Ihm ist es wichtiger, was im Einzelnen vor sich geht, also welche Gedanken und Gefühle er entwickelt. Er arbeitet hauptsächlich an den Erwartungen und Einstellungen der Menschen, und das mit einer denkbar einfachen Philosophie:

Neurotische Menschen haben ihre Wünsche und Ideen in so genannte Glaubenssätze *(Hot Cognition)* verändert, die mit »Ich muss ...« oder »Es ist unbedingt notwendig, dass ...« beginnen. RET zeigt den Menschen, dass sie sich selbst verrückt machen. Jedes kleine Kind weiß, dass es nicht alles bekommen kann, was es sich wünscht. Erwachsene vergessen das manchmal und machen so ihre Wünsche zu Glaubenssätzen. »Selbst schuld«, meint Ellis, »wenn man auf dem Standpunkt steht: ›Die Welt muss mir das geben, was ich haben will‹, so wird man eben neurotisch.«

Nähe zur Stoa

Mit diesem Denkansatz will Albert Ellis direkt an die stoische Philosophie anschließen, die mit dem Ausspruch Epiktets (50–135 n. Chr.), einem ihrer großen Vertreter, deutlich umrissen wird: »Nicht die Dinge selbst beunruhigen die Menschen, sondern die Vorstellungen von den Dingen.« (aus dem *Handbuch der Moral*)

Da es also die eigene Sicht der Dinge ist, die uns Menschen ungute Gefühle beschert, können wir uns auch selbst helfen. Ein Teil der RET besteht deswegen in einer Art Bibliotherapie. Die Klienten werden dazu ermutigt, Selbsthilferatgeber von Ellis zu lesen. Bei vielen psychischen Problemen ist der Gang zum Therapeuten nicht einmal notwendig.

Verschiedene Kognitionen

Heiße Kognitionen

Ellis unterscheidet in seinem Konzept verschiedene Überzeugungen. Die bereits erwähnten *Hot Cognitions* sind Gedanken, die irrationale Überzeugungen enthalten, und zwar positive oder negative. Angenommen, ein Mitarbeiter kommt zu einer Teamsitzung verspätet und die Kollegen nehmen es schweigend zur Kenntnis. Eine positive irrationale Überzeugung könnte sein: »Die Kollegen haben solche Achtung vor mir, dass sie sich nicht trauen, mich darauf hinzuweisen, dass ich verspätet bin. Ich bin einfach eine Respektsperson.« Die negative Variante könnte lauten: »Weil ich verspätet bin, strafen sie mich mit Nichtachtung. Ich bin einfach ein Versager!«

Warme Kognitionen

Neben diesen extremen Überzeugungen gibt es laut Ellis auch warme Kognitionen, die positive wie negative Bewertungen einer Situation darstellen können. Eine positive Bewertung ist beispielsweise: »Ich bin froh, dass mich die Kollegen nicht auf meine Verspätung hinweisen.« Die negative Variante wäre: »Ich schätze es nicht, wenn die Kollegen mein Verhalten nicht beachten.«

Kalte Kognitionen

Kalte Kognitionen schließlich beschreiben einfach die Beobachtung, ohne jegliche Wertung: »Die Kollegen schweigen.« Hier werden äußere Ereignisse, aber auch die eigenen Gefühle und Gedanken wertfrei beobachtet.

- Irrationale Überzeugungen finden ihren Ausdruck in *Hot Cognitions*,
- positive und negative Bewertungen in *Warm Cognitions* und
- Beobachtungen in *Cold Cognitions*.

Ereignis	**Hot Cognition**		**Warm Cognition**		**Cold Cognition**
	+	–	+	–	
Jemand kommt zu spät, und die Kollegen nehmen es schweigend zur Kenntnis.	Ich bin eine Respekts-person!	Ich bin ein Versager!	Ich bin froh, dass mich die Kollegen nicht auf meine Verspätung hinweisen.	Ich schätze es nicht, wenn mein Verhalten beobachtet wird.	Die Kollegen schweigen.
Er bringt Blumen mit. Sie schweigt und schaut ihn an.	Sie ist so glücklich, dass ihr die Worte fehlen.	Sie hat einen anderen.	Sie weiß nicht genau, was sie sagen soll.	Ihr gefallen die Blumen nicht so sehr.	Sie schweigt.

Die Folgen heißer Überzeugungen sind entsprechend *heiße Emotionen*. Belastende Gefühle, im schlimmeren Fall Depressionen, Ängste oder Schuldgefühle, sind die Folge dieser *Beliefs*. Davon ausgehend, dass Menschen ihre *Hot Cognitions* selbst machen, wird mit der RET versucht, eine kognitive Umstrukturierung herbeizuführen.

Mit RET entwickelte Ellis, der in der psychotherapeutischen Szene als schrulliger Außenseiter bekannt ist, ein Anti-Ärger-Programm. Dieses Programm schult seine Anwender, sich das negative Denken und Fühlen abzugewöhnen.

Unausgeglichen und missmutig fühlt man sich laut Ellis,
- weil man im beruflichen und privaten Bereich unrealistische Ansprüche an sich stellt
- weil man von sich und seinen Mitmenschen Unmögliches verlangt
- weil man immer wieder in altbekannte Verhaltensweisen hineinrutscht und sich jedes Mal von Neuem darüber ärgert.

Wir erschaffen unsere Gefühle selbst

Seelischer Schmerz, so Ellis, ist keine unabwendbare Notwendigkeit der menschlichen Existenz. Menschen fühlen so, wie sie denken. Sie erschaffen mittels ihres Denkens ihre Gefühle selbst. Die Wahl der Gedanken wird bewusst oder unbewusst vollzogen. Außerdem wird das Denken durch die Gene und das soziale Umfeld beeinflusst.

Diese Auffassung legt nahe, dass Menschen einen freien Willen haben und wählen können, wie sie sich verhalten möchten. Das sieht Ellis jedoch anders. Beispielsweise können wir nicht einfach unsere Arme ausbreiten und fliegen – so sehr wir uns das auch wünschen mögen. Wir können eben nicht alles erreichen, was wir uns wünschen.

Jeder kann sich verändern

In der RET-Philosophie hat jeder Mensch die Möglichkeit, sich merklich zu verändern. Er kann eingefahrenen Verhaltensweisen eine neue Richtung geben. Je mehr ein Mensch die Fähigkeit zur Selbsterkenntnis nutzt, um über seine Ziele und Wünsche nachzudenken, desto mehr wird der Weg zur freien Willensentfaltung und zur Selbstbestimmung geebnet.

Gleichgültig wie viele Unebenheiten der Lebensweg mit sich bringt – sei es, dass man von anderen unfair behandelt wird oder dass die Lebensumstände elend sind –, man hat nach Ellis immer die Fähigkeit, die eigenen Gefühle von Angst, Verzweiflung und Feindseligkeit zu verändern. Mit Hilfe der RET kann man diese Gefühle nicht nur vermindern, sondern ganz aus seinem Leben streichen, so verspricht Ellis.

Im Grunde genommen braucht man keine Angst im Leben zu haben. Sorgen oder Vorsicht sind unvermeidlich und gehören zum Leben, Panik und Schrecken dagegen nicht. Angst lösen wir dann aus, wenn wir Wünsche als absolute Notwendigkeiten betrachten. Möchten wir beispielsweise eine gute Leistung erbringen und damit von anderen akzeptiert werden, so sind wir besorgt darüber, ob das gelingen wird. Diese gesunde Besorgnis lässt uns gut und kompetent handeln. Glauben wir jedoch fest daran, dass wir *unter allen Umständen* eine gute Leistung erbringen und von anderen akzeptiert werden *müssen*, dann neigen wir dazu, uns selbst in Panik zu versetzen. Diese Muss-Vorstellungen tyrannisieren uns und schaffen emotionale Probleme.

Erwerb irrationaler Einstellungen

Irrationale Einstellungen oder Bewertungen werden seiner Meinung nach über Erziehungs-, Kultur- und Sozialisationsprozesse erworben. Jeder Mensch entwickelt seine eigene Sichtweise von der Welt, die sich in seinen Selbstgesprächen und Gedanken widerspiegelt. Nicht alle problematischen Sichtweisen werden in den ersten Lebensjahren erworben. Viele Dinge passieren erst sehr viel später.

Um von den *heißen Kognitionen* wegzukommen, arbeitet Ellis mit der Selbstanalyse, dem sokratischen Dialog und mit rational-emotiven Vorstellungsübungen.

Selbstanalyse

Ellis empfiehlt die Anwendung seiner ABC-Theorie. Diese Theorie besagt, dass zwischen den Ereignissen (A für engl. *Activating Events*) und den psychischen Problemen (C für engl. *Emotional Consequences*) eine vermittelnde Instanz, die Glaubenssätze, aktiv sind (B für engl. *Beliefs*). Diese Glaubenssätze machen dem Menschen das Leben schwer, nicht jedoch die äußeren Ereignisse an sich (A). Um sich wohl zu fühlen und ein glückliches Leben zu haben, muss man an den Glaubenssätzen (B), zumeist *Hot Cognitions*, arbeiten.

Ellis verspricht, dass bereits das Ordnen der Empfindungen nach dem A-B-C-Schema das Problem vereinfacht und Erleichterung verschafft. Die ungeordneten Empfindungen stellt er einer geordneten und strukturierten RET-Denkweise gegenüber (siehe Kasten).

Beispiele für die Veränderung von Denken und Gefühlen mit RET

Ungeordnetes Empfinden	RET-Konzept
Ich bin todunglücklich, dass ich die Abteilungsleitung nicht bekommen habe.	Ich selbst mache mich unglücklich, da ich die Auffassung habe, dass die Abteilungsleitung das größte Glück der Welt für mich bedeutet.
Ich habe Angst vor dem Gespräch mit meinem Vorgesetzten.	Ich selbst mache mir Angst, da ich mir ängstliche Gedanken mache, wenn ich an das Gespräch mit meinem Vorgesetzten denke.
Ich fühle mich schlecht, weil ich aus dem Unternehmen entlassen wurde.	Ich fühle mich schlecht, weil ich finde, dass eine Entlassung etwas ganz Schlimmes ist.

ABC-Analyse als Hausaufgabe

Da diese Analyse selbstständig durchgeführt werden kann, gibt Ellis sie manchmal auch als Hausaufgabe. Er bittet den Klienten, zu Hause eine ABC-Aufstellung des problematischen Verhaltens oder der belastenden Gefühle vorzunehmen. Kommt das Gefühl wieder, soll er sich aktiv mit seiner Aufstellung auseinander setzen. So lernt der Klient in der Therapie zunehmend, selbst seine unangemessenen Denkweisen zu hinterfragen.

A →	B →	C
Activating Events (Äußere Ereignisse)	**B**eliefs (Glaubenssätze)	Emotional **C**onsequences (Emotionale Konsequenzen)

Sokratischer Dialog

Ähnlich wie Sokrates die Menschen auf der Straße immer wieder mit ihren selbstverständlichen, aber wenig rationalen Überzeugungen konfrontierte, möchte Ellis mit dem wissenschaftlichen Nachfragen die Klienten anregen, anders über ihre Situation nachzudenken. Selbstschädigende Annahmen sollen hinterfragt werden, um die *Hot Cognitions* zu entlarven.

In der Rational-Emotiven Therapie lernt man, analytisch zu denken und flexibel in Bezug auf Wünsche, Vorlieben und Wertvorstellungen zu sein. So wird vermieden, dass Dogmen aufgestellt werden, die die Freude am Leben vermindern. Die grundlegende Annahme der RET ist, dass das so genannte wissenschaftliche Denken emotionale Stabilität hervorruft. Dieses Denken hilft, unabänderliche Schwierigkeiten zu akzeptieren und aufzuhören, sie als Katastrophe zu betrachten. Ellis stellt damit eine sehr hohe Anforderung an seine Klienten, sagt aber gleichzeitig voraus, dass man diese nicht immer erfüllen kann. Denn der Wunsch nach Perfektion auf diesem Gebiet ist wiederum eine Muss-Vorstellung.

Wissenschaftliches Denken

Wissenschaftliches Denken ist nach Ellis flexibel und undogmatisch. Es orientiert sich an Fakten und Realitäten, vermeidet ein starres »Alles-oder-Nichts-« und »Entweder-Oder-Denken« und erkennt, dass die Realität oft zwei Seiten hat und von Widersprüchlichkeiten geprägt ist.

Wissenschaftliches Denken orientiert sich an folgenden Grundregeln:

1. Realitäten und Tatsachen werden akzeptiert.
2. Es wird mit den Gesetzen der Logik argumentiert.
3. Die Flexibilität des Denkens wird gewahrt.
4. Hypothesen werden bewiesen oder verworfen.
5. Es gibt keinen absoluten Standort für Gut und Böse.
6. Es werden realistische Ziele gewählt.

Diese Regeln klingen zunächst einmal abstrakt. An einem Beispiel werden sie transparenter:

Beispiel

Beispiel einer irrationalen Idee eines Klienten: »Ich *muss* von Menschen anerkannt werden, die mir etwas bedeuten; es ist *schrecklich* und *katastrophal*, wenn das nicht der Fall ist!«

Wissenschaftliche Analyse:

Ist diese Auffassung realistisch und entspricht sie den Tatsachen? Nein, denn es gibt kein universelles Gesetz, das besagt, dass man von den Menschen anerkannt werden muss, die einem etwas bedeuten. Wahrscheinlicher ist, dass viele Menschen, von denen man anerkannt werden möchte, dies nicht tun. Es ist nicht schrecklich oder katastrophal, nicht anerkannt zu werden. Es gibt Schlimmeres. Diese Überzeugung entspricht nicht der Realität.

Ist diese Überzeugung logisch? Nein, denn nur weil gewisse Menschen für jemanden wichtig sind, folgt daraus nicht, dass diese Menschen ihn anerkennen müssen.

Ist diese Auffassung flexibel? Nein, denn sie geht davon aus, dass bestimmte Personen jemanden unter allen Umständen und jederzeit anerkennen müssen.

Kann diese Überzeugung widerlegt werden? Ja, denn Menschen können eine Person ablehnen, die dennoch das Leben lebenswert findet.

Ist es gut oder böse? Weder noch.

Ist es realistisch? Nein.

Anhand dieser Analyse kann man bewusst seine interpretativen Denkschemata und damit seine Gefühle verändern. Das verspricht Albert Ellis. Er gesteht allerdings zu, dass man im Veränderungsprozess mit Rückschlägen fertig werden muss. »Nicht aufgeben«, lautet sein Rat, sondern es weiter versuchen.

Rational-emotive Vorstellungsübungen

Gefühle

Der Therapeut bittet den Klienten, sich mit geschlossenen Augen ein bestimmtes, belastendes Gefühl vorzustellen. Zugrunde liegt die Idee, dass Vorstellungen genauso wie Erfahrungen neue Gedanken und Verhaltensweisen schaffen können. Die *Hot Cognitions* werden nun verändert. Dann stellt sich der Klient vor, wie er mit seinen neuen Kognitionen die bisher belastende Situation bewältigt und welche Gefühle er nun bekommt. Diese Vorstellungsübung wird durch Verhaltensübungen ergänzt. Nachdem das Gefühl seine belastenden Gedanken verändert hat, kann er im Alltag lernen, die Veränderungen zu überprüfen. Beispielsweise kann jemand, der Angst vor Ablehnung hat, kleine Experimente machen, bei denen er mit Ablehnung rechnen muss, und die damit verbundene Erfahrung aushalten.

Im Zentrum der Rational-Emotiven Therapie steht der Respekt vor dem Klienten. Belastungssituationen sollen mit rationalen Mitteln besprochen werden, und danach werden die entsprechenden Gedanken und Gefühle gesteuert. Es geht nicht darum, Gefühle abzulegen, sondern vielmehr darum, auch Gefühle bewusst steuern zu können und einem unerwünschten Gefühl nicht zu viel Raum zu geben. In gewisser Hinsicht schult RET die Emotionale Intelligenz.

Die Methode im Überblick

Glaubenssätze

Neurotische Menschen haben ihre Wünsche und Ideen in so genannte Glaubenssätze *(Hot Cognitions)* verändert, die mit »Ich muss ...« oder »Es ist unbedingt notwendig ...« beginnen. Würden sie die Dinge nur beobachtend beschreiben *(Cold Cognitions)* oder für sich bewerten *(Warm Cognitions)*, gerieten sie nicht in diesem Maße unter Druck.

Mit diesem Denkansatz will Albert Ellis direkt an die stoische Philosophie Epiktets anschließen, der behauptete, dass nicht die Dinge selbst die Menschen beunruhigen, sondern die Vorstellungen von den Dingen.

RET schult seine Anwender, sich das negative Denken und Fühlen abzugewöhnen. Um mit unbrauchbaren Glaubenssätzen umzugehen, arbeitet Ellis mit der Selbstanalyse, dem sokratischen Dialog und rational-emotiven Vorstellungsübungen.

Selbstanalyse

In der Selbstanalyse empfiehlt Ellis die Anwendung seiner ABC-Theorie: Zwischen den Ereignissen *(Activating Events)* und den psychischen Problemen *(Emotional Consequences)* steht eine vermittelnde Instanz, die Glaubenssätze *(Beliefs)*.

Bereits das Ordnen der Empfindungen nach dem *ABC-Schema* vereinfacht das Problem und verschafft Erleichterung. RET gibt Struktur und ermöglicht so einen rationalen Umgang.

Dem Sokratischen Dialog ist das wissenschaftliche Denken behilflich, demzufolge unter anderem Realitäten und Tatsachen akzeptiert werden und mit den Gesetzen der Logik argumentiert wird.

Mit den rational-emotiven Vorstellungsübungen wird der Klient auf reale Lebenssituationen vorbereitet. Er durchlebt imaginär eine bisher belastende Situation mit neuen *Beliefs* und erlebt seine neuen Gefühle. Durch konkrete Verhaltensübungen gewinnt er zunehmend Sicherheit in problematischen Alltagssituationen.

METHODE

Der Respekt vor dem Klienten ist zentral. Belastungssituationen werden mit rationalen Mitteln besprochen und anschließend werden die entsprechenden Gedanken und Gefühle bewusst so gesteuert, dass einem unerwünschten Gefühl nicht zu viel Raum gegeben wird.

RET in Beratung und Training

So umstritten die Rational-Emotive Therapie in der psychotherapeutischen Anwendung ist, so hilfreich sind die Kerngedanken für die Problembewältigung im Alltag. Personalentwickler und Trainer schätzen sie als ein wertvolles Instrument für Seminare und Trainings im Bereich des Selbstmanagements und der Persönlichkeitsentwicklung.

Mit RET finden Manager in diesen Trainings oft heraus, dass sie zu hohe Ansprüche an sich und an ihr Umfeld stellen. Nach einigen Jahren des Erfolgs beginnen sie, mit ihren Verhaltensweisen anzuecken. Nach einer Hochphase haben sie plötzlich das Gefühl, niemandem mehr gerecht zu werden – weder am Arbeitsplatz noch im familiären Umfeld.

Neuer Maßstab für Manager

Ein Auflisten der Glaubenssätze und deren Überprüfen im Rahmen der Leitideen des wissenschaftlichen Denkens führt den Seminarteilnehmern vor Augen, welche Ansprüche sie an ihr Leben stellen und wie sehr sie ihren Erfolg als selbstverständlich akzeptieren. RET bringt wieder einen menschlichen Maßstab ins Leben. Die Methoden sorgen dafür, dass aus leistungsstarken Managern, die wie auf Knopfdruck funktionierten, wieder Menschen werden, die neue Wege finden, friedvoller und freudiger mit ihrem Leben umzugehen.

Da die Arbeit mit RET sehr schnell zu privaten Themen führt, eignet sie sich nicht für jeden Teilnehmerkreis in Seminaren. Voraussetzung ist, dass die Teilnehmer vertrauensvoll miteinander umgehen können und die Dinge, die sie vom anderen erfahren, nicht im betrieblichen Umfeld nutzen. Besonders geeignet erscheint RET aus diesen Gründen für ein Coaching zu sein. Die private Atmosphäre macht es möglich, schnell die relevanten Glaubenssätze zu identifizieren und ihre Tauglichkeit für die Zufriedenheit im Leben zu überprüfen.

RET bewährt sich nicht bei Menschen, die sich in ihrem Leid (zum Beispiel Druck am Arbeitsplatz, Stress, keine Zeit für wichtige Dinge) sonnen. Manche Menschen fühlen sich erst richtig wohl in diesem Stress und möchten ihn nur verbal abbauen. In Wirklichkeit gibt er ihnen ein Gefühl von Wichtigsein und wahrscheinlich noch andere »sekundäre Gewinne«. So lange sie höher sind als der Preis, den sie für ihr Verhalten zahlen, werden sie sich einer Veränderung widersetzen. Um dies differenziert erarbeiten zu können, empfiehlt sich ein Einzelgespräch. Ganze Seminargruppen kann man schlecht zu einer RET-Analyse zwingen.

Bezüge zu anderen Methoden

Die Rational-Emotive Therapie knüpft direkt an die kognitive Verhaltenstherapie an. Viele Autoren sehen sie auch als einen erweiternden Zweig der Kognitiven Therapie. Insofern gelten alle Grundannahmen der Verhaltenstherapie auch für Ellis' Ideen.

Die Arbeit mit *Beliefs* (Glaubenssätzen) wurde vom NLP übernommen – wenn auch nicht auf Ellis zurückgeführt – und von Robert Dilts weiterentwickelt. Das Arbeiten mit untauglichen Glaubenssätzen *(Hot Cognitions)* ist ein Herzstück des NLP geworden.

Arbeit mit Glaubenssätzen in anderen Methoden

Auch die Gestalttherapie und das Focusing arbeiten mit Glaubenssätzen, aber weniger explizit als RET oder NLP. Die Sinnsuche in der Logotherapie ist ebenfalls eine Suche nach vernünftigen Glaubenssätzen, die das Leben lebenswert machen. Und in der Provokativen Therapie lacht sich Farrelly »kaputt«, wenn er hört, welch absurde Ideen über das Leben seine Klienten mit sich herumtragen, und schmückt sie so lange aus, bis sie den Klienten selbst lächerlich erscheinen.

Ellis ist der einzige Psychotherapeut, der von einer genetischen Komponente im menschlichen Verhalten spricht. Er sieht manche Verhaltenstendenzen als fest im Menschen verankert. Man kann sie zwar nicht verändern, aber man kann lernen, mit diesen Ausprägungen so umzugehen, dass sie nicht unglücklich machen.

17. Systemische Therapie

Viele Köpfe interessieren sich für den größeren Zusammenhang

An dieser Stelle müsste man wahrscheinlich mehr als 20 Persönlichkeiten vorstellen, um allen Vor- und Mitdenkern der Systemischen Therapie gerecht zu werden. Ich beschränke mich hier auf drei Köpfe, die sehr verschieden mit den systemischen Ideen umgegangen sind. Sie haben nicht die allerersten Gedanken entwickelt, aber schlüssige Konzepte erstellt, mit denen heute noch weltweit gearbeitet wird. Es sind Virginia Satir, Mara Selvini Palazzoli und Steve de Shazar.

Virginia Satir

Begründerin der Familientherapie

Virginia Satir ist Familientherapeutin und hat in ihrer Arbeit sehr viele Gedanken der Systemtheorie umgesetzt und weiterentwickelt. Sie gilt als Begründerin der Familientherapie. Schon 1951 arbeitete sie als erste Therapeutin mit einer vollständigen Familie. Sie suchte neuartige Wege und kam selbst mit Menschen, die für nicht therapierbar gehalten wurden, zu Lösungswegen. Bei ihrer Arbeit stützte sie sich auf ein humanistisches, wachstumsbezogenes Menschenbild und arbeitete ebenso ganzheitlich wie systembezogen.

Virginia Satir wurde 1916 auf einer kleinen Farm in Wisconsin geboren. Sie war die älteste von einer Vielzahl von Geschwistern. Satirs Vorfahren stammten aus Deutschland. Ihr Vater war ein Handwerker und Bauer. Sie beschreibt ihn als einfachen, gut aussehenden, kontaktfreudigen, technisch begabten, aber wenig gebildeten Mann. Ihre Mutter stammte aus gutbürgerlichen Kreisen. Sie war eine starke, dominierende Frau, die ausgesprochen mutig und zielstrebig agierte. Die Bildung ihrer zwei Töchter lag ihr sehr am Herzen.

Durch die unterschiedlichen Voraussetzungen gab es in der Familie Satir immerzu Spannungen, die aber nicht offen ausgetragen wurden. Virginia beschloss bereits im Alter von fünf Jahren, Familiendetektiv zu werden, um herauszufinden, was unter der Oberfläche passierte. Durch die angespannte familiäre Situation litt Virginia unter vielen Krankheiten. Sie hatte Magenprobleme und erkrankte wiederholt an Infektionen. Bei einer Blinddarmentzündung verweigerte ihr die Mutter aus religiösen Gründen die Hilfe. Erst als der Vater sie gegen den Willen der Mutter in ein Krankenhaus brachte, konnte die bereits Totgeglaubte gerettet werden. Sie verweilte vier Monate im Hospital. Anschließend litt sie an einer Mittelohrentzündung, die sie für zwei Jahre taub werden ließ. Vieles spricht dafür, dass diese entscheidende Erfahrung sie für nonverbale Prozesse in der Kommunikation von Familien sensibilisierte.

1927 siedelte die Familie nach Milwaukee/Wisconsin, um den Kindern eine gute Schulbildung zukommen lassen zu können. Satir durchlief die Highschool in Rekordzeit. Nach dem College arbeitete sie sechs Jahre lang als Lehrerin an verschiedenen Schulen. Schon hier bemühte sie sich, die Eltern in ihre Arbeit einzubinden, und besuchte jeden Abend eine andere Familie ihrer Schüler, um sich ein Bild machen zu können. Danach studierte sie Sozialarbeit und machte eine Lehranalyse. Während des Studiums arbeitete sie bei verschiedenen Behörden und Einrichtungen und eröffnete im Anschluss eine private Praxis.

Da sie keine ausgebildete Medizinerin war, nahm man sie in Fachkreisen nicht ernst und schob ihr nur die Patienten zu, die bereits therapiert waren und als hoffnungslos galten.

Familien der Patienten miteinbeziehen

In den Fünfzigerjahren arbeitete Virginia Satir mit Familien und bezog ihre Patienten in die Ausbildung für Psychiater mit ein. Das war damals eine revolutionäre Idee, war doch die Psychiatrie ein in sich abgeschlossenes System, das sich nicht und am wenigsten gegenüber Patienten öffnen wollte. Ihre Erfahrungen tauschte sie 1956 mit Murray Bowen aus, der ebenfalls damit begann, die Familien der Patienten in die Problemlösung miteinzubeziehen.

Zwischen 1955 und 1958 war sie Dozentin am *Illinois State Psychiatric Center*, das gerade neu aufgebaut wurde. Darüber hinaus betrieb sie zwei private Praxen. Dann ging sie aus persönlichen Gründen im Oktober 1958 nach Kalifornien. Bereits 1951 hatte Satir damit angefangen, Familien zu therapieren. Das war etwas völlig Neues in dieser Zeit. Virginia experimentierte mit ihren Schülern (Psychiatern): Sie ließ sie die Familien, nicht aber den Symptomträger, sehen und erkannte, dass in den

Familien Schizophrener die Double-Bind-Kommunikation (siehe Konstruktivismus, Kapitel 10) eine große Rolle spielte. 1957 hörte sie von Don Jackson und Gregory Bateson und erfuhr, dass sie dem gleichen Phänomen auf der Spur waren.

Mit Don Jackson und Jules Riskin gründete sie im März 1959 in Kalifornien ein Institut für Familientherapie – das *Mental Research Institute* (MRI). Später kamen u.a. Gregory Bateson, Paul Watzlawick, Jay Haley, John Weakland und Ronald Fisch hinzu. Virginia Satir hatte einen maßgeblichen Einfluss auf die dortigen Forschungs- und Denkansätze. In den sieben Jahren (1959 bis 1966), in denen sie Ausbildungsprojekte am MRI leitete, schrieb sie ihre Ideen in einem Grundlagenwerk der Familientherapie nieder (dt. *Familienbehandlung*, 1973/1997). 1966 schied sie aus dem MRI aus. Sie widmete sich fortan ganz ihrer weltweiten Lehrtätigkeit und dem Ausbau ihres Ansatzes der *Familienbehandlung (Conjoint Family Therapy)*.

Ausbildung von Familientherapeuten

In den Sechzigerjahren reiste Virginia Satir in alle Teile der Erde und demonstrierte ihre praktische Arbeit. Sie leitete Ausbildungsgruppen für angehende Familientherapeuten in vielen verschiedenen Ländern. 1975 startete eine Ausbildungsgruppe in Deutschland. Bei ihrer Arbeit in fremden Ländern berücksichtigte sie die jeweiligen ethischen und kulturellen Hintergründe, auch besonders die gesellschaftlichen Tabus. Dank der *Familienrekonstruktion* wurden Themen wie der »Nationalsozialismus« in ihren über mehrere Generationen weitergegebenen Auswirkungen bearbeitbar.

Kooperation mit NLPlern

1972 lernte Virginia Satir den Studenten Richard Bandler kennen, wobei es zu einer fruchtbaren Kooperation kam. Das 1975 veröffentlichte NLP-Buch *The Structure of Magic* befasst sich primär mit Satirs verbalem Verhalten. Ein anderes NLP-Buch *(Changing with Families)* wurde in Ko-Autorenschaft mit Virginia Satir publiziert. Aber auch die *Struktur der Magie II* und das Buch über *Reframing* gehen im Wesentlichen auf Satir zurück.

Neben einer Fülle von unveröffentlichten, aber viel gelesenen Manuskripten, Filmen usw. hat Virginia Satir speziell für den praktischen Gebrauch der Menschen, die mit ihrer Arbeit in Kontakt kamen, weitere sechs Bücher geschrieben. In diesen Büchern benutzt sie zur Demonstration ihrer Vorgehensweise und ihrer inneren Ausrichtung zahllose Bilder, persönliche Anekdoten, Witze, Symbole usw., die für viele erst durch ein direktes Erleben ihrer Persönlichkeit lebendig wurden.

Virginia Satir hat viele Familientherapeuten, die heute mit ihrem eigenen und speziellen Stil bekannt sind, in ihrer Ausbildung gefördert, z. B. Ivan Nagy, Salvador Minuchin, Maria Gomorrhi, Maria Bosch, Carole Gammer und Martin Kirschenbaum.

1988 demonstrierte Satir erstmals ihre Arbeit in der Sowjetunion. Am Ende dieser vierwöchigen Reise verspürte sie Schmerzen in der Gegend der Bauchspeicheldrüse. Es wurde ein Karzinom diagnostiziert, das bereits Metastasen gebildet hatte. In den letzten Wochen ihres Lebens setzte sich Satir mit ihrem nahenden Tod auseinander, weil sie bewusst sterben wollte. Virginia Satir starb am 10. September 1988 im Kreise einiger enger Freunde in ihrem Haus in Palo Alto.

Mara Selvini Palazzoli

Mara Selvini Palazzoli wurde 1917 in einer bürgerlichen Kaufmannsfamilie als jüngste von vier Kindern geboren. Wegen verschiedener Auseinandersetzungen mit ihrem Vater wurde sie als Rebellin beschrieben. Allerdings legte sie ein exzellentes Abitur an einer Klosterschule ab. Eigentlich wollte sie Ballerina werden, aber ihre Eltern waren dagegen. So studierte sie an der staatlichen Universität in Mailand Medizin – als eine von vier Studentinnen zwischen über hundert Männern. Sie schloss ihr Studium ab und beschloss nach ihrer Facharztausbildung als Internistin, Psychotherapeutin zu werden.

1947 heiratete Mara Palazzoli den international bekannten Kardiologen Aldo Selvini. Aus der Ehe gingen drei Kinder hervor.

Psychotherapie

Seit 1950 arbeitete sie psychoanalytisch. 1960 war sie eine der Gründungsmitglieder des *Centro Studi di Psicoterapia Clinica* in Mailand. Sie konzentrierte ihre Arbeit auf Probleme in der Psychotherapie. 1963 wurde sie durch ihre Veröffentlichung über Magersucht international bekannt. Sie richtete ihr Augenmerk insbesondere auf die Arzt-Patient-Beziehung, die auch bei der Arbeit ihres Mannes im Vordergrund stand. Von 1965 bis 1981 begleitete sie eine Dozentenstelle am Psychologieinstitut der Katholischen Universität in Mailand.

Mitte der Sechzigerjahre begann sie sich für Familientherapie zu interessieren. Sie war Initiatorin des *Centro per lo Studio della Famiglia e delle Tecniche di Gruppo*. Neben dem psychoanalytischen Denken beeinflussten ihre Arbeit unter anderem auch Jay Haley (Palo Alto) und Virginia Satir. Ende 1971 begann Palazzoli, kommunikationstheoretisch orientierte Methoden anzuwenden. Sie stellte ihr Team – inzwischen acht Mitarbeiter – vor die Wahl, diesen Weg gemeinsam zu beschreiten oder sich zu trennen. Das war die Geburtsstunde der »Mailänder Schule«. Bis 1982 arbeitete das verbleibende vierköpfige Team unter dem Namen *Centro per lo Studio della Famiglia*. In dieser Zeit entstanden viele international bekannte Veröffentlichungen, und die Gruppe entwickelte verschiedene neue Methoden zur Familientherapie.

Danach gründete sie das *Nuovo Centro per lo Studio della Famiglia*. Weitere Mitarbeiter kamen hinzu, unter anderem ihr jüngster Sohn Matteo Selvini. 1985 erhielt sie den Preis der *American Association for Marriage and Family Therapy*. Seit den späten Siebzigerjahren gehören ihre Arbeiten zu den wichtigsten in der familientherapeutischen Ausbildung. Mara Selvini Palazzoli stellte auch im hohen Alter noch Dogmen in Frage. Sie starb 82-jährig nach längerer Krankheit in Mailand.

Steve de Shazer

Steve de Shazer wurde 1940 geboren. Er studierte an der *University of Wisconsin* in Milwaukee.

Ab 1968 entwickelte er seinen lösungsorientierten Ansatz zusammen mit seiner Frau Insoo Kim Berg und Mitarbeitern. Gemeinsam praktizierten sie ihre Ideen als ambulante Möglichkeit der Kurzzeittherapie in Milwaukee (Wisconsin, USA). Zu Beginn ihrer Arbeit orientierten sie sich stark an der hypnotherapeutischen Arbeit von Milton Erickson und an den Ergebnissen des *Mental Research Institute* (MRI) in Palo Alto.

Das Team um Steve de Shazer entwickelte im Laufe der Siebzigerjahre einen eigenständigen therapeutischen Ansatz. Im Mittelpunkt der Ideen steht die Konzentration auf die Entwicklung von Lösungen. Die Vergangenheit einer Person ist nur insofern relevant, als hier gesehen werden kann, wie frühere Probleme bereits erfolgreich gelöst wurden.

Kurzzeittherapie

Steve de Shazer gründete mit seiner Frau 1978 ein privates Therapie-, Ausbildungs- und Forschungsinstitut, das *Brief Family Therapy Center* (BFTC) in Milwaukee, das er bis 1989 leitete. In dieser Zeit arbeitete er als Berater an verschiedenen Einrichtungen innerhalb und außerhalb der

USA. Beispielsweise ist er bis heute Berater am Institut für Systemische Studien in Hamburg, am Institut für Familientherapie in Marburg oder am Forum für *Brief Therapy* in Kopenhagen, Dänemark, tätig. 1991 hatte er eine Gastprofessur an der *Flinders University* in Adelaide, Australien.

Konferenzen und Vorträge führten ihn in alle Teile der USA, nach Kanada und Europa. Er veröffentlichte eine Reihe von Aufsätzen und einige Bücher. Als Grundlagenwerk gilt sein 1985 (aktuelle Ausgabe 1988) veröffentlichtes Buch *Keys to Solution in Brief Therapy (Wege der erfolgreichen Kurzzeittherapie).*

Systemische Therapie: das Ganze betrachten

Wenn ein 13-jähriges Mädchen sich weigert zu essen, weil sie der Auffassung ist, sie sei zu dick, so ist das eine normale Phase in der Pubertät. Wird sie jedoch zunehmend untergewichtig und kraftlos, so handelt es sich um das klinische Bild der Magersucht. Bis zur Etablierung der Systemischen Therapie haben Psychotherapeuten ihre jungen Patienten in Einzelsitzungen ambulant behandelt oder in schlimmeren Fällen stationär betreut. Beide Ansätze konzentrierten sich allerdings auf die Patientin selbst und auf ihre individuelle Geschichte. Und genau hier setzt die Systemische Idee an.

Krankheitsursachen im System

Systemische Therapeuten sind der Auffassung, dass eine Patientin wie das 13-jährige magersüchtige Mädchen mit ihrer Krankheit ausdrücken möchte, dass es in ihrer Familie Probleme gibt. Sie selbst ist nicht die Ursache für die Problematik, sondern der so genannte »Symptomträger«, der das vorliegende Problem sichtbar macht. Die Ursache für ihre Krankheit finden Therapeuten also nicht nur in ihrer Person, sondern in ihrer Familie oder ihrem »System«, wie sich Psychologen ausdrücken. Würde sich eine Therapie nur auf das junge Mädchen konzentrieren, so wäre das eine Arbeit am Symptom. Die Ursachen blieben aber unberücksichtigt. Viele Patienten zeigen in der Klinik ein normales, unauffälliges Verhalten; entlässt man sie jedoch in ihre Familie, stellt sich das Symptom automatisch wieder ein.

Die Systemtherapie entstand in einer Zeit, in der viele wissenschaftliche Disziplinen eine Methodenvielfalt zuließen. Der Biologe Ludwig von Bertalanffy war hier in den Fünfzigerjahren wegweisend. Ihm war es ein

Anliegen, gemeinsame Gesetzmäßigkeiten der verschiedenen Wissensgebiete herauszuarbeiten. Entstanden aus der Familientherapie, entlehnte sie ihre Begrifflichkeiten der biologischen und physikalischen Forschung. In den Sechzigerjahren entstanden in Amerika und in Europa verschiedene familientherapeutische Richtungen, die sich im Laufe der Jahre immer weiter entwickelt haben. Der Systemischen Therapie ist daher kein einzelner Begründer zuzuordnen, denn viele berühmte Köpfe haben die grundlegenden Ideen mitentwickelt. Beispielsweise sind hier folgende Namen zu nennen: Carl Withaker, Salvador Minuchin, Virginia Satir, Mara Selvini Palazzoli, Helm Stierlin, Steve de Shazar, Gregory Bateson, Jay Haley, Paul Watzlawick, Janet Beavin und Don Jackson. Paul Watzlawick wurde in diesem Buch dem Konstruktivismus zugeordnet, was zeigt, wie sehr diese beiden Ideen miteinander verwoben sind. Für die sozialwissenschaftliche Forschung steht vor allem Nikolaus Luhmann.

Hinwendung zum System statt zur Krankheit

Systemtheoretische Überlegungen kamen einem Paradigmenwechsel gleich. Die Abwendung von einzelnen Personen, hin zu ganzen Systemen war ein revolutionäres Geschehen, denn nun konnte man fast nicht mehr mit dem Begriff der Krankheit arbeiten. Phänomene, die offensichtlich mit sozialen Prozessen verbunden sind, können nicht einem Akteur zugeschrieben werden.

Berater verliert Allmacht

Auch verliert der Therapeut oder Berater mit dieser Arbeitsweise seine Allmacht. Die systemische Beratung legt Wert auf eine gleichberechtigte Beziehung von Klienten und Beratern. Die Klienten erleben in dem Beratungsprozess ihre Kompetenz und erfahren, dass sie in der Lage sind, ihre Probleme selbstständig zu lösen. Sie benötigen den Berater nur als punktuelle Begleitung, um Prozesse zu initiieren.

> Ein System wird als eine Einheit verstanden, die zwar bestimmte Elemente als Voraussetzung hat, aber nicht als bloße Summe seiner Teile zu verstehen ist. Ein System ist immer mehr, denn die aus den Elementen resultierenden Wechselwirkungen bilden Neues, das nicht ausschließlich auf die Eigenschaften der einzelnen Elemente zurückzuführen ist.

Kybernetische Prinzipien

Die grundlegenden Gedanken der Systemischen Therapie gehen auf die Kybernetik zurück. Die Therapeuten übertrugen die beobachteten Phänomene auf die psychosoziale Interaktion in Familien. Das grundlegende Konzept hierfür ist der Regelkreis, ein Kreisgeschehen, worin sich das Tun des einen als das Tun des anderen beschreiben lässt. In diesem Tun kommt es zu Rückkoppelungsprozessen. Ein anschauliches Beispiel für eine Rückkoppelung bietet uns das Heizungsthermostat. Die Einstellung des Thermostats sorgt dafür, dass die gewünschte Raumtemperatur weder über- noch unterschritten wird. Wird der Raum zu warm, so wird die Tätigkeit der Heizung gedrosselt, fällt die Temperatur unter das eingestellte Niveau, so arbeitet die Heizung intensiver.

Heizungsregelkreis

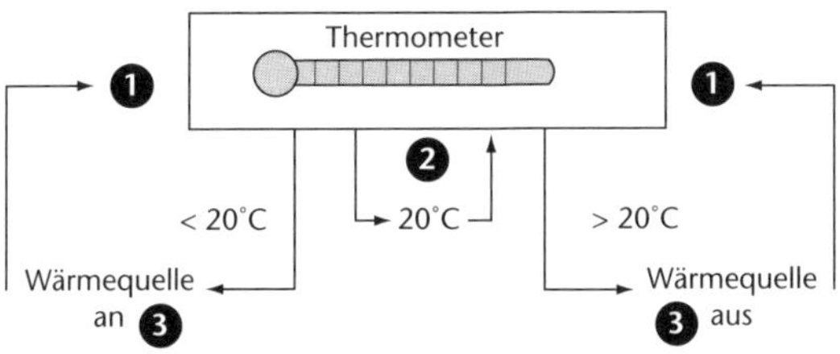

Legende:

1 Temperatur messen

2 falls = 20° C, dann wieder Temperatur messen

3 falls unter 20° C, dann Wärmequelle einschalten
falls über 20° C, dann Wärmequelle ausschalten

Die Bedeutung von Gregory Bateson

Vordenker der damaligen Palo Alto-Gruppe war Gregory Bateson, ein Anthropologe, der sich für das Entstehen des zwischenmenschlichen Verhaltens interessierte. Erst in der späteren Zusammenarbeit mit Psychologen und Medizinern entwickelte er Gedanken zur Therapie. Ohne die vielfältigen Anstöße von Gregory Bateson wäre eine Übertragung der Kybernetik in die zwischenmenschliche Kommunikation undenkbar gewesen. So beobachtete er beispielsweise als Erster, dass kommunikatives Verhalten voneinander abhängt. Jeder reagiert auf etwas, keiner handelt im luftleeren Raum. Menschen sind nicht einfach dominant oder unterwürfig, unterstützend oder abhängig, verrückt oder normal. Sie verhalten sich vielmehr im Rahmen eines komplexen Erziehungssystems, das diese angenommenen »Eigenschaften« erst hervorbringt. Dabei steuern Erfahrungen das Verhalten ebenso wie die aktuelle Umgebung. So erlebt jeder Mensch jede aktuelle Situation anders. Es gibt keine deckungsgleiche Wahrnehmung und damit auch keine deckungsgleiche Sicht der Dinge.

Homöostase

Gregory Bateson kam auf die Idee, dieses System auf die zwischenmenschliche Beziehungsdynamik zu übertragen. Don Jackson brachte zusätzlich den Begriff der Homöostase ins Spiel. Dieser biologische Begriff beschreibt die Tatsache, dass in der Natur immer ausgeglichene Verhältnisse angestrebt werden. Vermehrt sich beispielsweise eine Tierart extrem, so vermehren sich auch ihre Feinde, denn diese finden ausreichend Nahrung vor. Dadurch drosselt sich aber wiederum die Anzahl der Tiere. Nimmt in der Flora und Fauna eine Art Überhang, so setzt automatisch ein Mechanismus ein, der das Fortbestehen dieser Art erschwert, um das biologische Gleichgewicht, die Homöostase, wieder herzustellen.

Auch Humberto Maturana und Francisco Varela beschreiben in ihrem *Baum der Erkenntnis,* wie wesentlich das Prinzip der Homöostase und die Notwendigkeit aller lebenden Organismen ist, zu ihr zurückzufinden. Sie sehen einzelne System als geschlossen an, was bedeutet, dass sie in sich versuchen stabil zu agieren. Alle Irritationen von außen werden so umgearbeitet, dass sie das innere Gleichgewicht nicht nachhaltig stören können.

Wendet man diese Begriffe auf eine Familie an, so kann man zwei verschiedene Tendenzen in diesem System feststellen. Für Familien wie für Organisationen bestehen grundsätzlich zwei verschiedene Gefahren:

Gefahren im System

1. Wirken abweichungsreduzierende Prinzipien zu stark, wird also versucht, jede Weiterentwicklung zu blockieren, so wird das System zu starr. Veränderungen werden vermieden.
2. Erfolgen Veränderungsprozesse im System zu schnell hintereinander, so wird der Familienzusammenhang oder die Gemeinschaft gestört. Das System gerät aus dem Gleichgewicht.

Wichtig für das Bestehen eines Systems ist es also, eine angemessene Balance zwischen diesen beiden Kräften zu finden. Es sollte weder zu starr noch zu flexibel reagiert werden, um in der Homöostase zu bleiben.

Regelkreis in der Familie

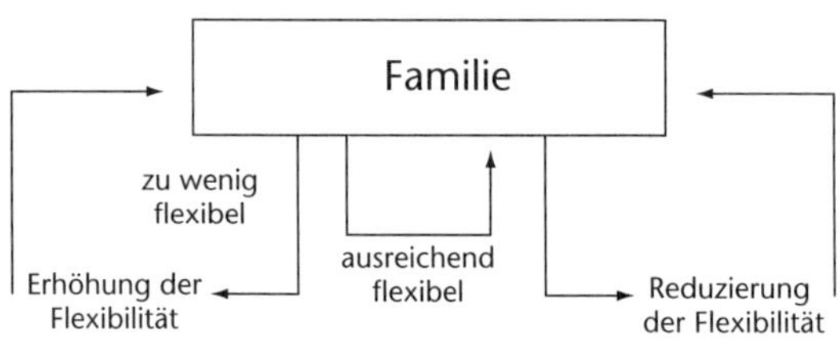

Man darf bei der Arbeit mit kybernetischen Prinzipien nicht vergessen, dass es sich um ein Modell und nicht um die Realität handelt. Die Interaktion von Menschen sollte nicht auf die Wirkungsweise eines Heizungsthermostates reduziert werden. Bei der menschlichen Interaktion wirken immer mehrere Kreise ineinander – das macht sie so komplex. Die Methode ist aber dafür geeignet, die Komplexität der Situation zu reduzieren, ohne wichtige Wechselwirkungen auszuklammern. Erst durch eine solche Reduktion ist es uns Menschen möglich, handlungsfähig zu bleiben. Wer professionell arbeitet, muss sich dieser Reduktion stets bewusst sein.

Kybernetik zweiter Ordnung

Die Rolle des Beobachters

Die systemtheoretischen Therapiemodelle wurden durch eine erkenntnistheoretische Debatte (durch von Foerster) herausgefordert. In der frühen Familientherapie wurde mit der Vorstellung gearbeitet, dass die Familie ein im Sinne der Systemtheorie organisiertes Gebilde sei. Die Kritik der Kybernetik zweiter Ordnung bezieht sich auf die Tatsache, dass derjenige, der das System beobachtet, in gewisser Hinsicht ebenfalls Teil des Systems ist. Die Rolle des Beobachters wurde bis zu diesem Zeitpunkt zu wenig berücksichtigt. Zu oft beschrieb sich der Therapeut als »objektiver« Beobachter und nahm sich das Recht, die Lage der Familie einzuschätzen und Veränderungen herbeizuführen. Besonders deutlich spiegelte sich dieser Ansatz in verschiedenen Aussagen der Mailänder Gruppe um Mara Selvini Palazzoli wider. Man sprach von Familienmitgliedern manchmal wie von Feinden, deren »Strategien« und »Manöver« es zu durchkreuzen gelte. Der Therapeut dachte einerseits systemisch, andererseits betrachtete er sich selbst nicht als Teil des Systems. Allerdings ist es auch schwierig, sich nicht als Teil des Systems zu definieren und gleichzeitig von außen Impulse zu geben.

Die Formulierung des Konstruktivismus deutete in die gleiche Richtung. Der Therapeut konstruiert, basierend auf seinen Bezugssystemen, eine Wahrnehmung der Familie, die nicht mit der Realität übereinstimmen muss. Er hat aus dieser Perspektive gesehen kein Recht, der Familie zu sagen, wie sie sein sollte. An dieser Debatte beteiligte sich maßgeblich Paul Watzlawick. Diese Diskussionen führten zu einer veränderten Auffassung von Systemen:

> Systeme sind nicht objektiv existierend, sondern selbst eine Art konstruierter Beschreibung.

Therapie bot damit nicht mehr die Möglichkeit, Menschen zu verändern, sondern sie bietet vielmehr einen Rahmen, der es ermöglicht, einen Kontext zu schaffen, in dem Veränderungen auftreten können.

Wer hat angefangen?

Regeln der Interaktion

Im zwischenmenschlichen Zusammenleben etablieren wir bei jeder Interaktion Regeln. Das können Regeln sein, die wir aus unseren ursprünglichen Familien mitbringen, und solche, die wir gemeinsam für das Zusammensein aufstellen. Über jede Regelabweichung in der einen oder in der anderen Form sollte eine Einigung erzielt werden, die wiederum in einer Regel Ausdruck finden kann. Die Beiträge der Einzelnen ergeben zusammen das Ganze. Das Tun des einen ist gleichzeitig Ursache und Reaktion auf den oder die Partner. Die Frage: »Wer hat angefangen?« ist deswegen im systemischen Denken müßig geworden. In einem Regelkreis gibt es keinen Anfang und kein Ende. Jede Aussage und jedes Verhalten ist zugleich Ursache und Wirkung.

Vorgesetzter und Mitarbeiter

In einem Verhältnis zwischen einem Vorgesetzten und einem Mitarbeiter kann diese Dynamik beispielsweise so wirken: Ein Vorgesetzter ist der Auffassung, dass er jeden Brief seines Mitarbeiters kontrollieren müsse, da dieser nicht in der Lage sei, höflich und bestimmt seine Kundenkorrespondenz zu erledigen. Der Mitarbeiter hingegen ist der Meinung, dass sein Chef jeden Brief überarbeite – gleichgültig, wie viel Mühe er sich beim Schreiben gegeben hat. Deswegen formuliert er inzwischen seine Briefe nur noch stichpunktartig und überlässt seinem Vorgesetzten die Mühe der Ausformulierung. Dieses Verhalten bestärkt den Vorgesetzten in der Annahme, sein Mitarbeiter könne schlecht formulieren. Wer hat nun angefangen? Der Vorgesetzte wird den Mitarbeiter beschuldigen und dafür ausreichend Argumente finden können. Der Mitarbeiter wird umgekehrt argumentieren.

Erlebt sich nun einer der beiden Partner als Verlierer, kommt es zum Konflikt. Gleichzeitig haben beide nicht mehr das Gefühl, diese negative Interaktion unterbrechen zu können. In der Regel können die Betroffenen auch schwer den eigenen Beitrag zu diesem Konflikt erkennen. Sie fühlen sich vom anderen ungerecht behandelt, was manchmal zu Machtkämpfen führen kann.

Zirkuläre Probleme

Zu einem solch zirkulären Problem schreibt Paul Watzlawick treffend, dass hier die Lösung zum Problem wird. Was für den einen das »Problem« ist, ist für den anderen die »Lösung« und umgekehrt. Je mehr der eine nörgelt, umso weniger wird sich der andere bemühen und umgekehrt. Jeder möchte nur das Beste und versucht das Problem zu lösen. Watzlawick unterscheidet hier Lösungen erster und Lösungen zweiter Ordnung. Mit Lösungen erster Ordnung versucht man mit dem Prinzip »mehr desselben Verhaltens« die Dinge ins Lot zu bringen – also noch mehr zu kontrollieren. Lösungen zweiter Ordnung basieren auf einer systemischen Sicht und versuchen das gesamte System zu verändern – also mit diesem Bewusstsein das Gespräch suchen.

> Systeme bilden Regeln, Strukturen und Muster aus, die der Erhaltung des Systems dienen. Diese Vorgehensweisen werden immer weiterentwickelt und differenziert. Die ausgehandelten Spielregeln geben den Systemmitgliedern Verhaltenssicherheit. Viele Spielregeln entstehen auch, ohne dass darüber gesprochen wird. Sie etablieren sich wie von alleine und sind nicht immer allen Mitgliedern bewusst und oft nicht einmal erwünscht.

Das System organisiert sich durch diese Kontinuität selbst. Einmal geschaffene Strukturen bestimmen die Kommunikationsabläufe. Das Verhalten der einzelnen Systemmitglieder ist ein Ergebnis dieses komplexen Zusammenwirkens.

Die systemische Therapie sucht deswegen nicht nach den Ursachen von bestimmten Verhaltensweisen oder Problemen. Diese sind unbedeutend. Sie fragt danach, wie das etablierte System funktioniert. Wer der Beteiligten sagt oder tut was zu welchem Zeitpunkt mit welchem Ziel?

In jeder Situation anders

Kontextabhängiges Verhalten

Eine weitere Erkenntnis der Systemischen Therapie ist, dass sich Menschen nicht in jeder Situation gleich verhalten. Wenn jemand ein auffälliges Verhalten zeigt, so ist das zumeist an eine bestimmte Situation gebunden. In anderen Situationen kann er sich unauffällig verhalten. »Kontextabhängigkeit« heißt der Begriff, der dazu geführt hat, dass Menschen nicht grundsätzlich wegen eines Verhaltens stigmatisiert werden. Das gilt auch für Eigenschaftszuschreibungen. Empfinden wir beispielsweise in der Zusammenarbeit ein Teammitglied als dominant, dann bezeichnen wir diesen Menschen so, weil wir ihn täglich im Team so erleben. Bei einen abendlichen Treffen mit den Ehegatten werden wir vielleicht überrascht sein, wie dieser Mann, den wir tagtäglich als dominant erleben, sich den Wünschen seiner Frau selbstverständlich unterordnet. In unterschiedlichen räumlichen und zeitlichen Beziehungskontexten verhalten sich Menschen durchaus verschieden. Auf dieses Phänomen legt die Systemische Therapie besonderen Wert und macht damit Etikettierungen weniger dogmatisch.

Keine objektive Wirklichkeit

Die Unterschiedlichkeit der Systeme macht es notwendig, dass die Mitglieder sich ihre Wirklichkeit *konstruieren*, an der sie sich orientieren können. So gibt es keine »objektive« Wirklichkeit, die alle Menschen gleichermaßen erkennen können, sondern für jedes System existiert eine individuelle Wirklichkeit, die die Verhaltensweisen in einen sinnvollen Zusammenhang stellt. Ein bestimmtes Verhalten ist in einem Kontext sinnvoll, in einem anderen wirkt es absurd. In dieser Idee findet sich der direkte Zusammenhang zum konstruktivistischen Denken. Das leitende Verhalten eines Trainers in einem Seminar erscheint beispielsweise allen Beteiligten sinnvoll. Würde sich jemand auf einer Party so gebärden wie ein Trainer, so würden die Partygäste seine Instruktionen keinesfalls befolgen und ihn bestenfalls belächeln.

> Die Systemische Therapie befasst sich in erster Linie damit, die Regeln herauszufinden, die das System lebt. Dann gilt es, alle unproduktiven Regeln zu identifizieren und durch produktive Regeln zu ersetzen. Dafür werden Verhaltenssequenzen unterbrochen, die auf unproduktive Regeln hinweisen.

Das innere System

Inneres Parlament

Nicht nur der Mensch selbst bewegt sich innerhalb von verschiedenen Systemen – sei es Familie, Arbeitskollegen, Vereinsleben, Freunde usw. –, sondern auch das Selbst eines Menschen ist keine kohärent geschlossene Einheit. Um diese innere Vielfalt zu beschreiben, führte Gunther Schmidt, ein Mitarbeiter von Helm Stierlin (der bekannteste Vertreter des systemischen Ansatzes in Deutschland, Mitglied der Heidelberger Gruppe), den Begriff des »inneren Parlaments« ein. Seiner Meinung nach besteht das Selbst aus verschiedenen »Sub-Selbsten«, die untereinander komplexe Beziehungen eingehen und füreinander besondere Kontexte bilden. Sie ringen um Macht, Wertschätzung und Möglichkeiten der Selbstverwirklichung.

Persönlichkeitsanteile

In der systemischen Theoriebildung spricht man von verschiedenen *Anteilen*, die eine Persönlichkeit bilden. Diese Anteile können miteinander kooperieren, sie können sich aber auch antagonistisch zueinander verhalten. Beispielsweise haben die meisten Menschen einen Persönlichkeitsanteil, der für ihre Sicherheit im Leben verantwortlich ist, und einen anderen, der neugierig ist und Wagnisse zulassen möchte. Diese Anteile können in bestimmten Situationen widersprüchlicher Auffassung sein, was zu tun ist. Nehmen wir einmal an, eine Führungskraft hat eine sichere Stelle im öffentlichen Dienst. Eines Tages erhält sie ein Angebot für eine sehr interessante, aber unsichere Stelle in der freien Wirtschaft. Bei der neuen Position könnte sie viel lernen, selbstverantwortlich arbeiten und ihr Fachgebiet erweitern. Die »alte« Position hingegen ermöglicht geregelte Arbeitszeiten und garantiert eine sichere Stelle. Welchen Arbeitsplatz soll man bevorzugen?

Innere Konflikte demokratisch lösen

Entscheidet sich der Mensch für einen Anteil, also für seine sichere Position, hat er mit dem anderen Anteil zu kämpfen, der neugierig ist und gerne wagt – und umgekehrt. Eine Persönlichkeit erlebt diese Konflikte im *inneren Parlament* als Ambivalenzen und Entscheidungsschwierigkeiten. Erweist sich das innere Parlament als demokratisch organisiert, dann lässt sich erwarten, dass eine erhebliche innere Konfliktspannung toleriert wird. Die Möglichkeit, viele Ideen nebeneinander bestehen zu lassen, gibt die Fähigkeit, Kompromisse zu schließen und ein effektives Reagieren zu ermöglichen. Es werden Prioritäten gesetzt, und der Mensch wirkt nach außen hin in sich ruhend.

In einem demokratischen Prozess könnte die Führungskraft zu der Auffassung kommen, dass der Jobwechsel zwar eine einzigartige Gelegenheit ist, sich beruflich weiterzuentwickeln. Sie entschließt sich aber, das Wagnis nicht einzugehen, da ihre derzeitige Position ihr sehr viel Spielraum für private Interessen lässt, den sie nach dem Wechsel nicht mehr beanspruchen könnte. Die verschiedenen Argumente werden innerlich in Ruhe diskutiert, und ein einstimmiger Beschluss kann dann nach außen gegeben werden.

Überwiegt eine diktatorische innere Regierungsform, dann werden einzelne Fraktionen, also Bedürfnisse und Interessen, in den Untergrund gedrängt. Sie verlieren ihr Mitspracherecht und können womöglich nur noch mit Terror von unten zur Geltung kommen. Dies äußert sich in Verhaltensauffälligkeiten, medizinischer Symptomatik oder Selbstsabotage. In unserem Beispiel würde die Führungskraft ihre Entscheidung bereuen und andere, vielleicht unangemessenere Wagnisse suchen, um dem Bedürfnis nach Neuem, Spannenden gerecht zu werden. Oder es entstehen Konflikte in der Familie, da sie ihr die Schuld für ihre Entscheidung gibt.

Ein anderes Beispiel, das zeigt, wie bei den alltäglichen Entscheidungen die verschiedenen Anteile involviert sind: Sind wir an einem Abend mit Freunden unterwegs, die wir lange nicht gesehen haben, müssen aber am nächsten Tag um 5.00 Uhr aufstehen, um ein Flugzeug zu erreichen, dann kann es sein, dass ab 23.00 Uhr das innere System kämpft. Es melden sich verschiedene Stimmen: »Gehe nach Hause. Morgen ist ein wichtiger Tag für dich. Du musst ausgeschlafen sein.« Eine andere Stimme sagt vielleicht: »Ein Jahr hast du Anna und Fredi nicht gesehen. Du wirst doch nicht um 23.00 Uhr schon schlapp machen.« Eine dritte Stimme sagt: »Warum hast du auch die Termine so schlecht gelegt? Selbst schuld, wenn du jetzt unentschieden bist!« usw. Diese inneren Stimmen führen einen Kampf, bis eine die Überhand gewinnt. Nach außen hin wirkt man in dieser Zeit eher mürrisch und abwesend. Man genießt weder die Zeit mit den Freunden, noch liegt man entspannt im Bett – meistens kann man gar nicht einschlafen. Und meistens ist man mit der getroffenen Entscheidung nicht zufrieden.

Parts Partys

Beruft man nun die einzelnen Anteile zu einer Konferenz zusammen, dann tut man das, was Virginia Satir *Parts Partys* nennt. Man lässt die verschiedenen Stimmen das Für und Wider diskutieren und wählt einvernehmlich eine Entscheidung aus. Das kostet zwar ein paar Minuten Alleinsein und Ruhe, dafür steht man hinterher kongruent zur gefundenen Entscheidung und sitzt nicht noch zwei Stunden schlecht gelaunt da oder geht unzufrieden ins Bett.

Systemtherapie nach Virginia Satir

Das Gute im Menschen

Virgina Satir steht für den so genannten entwicklungsorientierten oder erlebniszentrierten Ansatz. Dieser humanistische Ansatz geht davon aus, dass der Mensch von Grund auf gut und in der Lage ist, seine Probleme selbst zu lösen. Hat ein Mensch die Möglichkeit, sich frei zu entscheiden, dann wird er mit den Schwierigkeiten des Lebens auf eine respekt- und liebevolle Weise fertig.

In ihrem Ansatz sind Selbstwert und Kongruenz der Person der Schlüssel zu allen Phänomenen des geistigen und sozialen Lebens. Eine Person, die gelernt hat, sich wertzuschätzen, ist in der Lage, kongruent zu kommunizieren und respektvoll mit anderen Menschen umzugehen. In der Therapie wird der Klient unterstützt, einen stabilen Selbstwert zu entwickeln, so dass eine eindeutige Kommunikation möglich wird. Menschen sollen hier lernen, das zu sagen, was sie sagen möchten, und nicht das zu formulieren, von dem sie glauben, das andere es von ihnen erwarten. Erst wenn alle diese Aspekte gegeben sind, dann leben Menschen nach Satirs Meinung menschlich, und das definiert sie so:

Menschlich leben

Menschlich leben »Menschen, die ihren Körper verstehen, schätzen und trainieren, die ihn als schön und nützlich ansehen. Sie sind wahrhaftig und ehrlich, liebevoll und wohlwollend sich selbst und anderen gegenüber. Menschen, die menschlich leben, sind bereit, Risiken einzugehen, kreativ zu sein, sich kompetent zu verhalten und Veränderungen zuzulassen, wenn die Situation es erfordert. Sie finden Möglichkeiten, Dinge, die neu und anders sind, anzunehmen, den Teil des Alten, der weiterhin von Nutzen ist, zu erhalten, und Überholtes abzulegen.

Wenn man all dies zusammenfasst, so ist das Ergebnis ein körperlich gesundes, geistig waches, fühlendes, liebendes, spielerisches, authentisches, kreatives, produktives, verantwortliches menschliches Wesen. Ein Mensch, der auf seinen eigenen zwei Beinen steht, der zu tiefer Liebe fähig ist, der aber auch fair und effektiv zu kämpfen vermag. Er versteht ebenso gut zärtlich wie zäh zu sein, erkennt aber auch den Unterschied zwischen beidem« (Satir 1990, S.17).

Was sich hier liest wie das Zusammenleben im Himmel oder im Paradies, meinte Virginia Satir ganz ernst. Sie glaubte an das Gute im Menschen und war unerschütterlich in diesem humanistischen Ansatz.

Kommunikation

Der dritte wesentliche Faktor ihres Gedankengebäudes ist neben Selbstwert und Kongruenz die Kommunikation, für Satir der entscheidende Faktor im menschlichen Leben. Es ist der Faktor, der bereits für ein Neugeborenes entscheidet, welche Art von Beziehungen es entwickeln wird und wie es ihm weiterhin ergehen wird. Bereits ein fünfjähriges Kind hat vielerlei kommunikative Erfahrungen gemacht, aus denen es seinen Selbstwert und seine innere Kongruenz bildet. Es weiß, was es von sich und von anderen erwarten kann.

Triade nach
Virginia Satir

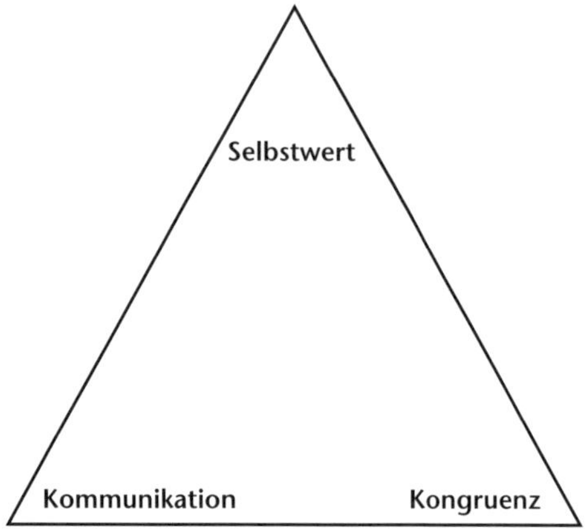

Kommunikation sieht Satir als wechselseitigen Prozess, der in Form eines Regelkreises verläuft. Dabei werden nicht einfach Botschaften gesendet und eine empfangene Nachricht fällt auf fruchtbaren Boden. Manche Dinge der Botschaft werden in den Mittelpunkt gerückt, andere werden vernachlässigt. Jede Botschaft wird vom Empfänger gestaltet, um sie in seine Basis der Erwartungen, Werte und Erfahrungen zu integrieren. Da den Menschen dieser komplexe Vorgang nicht bewusst ist, liegt hier nach Auffassung Satirs eine der Hauptquellen für Missverständnisse und Konflikte.

Inkongruente Botschaften

Am folgenschwersten kann ihrer Meinung nach eine inkongruente Botschaft eine Beziehung stören. Was gesagt wird, passt nicht mit dem zusammen, wie es gesagt wird. Beispielsweise stimmt jemand verbal einem Vorschlag zu, schüttelt aber gleichzeitig langsam und anhaltend den Kopf. Aufmerksame Kommunikationspartner fragen hier nach. In der Bateson-Gruppe wurde bereits auf dieses Phänomen hingewiesen. Den verbalen Teil beschreiben die Theoretiker als *Inhaltsebene* und den nonverbalen Teil als die *Beziehungsebene*. In dieser Weise splittete Satir die Beobachtung allerdings nicht auf. Ihrer Meinung nach können auch in dem verbalen Anteil Beziehungsaspekte geäußert werden. Und jemand, der inkongruent kommuniziert, lügt auch nicht automatisch. Satir vertritt mit Bandler und Grinder die Auffassung, dass sich hier verschiedene Persönlichkeitsanteile zu Wort melden, die noch nicht integriert sind (siehe auch *Parts Partys,* S. 248).

Aus der Betonung des Selbstwertes ergibt sich, dass Satir sich nicht nur für das System, sondern auch für das Individuum im System interessiert.

Entgegen anderen systemtherapeutischen Richtungen, die das Individuum mit einem Tabu belegen, bezieht Satir dieses bewusst und aktiv mit ein.

Virginia Satir bereicherte die manchmal sehr abstrakt anmutenden Ideen der Palo Alto-Gruppe um die humanistische Komponente. Ihre Stärke lag in ihrem extremen Einfühlungsvermögen. Richard Bandler beschrieb sie als »meisterhafte Therapeutin, meisterhafte Lehrerin und vor allem eine meisterhafte Kommunikatorin«. Satir verband in ihrer Arbeit scheinbar mühelos ihre außerordentlich präzise Wahrnehmung für zwischenmenschliche Interaktionsprozesse mit menschlicher Wärme, Mitgefühl, Humor, Kreativität und hoher Bereitschaft zum Risiko. Sie war in erster Linie an Menschen interessiert und nur in zweiter Linie an Funktionen. Deswegen beteiligte sie sich auch nur in geringem Maße an der Forschungsgruppe der Palo Alto-Gruppe. Sie arbeitete überwiegend in der Ausbildung von Therapeuten.

Folgende Methoden prägten ihre therapeutische Arbeit:

Zuhören lernen

In ihrer Arbeit mit Familien legt Virginia Satir großen Wert auf die Kommunikation der Familienmitglieder untereinander. Eine Grundvoraussetzung ist das gute Zuhören. Dafür formuliert sie fünf Regeln.

Regeln des Zuhörens

1. Der Zuhörer schenkt dem Sprecher seine volle Aufmerksamkeit.
2. Der Zuhörer löst sich von allen eventuell bei ihm vorhandenen Vorstellungen darüber, was der Sprecher ihm zu sagen hat.
3. Der Zuhörer interpretiert das, was er hört und sieht, beschreibend und nicht urteilend.
4. Der Zuhörer achtet auf eventuelle Unklarheiten und stellt Fragen, um Klarheit zu gewinnen.
5. Der Zuhörer lässt den Sprecher wissen, dass er ihn und auch den Inhalt gehört hat.

Mit dieser Art einander zuzuhören klappt ihrer Meinung nach die Kommunikation und man tappt nicht in alle möglichen Fallen. Eine berühmte Falle ist beispielsweise die Gedankenlese-Methode. Manche Familienmitglieder kommunizieren ihre Vorhaben nicht, weil sie der Auffassung sind, durch das, was sie tun, bereits gezeigt zu haben, was sie vorhaben.

Die anderen sollen ihre Gedanken lesen. Umgekehrt meinen sie auch, dass sie in der Lage seien, die Gedanken der anderen zu lesen. Das schafft viel Unmut und produziert Konflikte.

Inkongruente Kommunikationsformen

Stimmen Selbstwert, Kongruenz und Kommunikation nicht überein, finden sich in einer Kommunikation nach Satir vor allem vier Muster wieder. Menschen benutzen diese Muster, um Zurückweisungen zu vermeiden. Ein Mensch, der eine Bedrohung empfindet, seine Schwäche aber nicht offen zugestehen möchte, versucht, sie in der Regel mit einem dieser vier Muster zu verbergen:

1. Beschwichtigen
2. Anklagen
3. Rationalisieren
4. Ablenken

Diese vier Muster sollen im Folgenden nochmals ausführlicher dargestellt werden:

Beschwichtigen

Reagiert ein Mensch *beschwichtigend* auf andere, dann zeigen seine Worte Zustimmung an. All das, was der andere möchte, scheint in Ordnung zu sein, und er selbst hat die Aufgabe, den anderen glücklich zu machen. Innerlich aber fühlt er sich hilflos, nimmt eine Opfer-Haltung ein und hat einen ganz geringen Selbstwert. Der Selbstwert entsteht erst durch die Verbindung mit dem anderen Menschen. Ein Beschwichtigter entschuldigt sich oft und ist niemals anderer Meinung. Er ist von der Anerkennung der anderen abhängig und versucht durch seine Zustimmung zu verhindern, dass der andere ärgerlich wird. Das versucht er auch, durch ein besonders höfliches und zaghaftes Verhalten zu erreichen.

Anklagen

Die zweite Möglichkeit, in einer solchen Situation zu reagieren, ist das *Anklagen*. Ein Ankläger findet das, was andere machen, grundfalsch. Der Ankläger zeigt ein forderndes und diktatorisches Auftreten. Er möchte der Chef sein, fühlt sich innerlich aber einsam und erfolglos. Der Ankläger sucht ständig nach Fehlern und behandelt andere von oben herab. Er gibt dem Gegenüber das Gefühl, dass alles in Ordnung wäre, wenn er nicht wäre. Seine Stimme ist hart, und er fühlt sich häufig verspannt.

Rationalisieren

Der Rationalisierer formuliert übervernünftig, monoton und oft zu lang. Nach außen hin wirkt er ruhig, beherrscht und gesammelt, innerlich ist er allerdings sehr verletzlich. Der Rationalisierer ist sehr korrekt, sehr vernünftig und zeigt keine Gefühle. Was er sagt, klingt meist abstrakt, und er nutzt diese Formulierungen, um nicht von sich sprechen zu müssen. Er erhält seine innere Stabilität, indem er emotionale Erregung vermeidet.

Ablenken

Der *Ablenker* wirkt im ersten Eindruck meist lebhaft, ausdrucksstark und interessant. Allerdings bezieht er sich in der Regel nicht auf das, was zuvor gesagt wurde, sondern wechselt ständig das Thema und scheint überall zugleich, aber nirgendwo richtig zu sein. Er ist gedanklich immer woanders und hat innerlich das Gefühl, dass sich niemand um ihn kümmert. Der Ablenker versucht, die eigenen Schwächen zu vertuschen. Was der Ablenker tut oder sagt, hat nichts mit dem zu tun, was alle anderen im betreffenden Augenblick sagen oder tun.

Diesen Kommunikationsmustern stellt Satir das kongruente Muster gegenüber, das sie *kongruente* oder *fließende Reaktionsform* nannte. Bei dieser Reaktionsmöglichkeit zeigen alle Teile der Botschaft in die gleiche Richtung. Die Beziehungen gestalten sich leicht, frei und ehrlich. Es gibt keine Bedrohungen für das Selbstwertgefühl. Eine Person, die kongruent reagiert, strahlt etwas Integrierendes, Fließendes, Lebendiges und Offenes aus.

Familienskulptur

Eine der wesentlichen Techniken, die Virginia Satir maßgeblich entwickelte, ist die *Familienskulptur*. Die Familie selbst stellt ihre Beziehungen untereinander in Haltung und Position dar. Das kann sehr interessant, aufschlussreich und erlebnisintensivierend sein. So zeigt sich in dieser Aufstellung deutlich, wer zu wem Nähe oder Distanz empfindet. Unabhängig von Sprachfähigkeit, Altersstufe oder Schichtzugehörigkeit werden die Abläufe in einer Familie transparent. Dabei werden viele Aspekte gleichzeitig offen gelegt.

Familienskulpturen können auch nur in Bezug auf manche Mitglieder der Familie angewendet werden. Beklagt sich beispielsweise eine Ehefrau in Gegenwart ihres Ehemannes bitter über ihn, so kann sie die anklagende Position direkt ihm gegenüber einnehmen, und er wird eine Art Abwehrreaktion der Anklage zeigen. Der Therapeut fragt dann, ob es das Ziel der Frau sei, dass sich ihr Mann von ihr abwende. Falls nicht, so kann sie ihn so hinsetzen, wie sie ihn sich wünscht, beispielsweise interessiert und zuhörend. Und der Mann kann dann seiner Frau erklären, wie sie auf ihn zukommen muss, damit er die gewünschte Haltung einnehmen kann. Mimik und Gestik runden das Bild ab: Wer schaut wen an? Wer berührt wen? Gibt es geballte Fäuste oder offene Hände? Baut man eine größere Skulptur, dann fängt man am besten mit einem Teilnehmer an, der nicht im Zentrum des Konfliktes steht. Es ist darauf zu achten, dass die Skulptur eine stimmige Repräsentation der Beziehungsstruktur darstellt. Jeder Teilnehmer kommentiert dann, wie er die Strukturen sieht und welche Veränderungen er persönlich in die Skulptur einbauen würde.

Nach jeder gebauten Skulptur werden die Beteiligten gefragt, wie sie sich empfinden: Wussten Sie, dass Sie so gesehen werden? Sehen Sie sich selbst auch so? Beschreiben Sie das Gefühl! Welche Veränderungen wünscht sich jeder, um sich besser zu fühlen?

Nicht jede Gruppe ist sofort bereit, sich auf einen Skulpturenbau einzulassen. Es erfordert durchaus Mut, sich so zu offenbaren. Deswegen kann man diese Übung sanft vorbereiten, indem man mit Mini-Skulpturen beginnt.

Familienrekonstruktion

Darstellung von Schlüsselszenen

Bei der *Familienrekonstruktion* sollen die familiären Erfahrungen eines Klienten vom heutigen Tage bis hin zur Geburt der Großeltern an nachvollzogen werden. Anhand von Schlüsselszenen werden die Erfahrungen und Erlebnisse des Klienten psychodramatisch dargestellt. Der Klient betrachtet sich in einem weiteren Kontext und kann neue Schlüsse ziehen. Er kann so seine Rolle im Familiensystem neu definieren, seine Erwartungshaltung und sein Glaubenssystem aus Sicht eines Erwachsenen modifizieren. Es entstehen oft sehr bewegende Szenen, die einen ganz anderen Lebensentwurf hervorbringen.

Parts Partys

Kooperation lernen

Bei *Parts Partys* geht es im Wesentlichen darum, dem Klienten seine verschiedenen Persönlichkeitsanteile bewusst zu machen. Jeder Teil der Psyche strebt nach Selbstverwirklichung. So kommt es, dass sich die Teile gegenseitig blockieren. Mit *Parts Partys* sollen die Anteile lernen, wieder zu kooperieren. Der »Gastgeber« wählt bis zu zehn Teilnehmer aus, die für bestimmte Eigenschaften stehen. Die Teilnehmer stellen nun diese Eigenschaften dar. Während des oft Stunden dauernden Prozesses beobachtet der Gastgeber die sich entwickelnde Interaktion und Gruppenbildung. Konflikte können so dargestellt werden. Der Berater fordert ab und zu einen Teil auf, das Geschehen zu dominieren. Das entstehende Chaos zeigt die Notwendigkeit der Kooperation auf. Dann werden Verhandlungen geführt, bis eine Lösung gefunden wurde, mit der sich alle Teile wohl fühlen. Mit einem Ritual werden die Teile integriert.

Satir ging fest davon aus, dass jeder Mensch mit seinem Verhalten eine positive Absicht verfolgt. Sie vertrat den Standpunkt, dass jeder Mensch das Beste von dem gibt, was ihm möglich ist.

Lösungsorientierung im Vordergrund

Bei der Familientherapie nach Virginia Satir steht der lösungsorientierte Fokus auf Gegenwart und Zukunft im Vordergrund. Elemente der Vergangenheit hielt sie nur für wichtig, um gegenwärtige Dynamiken zu verstehen. Danach arbeitete sie stringent lösungsorientiert. Dafür erarbeitete sie mit ihren Klienten Ziele, die eindeutig und spezifisch formuliert werden müssen, um sie konkret angehen zu können.

Satir orientierte sich an dem indianischen Sprichwort, nach dem niemand beurteilt werden soll, bevor man nicht selbst »eine Meile in seinen Mokassins« gegangen ist. Erst wenn man verstanden hat, wie das Gegenüber fühlt und denkt, sowie Verständnis für dessen Sicht der Welt aufbringt, kann man mit ihm gemeinsam eine Problemlösung erarbeiten. Ergänzend hierzu schuf Satir die Möglichkeit, sich aus einer dritten Perspektive anzuschauen. Vom Standpunkt des neutralen Beobachters aus lässt sich die Situation realistischer einschätzen, was den Willen zur Kooperation erheblich fördert.

Da Selbstachtung für Virginia Satir der Schlüssel zum Umgang mit anderen Menschen ist, formuliert sie das folgende Bekenntnis zur Selbstachtung (Satir 1990, S. 49 ff):

Mein Bekenntnis zur Selbstachtung

»Ich bin ich.
Auf der ganzen Welt gibt es niemanden, der genauso ist wie ich.

Manche Menschen gleichen mir in einiger Hinsicht, doch niemand ist ganz genauso wie ich. Deshalb ist alles, was ich hervorbringe, völlig authentisch mein Eigenes, denn ich allein habe entschieden, dass es so ist, wie es ist.

Alles an mir gehört mir: mein Körper und alles, was er tut; mein Geist und all seine Gedanken und Ideen; meine Augen und alle Bilder, die sie schauen; meine Gefühle, welche es auch sein mögen: Wut, Freude, Frustration, Liebe, Enttäuschung und Erregung; mein Mund und alle Worte, die er hervorbringt: höfliche, angenehme und harte, zutreffende und unzutreffende; und alles, was ich tue, ob es sich auf andere oder auf mich selbst bezieht.

Meine Phantasien, Träume, Hoffnungen und Ängste gehören mir. Meine Siege und Erfolge gehören mir ebenso wie meine Misserfolge und Fehler.

Weil alles an mir mir gehört, kann ich mich mit allem völlig vertraut machen. Indem ich dies tue, bin ich liebevoll und freundlich allen meinen Anteilen gegenüber und kann so mit meinem ganzen Sein zu meinem eigenen Besten wirken. Mir ist klar, dass gewisse Aspekte meiner Existenz mich verwirren und dass ich andere gar nicht kenne. Doch solange ich freundlich und liebevoll mit mir selbst umgehe, kann ich mutig und hoffnungsvoll nach Lösungen für die Rätsel meiner Existenz suchen und nach Möglichkeiten, die mir helfen, mehr über mich selbst herauszufinden.

Wie auch immer ich aussehe und klinge, was auch immer ich sage und tue, und alles, was ich in einem bestimmten Augenblick denke und fühle, all dies bin ich. Es ist authentisch und bringt zum Ausdruck, wo ich mich zum betreffenden Zeitpunkt befinde.

Wenn ich später überdenke, wie ich ausgesehen und geklungen habe, was ich gesagt und getan habe und wie ich gedacht und gefühlt habe, so mag mir einiges vielleicht nachträglich als unpassend oder unangemessen erscheinen. Ich kann das, was ich als ungeeignet erkannt habe, fallen lassen, das Bewährte beibehalten und etwas Neues erfinden, das an die Stelle des Aufgegebenen tritt. Ich kann sehen, hören, fühlen, sprechen und handeln. Ich bin in der Lage zu überleben, anderen nahe zu sein, produktiv zu sein und die Welt der Menschen und Dinge um mich herum in einem

sinnvollen und geordneten Zusammenhang zu erleben.
Ich gehöre mir und kann mich deshalb auch selbst steuern.

Ich bin ich, und ich bin o. k.«

Systemtherapie nach Mara Selvini Palazzoli und ihrer Gruppe

Mara Selvini Palazzoli und die Mailänder Gruppe halten Gregory Bateson für den »Genius Maximus der Humanwissenschaften«. Sein Buch *Steps on an Ecology of Mind* ist ihrer Meinung nach nur meditativ zu erfassen, indem man es immer wieder liest. Bateson besitzt ihrer Auffassung nach eine mystische Intuition für die Zirkularität des Lebens.

Die Mailänder Gruppe bemerkte bei ihrer Arbeit mit Familien schizophrener Patienten, dass die Familien dem Therapeuten oft folgenden paradoxen Auftrag geben: »Nimm uns das Symptom, aber verändere uns auf keinen Fall!« Die Therapeuten beantworteten diesen Auftrag mit dem so genannten *Gegenparadoxon*: »Ja, wir werden euch verändern, aber nur unter der Bedingung, dass ihr euch nicht ändert.«

Zweikammernsystem

Das Mailänder Modell ist bekannt für sein *Zweikammernsystem*, das weltweite Anerkennung fand. Ein oder zwei Therapeuten arbeiten in einem Raum mit einer Familie. Diese Arbeit wird von einem Team hinter einem Einwegspiegel beobachtet. Sobald der Therapeut seine Rolle verlässt, wird er per Telefon darauf aufmerksam gemacht. Die Schlussintervention wird in einer ausführlichen Teamdiskussion hinter der Scheibe entworfen und anschließend der Familie mitgegeben.

Positive Konnotation

Berater darf sich nicht ins System verstricken

Genau wie bei Virginia Satir wurde in der Mailänder Gruppe sehr viel Wert auf die positive Interpretation aller auftretenden Verhaltensweisen gelegt. Das ist nicht ganz leicht, denn unweigerlich mag ein Berater manche Mitglieder mehr als andere oder er ergreift innerlich sogar Partei für einen der Beteiligten. Wenn das geschieht, dann hat der Berater die systemische Sicht des Teams oder der Familie verloren; er ist deren Teil geworden. Der Berater muss sich daher selbst zwingen, die systemische Sichtweise beizubehalten – wobei natürlich zu fragen ist, ob das einem Menschen möglich ist. Jede Verhaltensweise jedes Mitglieds muss als positiver Beitrag zum Ganzen gesehen werden. Wenn der Berater seine Bestätigung auf alle Familienmitglieder gleichermaßen verteilt, läuft er nicht Gefahr, selbst »verstrickt« zu werden.

Sind Teammitglieder mit ihrer Arbeitsleistung unzufrieden und geben sich gegenseitig die Schuld für das Versagen, dann ist es eine hilfreiche Intervention zu sagen: »Was ist das Gute daran, dass wir an diesem Punkt gescheitert sind?«

Wertschätzung

Oft wird gefragt, ob ein Berater, der »alles gut« findet, überhaupt ein ernst zu nehmender Gesprächspartner ist. Vielleicht fühlt sich die Familie oder das Team durch diese Strategie nicht ernst genommen. Deswegen wird bei manchen Systemikern inzwischen schon nicht mehr von positiver, sondern eher von wertschätzender Konnotation gesprochen. Man muss nicht wirklich gut finden, was die Einzelnen tun, man muss es aber schätzen können.

Reframing

Jede wertschätzende oder positive Konnotation ist immer gleichermaßen auch ein *Reframing*. Dies bedeutet, dass ein beklagtes Verhalten oder eine beklagenswerte Situation in einen neuen Zusammenhang gestellt wird, in dem das Verhalten oder die Situation positiv ist. Das Verhalten / die Situation bleibt dabei unverändert. Man denkt einfach anders über sie nach.

Aussagen nur im Kontext sinnvoll

Die Grundlage des *Reframings* stammt von Gregory Bateson. Er hat in seinen Arbeiten wiederholt darauf hingewiesen, dass eine Aussage eine so genannte *Kontextmarkierung* besitzt. Eine Aussage macht in einem bestimmten Kontext einen Sinn, in einem anderen dagegen bedeutet sie etwas ganz anderes. Wenn beispielsweise bei einem Mensch-ärgere-dich-nicht-Spiel jemand sagt: »Gleich werfe ich dich heraus!«, dann hat diese Aussage eine ganz andere Bedeutung, als wenn sie auf dem Höhepunkt einer Ehekrise fällt.

In diesem Sinne versucht der Therapeut oder Berater in einer Sitzung für negativ empfundene Verhaltensweisen positive Zusammenhänge zu finden: Welcher Kontext wäre denkbar, in dem das Verhalten eine gute Lösung ist? Beklagt sich beispielsweise jemand, dass er zu schüchtern sei und in Teammeetings oft nichts sagt, dann reicht manchmal die lapidare Aussage des Beraters: »Ehrlich gesagt gehen mir in Meetings die ›Laberköppe‹ auch fürchterlich auf die Nerven. Wie erholsam, jemanden zu treffen, der konzentriert zuhören kann.« Sobald der Ratsuchende erfährt, dass sein Verhalten positiv gewertet werden kann, versucht er nicht mehr mit aller Gewalt, es loszuwerden, bekommt zu sich und zu seinem Verhalten eine positivere Einstellung und entwickelt eher Kraft für Veränderungsprozesse.

Paradoxe Aufgabe

No-Change-Intervention

Die Mailänder Gruppe konfrontierte ihre Familien zum Abschluss der Therapie meist mit einer paradoxen Aufgabe, die aus einer *No-change*-Intervention besteht: »Im Moment scheint es uns noch zu früh, um Ihnen eine Veränderung vorzuschlagen. Wir denken, dass Sie zumindest in der nächsten Zeit alles so lassen sollten, wie es ist. Der Zusammenhalt in der Familie ist im Moment wichtiger als alles andere.« Im Zusammenhang mit den zirkulären Fragen bewirkte dieser Kommentar meist eine dramatische Veränderung, auch bei sehr schweren Symptomatiken.

Paradox waren allerdings nicht nur die Aufgaben der Mailänder Gruppe. Sie haben ihre Klienten auch mit paradoxen Interventionen konfrontiert, um sie zu provozieren. Wie zirkulär eine Familie miteinander verwoben ist, wird beispielsweise in der Intervention »Entweder alle in einer Familie sind krank oder keiner« deutlich.

Zirkuläre Fragen

Zirkularität ist der zentrale Begriff des Mailänder Denkens. Das *zirkuläre Fragen* wurde zunächst von der Mailänder Gruppe entwickelt, inzwischen gehört es aber zum Standardrepertoire der systemischen Therapie. Dieser Technik liegt die Auffassung zu Grunde, dass alles, was ein Mensch ausdrückt oder tut, ein kommunikatives Angebot sein kann. Daher kann es relevant sein, diese kommunikative Absicht sichtbar zu machen. Anstatt den Einzelnen auszufragen, kann man ihm die Wirkung seines Verhaltens vor Augen führen. Jedes Familien- oder Teammitglied wird also befragt, welche Beobachtungen es macht, welche Erwartungen es hat und wie es auf das gezeigte Verhalten reagiert.

Wenn sich beispielsweise zwei Personen in einer Gruppe immer wieder streiten, dann kann der Berater sie fragen: »Was meinen Sie, was Ihr Streit für den Teamleiter bedeutet?« Oder man befragt Dritte: »Was denken Sie, was für den Teamleiter der Streit von A und B bedeutet?« Dieses »Tratschen« im Beisein der jeweiligen Person löst Vermutungen auf und bringt Transparenz in das Geschehen.

Neue Informationen

Mit dieser Fragetechnik entstehen neue Informationen im System und die Diskussion dreht sich nicht im Kreis. Die beiden Streithähne erhalten neue Informationen, der Teamleiter bekommt neue Ideen und der dritte Befragte auch. Alle erfahren etwas über die Intention des Streits und erhalten eine Rückmeldung. Diese Fragetechnik sucht Muster und beschreibt den Prozess, aber es geht nicht um Ursachen und Hintergründe.

Problematische Verhaltensmuster

Zirkuläre Fragen werden benutzt, um das Problem zu definieren, um problematische Verhaltensmuster herauszufinden und um Vergleiche anzustellen. Man kann als Berater aber auch zirkuläre Fragen nutzen, um ein neues, hypothetisches Element einzuführen: »Was wäre, wenn ...« oder »Angenommen, dass ...« Diese Frageart kann man auch in die Zukunft richten: »Angenommen, das Problem bliebe bestehen, wie sähe es dann in fünf Jahren aus?« »Wen würde es meistens nerven?«

Zirkuläre Fragen helfen auch, Distanz zum eigenen Verhalten aufzubauen. Die Außensicht wird hereingetragen, um eine neue Perspektive zu erhalten. Streiten sich beispielsweise in einem Teammeeting verschiedene Innendienstmitarbeiter über die Abwicklung von Vorgängen, kann man eine neue Perspektive mit folgender Frage einleiten: »Was würde wohl Ihr Chef/der Vertrieb/die Nachbarabteilung ... sagen, wenn er/sie uns hier so diskutieren sehen würde?«

Ende der Achtzigerjahre distanzierte sich Mara Selvini Palazzoli von dem Begriff »System«. Sie vertrat die Auffassung, dass jeder von Systemen spreche, keiner – sie selbst eingeschlossen – aber jemals verstanden habe, was es wirklich bedeute. Sie zog deswegen nun den Begriff des französischen Soziologen Edgar Mrin der »organisatorischen Komplexität« vor. Allerdings kann man sich ihrer Meinung nach diesem Begriff nur annähern. Täglich versuche sie, ihn besser zu verstehen, aber ganz erfassen werde ihn wohl niemand können.

Veränderung des Therapieablaufs

Auch der Ablauf der Therapie wurde daraufhin verändert. So werden nur zu Beginn die Kinder mit berücksichtigt. Auch wenn eines der Kinder der Symptomträger ist, werden sie nicht mehr miteingeladen, denn die Therapie soll die familiären Gewohnheiten verändern. Nur die Eltern kommen in die Sitzung. Dort wird ihnen das Versprechen abgenommen, alles vor den Kindern geheim zu halten. Durch den Geheimhaltungsvertrag mit den Eltern wird in der Familie ein neues Organisationsschema eingeführt. Deswegen werden die Kinder nur scheinbar nicht berücksichtigt. Durch die Veränderung der Eltern verändern sie sich auch mit.

Selvini favorisiert den analogen Teil der Therapie. Ihrer Meinung nach legt unsere Kultur nah, dass Worte sehr wichtig sind. De facto, so ihre Überzeugung, ist nur wichtig, was wir tun. Worte, insbesondere lange Erklärungen, sind überflüssig.

Weiterhin werden die Sitzungen inzwischen sehr rigide geführt. Der Therapeut steht im Mittelpunkt und fragt die Klienten, die nicht miteinander sprechen dürfen. So ist der autoritäre Aspekt wieder in der Therapie enthalten. Die kooperative Ebene hat die Mailänder Gruppe zurückgestellt.

Reflecting Teams

Nach der Diskussion um die Kybernetik zweiter Ordnung trennten sich Luigi Boscolo und Gianfranco Cecchin von der Mailänder Gruppe und versuchten, die Systemische Therapie unter Berücksichtigung dieser neuen Ergebnisse anzuwenden. Sie entwarfen gemeinsam mit dem norwegischen Therapeuten Andersen ein anderes Setting, da die Diskussionen hinter dem Einwegspiegel als erniedrigend für die Familien angesehen wurden. Andersen begann den Familien zu erlauben, die Gespräche des Teams im Nebenraum zu verfolgen. Sie fanden heraus, dass dies alleine bereits einen großen Effekt hatte und die Schlussintervention sowie paradoxe Kommentare überflüssig machte. So reduzierten diese so genannten *Reflecting Teams* (RT) die Macht der Therapeuten. Das RT sieht eine Therapie eher als kooperativ. Es sucht einen Weg, damit Familie, Therapeut und Team konstruktiv zusammenarbeiten können.

Systemtherapie nach Steve de Shazer

Focus Lösung statt Problem

Steve de Shazer grenzt seine Art der Systemischen Therapie, die er *Lösungsorientierte Kurzzeittherapie* nennt, insofern von den anderen Formen ab, als er nicht auf die Problemstellung, sondern sofort auf die Problemlösung fokussiert. Fast unabhängig davon, was der Patient erzählt, konzentriert sich Steve de Shazer sofort auf die *Ausnahmen*: Wann geschieht dieses unerwünschte Verhalten nicht und wie kann man diese Ausnahmesituationen verlängern? Kommt also jemand in die Praxis und erklärt, dass es ihm schlecht geht, dann wird sofort gefragt: »Woher wissen Sie, dass es Ihnen schlecht geht?« und »Geht es Ihnen immer schlecht, auch wenn Sie schlafen, also 24 Stunden am Tag?«

Lebens-Strategien kennen lernen

Der lösungsorientierte Ansatz legt Wert auf verdeckte und verschüttete, aber vorhandene Fähigkeiten eines Menschen. Diese will de Shazer ins Bewusstsein rufen und damit wieder zugänglich machen. Der Klient lernt seine Lebens-Strategien kennen und kann sie auch für zukünftige Problemlösungen nutzen. – Steve de Shazer rühmt sich, dass er mit nur 5 Sitzungen bei ca. 85 Prozent seiner Klienten einen Erfolg erzielt.

Die Wunderfrage

Besonders bekannt geworden ist in seiner Darstellung die *Wunderfrage*, mit der man gewissermaßen nach Ausnahmen fragt, die noch nicht aufgetreten sind. Die Wunderfrage könnte so lauten: »Angenommen, es würde eines Nachts, während Sie schlafen, ein Wunder geschehen und das Problem, das Sie in die Therapie/Beratung geführt hat, existierte nicht mehr. Da Sie schlafen, merken Sie nicht, dass das Wunder geschehen und das Problem gelöst ist. Was, glauben Sie, wird das erste kleine Anzeichen dafür sein, dass das Wunder geschehen ist?« Im Anschluss kann man so weiterfragen: »Wenn das Problem wie durch ein Wunder plötzlich weg wäre, was würden Sie danach am nächsten Morgen als Erstes machen? Und danach? Wie würde Ihr Leben weitergehen?« Wichtig ist es, genau zu fragen, was nach der Problemlösung geschehen soll: »Was würde(n) Ihr Mann / Ihre Frau / Ihre Kinder / Ihr Chef / Ihre Nachbarn usw. anders machen? Woran würden Sie dieses andere erkennen? Wie werden diese Menschen auf Ihr verändertes Verhalten reagieren? Wer von ihnen wäre am meisten überrascht? Und wenn das Wunder einige Zeit vergangen wäre, wie haben sich dann die Beziehungen zu Ihrem Mann / Ihrer Frau / Ihren Kindern / Ihrem Chef / Ihren Nachbarn usw. verändert?«

Mit der Wunderfrage erreicht man zum einen den freien Fluss der Phantasie und zum anderen die Erkenntnis, dass man nach dem Wunder sein Verhalten nicht grundsätzlich neu organisieren würde, sondern einige Dinge, die nach dem Wunder geschehen, auch jetzt schon passiert sind oder passieren könnten. Nach dieser Erkenntnis kann man dem Patienten vorschlagen, sich für einige Minuten am Tag bereits so zu verhalten, als sei das Wunder bereits geschehen.

Skalierungsfragen

Neben der Wunderfrage sind *Skalierungsfragen* von großer Bedeutung im Milwaukee-Ansatz. Sie werden dazu eingesetzt, um den Klienten zu einer Selbsteinschätzung zu bewegen. Er wird beispielsweise dazu aufgefordert, sein derzeitiges Befinden auf einer Skala von 1 bis 10 festzulegen, wobei 10 für das steht, was er sich wünscht und 1 das Gegenteil verkörpert.

Die Skalierungsfrage bringt oft sehr differenzierte Beschreibungen hervor. Man kann diese Methode während der gesamten Beratungszeit anwenden und hat so ein klares Maß, um die Weiterentwicklung zu beobachten. Außerdem birgt diese Methode die Möglichkeit, Ressourcen zu erkunden. Falls sich der Klient bei 2 oder 3 einstuft, dann kann man genau nachfragen. »Wie wissen Sie, dass es 2 und nicht 1 ist? Was läuft so gut, dass Sie 2 sagen?« Oder umgekehrt, wenn er 1 sagt, kann man nachfragen: »Wie wissen Sie, dass es 1 ist, wie anders würde sich 2 anfühlen?«

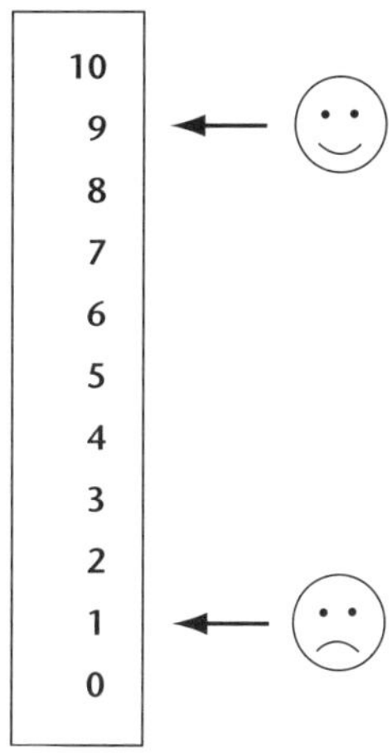

Komplimente

Im lösungsorientierten Ansatz wird immer wieder betont, wie wichtig es ist, dem Klienten Komplimente zu machen. Das erinnert sehr an die positive oder wertschätzende Konnotation bei Selvini Palazzoli. Klienten haben oft schon viel in ihrem Leben ertragen und auch überwunden. Hier bietet sich ein großes Feld für Komplimente. Viele Menschen erwarten eher Kritik von ihrem Berater und sind erstaunt, wenn ihre Leistungen hervorgehoben und gewürdigt werden. Häufig reagieren die Klienten emotional, erhalten durch die Komplimente aber die Kraft, um weiter nach Ausnahmen zu suchen und »Wunder« für sich zu schaffen.

Hausaufgaben

Beobachtungsaufgaben

Steve de Shazar gibt seinen Klienten Hausaufgaben, über die sie in der nächsten Sitzung berichten sollen. Eine Aufgabe ist beispielsweise, dass der Klient bis zur nächsten Sitzung aufmerksam auf die Ausnahmen wird. Seine Erfahrung zeigt, dass die Klienten in der nächsten Sitzung über positive Ereignisse berichten, die sie sonst nicht als solche wahrgenommen hätten. Diese Beobachtungsaufgaben werden ergänzt durch Vorhersageaufgaben. Der Klient soll auf der Skala von 1 bis 10 am Abend voraussagen, ob der folgende Tag ein guter oder ein schlechter Tag für ihn wird. Die Verbindung von Beobachtung und Voraussage erreicht, dass der Klient erkennt, welche Situationen, Ereignisse oder Befindlichkeiten den folgenden Tag prägen können. Dadurch wird er in seiner Wahrnehmung sensibilisiert. Die Situation, der er sich bisher hoffnungslos ausgeliefert fühlte, lernt er so aktiv zu beeinflussen und bewusst zu steuern.

Handlungsaufgaben

Kann der Klient erfolgreich mit Beobachtungs- und Voraussageaufgaben umgehen, dann bekommt er gezielte Handlungsaufgaben. Er soll zur Zielerreichung selbst beitragen, indem er die angestrebten Verhaltensweisen einmal ausprobiert.

Eine weitere übliche Hausaufgabe ist, sich bis zur nächsten Sitzung in verschiedenen Situationen des Lebens einmal anders zu verhalten als üblich. Das trainiert die Verhaltensflexibilität.

De Shazer legt großen Wert darauf, dass seine Klienten nicht »alles über Bord werfen«. Die Dinge, die funktionieren, sollen belassen werden. Das kann auch in eine Hausaufgabe verpackt werden: »Denken Sie bitte bis zum nächsten Mal darüber nach, was von allen Dingen in Ihrem Leben Sie gerne so belassen möchten, wie es ist.«

Entgegen den anderen beiden Ansätzen sind Steve de Shazers Überlegungen sehr gut in der Beratung einzelner Personen anzuwenden. Er arbeitet zwar auch mit Gruppen, aber sehr viel mehr mit Einzelpersonen als die anderen beiden Ansätze.

METHODE IM ÜBERBLICK

Die Methode im Überblick

Die Systemische Therapie kann nicht auf einen Urheber zurückgeführt werden, da sie in einer Zeit der Erneuerung entstand und sich an neuere Erkenntnisse der Physik, Biologie und Erkenntnistheorie (nach Humberto Maturana, Francisco Varela und Heinz von Foerster) anlehnt. Besonders folgende Namen sind mit ihr verbunden: Carl Withaker, Salvador Minuchin, Virginia Satir, Mara Selvini Palazzoli, Helm Stierlin, Steve de Shazar, Gregory Bateson und Niklas Luhmann. Paul Watzlawick wurde in diesem Buch dem Konstruktivismus zugeordnet, was zeigt, wie sehr diese beiden Ideen miteinander verwoben sind.

> Die Systemtherapie beobachtet und behandelt nicht mehr einzelne Personen, die ein Problem haben, sondern schaut sich das ganze System an, in dem eine Person lebt. Ziel ist es, das Klientensystem in die Lage zu versetzen, Probleme selbst zu lösen.

Rückkopplung

Der grundlegende Gedanke der Systemischen Therapie sind Rückkoppelungsprozesse. Jedes Individuum bezieht sich in seinem Verhalten auf ein vorausgegangenes Verhalten eines anderen. Die Frage »Wer hat angefangen?« macht keinen Sinn mehr, denn Kommunikation und Verhalten folgen den Gesetzen des Regelkreises der Kybernetik. Ein System verhält sich immer so, dass es im Gleichgewicht bleibt. Es bleibt dann stabil, wenn es flexibel genug ist, um Veränderungen aufzunehmen, und gleichzeitig eine gewisse Konstanz zeigt. Wichtig ist es, eine Balance zwischen Veränderung und Konstanz zu finden.

Kritischer Punkt bei der Beobachtung von Systemen ist, dass der Beobachter Teil des Systems wird (Kybernetik zweiter Ordnung). Systemtheoretiker wollten nach dieser Erkenntnis nicht mehr Veränderungen in die Systeme hineintragen, sondern nur noch dabei behilflich sein, ein Umfeld zu schaffen, in dem Veränderungsprozesse ermöglicht werden.

Die Systemische Therapie sucht nicht nach den Ursachen von bestimmten Verhaltensweisen, sondern fragt nur, wie das etablierte System funktioniert. Wer der Beteiligten sagt oder tut was zu welchem Zeitpunkt mit welchem Ziel? Sie sucht die Regeln des Systems und möchte unproduktive durch produktive ersetzen. Eine weitere Erkenntnis der Systemischen Therapie ist, dass sich Menschen nicht in jeder Situation gleich verhalten. Manches auffällige Verhalten verschwindet in neuen Kontexten.

Genauso wie es äußere Systeme gibt, ist der Mensch nicht eine geschlossene Einheit, sondern funktioniert innerlich auch als System. Verschiedene Persönlichkeitsanteile wirken hier zusammen wie in einem Team. Die innere Dynamik ist mit der äußeren vergleichbar, sie gehorcht denselben Gesetzen.

Systemische Interventionen nach Virginia Satir

Virgina Satir steht neben anderen für den so genannten entwicklungsorientierten oder erlebniszentrierten Ansatz. Dabei steht die Achtung vor dem Individuum an erster Stelle. In ihrem Ansatz ist der Selbstwert der Person der Schlüssel zu allen Phänomenen des geistigen und sozialen Lebens. Ihre wichtigsten Methoden sind:

- Zuhören lernen
- Kongruent kommunizieren
- Familienskulptur
- Familienrekonstruktion
- Parts Partys

Systemische Interventionen nach Mara Selvini Palazzoli und ihrer Gruppe

Die Mailänder Gruppe orientierte sich an der Arbeit von Gregory Bateson und entwickelte berühmt gewordene Interventionen. Dabei nutzt sie vor allem das Gegenparadoxon.

- Arbeiten mit dem Zweikammernsystem
- Positive Konnotation
- *Reframing*
- Paradoxe Aufgabe
- Zirkuläre Fragen

Interventionen nach Steve de Shazer und Insoo Kim Berg

Steve de Shazer fokussiert sich mit seiner lösungsorientierten Kurzzeittherapie (auch Milwaukee-Ansatz genannt) sofort auf die Lösung statt auf das Problem. Er sucht die Ausnahmen im Leben, die vom Klient positiv bewertet werden. Dieser Ansatz ist stark ressourcenorientiert.

- Wunderfrage
- Skalierungsfrage
- Komplimente und
- Hausaufgaben

sind die maßgeblichen Methoden. Die Dinge, die funktionieren, sollen belassen werden.

Systemische Therapie in Beratung und Training

Gerade im Unternehmenskontext kann das systemische Denken einen wertvollen Beitrag leisten, da es nicht die unerwünschten Verhaltensweisen eines einzelnen Menschen fokussiert, sondern sich genauso auf das Umfeld konzentriert. Im systemischen Denken wird dafür Sorge getragen, dass nicht einzelne für Probleme verantwortlich gemacht werden, die in der Organisationsform begründet sind. Die Schuldfrage bleibt unberücksichtigt. So kann jeder sein Gesicht wahren und helfen, konstruktiv eine neue Lösung zu finden.

Ein systemischer Ansatz kann insbesondere bei Teamprozessen und im Konfliktgeschehen Trainern und Personalentwicklern hilfreich zur Seite stehen. Die Zusammenarbeit kann sehr differenziert betrachtet werden, und gemeinsam können Lösungen für das zukünftige Miteinander erarbeitet werden. Allerdings müssen die Interventionen sehr gut ausgewählt werden. Beispielsweise kann das zirkuläre Fragen, wenn es nicht feinfühlig eingesetzt wird, Dinge offenbaren, die ein Team im weiteren Prozess mehr be- als entlasten.

Interventionen selbst anwenden im Team

Ein Team kann lernen, manche Interventionen selbst weiterzuführen. Dazu eignen sich vor allem die Techniken von Steve de Shazer und Insoo Kim Berg. Durch die Wunderfrage oder die Skalierungsfrage wird die Zielorientierung der Beteiligten in den Vordergrund gerückt. Zieldifferenzen können abgeglichen werden. Manche Illusionen kommen so auf den Boden der Tatsachen zurück. Auch die Skalierung kann helfen, um die derzeitige Befindlichkeit der Gruppe transparent zu machen und um einen Forschritt anzuzeigen.

Die Familienskulptur nach Satir ist auf viele verschiedene Konfliktsituationen auch im Unternehmen übertragbar. Man denke beispielsweise an Teamkonflikte oder Streitigkeiten zwischen Chef und Mitarbeiter. In einer Beratung können sogar ganz beiläufig Skulpturenelemente eingebaut werden. Zum Beispiel kann ein Team über die Entfernung der Stühle verdeutlichen, wer zu wem Nähe und Distanz empfindet. Auch ein »oben« und »unten« kann deutlich werden, wenn beispielsweise jemand auf einem Tisch steht. Zudem kann es nicht schaden, das Zuhören zu trainieren und sich der vier inkongruenten Kommunikationsformen bewusst zu werden.

Für einen externen Berater ist es allerdings leichter, eine systemische Beratung zu initiieren, denn die Personalentwickler erreichen im eigenen Hause schnell Grenzen, die sie aufgrund ihrer hierarchischen Position nicht überschreiten dürfen.

In Coaching, Einzelberatung wie Teamberatung können alle dargestellten Techniken Anwendung finden. Dadurch, dass sie stark lösungsorientiert sind und dem Klienten helfen sollen, seine Ressourcen zu aktivieren, um die Probleme selbst zu lösen, benötigt man nicht unbedingt ein therapeutisches Setting. Die einzelnen Treffen sowie die Dauer der Begleitung können relativ kurz gehalten werden und haben dennoch einen starken Effekt. Häufig ist es schwierig, eine minimale Veränderung zu initiieren. Hat man es geschafft, den Stein erst einmal ins Rollen zu bringen, dann kommt der Klient meistens auch alleine zurecht.

Von allen Methoden, die sich auch für ein Training eignen, kann in einem Coaching beispielsweise gut mit den *Parts Partys* von Virginia Satir gearbeitet werden. Nutzt man nun noch die Komplimente nach Shazer, dann hat man für die als unangenehm empfundenen *Parts* gleich ein *Reframing* oder, um mit der Mailänder Gruppe zu sprechen, eine positive Konnotation geschaffen.

Geeignet für Umstrukturierungen

Kaum eine therapeutische Richtung hat im Zusammenhang mit Umstrukturierungen, Reorganisationen und Organisationsentwicklung so viel Einfluss auf das unternehmerische Handeln gehabt wie die Gedanken der Systemtheorie. Wenn die Berater sich streng an den Auffassungen der Systemtheorie orientiert haben, dann waren die Interventionen sicherlich hilfreich.

Trägt ein Unternehmen beispielsweise der systemtheoretischen Auffassung Rechnung, dass ein stabiles System zwar flexibel sein sollte, aber nicht zu viele Änderungen verkraften kann, dann hält es seine Entwicklungs- und Veränderungswünsche im Rahmen und befindet sich so in Hömöostase, die es für eine erfolgreiche Entwicklung benötigt. Nicht wenige Unternehmen stehen nach einer zu intensiven Organisationsentwicklung oder Neuorganisation hinterher schlechter da als vorher.

Bezüge zu anderen Methoden

Die systemischen Therapien (Familien-, Paar- und Gruppentherapien) befassen sich nicht mit den Charakteristika einzelner Individuen. Stattdessen stehen die impliziten oder expliziten Regeln zwischen ihnen im Mittelpunkt der Analyse und Intervention. Die Art, wie Familienmitglieder miteinander umgehen, erinnert an die Beschreibung der *Spiele* bei der Transaktionsanalyse.

Viele Konzepte der systemischen Familientherapie finden sich auch in anderen Richtungen wieder. Genannt sei beispielsweise das *Reframing*, das durch das NLP enorme Popularität gewonnen hat. Alle systemischen Richtungen arbeiten mit dem *Reframing*, manche nennen es *Positive Konnotation* oder *Komplimente*. Im *Six-Step-Reframing* findet sich Satirs Idee der *Parts Partys* wieder. Analog zu Satirs Idee wird hier versucht, die verschiedenen Persönlichkeitsanteile zu reintegrieren und eine tragfähige Lösung zu finden. Aber auch Viktor Frankl hat mit seiner Suche nach dem Sinn von Symptomen und Problemen schon eine Art *Reframing* durchgeführt. Durch den Sinn des psychischen Schmerzes wird dieser erträglich.

Auch die von Satir eingebrachte konsequente Zielorientierung findet sich im NLP. Genauso haben die NLPler Satirs Idee formuliert, erst dann zu urteilen, wenn man »einige Meilen in den Mokassins des anderen gelaufen ist«, in ihrem Wahrnehmungsmodell. Das Wechseln in den Wahrnehmungspositionen hat das gleiche Ziel.

Satir benutzt in ihren Interventionen, beispielsweise bei der Familienrekonstruktion, Elemente des Psychodramas, die sie auch benennt. Außerdem übernimmt sie bei ihren *Parts Partys* Elemente von Fritz Perls *leerem Stuhl*.

Die Mailänder Gruppe benutzt genau wie Watzlawick die Kraft von paradoxen Aufgaben.

Steve de Shazer orientierte sich sehr stark an Milton Erickson und übernahm Konzepte von ihm. Am deutlichsten spiegelt sich die Utilisation in seinem Ansatz wider. Das, was die Klienten mitbringen, will de Shazer nutzbar machen und ihnen helfen, es so zur Befriedigung ihrer Bedürfnisse einzusetzen, dass sie ihr Leben aus eigener Kraft befriedigender gestalten können. Seine Wunder- und Skalierungsfragen sprechen für die klare Zielorientierung dieses Ansatzes, die sich auch im NLP wiederfindet.

18. Transaktionsanalyse (TA)

Eric Berne und Thomas A. Harris wollen Kommunikation besser verstehen

Die Transaktionsanalyse ist vor allem mit dem Namen Eric Berne und seinem Klassiker *Games people play (Spiele der Erwachsenen)* verbunden. Thomas A. Harris hat sie später weiterentwickelt und bereichert. Bekannt geworden ist sein Buch *I'm o. k. – you're o. k. (Ich bin o. k. – Du bist o. k.)*. Transaktionsanalyse ist nicht nur eine Kommunikations-, sondern auch eine Persönlichkeitstheorie und eine klinische Methode der Psychotherapie.

Eric Berne

Eric Berne wurde als Eric Lennard Bernstein in Quebec in Kanada geboren. Den Fußstapfen seines Vaters folgend, studierte er Medizin. Er praktizierte seit 1936 in den USA, in die er sich 1938/39 einbürgern ließ. Bei dieser Gelegenheit verkürzte er seinen Namen. Seine erste Stelle bekam er als klinischer Assistent im psychiatrischen Krankenhaus Mt. Zion in New York. 1943 wechselte er in die Armee. Seit 1940 unterhielt er aber auch eine private Praxis in Connecticut. 1941 begab er sich in die Hände von Paul Federn und unterzog sich einer Psychoanalyse, die er ab 1947 bei Erik Erikson fortführte. 1949 heiratete er zum zweiten Mal, erhielt eine Stelle als Psychiater am Mt. Zion Krankenhaus in San Francisco und diente gleichzeitig in der Armee als beratender Psychiater. Außerdem führte er zwei private Praxen weiter.

Vor Ende 1956 schrieb er seine ersten Artikel, in denen er die drei Ich-Zustände als Strukturanalyse beschrieb und seine Idee als einen neuen Ansatz der Psychotherapie bezeichnete. 1957 beschrieb er dann die Transaktionsanalyse so, wie sie heute bekannt ist (als Buchveröffentlichung erstmals 1964 unter dem Titel *Games People Play* erschienen).

1964 gründete er mit seinen Seminarkollegen das erste Institut für Transaktionsanalyse. Die letzten 6 Jahre seines Lebens waren sehr arbeitsreich. 1967 heiratete er zum dritten Mal. Auch diese Ehe endete mit einer Scheidung in seinem Todesjahr 1970. Eric Berne starb am 15. Juli 1970 an seinem zweiten Herzinfarkt.

Thomas A. Harris

Thomas A. Harris wurde in Texas geboren, verbrachte dort seine Kindheit und studierte nach Abschluss der *High School* Medizin. 1942 begann er seine Ausbildung zum Facharzt für Psychiatrie in Washington D.C. Nach seinem Dienst als Psychiater bei der U.S. Navy wurde er Chefarzt am *Marine Hospital* in Philadelphia. 1947 erhielt er einen Lehrauftrag für Psychiatrie an der Universität von Arkansas. Im Anschluss wurde er Direktor der Behörde für das Anstaltswesen im Staate Washington an der Westküste. 1956 ließ er sich als Facharzt für Psychiatrie in der kalifornischen Hauptstadt Sacramento nieder. Er ist Gründer und Präsident des Instituts für Transaktionsanalyse in Sacramento und Direktor der Internationalen Vereinigung für Transaktionsanalyse.

Thomas A. Harris gehörte seit 1960 zu den engsten Mitarbeitern von Eric Berne und erhielt vielfältige Ehrentitel.

Die Transaktionsanalyse geht kommunikativen Spielen nach

Eric Berne ist einer der ersten Psychotherapeuten, der sich von Freud emanzipierte und seine Methode publizierte. Dazu gehörte in den damaligen Fachkreisen eine Portion Mut. Denn Freud stand immer noch unumstößlich mit seinen Ideen im Mittelpunkt therapeutischen Arbeitens. So war der Schritt gewagt, aber durchaus von Erfolg gekrönt und brachte mit seiner Vorbildfunktion eine ganze Lawine neuer Ideen und Methoden ins Rollen. Neben der Psychotherapie fand die Kommunikations- und Persönlichkeitstheorie von Berne und Harris auch Anwendung in Behörden, Unternehmen und im privaten Umfeld.

4 Bereiche – verschiedene Anwendungsfelder

Eric Berne beschreibt drei Bereiche:

- *Die Strukturanalyse* (bzw. die Ich-Zustände) befasst sich mit der Persönlichkeitsstruktur des Menschen, also mit den inneren Vorgängen.
- *Die Transaktionsanalyse* behandelt mit Hilfe der Kommunikation Probleme zwischen zwei Menschen.
- *Die Spielanalyse* betrachtet komplizierte Kommunikationsketten zwischen zwei oder mehreren Menschen, die in einer Art »Standardversion« immer wieder ablaufen.

Thomas A. Harris fügt dieser Betrachtungsweise eine weitere Dimension hinzu:

- *Die Skriptanalyse* befasst sich mit der Frage, wie das Kommunikationsverhalten eines Menschen mit seiner Vergangenheit und seiner Erwartung an die Zukunft zusammenhängt. Sie zeigt Grundpositionen auf, aus denen unser Verhalten resultiert.

Die Strukturanalyse

Ich-Zustände

Da Berne ursprünglich der Lehre von Sigmund Freud sehr zugetan war, basiert die *Strukturanalyse* der TA auf den freudschen Begriffen *Es*, *Ich* und *Über-Ich*. Berne entwickelte diese Aufteilung der Persönlichkeit in verschiedene Bereiche weiter. Er ordnete jedes Denken, Fühlen und Handeln einem dieser drei Persönlichkeitsanteile zu. Jeder Mensch kann in allen drei Bereichen aktiv sein.

> Je nachdem, ob man gerade aus dem Es, dem Ich oder dem Über-Ich agiert, benutzt man eine andere Gestik, eine andere Mimik, einen anderen Tonfall, andere Begriffe usw. Man kann also von außen – mittels Kommunikation – beobachten, in welchem Zustand sich das Gegenüber gerade befindet, ohne dass der Beobachtete sich dessen bewusst wäre. Es, Ich und Über-Ich bezeichnen also komplexe Gedanken- und Gefühlssysteme.

Berne vertritt die Auffassung, dass jedes Individuum über ein begrenztes Repertoire dieser verschiedenen so genannten *Ich-Zustände* verfügt. Sie sind für die jeweilige Person nicht einfach eine Rolle, die sie bewusst einnimmt, sondern es handelt sich um unbewusste, psychologische Realitäten. Dabei kann ein und derselbe Mensch während einer Besprechung oder eines Gesprächs unterschiedliche Ich-Zustände einnehmen. Er kann sich geben wie ein Kind, wie ein Erwachsener oder wie ein Erziehender. Berne gibt den drei freudschen Kategorien folgende Namen:

- Eltern-Ich
- Erwachsenen-Ich
- Kindheits-Ich

Er geht in seiner Transaktionsanalyse davon aus, dass sich jeder von uns immer in einem bestimmten Augenblick entweder in seinem Kindheits-Ich, seinem Erwachsenen-Ich oder in seinem Eltern-Ich befindet. Mit diesen drei Ich-Zuständen erklärt er die Persönlichkeitsstruktur.

Das Eltern-Ich

Um die freudschen Begriffe praxistauglicher zu gestalten, nannte Berne das Über-Ich um in »P« für »den programmierten Teil der Persönlichkeit«. In Deutschland ist das P unter dem Namen »Eltern-Ich« bekannt geworden. Tritt der programmierte Teil in Aktion, so muss man nicht mehr nachdenken, denn diese in der Kindheit erworbenen Programme laufen automatisch ab. In diesem Zustand fühlt, denkt, handelt und spricht ein Mensch so, wie es seine Eltern getan haben, als er noch klein war. »Alles, was ein Kind seine Eltern tun sah und sagen hörte, ist im Eltern-Ich aufbewahrt« (Harris 2001, S. 33). Dies bezieht sich natürlich auch auf andere Bezugspersonen aus den ersten drei bis sechs Lebensjahren. Sobald sich ein Individuum im Eltern-Ich befindet, nimmt es augenblicklich die gleiche Geisteshaltung ein wie einer der Elternteile (oder Eltern-Stellvertreter), und es reagiert so, wie die Eltern reagiert hätten, mit gleicher Gestik, gleichem Vokabular, gleichen Empfindungen etc.

Das Eltern-Ich hat zwei Seiten: Zum einen äußert es sich fürsorglich, betreuend und unterstützend. Es hört zu, hat Verständnis, tröstet und lobt. In der Regel wird mit einer warmen und beruhigenden Stimme gesprochen, es werden liebevolle Gebärden gezeigt. Zum anderen gibt es beurteilende, tadelnde und kritische Anteile. Das kritische Eltern-Ich erkennt man an einem moralisierenden, zurechtweisenden Ton. Es kritisiert, beherrscht und befiehlt, bestraft, kontrolliert und tyrannisiert zuweilen. Charakteristisch ist der erhobene Zeigefinger, strenge Augenbrauen, ein Kopfschütteln. Ist eine Person im kritischen Eltern-Ich, dann benutzt sie Worte wie »sollen«, »müssen«, »immer«, »nie« und »nein«.

Dabei kann sich das Eltern-Ich direkt oder indirekt manifestieren. Ist es direkt aktiv, dann reagiert die Person genauso, wie es seine Mutter oder sein Vater getan hätten (»Tue, was ich tue«). Im indirekten Fall verhält sich die Person so, wie es seine Eltern von ihm erwarten (»Tue nicht das, was ich tue, sondern tue das, was ich dir sage«). Im ersten Fall identifiziert sich die Person mit einem Elternteil, im zweiten Fall passt es sich den Anforderungen an.

Das erlernte Lebenskonzept

Das Eltern-Ich ist das erlernte Lebenskonzept. Es besteht aus den Wertvorstellungen und Normen, Regeln, Prinzipien und Gesetzen, die unsere Eltern lebten und versuchten zu vermitteln. Diese in der Kindheit erworbenen Dinge bestimmen unser Denken und unser Verhalten auch heute noch nachhaltig. Auch wenn man sich diese Dinge bewusst macht und zu verändern versucht, holen sie uns in Druck- und Stresssituationen ganz selbstverständlich wieder ein.

Beispiele:

- »Du bist dumm.«
- »Du bis ein schlaues Kind.«
- »Du wirst geliebt.«
- »Du bist immer unordentlich.«
- »Ich weiß es am besten.«
- »Vertraue auf die Menschen, die etwas zu sagen haben.«

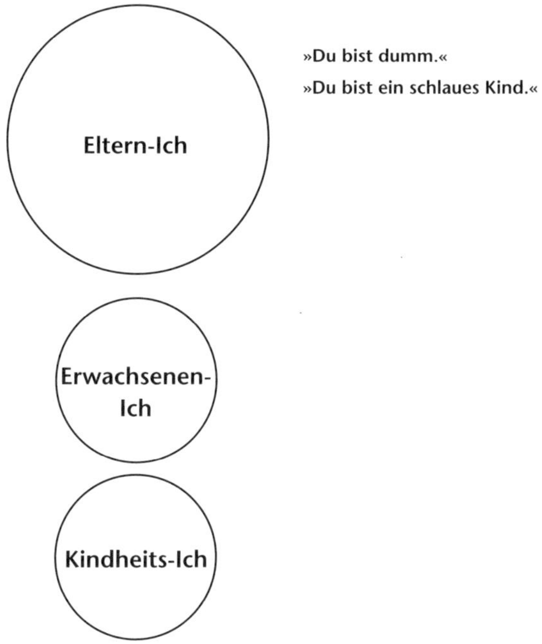

Innere Antreiber

Aus der Kindheit stammen auch die so genannten Antreiber, von denen jeder Mensch einige in seinem selbstsuggestiven Repertoire hat. Antreiber sind Formulierungen, die uns unsere Eltern mit auf den Lebensweg gaben, damit wir uns in der komplexen Welt mit ihren Regeln besser zurechtfinden. Sie sollen eine Unterstützung sein, können manchmal aber auch einschränkend und hemmend wirken:

Die häufigsten Antreiber:

- *»Sei stark!«* (Man muss in der heutigen, schlechten Welt einfach stark sein. Wer schwach ist, der kommt nicht weit. Über den werden die anderen herfallen. Auch wenn die Welt ungerecht mit dir ist, sei stark!)
- *»Sei schnell!«* (Wer zu spät kommt, den bestraft das Leben! Versuche immer schnell zu sein und an erster Stelle zu stehen. So kommst du am weitesten.)
- *»Sei perfekt!«* (Gut sind heutzutage fast alle. Man muss perfekt sein, um vor sich selbst und um vor den anderen Menschen bestehen zu können. Nur perfekte Menschen sind gute Menschen.)
- *»Streng Dich an!«* (Von nichts kommt nichts. Mühe wird belohnt. Streng dich an, dann schaffst du alles, was du willst [oder was wir von dir wollen].)

- »*Gefalle den anderen!*« (Es ist wichtig, dass man von anderen Menschen gemocht wird. Versuche immer, nett zu sein und andere Menschen charmant auf deine Seite zu ziehen, dann gehst du als Gewinner durch das Leben.)

Das Kindheits-Ich

Freuds Es wurde bei Berne zu »K«, dem »Kindheits-Ich«, mit dem jedes Kind geboren wird und das sich durch die kindlichen Erfahrungen weiter modifiziert. Es beinhaltet grundlegende Triebe und Bedürfnisse. Jeder Mensch verhält sich im Kindheits-Ich so, wie er sich als kleines Mädchen oder kleiner Junge verhalten hätte. Das Kindheits-Ich kann man auch als das gefühlte Lebenskonzept bezeichnen, da man hier in erster Linie aus Gefühlen Schlussfolgerungen zieht.

Das gefühlte Lebenskonzept

Hat eine Person überwiegend positive Erfahrungen in der Kindheit gemacht, so wird sie sich selbst und anderen gegenüber positive Gefühle ausdrücken, die Bestandteil des »natürlich-spontanen Kindheits-Ich« sind. Anders ist das bei jemandem, der überwiegend schmerzliche Erfahrungen in der Kindheit gemacht hat. Durch seine Äußerungen kommt das »angepasst-unterwürfige Kindheits-Ich« zum Ausdruck.

Im Kindheits-Ich sitzt, steht, geht und spricht eine Person so, als wäre sie etwa drei Jahre alt. Dieses kindhafte Verhalten geht mit den entsprechenden Wahrnehmungen, Gedanken und Gefühlen einher. Das Kindheits-Ich etabliert sich zwischen dem zweiten und dem fünften Lebensjahr. Es sorgt in erster Linie dafür, dass die grundlegenden Bedürfnisse befriedigt werden. In psychologischer Terminologie funktioniert es nach dem *Lustprinzip*. Daher steht es mit den Bedürfnissen in der Umwelt häufig im Widerspruch, denn es macht einfach mehr Spaß, Schokolade auf der Tapete zu verteilen, als sich ordentlich die Zähne zu putzen. So kommt es zu den Äußerungen der Erwachsenen, die es im Erwachsenen-Ich ablegt, denn sein Handeln bleibt nicht unkommentiert. Der kleine Mensch lernt auf diese Weise, Rechte und Besitze anderer zu achten, auf Wünsche anderer Rücksicht zu nehmen und gewissen Regeln gemäß zu leben, ohne die die Gemeinschaft nicht existieren könnte.

Das Kindheits-Ich zeigt sich von zwei Seiten: Es gibt das *angepasst-unterwürfige* und das *freie* oder *natürlich-spontane* Kindheits-Ich. Beispielsweise lacht ein Kind gerne, wenn es merkt, dass die Mutter sich darüber freut. Es passt sich also der Mutter an. Oder aber es verhält sich völlig unabhängig von den elterlichen Vorstellungen, so, wie es ihm gefällt, also frei oder natürlich.

Menschen im natürlichen Kindheits-Ich spielen gerne, faulenzen, lachen, weinen, ärgern sich und sind erfinderisch. Sie kümmern sich nicht besonders um die Meinung anderer, verhalten sich spontan, schreien zuweilen und sind eher egoistisch. Im angepassten Kindheits-Ich hingegen gehorcht eine Person, zieht sich zurück, fühlt sich schuldig, reagiert zögernd, unsicher und eingeschüchtert. Sie traut sich nicht, initiativ zu werden, ordnet ihre Meinung unter und richtet sich nach den Bedürfnissen der anderen.

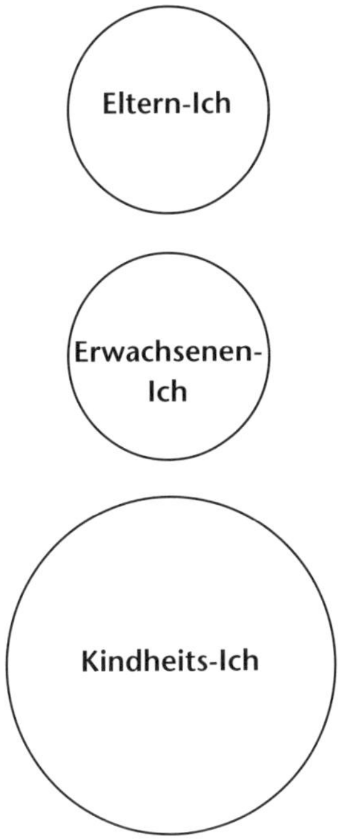

Das Erwachsenen-Ich

Das Ich hat bei Freud eine vermittelnde Funktion zwischen den Programmen des Über-Ichs und den Empfindungen des Es. Berne nannte das Ich »A«, »analytischer Teil«, bekannt geworden als »Erwachsenen-Ich«. Das ist der »Zustand«, in dem ein Mensch Daten und Fakten aufnimmt und analysiert, um angemessene Entscheidungen zu treffen. Da dieser Teil erst später entwickelt wird und daher weniger spontan als die anderen beiden Teile agiert, wird er auch »Computer« genannt. Der Mensch »berechnet« die sich für ihn ergebenden Möglichkeiten und Wahrscheinlichkeiten anhand der gemachten Erfahrungen.

Das Erwachsenen-Ich zeichnet sich durch folgende charakteristische Verhaltensweisen aus:

- hört zu und beobachtet
- stellt sachliche Fragen
- sammelt Fakten
- konzentriert sich auf das, was tatsächlich ist
- formuliert wertfrei
- überlegt
- wägt ab
- berücksichtigt Alternativen
- überprüft eigene Normen und Gefühle
- differenziert
- versucht Probleme konstruktiv zu lösen
- stellt offene Fragen (Warum?, Wie? , Was?, Wann?, Wo? usw.)

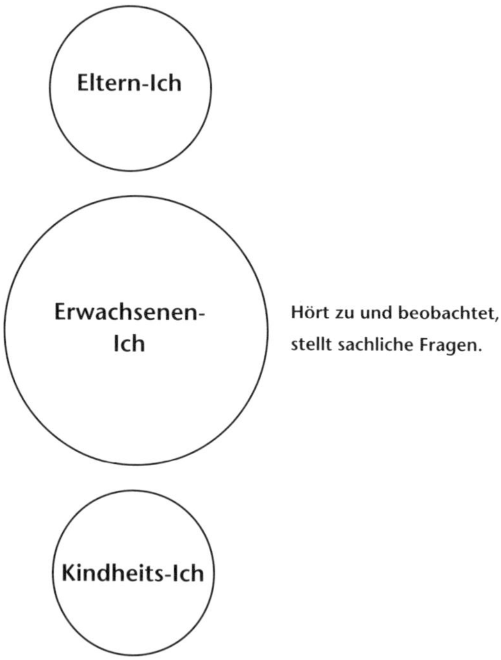

Im Erwachsenen-Ich lässt eine Person erkennen, dass sie unvoreingenommen eine Situation erfasst, die Probleme analysiert und logische Schlussfolgerungen zieht. Was hier beschrieben wird wie ein Computer, ist ein Verhalten, dass frei von jeglichen Gefühlen, ausschließlich anhand von logischen Kriterien vorgeht. Dies wurde auch vielerseits kritisiert.

Das Erwachsenen-Ich ist der Teil in uns, der sich mit der Realität auseinander setzt. Sagt zum Beispiel das Kinheits-Ich »Ich will das!« und das Eltern-Ich »Das darfst du nicht!«, schaltet sich im besten Falle das Erwachsenen-Ich ein und vermittelt zwischen den beiden anderen Instanzen unseres Seins. Es hilft uns entscheiden, ob und unter welchen Umständen das Kindheits-Ich seinen Wunsch doch befriedigen darf. Es ist der Teil der Psyche, der hilft, Entscheidungen zu treffen.

Dominanz eines Ich-Zustands

Welcher der »Ich-Zustände« in einem Menschen dominiert, lässt sich anhand verschiedener Tests herausfinden. Die Ergebnisse dieser Persönlichkeitstests machen die derzeitige Haltung bewusst, um einen gezielten Einsatz der einzelnen Fähigkeiten zu ermöglichen. Berne und Harris betonen immer wieder, dass alle Haltungen notwendig und sinnvoll sind. Sie definieren eine »ideale autonome Persönlichkeit« als einen Menschen, der seine psychische Energie je nach Situation entsprechend flexibel von einem Ich-Zustand zum anderen »fließen« lassen kann.

Mögliche Reaktionen aus den Ich-Zuständen auf 3 verschiedene Situationen:

Situation: Verspätung eines Gesprächspartners
Eltern-Ich: »Können Sie eigentlich nie pünktlich sein?«
Erwachsenen-Ich: »Sind Sie aufgehalten worden?«
Kindheits-Ich: »Ich bin froh, dass Sie noch kommen.«

Situation: Gespräch über eine Kundenbeschwerde
Eltern-Ich: »Was haben Sie sich eigentlich dabei gedacht, sich so mit dem Kunden anzulegen?«
Erwachsenen-Ich: »Wie ist es denn zu dem Konflikt mit dem Kunden gekommen?«
Kindheits-Ich: »Ich frage mich, was Sie sich/unsere Kunden sich einbilden.«

Situation: Der Ehepartner klagt über Unwohlsein
Eltern-Ich: »Bei deinem Lebensstil muss man sich ja unwohl fühlen!«
Erwachsenen-Ich: »Welche Beschwerden hast du?«
Kindheits-Ich: »Dann lass uns doch einen Schnaps trinken.«

Verschiedene Arten der Transaktion

Transaktionen mit sich selbst (innerer Dialog) oder mit anderen (Kommunikation) werden durch den jeweiligen Ich-Zustand bestimmt. Je nach innerer Haltung können diese Transaktionen mehr oder weniger förderlich sein. Ein Mensch kann sich beispielsweise durch gespeicherte Eltern-Ich-Aussagen im inneren Dialog Einschränkungen im Verhalten auferlegen, die im positiven Fall schützen können (»Pass auf, wenn du die Straße überquerst!«) oder im negativen Fall zum Beispiel den Abschluss des Studiums verhindern können (»Sei perfekt!«).

1. Komplementäre Transaktion

In der Kommunikation mit anderen Menschen sendet ein Individuum einem anderen jeweils aus einem bestimmten Ich-Zustand heraus und richtet seine Nachricht auch an einen bestimmten Ich-Zustand im anderen. Es gibt also beispielsweise Mitteilungen, die vom Kindheits-Ich des Senders ausgehend sich an das Eltern-Ich des Empfängers richten. Sagt ein Mitarbeiter zum Chef besipielsweise: *»Mir ist etwas Schreckliches passiert. Der Kunde Müller hat mich angeschrien«*, dann kann der Chef väterlich reagieren und sagen. *»Nun ja, das kann jedem mal passieren.«* Berne unterscheidet drei verschiedene Transaktionen (siehe Grafiken):

Beispiel: Komplementäre Transaktion

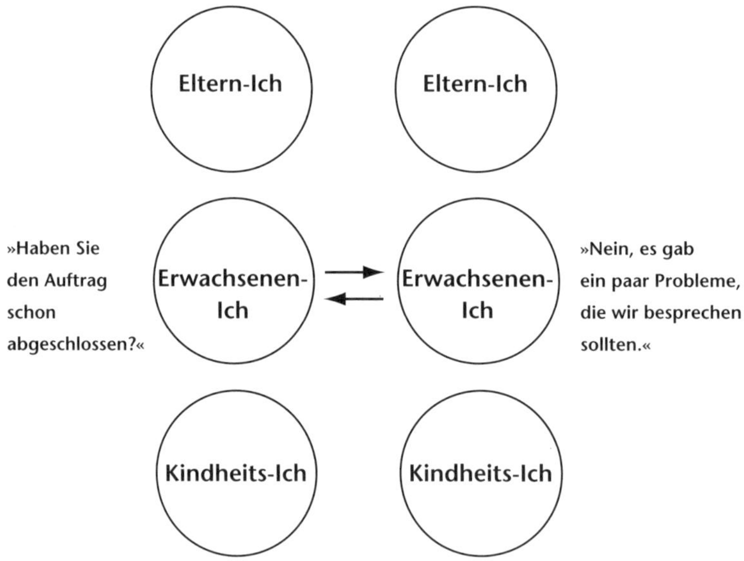

Ebenso wie zwischen zwei Erwachsenen-Ichs lassen sich zwischen Eltern-Ich und Eltern-Ich komplementäre Transaktionen beobachten:
»Die Universitäten sind nicht mehr das, was sie früher einmal waren.«
»Nein, es ist nichts mehr wie früher.«

Oder zwischen Kindheits-Ich und Kindheits-Ich:
»Ich kann nichts dafür, dass Kunde Müller sauer ist.«
»Ja, was machen wir denn da nur?«

> Die erste Kommunikationsregel besagt, dass jede Kommunikation sich so lange reibungslos vollzieht, wie die Transaktionen komplementär verlaufen.

Diese Regel gilt unabhängig von Wesen und Inhalt der Kommunikation. Es ist völlig irrelevant, ob es sich um einen Party-Smalltalk oder um ein Problemlösungsgespräch handelt. Im Arbeitsalltag ist es allerdings das Ziel, Transaktionen zwischen Erwachsenen-Ich und Erwachsenen-Ich zu erreichen.

2. Gekreuzte Transaktion

Gespräche mit *gekreuzten Transaktionen* führen schnell zu einem Abbruch (zumindest vorübergehend), zu einem Konflikt oder zu einer Eskalation. Komplementäre Transaktionen können eine Serie lautstarker Auseinandersetzungen in Gang bringen. In jedem Fall aber weichen sie vom The-

Beispiel: Gekreuzte Transaktion

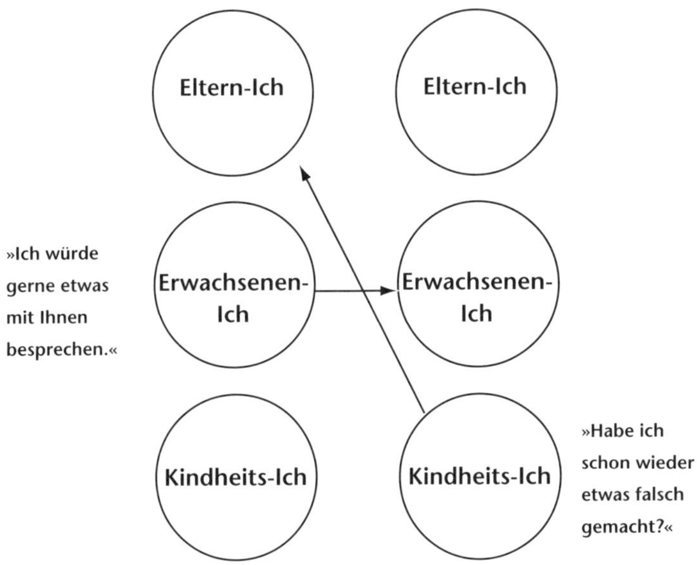

ma ab und die Diskussionspartner streiten nur noch oberflächlich um die Inhalte. Unter der Oberfläche geht es um einen Beziehungskonflikt.

Erkennt man eine gekreuzte Transaktion, so ist es das Ziel, wieder zu einer komplementären Gesprächsart zurückzufinden. Es sind allerdings auch Situationen denkbar, in denen es sinnvoll ist, eine Transaktion zu durchkreuzen, um auf einer anderen Ebene miteinander ins Gespräch zu kommen. Wenn beispielsweise ein Mitarbeiter wiederholt auf den Vorgesetzten zugeht, um in der Kindheits-Rolle die mütterliche oder väterliche Zuwendung zu erhaschen, dann kann es für den Vorgesetzten wichtig sein, dieses angebotene Rollenschema bewusst zu durchkreuzen.

Er kann so dem Mitarbeiter helfen, über die Ursachen nachzudenken und selbst eine tragfähige Lösung zu erarbeiten. Geht eine Führungskraft auf die angebotene Rolle ein, erzieht sie den Mitarbeiter indirekt zur Unselbstständigkeit. Er bleibt in dieser Beziehung das angepasste Kind. Das wiederum kann der Vorgesetzte genau beabsichtigen, weil er sich selbst dann vielleicht »wichtiger« fühlt, als wenn er mit selbstständigen Menschen zusammenarbeiten würde.

Die Entscheidung, ob Sie komplementär oder gekreuzt interagieren möchten, hängt also vom jeweiligen Kontext und von Ihrer Rolle ab.

Beispiel: Verdeckte oder Duplex-Transaktion

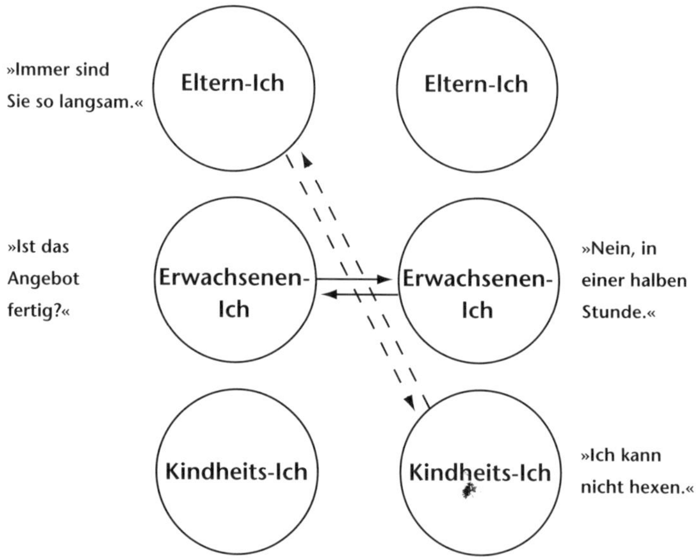

3. Verdeckte oder Duplex-Transaktion

Die offizielle Ebene nennt Berne die *soziale Ebene*, das unterschwellig Gemeinte ist für ihn die *psychologische Ebene*. So sind bei *verdeckten Transaktionen* vier Ebenen beteiligt. Der Fortgang einer verdeckten Transaktion liegt daran, auf welche Ebene die Partner reagieren möchten. Antwortet der Gesprächspartner komplementär, dann reagiert er freundlich und gibt die gewünschte Information, nimmt den negativen Unterton hin, ohne darauf zu reagieren. Reagiert er über Kreuz, kommt es zu einer Konfliktsituation.

Harris zeigt ein sehr schönes Beispiel für die Auflösung einer verdeckten Transaktion, indem die Angesprochene nicht auf die Transaktion eingeht, sie durchkreuzt und die Oberhand behält.

Beispiel

»Ort der Handlung: Eine Cocktailparty. Die Transaktion wird von einem Mann begonnen, der (Kindheits-Ich) eine Frau in den Hintern kneift. Sie erwidert (Erwachsenen-Ich): *»Meine Mutter hat mir immer gesagt, ich soll auch die andere Backe hinhalten.«* Ihre Reaktion war insofern vom Erwachsenen-Ich bestimmt, als sie damit eine Menge Information übermittelte:

1. Ich hatte eine Mutter, *die mir immer gesagt hat* – also seien Sie vorsichtig!
2. *Die andere Backe hinhalten* – ich weiß Bescheid in der Bibel, Sie sehen also, dass ich nicht zu jener Sorte Mädchen gehöre.
3. *Das witzige Wortspiel sagte ihm*: Mein Kindheits-Ich amüsiert sich, du bist o. k. und ich kann Spaß vertragen.
4. Die Transaktion ist beendet.« (Harris 2001, S. 113 f.)

Menschen, die aus diesen komplexen Transaktionen unversehrt und überlegen hervorgehen, tun das nicht zufällig. Sie haben alle ein sehr schnell funktionierendes Erwachsenen-Ich, das ihnen die Möglichkeit bietet, die Situation zu reflektieren und angemessen zu reagieren. Dabei lassen sie ihr Gegenüber das Gesicht wahren.

Wie man im Erwachsenen-Ich bleibt

Das Erwachsenen-Ich entwickelt sich später als die anderen beiden Persönlichkeitsanteile, und es scheint, als habe es das ganze Leben damit zu tun, diesen Rückstand aufzuholen. In vielen Fällen gelingt das nicht. Eltern- und Kindheits-Ich haben bereits automatisierte Reiz-Reaktions-Muster programmiert, die nur schwer verändert werden können. Der erste Schritt zur Stärkung des Erwachsenen-Ichs ist daher eine erhöhte Wachsamkeit für Reaktionen aus den anderen beiden Ich-Zuständen. Es ist sehr hilfreich, in normalerweise spontan ablaufenden Reaktionen kleine Pausen einzulegen oder sich Aus-Zeiten zu genehmigen (wenn man wütend ist, dann zählt man am besten bis 10, wenn man sehr wütend ist, bis 100), um das Erwachsenen-Ich bewusst zu aktivieren.

Das Erwachsenen-Ich stärken

Eine andere Möglichkeit zur Stärkung des Erwachsenen-Ichs liegt darin, sich für wichtige Dinge im Leben, zum Beispiel für wichtige Entscheidungen, Zeit zu nehmen. Viele kleine andere Dinge erübrigen sich dadurch. In jeder Rolle im Leben (beruflich und privat) stelle man sich die Frage: »Was ist hier wirklich wichtig?« und handle stets danach. Nur so baut man ein stabiles Wertesystem auf, dass in Stress-Situationen nicht so leicht vom Eltern- oder Kindheits-Ich ins Wanken geraten kann.

Ziele der Transaktionsanalyse

Normative Zielgröße der Transaktionsanalyse im therapeutischen Kontext ist die nicht skriptgebundene, sondern autonom komplementäre Transaktion vom Erwachsenen-Ich zum Erwachsenen-Ich. Dabei darf nicht die Orientierung am Eltern- und Kindheits-Ich verloren gehen. Denn Eltern-Ich-Entscheidungen sind am schnellsten zur Hand – ein Argument, das in bestimmten Kontexten, zum Beispiel bei Stress oder in Notsituationen, äußerst hilfreich sein kann. Eltern-Ich-Entscheidungen können einen Menschen retten. So wünschen wir uns alle, dass der Rettungssanitäter am Unfallort nicht sein Kindheits-Ich dominieren lässt und erst einmal versucht, das Auto in eine Mullbinde einzuwickeln. Entscheidungen des Kindheits-Ichs sind oft lustig und erfreulich. In Situationen, die Kreativität und Intuition erfordern, findet ein Kindheits-Ich oft neue Wege, um etwas zu tun. Einfallsreiche Lösungen für schwierige Probleme, auf die das Erwachsenen-Ich niemals gekommen wäre, sollten uns nicht fehlen.

Die Spielanalyse

Aufgrund der Erfahrungen aus der Kindheit verbringen Menschen ihre Zeit mit so genannten *Spielen.* Das sind bestimmte vorhersagbare und damit immer wiederkehrende Abfolgen von Duplex-Transaktionen zwischen zwei oder mehr Personen, zum Beispiel in einer Familie oder in einem Team. Spiele führen zu einem bestimmten, voraussagbaren Ergebnis. Es lässt sich auch beschreiben als eine periodisch wiederkehrende Folge von Transaktionen, die scheinbar plausibel von verborgenen Motiven beherrscht werden. Im Gegensatz zu allen anderen Dingen, die das Leben strukturieren (Rückzug, Rituale, Zeitvertreib, Aktivität und Intimität) und die offen und ehrlich sind, fühlen sich bei Spielen am Ende alle Beteiligten unwohl. Woran liegt das? Wie im klassischen Drama verhalten sich die Akteure genau nach ihrem vorgegebenen Text, den sie bereits in früher Kindheit gelernt und festgeschrieben haben.

Spiele werden gespielt, um

- etwas zu erreichen, das man nicht offen auszusprechen wagt
- Zuwendung zu bekommen (wenn auch negative)
- Beachtung und Bestätigung zu finden.

Ehespiele

Ein typisches Ehespiel nach Berne ist das Spiel »Wenn du nicht wärst«. Ein Ehepartner phantasiert, was er alles tun könnte, wenn der Gatte nicht wäre. Zumeist sind diese Dinge angstbesetzt. Das bedeutet, derjenige würde diese Dinge auch dann nicht tun, wenn er könnte. Anstatt sich mit sich selbst auseinander zu setzen, schiebt man diese unangenehme Seite auf den Partner und beklagt sich bitterlich. Der Partner spielt das gleiche Spiel, denn er verbietet vielleicht Dinge, um den anderen nicht zu verlieren. Der psychologische Nutzen dieses Spiels ist es also, sich vor Situationen zu schützen, mit denen man nicht umgehen kann.

Um Spielverläufe zu analysieren, kann man das Dreieck von Karpmann (1968) nutzen. Es hat sich gezeigt, dass viele Familien-, Unternehmens- oder politische Dramen genau wie im griechischen Drama mit drei Rollen besetzt werden können:

- Verfolger
- Retter und
- Opfer.

Die Verfolger-Rolle

Ein *Verfolger* möchte die überlegene Position behalten. Er ist davon überzeugt, besser zu sein als andere. Er setzt anderen zu und sagt ihnen, was sie zu tun haben, um seine innere Überzeugung zu stärken.

Der Verfolger fand bei seinen Eltern ein lächelndes Auge, wenn er anderen Kindern im Sandkasten Eimer und Schaufel abgenommen, bei einem

Streit nie nachgegeben hat, ja vielleicht sogar aggressiv und jähzornig wurde, wenn er herumgeschrien oder unter Protest das Haus verlassen hat. Denn die Eltern vermuteten hinter diesem Tun eine starke Persönlichkeit, die es im Leben einmal einfach haben würde.

Die Retter-Rolle

Ein *Retter* hilft allen anderen Spielern ungefragt und stellt immer wieder seine eigenen Bedürfnisse zurück. Nur wenn er die Gelegenheit hat, anderen, zum Beispiel einem »Opfer«, beizustehen, fühlt er sich wohl. Ein Retter kann aus zwei Motivationslagen helfen wollen: entweder er versucht, durch seine Hilfe Bestätigung zu finden, um seine Unterlegenheitsgefühle zu kompensieren. Oder aber er versucht aufgrund seiner Überlegenheitsgefühle, den anderen zu zeigen, was richtig ist. Er zeigt, dass es ohne ihn nicht geht.

Der spätere Retter lernt, dass er für seine Eltern nur dann o. k. ist, wenn er für die jüngeren Geschwister sorgt, wenn er der Oma beim Einkaufen hilft und im weitesten Sinne auch Verantwortung übernehmen kann.

Die Opfer-Rolle

In der *Opfer-Rolle*, die durch das Kindheits-Ich geprägt ist, geht es einem Spieler immer schlecht. Andere spielen ihm übel mit, und er geht aus jeder Lebenssituation als der »Dumme« hervor. Opfer lassen sich von anderen gerne helfen, auch dann, wenn sie die Dinge eigentlich selbst erledigen könnten. Warum sollten sonst so viele Frauen sich ihre Fahrräder von den Männern aufpumpen lassen?

Opfer haben tatsächlich den Eindruck, weniger zu können als andere. Gespielte Opfer nehmen allerdings die Hilfe von Rettern nicht gerne an. Sie wollen nicht, dass ihr »Problem« gelöst wird. Das Spiel dient lediglich dazu, den Kontakt mit anderen Menschen aufrecht zu erhalten. Würde das Problem gelöst, ginge der Kontakt verloren, und man müsste wieder ein neues Problem finden.

Opfer entstehen dann, wenn die Eltern einem Kind zu verstehen geben, dass sie es o. k. finden, wenn es pariert, verzichtet, schluckt und eigene Bedürfnisse und Wünsche weitgehend zurückstellt.

In allen beschriebenen Fällen haben sich so genannte »Gefühlsmaschen« herausgebildet. Ein echt erlebtes Gefühl wird durch ein anderes ersetzt, das sozial erwünscht zu sein scheint. Dieser Lernprozess verläuft unbewusst, was schließlich dazu führt, dass wir spätere unerwünschte Verhaltensweisen häufig nicht richtig verstehen oder erklären können.

Wechselnde Rollen

Opfer, Retter und Verfolger brauchen sich gegenseitig, um die gelernten Spiele miteinander zu spielen. Aber ihre Rollen sind nicht zuverlässig. Steht beispielsweise im Drehbuch des Opfers (»Was soll ich nur machen?«), dass er nach Hilfeversuchen des Retters (»Versuche es doch mal mit ...«) in die Verfolger-Rolle schlüpfen soll, da er sich plötzlich kindisch behandelt vorkommt (»Immer weißt du alles besser«), so kann das für den Retter überraschend sein (»Aber du hast mich doch gefragt!«). Nicht selten fühlen sich Familienväter auf den Arm genommen, wenn sich ihre Frau abends über das Benehmen der Kinder beklagt, aber in die Luft geht, wenn er Vorschläge macht, wie es besser laufen könnte.

Opfer, Retter und Verfolger befinden sich im so genannten *Drama-Dreieck:*

Drama-Dreieck

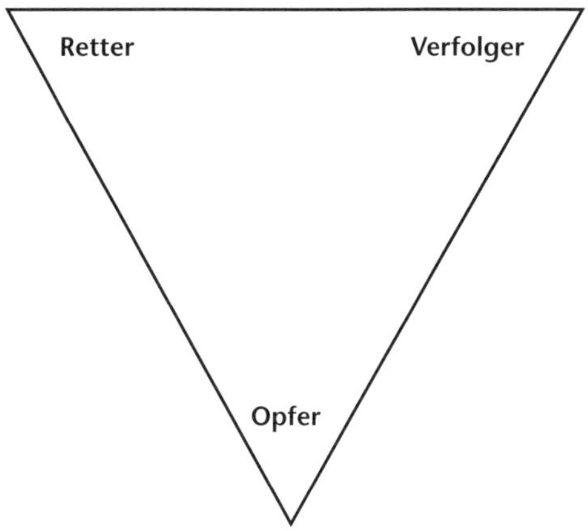

Innerhalb des Drama-Dreiecks ist eine Reihe von Beziehungen möglich. Auch können die beteiligten Personen – wie obiges Beispiel zeigt – blitzschnell die Rollen wechseln.

Der Verfolger handelt in der Regel aus dem kritischen Eltern-Ich. Das Opfer befindet sich entsprechend in der Rolle des angepassten Kindes, das rebellische Züge annehmen und somit wieder seinerseits zum Verfolger werden kann. Der ursprüngliche Verfolger wird dann zum Opfer, während das scheinbare Opfer zum Verfolger geworden ist. Der Retter kann aber auch frustriert von der völligen Unbeholfenheit des Opfers zum Verfolger werden.

Darüber hinaus passiert es häufig, dass wir uns gleichzeitig in zwei verschiedenen Rollen bewegen. Es kann dabei der Fall eintreten, dass man glaubt, von anderen in eine missliche Lage gebracht worden zu sein, d. h., man ist, psychologisch gesehen, in der Opfer-Rolle, aus der man sich dadurch zu befreien versucht, indem man sinnbildlich um sich schlägt, angreift, die Schuld bei anderen sucht, also auf der Verhaltensebene in die Verfolger-Rolle geht.

Berne hat ein ganzes Spielbrevier zusammengestellt. Fast 150 Seiten werden gefüllt mit Spielen zu allen Lebenslagen, wobei er diese in Lebensspiele, Ehespiele, Partyspiele, Sexspiele, Räuberspiele und Doktorspiele unterteilt.

Abbrechen von Spielen

Sobald man bemerkt, dass man an einem Spiel beteiligt ist, kann man es vermeiden, eine Rolle im Spiel des anderen zu übernehmen. Für einen Opferspieler ist beispielsweise ein Spiel ohne Retter wertlos. Außerdem kann man darauf achten, bestimmte Reaktionen zu vermeiden. Beispielsweise verstärkt man eine Opfer-Rolle mit einer Antwort aus dem stützenden Eltern-Ich.

Die Rollen verlassen

Außerdem ist es hilfreich, selbst alle drei Rollen zu verlassen. So sollte man niemandem helfen, der nicht danach gefragt hat. Man sollte auch niemanden anklagen oder kritisieren, sondern sich auf die Lösung von Problemen konzentrieren und natürlich – solange man auf zwei Beinen stehen kann –, sich nicht als Opfer fühlen und darstellen.

Die Skriptanalyse

Drehbuch des Lebens

Die TA nimmt an, dass das Drehbuch des Lebens in einem so genannten *Skript* einer Person fest verankert ist. Dieses Drehbuch wird in der Kindheit geschrieben und stellt die psychologische Kraft dar, die den Menschen in die Arme seines Schicksals treibt. Im Skript ist der Lebensplan festgehalten, und es steht auch geschrieben, ob ein Mensch erfolgreich sein wird oder nicht. Denn das, so die TAler, hängt in erster Linie von seiner Selbstauffassung ab. Noch als Erwachsener befolgen wir unbewusst viele elterliche Botschaften. Zum Teil wirken sie unterstützend (»Du schaffst das!«), zum Teil hemmen sie aber auch unsere psychische Entwicklung (»Du hast nicht das Zeug zur Führungskraft!«). Ein Skript legt die Rollen, das Verhalten und den Verlauf einer Situation von vornherein fest. Das Ergebnis ist voraussagbar. Die verdeckten Motive beherrschen das Geschehen und erzeugen vertraute Gefühle und Gedanken.

Ein Ziel der Skriptanalyse ist es, sich der einengenden und belastenden Normen und Regeln bewusst zu werden. Danach kann man die gefundenen Botschaften überprüfen und sich fragen, ob sie in der heutigen Situation überhaupt noch sinnvoll sind. Bis zu einem gewissen Grad ist jeder Mensch in der Lage, als Erwachsener bewusst Verantwortung für sein Handeln zu übernehmen.

Entscheidung für ein Skript

Ein Mensch »entscheidet« sich unter elterlichem Einfluss in der frühen Kindheit für ein bestimmtes Skript, in dem die eigene Grundposition und die Rolle für das Leben festgeschrieben wird. Diese »Entscheidung« treffen wir unbewusst und manchmal nicht zu unserem Besten.

Grundpositionen

Harris hat die Transaktionsanalyse um die Idee der Grundpositionen in der Einstellung eines Menschen zu seinem Leben und zu anderen Menschen bereichert. Die Art und Weise, wie ein Mensch mit sich selbst und mit anderen umgeht, ist seiner Meinung nach abhängig von folgenden vier verschiedenen inneren *Grundpositionen*:

- Ich bin o. k. – Du bist o. k.
- Ich bin o. k. – Du bist nicht o. k.
- Ich bin nicht o. k. – Du bist o. k.
- Ich bin nicht o. k. – Du bist nicht o. k.

Die Grundpositionen sagen etwas darüber aus, wie wertvoll sich ein Mensch im Vergleich zu anderen Menschen fühlt. Dies ist sicherlich in verschiedenen Situationen unterschiedlich. Nach Harris ist ein Mensch nur in der Grundposition »Ich bin o. k. – Du bist o. k.«, also in der Gewinner-Gewinner-Haltung – wie sie heute genannt wird und in vielen neueren Kommunikationsbeschreibungen Niederschlag fand –, in der Lage, die verschiedenen Ich-Zustände effektiv und angemessen einzusetzen. Gerade aber in Stresssituationen, in denen man ein hohes Maß an Flexibilität benötigt, neigt man dazu, die Position »Ich bin nicht o. k. – Du bist o. k.« oder umgekehrt einzunehmen. Im Führungsalltag und bei Kritik-

und Konfliktgesprächen hat es sich daher bewährt, die innere Grundposition zu überprüfen.

Ich bin nicht o. k. – Du bist o. k.

Die Auffassung »Ich bin nicht o. k. – Du bist o. k.« stammt laut Harris aus der frühesten Kindheit. Seiner Meinung nach kommt jedes Kind im ersten Lebensjahr zu diesem Schluss, auch wenn es eine sehr glückliche Kindheit hatte. Das liegt daran, dass das Kind in sich selbst Unwohlseinsgefühle erlebt und den fürsorglichen Erwachsenen als denjenigen, der ihm Abhilfe verschafft.

Diese frühkindliche Einstellung kann entweder im Laufe der weiteren Kindheit bestätigt oder verändert werden. Im ersten Fall wird das Drehbuch weiterhin vom Kindheits-Ich geschrieben. Das Kind kann sich zurückziehen, weil es zu quälend ist, sich ständig mit den vielen O.K.-Menschen um es herum auseinander zu setzen. Es sucht Zuwendung in der Phantasie und ist dem Wunschdenken sehr verbunden. Ein anderes Kind »kratzt und spuckt« sich seinen Weg durch das Leben.

Die zweite Möglichkeit, die Lebensanschauung zu beeinflussen, wird häufiger ergriffen. Die elterliche Botschaft: »Du kannst o. k. sein, wenn ...« ist hilfreich. Ein solcher Mensch sucht Freunde und Verbündete mit einem starken Eltern-Ich. Macht der junge Mensch positive Erfahrungen, kann der Aufbau einer neuen, bewussten Lebensphase beginnen.

Ich bin nicht o. k. – Du bist nicht o. k.

Nach dem ersten Lebensjahr lernt das Kind laufen und entfernt sich bewusst von den Eltern. Hört nun die elterliche Zuwendung auf und entsteht im Kind das Gefühl, verlassen zu sein, dann schlussfolgert es: »Du bist nicht o. k.«. Die Entwicklung des Erwachsenen-Ichs hört auf. Das Kind gibt auf. Man kann sich kaum vorstellen, dass ein Mensch ohne jegliche Streicheleinheiten durch das Leben geht. Wenn erst einmal diese Grundposition eingenommen wurde, dann werden unbewusst nur noch die Lebenserfahrungen zugelassen, die sie bestätigen.

Ich bin o. k. – Du bist nicht o. k.

Ein Kind, das lange genug von seinen Eltern terrorisiert wurde, kommt zu der Lebensauffassung, dass es selbst o. k. ist, aber die anderen nicht. Nur wie kommt es auf die Idee, dass es selbst o. k. ist? Laut Harris liegt das an einer Form der Selbstzuwendung. Beobachtet wurde diese Haltung von misshandelten Kindern, für die diese innere Haltung die einzige Rettung ist. Allerdings können aus dieser Grundhaltung Psychopathen hervorgehen. Denn solche Menschen sind unfähig, nach innen zu schauen: An allem Übel sind die anderen schuld.

Ich bin o. k. – Du bist o. k.

Die ersten drei Lebensanschauungen werden laut Harris aufgrund von Gefühlen etabliert, während die vierte Möglichkeit »Ich bin o. k. – Du bist o. k.« aufgrund von Denken, Glauben und Einsatzbereitschaft entsteht. Glückliche »O.K.-Kinder« werden immer wieder Situationen ausgesetzt, in denen sie sich selbst ihren eigenen Wert und den der anderen beweisen können. Sie entdecken früh im Leben, dass sie o.k. sind.

Bis zum dritten Lebensjahr ist die Entscheidung für eine der Grundpositionen in jedem Kind fixiert, vielleicht die erste Entscheidung des heranwachsenden Erwachsenen-Ichs.

Harris ist der Auffassung, dass alle Verhaltensspiele ihren Ursprung in einem Kinderspiel haben, das man in jeder Gruppe Dreijähriger beobachten kann: »Meins ist besser als deins.« Dies soll vorübergehend den Druck des Nicht-o. k.-Seins mildern. Das »Ich bin nicht o. k.« bedeutet für Kinder: »Ich bin ein Dreikäsehoch. Ich bin hilflos, schmutzig, ungeschickt und kann nicht so gut reden wie du.« Jede Milderung ist dem Kind willkommen: die größere Portion Eis, sich vordrängeln, über Fehler anderer lachen, den kleinen Bruder verhauen, die Katze treten, mehr Spielzeug haben ... Das bedeutet momentane Erleichterung, auch wenn die nächste Katastrophe schon vor der Tür steht: Weniger Süßes, am Rande stehen, selbst Fehler machen, vom kleinen Bruder verhauen werden.

Erwachsene wiederum verfeinern dieses Spiel »Meins ist besser«: das größere Haus als Schmidts, das größere Auto als Hubers und den teureren Urlaub als Neudorfs. Das tut gut und gibt dem Selbstwertgefühl Auftrieb.

Die Grundposition beeinflusst die Zukunft

Den Grundpositionen wird prognostische Kraft für die Zukunft eines Menschen zugetraut. Berücksichtigt werden müssen darüber hinaus aber auch die genetische Ausstattung, äußere Ereignisse und autonome, nicht-skriptgebundene Entscheidungen in der Lebensgeschichte.

Wenn wir mit einer festgelegten Position handeln, so sind wir nicht autonom. Wir gehen insbesondere dann in eine der drei Positionen des Nicht-o. k.-Seins, so die Überzeugung der TA-Theoretiker, wenn wir eine Situation als belastend und bedrängend empfinden und wenn diese Situation einer stresshaltigen Kindheitserinnerung ähnelt. Unbewusst verläuft dabei die Reproduktion alter Gefühle, für die man die Aufmerksamkeit der Erwachsenen erlangte. Es geht hierbei nicht nur um die positive Zuwendung. Für manche Menschen kann auch die Strafe, d.h. negatives Feedback, die einzige Form der Zuwendung gewesen sein.

Für Harris ist sicher, dass es nur einen ganz geringen Anteil von Menschen ohne Skript oder festgelegte Grundposition gibt. Der weitaus größere Teil hat sich unter massivem elterlichen Einfluss für ein Skript entschieden. Auf den ersten Blick erscheint es zweifelhaft, dass ein drei- bis sechsjähriges Kind vermag, über sein ganzes Leben zu entscheiden. Nach der Skript-Theorie trifft das aber tatsächlich zu.

METHODE IM ÜBERBLICK

Die Methode im Überblick

Die wesentlichen Elemente der Transaktionsanalyse sind:

- die Strukturanalyse bzw. die Ich-Zustände
- die Transaktionsanalyse
- die Spielanalyse
- die Skriptanalyse
- die Grundpositionen

Die Strukturanalyse

Gelernte Werte

Das *Eltern-Ich* beinhaltet alle gelernten Werte, Normen, Gebote und Verbote. Dazu gehören Kosewörter und Ermutigungen, aber auch Ermahnungen und Drohungen.

Aus dieser Zeit stammen auch die so genannten Antreiber, wie zum Beispiel »Sei stark!«, »Sei perfekt!« und »Streng dich an!«

Fühlen

Das *Kindheits-Ich* bewirkt, dass spontane und impulsive Anteile gelebt werden. Hier sind alle Gefühle, Erfahrungen und Verhaltensweisen aus der Kindheit gespeichert.

Prüfendes Denken

Es bewirkt im *Erwachsenen-Ich* ein angemessenes Verhalten in der Realität und für Problemlösungen.

Die Transaktionsanalyse

Transaktionen mit sich selbst (innerer Dialog) oder mit anderen (Kommunikation) werden durch den jeweiligen Ich-Zustand bestimmt. Je nach innerer Haltung können diese Transaktionen mehr oder weniger förderlich sein.

In der Kommunikation mit anderen Menschen unterscheidet Berne verschiedene Transaktionen:

1. Die komplementäre Transaktion, bei der die gleichen Ich-Zustände miteinander kommunizieren
2. die gekreuzte Transaktion, bei der unterschiedliche Ich-Zustände kommunizieren
3. die verdeckte Transaktion, bei der verdeckt in einem anderen Ich-Zustand kommuniziert wird als auf der offenen Ebene.

Die Spielanalyse

Aufgrund der Erfahrungen aus der Kindheit prognostiziert der individuelle Lebensplan auch die so genannten *Spiele*, die ein Mensch in verschiedenen Szenen seines Lebens spielen wird. Dabei handelt es sich um bestimmte vorhersagbare und damit immer wiederkehrende Abfolgen von Transaktionen zwischen zwei oder mehr Personen. In den meisten Spielen werden die Rollen Opfer, Retter und Verfolger besetzt.

Opfer

In der *Opfer-Rolle*, die durch das Kindheits-Ich geprägt ist, geht es einem Spieler immer schlecht. Andere spielen ihm übel mit, und er geht aus jeder Lebenssituation als der »Verlierer« hervor.

Retter

Der *Retter* ist der ergänzende Spielpartner für das Opfer. Ein Retter hilft allen anderen Spielern ungefragt, indem er immer wieder seine eigenen Bedürfnisse zurückstellt.

Verfolger

Auch der *Verfolger* ist eine ergänzende Rolle zum Opfer. Ein Verfolger möchte anderen Spielern deutlich machen, dass sie nicht o. k. sind. Ihm geht es nur gut, wenn er eine überlegene Rolle spielt.

Opfer, Retter und Verfolger brauchen sich gegenseitig, um die gelernten Spiele miteinander zu spielen. Aber ihre Rollen sind nicht zuverlässig. Steht beispielsweise im Skript des Opfers, dass es nach Hilfeversuchen des Retters in die Verfolger-Rolle schlüpfen soll, da es sich plötzlich kindisch behandelt vorkommt, so kann das für den Retter irritierend sein.

METHODE IM ÜBERBLICK

Die Skriptanalyse

Die TA nimmt an, dass das Drehbuch des Lebens in einem so genannten *Skript* einer Person in der Kindheit fest verankert wird. Im Skript ist der Lebensplan festgehalten und ob ein Mensch erfolgreich sein wird oder nicht.

Die Art und Weise, wie ein Mensch mit sich selbst und mit anderen umgeht, ist abhängig von den vier verschiedenen inneren *Grundpositionen*:

- Ich bin o. k. – Du bist o. k.
- Ich bin o. k. – Du bist nicht o. k.
- Ich bin nicht o. k. – Du bist o. k.
- Ich bin nicht o. k. – Du bist nicht o. k.

Selbstwertgefühl

Die Grundpositionen sagen etwas darüber aus, wie wertvoll sich ein Mensch im Vergleich zu anderen Menschen fühlt. Dies ist sicherlich in verschiedenen Situationen unterschiedlich. Nach Harris ist ein Mensch nur in der Grundposition »Ich bin o. k. – Du bist o. k.«, also in der Gewinner-Gewinner-Haltung, in der Lage, die verschiedenen Ich-Zustände effektiv und angemessen einzusetzen. Dem Skript-Konzept wird prognostische Kraft für die Zukunft eines Menschen zugetraut.

Ein Skript legt fest, in welche Aktivitäten ein Mensch in welcher Weise involviert ist oder sein wird. Dabei liegen die Rollen und der Verlauf von vornherein fest und das Ergebnis ist voraussagbar. Die verdeckten Motive beherrschen das Geschehen und erzeugen vertraute Gefühle und Gedanken, mit denen die Beteiligten umgehen können.

Transaktionsanalyse in Beratung und Training

Ablehnung im Business

Wenn man als Trainer und Berater die Transaktionsanalyse in Unternehmen anbieten möchte, um Kommunikationsfallen aufdecken und ein an Erwachsenen orientiertes Verhalten schulen möchte, dann erlebt mancher die Reaktion: »Bloß nicht! Damit haben wir unsere Firma bereits vor 20 Jahren fast kaputttherapiert. Machen Sie doch etwas Vernünftiges.« In der Tat war die TA im Psychoboom der Siebzigerjahre so populär, dass sie teilweise sektenähnlich verkündet wurde. Gleiches erlebt heute das NLP. Unseriöse Anbieter versprachen uneingeschränktes Seelenheil und konfliktfreie Zusammenarbeit. Sie verdienten sich wahrscheinlich eine goldene Nase, aber hinterließen viele Scherben.

Als erste therapeutische Richtung mit allgemein verständlichem Vokabular und einer einfachen Übertragbarkeit in den Business-Kontext versuchte jeder, die TA schnell zu erlernen und setzte sein auf Wochenendseminaren erworbenes Wissen als Heilslehre ein. Das Ergebnis war eine demotivierte Mannschaft, die sich gegenseitig sinnlos etikettierte (»Sie reden sowieso immer nur aus dem Eltern-Ich«) und analysierte (»Wenn Sie im Kindheits-Ich reden, dann kommen wir nicht weiter«) ohne zu wissen, wie sie ihre Kommunikationsstrukturen, geschweige denn ihr eigenes Verhalten, verbessern konnte.

Bald merkten zuerst die Teilnehmer und später die Veranstalter, dass die TA tatsächlich ein analytisches Instrument zum Aufdecken verschiedener Strukturen, Transaktionen oder Spiele ist. Allerdings bietet sie wenig Anleitung zu den auf den Tisch liegenden Konflikten. So konnten Führungskräfte schon nach kurzer Zeit herausfinden, ob in ihrer Abteilung Verfolger-Spiele gespielt wurden oder ob ein Mitarbeiter – oder gar sie selber – aus dem Erwachsenen- oder Kindheits-Ich argumentierten, anstatt, wie gewünscht, im Erwachsenen-Ich zu kommunizieren. Nur, was nützt ihnen diese Erkenntnis? Wie können sie eine Veränderung selbst herbeiführen, wenn sie nicht nahezu automatisch mit der Erkenntnis gekoppelt eintritt?

Analyse plus Orientierung

Soll also mit der Transaktionsanalyse in Unternehmen effektiv gearbeitet werden, dann muss dem analytischen Teil ein orientierender Teil folgen. Nachdem alle verstanden haben, wie es nicht laufen soll, gibt der Trainer oder Seminarleiter Anleitung, um ein neues Verhalten zu etablieren. Dieses muss natürlich von den Teilnehmern gewünscht werden. Ein Trainer kann sich an neueren Entwicklungen der TA orientieren oder aber zu stark lösungsorientierten Methoden wie der Systemischen Therapie nach de Shazer oder NLP greifen. Denn allein zu wissen, dass man im Erwachsenen-Ich reagieren, keine destruktiven Spiele spielen oder von der Einstellung, man sei nicht o. k., Abstand nehmen soll, reicht oft nicht, um eine Veränderung herbeizuführen. Das Ziel ist klar, aber man braucht meistens Hilfen für den Weg.

So eignet sich die TA nach wie vor im Training, sollte nur sehr gezielt eingesetzt und durch andere Methoden ergänzt werden. Das Gleiche empfiehlt sich für das Coaching.

Bezüge zu anderen Methoden

Das innere Team

Eric Berne publizierte zum ersten Mal die Idee, dass die menschliche Psyche nicht aus einer unzertrennbaren Einheit besteht. Freud trug zwar auch die drei Anteile des Seelenlebens vor, beschrieb sie aber ausschließlich bei kranken Menschen. Seit der Transaktionsanalyse kann ein Mensch innerhalb eines Gesprächs seinen Seelenzustand wechseln, auch ohne schizophren zu sein. Diesen Gedanken entwickelten viele neuere Therapieformen weiter und verfeinerten ihn. Aus drei Anteilen wurden beim inneren Team des Systemischen Ansatzes unzählbar viele. Auch im NLP arbeitet man beispielsweise im *6-Step-Reframing* mit den verschiedenen »Seelen in einer Brust«, die schon Goethe kannte. Und so werden noch heute Bücher veröffentlicht, in denen Autoren behaupten, sie hätten das *Innere Team* entdeckt. Die Transaktionsanalyse kann daher als Grundlage für viele Weiterentwicklungen und Ideen gesehen werden, nicht nur in der Kommunikationstherorie, sondern auch in der Persönlichkeitspsychologie.

Systemtherapie

Genau wie die Transaktionsanalyse befasst sich der systemische Gedanke mit dem, was zwischen den Menschen passiert. Die TA nennt es Spiele und der Systemische Ansatz spricht von Mustern, die unterbrochen werden sollen. Gemeint ist das Gleiche, nämlich Kommunikationsabläufe, die zum Nachteil der Beteiligten sind, aufzuspüren und neu zu gestalten.

Ebenfalls in der Systemtherapie hat Virginia Satir die Idee des »Erwachsenen-Ichs« übernommen. Den positiven Anteil bezeichnet sie mit »kongruentem Kommunikationsverhalten«. Den möglicherweise negativen Anteil eines Menschen, der nur aus dem Erwachsenen-Ich heraus handelt, hat sie mit ihrem »Rationalisierer« treffend beschrieben. Jemand, der immer nur vernünftig und berechnend auftritt, überspielt seine verletzliche Seite, so ihre Hypothese. Die von Berne beschriebene Verfolger-Rolle im Spiel weist deutliche Ähnlichkeiten mit Satirs Ankläger auf. Er sucht nach Fehlern, um dann sagen zu können, was richtig ist.

Als eine der frühen neuen Formen ist die TA deutlich der Analyse verhaftet. Sie bietet mehr konkrete Anhaltspunkte für den Klienten als beispielsweise die Gesprächspsychotherapie. Dabei fehlt ihr aber eine konsequente Lösungsorientierung, die sich erst 10 bis 20 Jahre später im Zeitgeist niederschlug.

Entgegen jüngeren Therapieformen bezweifeln Berne und Harris, dass sich ein Mensch komplett verändern kann. Bis zu einem gewissen Grad stimmen die Autoren zu, aber jeder muss auch lernen, seine Grenzen zu erkennen und seine Möglichkeiten auszuschöpfen.

19. Themenzentrierte Interaktion (TZI)

Ruth Cohn sucht einen anderen Umgang mit Macht

Ruth Cohn wurde 1912 als Tochter eines jüdischen Bankiers in Berlin-Charlottenburg geboren. Sie wuchs in großbürgerlichen Verhältnissen mit zwei Dienstmädchen und einer Kinderfrau auf. Ihr ursprünglicher Berufswunsch war Lyrikerin oder Journalistin. Anfang der Dreißigerjahre studierte sie Nationalökonomie und Psychologie an den Universitäten Heidelberg und Berlin. Ruth Cohn hatte *Mein Kampf* gelesen. Die Aufforderung zur legalisierten Gewalt machte sie wachsam. An der Universität war sie Zeugin von Überfällen auf jüdische Studenten geworden. Auch ein Freund trennte sich von ihr, weil sie Jüdin war. Direkt nach der Machtübernahme von Hitler (1933) verließ sie Deutschland.

In Zürich konnte sie ihr Studium in Psychologie, Medizin und Psychiatrie fortsetzen. Zusätzlich begann sie Studien in den Fächern Pädagogik, Theologie, Literatur und Philosophie an der Universität von Zürich. In Zürich heiratete sie auch, emigrierte dann aber 1941 mit Mann und Kind nach New York. Dort wurde das zweite Kind geboren; die Ehe wurde 1946 geschieden.

Arbeit mit Kindern

In York City absolvierte sie eine Ausbildung als Lehrerin. 1941 bis 1944 konnte sie ihr Studium fortsetzen und schloss als Diplom-Psychologin ab. Von 1946 bis 1972 betrieb sie eine private psychotherapeutische Praxis in New York City. Da sie aus einem nicht-medizinischen Berufsfeld kam, therapierte sie zunächst Kinder. Durch die Arbeit mit ihnen kam sie immer mehr mit Erwachsenen in Kontakt, denn Kinder handeln wie ihre Vorbilder. So kam sie auf diesem Umweg zur Erwachsenentherapie. Hier entfernte sie sich zunehmend von der klassischen Psychoanalyse und wendete sich der Erlebnistherapie zu. In dieser Zeit absolvierte sie eine Ausbildung zur Gruppentherapeutin.

In den Fünfzigerjahren begann sie, die ersten Gedanken zur Themenzentrierten Interaktion zu verfassen. 1957 bis 1973 lehrte sie am *Center for Psychotherapy* in der Abteilung Gruppentherapie. Ab 1962 war sie Aktives Mitglied der *American Academy for Psychotherapy*. Hierdurch war sie am Puls der psychotherapeutischen Entwicklung und kam mit vielen Pionieren neueren Denkens zusammen, z.B. mit Fritz Perls (Gestalttherapie), Carl Rogers (Nichtdirektive Gesprächsführung) und Virginia Satir (Familientherapie).

Arbeit mit Unternehmen

Anfang der Sechzigerjahre arbeitete Ruth Cohn erstmalig für Wirtschaftsunternehmen. Damit ist sie eine der wenigen Psychotherapeuten, die bereits damals ihre Ideen mit gesunden Menschen umsetzten. Mitte der Sechzigerjahre ließ sie sich von Fritz Perls in Gestalttherapie ausbilden und gründete gleichzeitig das *Institute for Living-Learning* (WILL), dem Institut für Ausbildung, Forschung und Praxis von TZI *(Theme-Centered Interaction TCI)* angeschlossen.

1968 kam Ruth Cohn erstmalig für Vorträge nach Europa. Erst 1974 kehrte sie ganz nach Europa zurück und wohnte in der Schweiz (Hasliberg-Goldern). 1971 wurde sie *Psychologist of the Year*, eine Auszeichnung der *New York Society for Clinical Psychology*. Sie erhielt 1979 die Ehrendoktorwürde der Psychologischen Fakultät der Universität Hamburg und 1994 der Universität Bern. 1992 verlieh ihr die Bundesrepublik Deutschland das große Verdienstkreuz.

TZI oder die Suche nach der inneren und äußeren Balance

Selbstverantwortung übernehmen

Welcher Trainer kennt Ruth Cohns Postulate zur partnerschaftlichen Kommunikation nicht (Cohn 2000, S. 120ff.)?

- »Sei dein(e) eigene(r) Chairman/Chairwoman!«
- »Störungen haben Vorrang!«

Sie werden meistens zu Beginn des Seminars bei den Spielregeln vereinbart. Manchmal zieren sie aber auch die Rückseite der Namensschilder, um den Teilnehmern immer zu verdeutlichen: »Du bist für dich selbst verantwortlich. Wenn dir etwas nicht gefällt, dann sage es!« Und wie erleichternd ist es für einen Trainer, wenn er mit einer offenen Seminargruppe arbeiten kann, die ihm zwischendurch Feedback gibt, anstatt bis zum Ende das Seminar schweigend über sich ergehen zu lassen und anschließend zu meckern.

In allen Bereichen des Lebens ist es hilfreich, wenn jeder die Verantwortung für sich selbst übernimmt und freundlich formuliert, wenn ihn etwas stört. Das erleichtert auch Führung und Zusammenarbeit und macht manches Seminar oder Coaching überflüssig. So sind es scheinbar einfache Prinzipien, die Ruth Cohn formulierte. Will man sie aber konsequent umsetzen, haben sie es durchaus in sich.

Diese oben genannten beiden Aussagen werden am häufigsten mit Ruth Cohn in Verbindung gebracht, sind aber längst nicht alles. Zentraler Punkt ihrer Themenzentrierten Interaktion (TZI) ist die Glaubwürdigkeit eines Menschen, die sie selbst beherzigte und lebte. Und es ist kein Geheimnis, dass gute Trainer vor allem durch ihre Glaubwürdigkeit überzeugen. Es wäre müßig, Seminarteilnehmern die Regeln der partnerschaftlichen Kommunikation zu vermitteln, selbst aber immer wieder diese Regeln zu brechen. Das wäre so, als wenn man ein schreiendes Kind versucht zu beruhigen, indem man es anschreit. Ruth Cohn hatte sich zum Ziel gesetzt, den Kommunikations- und Kooperationsstil von Gruppen zu verbessern.

Der Einzelne und die Gemeinschaft

Als Berlinerin floh Cohn vor der nationalsozialistischen Verfolgung nach Amerika und versuchte eine Erklärung dafür zu finden, dass Menschen so brutal andere unterdrücken können. Ihre Antwort ist, dass die einzelnen Menschen zu wenig am gemeinschaftlichen Leben teilnehmen und sich umgekehrt die Gemeinschaft zu wenig um den Einzelnen bemüht. Alle sind wir voneinander abhängig, der Einzelne von der Gemeinschaft und die Gemeinschaft vom Einzelnen. Leben ist Interaktion – ein In-Beziehung-Treten. Als kleiner Bestandteil des Universums ist Vereinsamung und Vermassung gleichermaßen lebensfeindlich. Grundsatz ihrer Lehre ist die individuelle und gemeinschaftliche Balance, und genau diese ist für ein Unternehmen überlebensnotwendig.

Die vier Grundprinzipien

Ruth Cohn entwickelte Mitte der Fünfzigerjahre eine Form der Zusammenarbeit von Gruppen, basierend auf den Erkenntnissen der Psychoanalyse und der Gruppentherapie. Das zentrale Anliegen ihres überwiegend pädagogischen Konzeptes ist es, Gruppen ein lebendiges Miteinander-Lernen zu ermöglichen. Dabei stellt Ruth Cohn vier Prinzipien in den Vordergrund:

- die Person, die sich selbst, den anderen und dem Thema zugewandt ist *(= Ich)*
- die Gruppenmitglieder, die durch die Zuwendung zum Thema und ihre Interaktion zur Gruppe werden *(= Wir)*
- das Thema und die von der Gruppe behandelten Aufgaben *(= Es)*
- das Umfeld, das die Gruppe beeinflusst und von ihr beeinflusst wird *(= Globe)*

4 Prinzipien

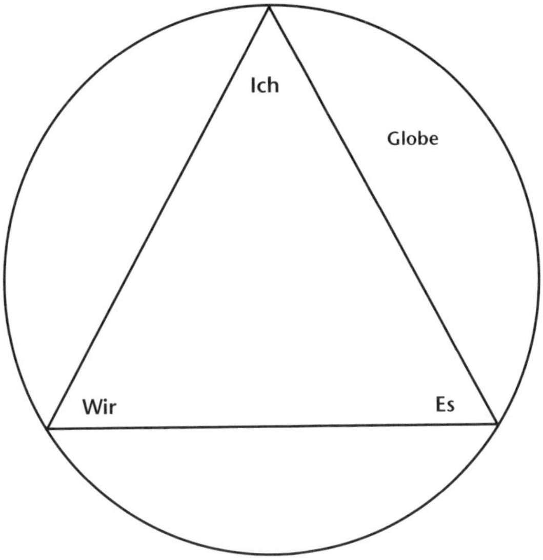

Ich-Ebene

Kommunikation findet immer auf allen Ebenen statt. Die *Ich-Ebene* beschreibt jedes Teammitglied als Individuum. Jeder Teilnehmer kommt mit seiner eigenen Persönlichkeit, seinen Stimmungen und seinen Vorerfahrungen in das Team. Eine gut gelaunte oder eine frustrierte Grundstimmung kann entsprechende Verhaltensweisen auslösen. Auch aggressives Verhalten beeinflusst den Gruppenprozess. Es ist wichtig zu wissen, dass jeder Teilnehmer sein »Päckchen« mitbringt, um entsprechend darauf eingehen zu können. In einer Teamarbeit geht es in der Regel darum, eine Aufgabe zu lösen.

Wir-Ebene

Auf der zweiten Ebene spiegelt sich die Stimmung der Gruppe. Das Team ist immer eine Gemeinschaft, unabhängig davon, ob sich die Teammitglieder nahe stehen, sich mögen oder nicht. Die Stimmungen und auch Spannungen, die durch die Gruppe entstehen, sind ein Thema auf der *Wir-Ebene*. Wichtig ist es, auf dieser Ebene Transparenz zu schaffen und eine konstruktive Konfliktbearbeitung zu ermöglichen.

Themen-Ebene Ziel eines Teams ist es in der Regel, ein Thema zu bearbeiten oder eine Fragestellung zu besprechen. Diese inhaltliche Aufgabe spielt sich auf der dritten Ebene ab. Für die meisten Menschen steht diese sachliche Ebene im Vordergrund.

Die vier Punkte sind alle gleich wichtig und beeinflussen sich gegenseitig. Ziel in der Kommunikation ist es, alle vier Prinzipien in Interaktionen zu berücksichtigen. Die Bedürfnisse einer einzelnen Person sind nicht wichtiger als die Bedürfnisse der Gruppe, als das Thema oder als die Umwelt. Möglicherweise nimmt einer der vier Bereiche zeitweilig mehr Raum ein. Im zwischenmenschlichen Miteinander sollte immer wieder eine Balance zwischen den vier Variablen geschaffen werden. So entsteht ein Klima, in dem der Einzelne sowohl in seinen kognitiv-rationalen als auch in seinen emotional-sozialen Fähigkeiten ernst genommen und unterstützt werden kann.

So kann sich beispielsweise eine Führungskraft nicht dauerhaft auf Kosten ihrer Mitarbeiter profilieren oder ein Teammitglied alle Privilegien für sich beanspruchen. Das wird mit der Zeit ärgerlich. Es entstehen Konflikte, die manchmal gar nicht mehr auf die Ursache zurückführbar sind. Ziel dieses Kommunikationsstils ist es, Konflikten vorzubeugen, indem jeder seine Gedanken und sein Handeln im Spannungsdreieck abwägt: Werde ich mir selbst, der Gruppe, dem Thema und dem Globe gerecht? Möchte ich einen der Punkte für einige Zeit überbewerten, um dann wieder einen anderen zu fokussieren? – Wird dieses Spannungsdreieck im Seminar berücksichtigt, so stehen die Bedürfnisse der einzelnen Teilnehmer, die der Gruppe und das Thema in einem sinnvollen Zusammenhang und einem erfolgreichen Seminar nichts mehr im Weg.

Die Ebenen trennen Ein Teamleiter oder Moderator ist gut beraten, wenn er es schafft, die Ebenen zu trennen. Es kann sonst beispielsweise passieren, dass jemand den Vorschlag eines anderen ablehnt, weil er sich zwei Tage zuvor von dieser Person unfair behandelt fühlte. Genauso kann es sein, dass jemand einen Streit mit anderen Teammitgliedern beginnt, um persönliche Anspannungen abzubauen. Solche Vorgänge sind uns nicht bewusst, werden also nicht böswillig platziert, können aber die Zusammenarbeit auf der Thema-Ebene deutlich beeinflussen. Das Modell ist hier eine Stütze, um Prozesse schneller bewusst zu machen.

Für eine effektive Teamarbeit müssen die Ebenen ausgeglichen sein. Es darf kein Übergewicht in einer der drei Ebenen entstehen, weil sonst der

Erfolg des Teams leidet. Auch ein Übergewicht auf der Thema-Ebene hat Nachteile, da es zu Lasten von individuellen Bedürfnissen und des Gemeinschaftsgefühls geht. Ein Übergewicht auf der Wir-Ebene kann dazu führen, dass das eigentliche Thema, die Arbeit, vernachlässigt wird. Wie von manchen Moderatoren missverstanden, legitimiert TZI nicht dazu, überwiegend Beziehungsprobleme zu besprechen. Konflikte kommen nur dann zur Sprache, wenn sie den Arbeitsprozess stören.

Die Axiome

Bei der Arbeit mit TZI sind verschiedene Axiome relevant. Diese Axiome (Cohn 2000, S. 120) beschreiben die grundlegende Einstellung eines Menschen und erleichtern das Arbeiten mit Gruppen im Spannungsdreieck:

> *1. Das existenziell-anthropologische Axiom*
> »Der Mensch ist eine psycho-biologische Einheit und ein Teil des Universums. Er ist darum gleichermaßen autonom und interdependent. Die Autonomie des Einzelnen ist um so größer, je mehr er sich seiner Interdependenz mit allen und allem bewusst wird. Menschliche Erfahrungen, Verhalten und Kommunikation unterliegen interaktionellen und universellen Gesetzen. Geschehnisse sind keine isolierten Begebenheiten, sondern bedingen einander in Vergangenheit, Gegenwart und Zukunft.«

Zwischen Eigenständigkeit und Abhängigkeit

Dieses Axiom verdeutlicht die beiden Pole, zwischen denen sich Menschen bewegen: der Eigenständigkeit und der Abhängigkeit. Es ist die Lebensaufgabe eines jeden Menschen, einen Ausgleich zwischen diesen beiden Polen zu finden. Gegenwärtige Probleme werden deswegen immer im Zusammenhang mit den Erfahrungen der Vergangenheit und den Möglichkeiten der Zukunft gesehen. Dieses Axiom kann in Konfliktsituationen sehr hilfreich sein.

> *2. Das ethisch-soziale Axiom*
> »Ehrfurcht gebührt allem Lebendigen und seinem Wachstum. Respekt vor dem Wachstum bedingt bewertende Entscheidungen. Das Humane ist wertvoll, Inhumanes ist weltbedrohend.«

Wert und Sinn

Das zweite Axiom bezieht sich auf die Wert- und Sinnhaftigkeit der menschlichen Existenz. Ethische Prinzipien hatten weder in der Geschichte noch haben sie in der Gegenwart ausreichende Bedeutung erreicht. Sie allein können den destruktiven menschlichen Kräften nicht entgegenwirken. Mit dem zweiten Axiom möchte die TZI auf den Sinn des Lebens hinweisen und dadurch ein wertorientiertes Handeln fördern.

> *3. Das pragmatisch-politische Axiom*
> »Freie Entscheidung geschieht innerhalb bedingender innerer und äußerer Grenzen. Erweiterung dieser Grenzen ist möglich. Freiheit im Entscheiden ist größer, wenn wir gesund, intelligent, materiell gesichert und geistig gereift sind, als wenn wir krank, beschränkt oder arm sind oder unter Gewalt und mangelnder Reife leiden. Bewusstsein unserer universellen Interdependenz ist die Grundlage humaner Verantwortung.«

Dieses Axiom führt dem Menschen seine Grenzen klar vor Augen. Außerdem weist es darauf hin, dass er auch partiell mächtig ist. Basierend auf diesen Axiomen formuliert Ruth Cohn ihre sehr bekannten bereits genannten Postulate.

»Sei dein eigener Chairman«

In den Postulaten wird zum Ausdruck gebracht, wie die Axiome im allgemeinen gesellschaftlichen Leben wirken. Das Postulat »Sei dein eigener Chairman« kann in drei Schritte unterteilt werden. Zunächst soll eine Person lernen, sich auf ihr Innenleben zu konzentrieren. Sie soll ihre Gefühle wahrnehmen und ihre Bedürfnisse erkennen können. Was sie selbst denkt und fühlt, rückt sie für sich in den Mittelpunkt. Im zweiten Schritt wird ihr Blick auf die äußere Wirklichkeit gelenkt: Inwiefern kann sie ihre Gefühle in ihrer Umgebung zum Ausdruck bringen? Wie viel möchte sie ihren Mitmenschen von sich erzählen? Der dritte Teil fordert, eine bewusste Antwort auf diese Frage zu geben und sich auf eine Verhaltensweise festzulegen. Eine Chairperson trifft ihre Entscheidungen bewusst und handelt nach ihnen.

»Störungen haben Vorrang«

Das zweite Postulat fordert, dass in einer Gruppensituation Störungen in den Vordergrund gerückt werden. Sie suchen sich nach Auffassung von Ruth Cohn sowieso ihr Forum des Ausdrucks, meist zu einem unpassenden Zeitpunkt. Es ist also besser, wenn man sie aktiv anpackt und ihnen Raum verschafft. Erst nach der Klärung des Problems kann im Team weitergearbeitet werden. Störungen können Zerstreutheit, Ärger oder auch einen bestehenden Konflikt anzeigen. Auch Freude über ein anderes Thema kann Anlass zu einer Störung bieten. Gibt man dieser Störung als Trainer keinen Raum, so unterdrückt man das menschliche Miteinander. Das gemeinsame Lernen wird blockiert, wenn ein Mitglied, aus welchem

Grund auch immer, nicht bei der Sache ist. Oft reicht es schon, die Störung anzusprechen, um den Teilnehmer wieder in das aktuelle Geschehen mit einzubeziehen.

Vor- und Nachteile des zweiten Postulats

Kommt beispielsweise ein frisch gebackener Familienvater ins Seminar und überbringt die freudige Botschaft den anderen Kollegen, so ist es besser, eine Kaffeepause einzulegen, damit der junge Vater seinem Erzählbedürfnis und die Kollegen ihrem Informationsbedürfnis gerecht werden können. Auch Glückwünsche brauchen Raum. 45 Minuten später steigen alle konzentrierter in das Seminar ein, als wenn der Trainer dieser Ablenkung keine Zeit gegeben hätte.

Gleichzeitig ist das zweite Postulat auch das umstrittenste des Werkes. Was zunächst einleuchtend klingt, kann in letzter Konsequenz den Gruppenprozess enorm aufhalten und zurückwerfen. Ziel ist es immer, für ein Problem eine Lösung zu finden. Seitengespräche können wichtige Hinweise geben, sie können aber auch einfach nur stören und aus mangelnder Disziplin geführt werden und nicht, weil es tatsächlich offene Frage oder Gegenmeinungen gibt. Wird solchen Störungen zu viel Raum gegeben, kann das dauerhaft zur Frustration des Teams führen, vor allem dann, wenn sich mit Störungen einzelne Personen in den Vordergrund drängen und so ungefragt das Geschehen bestimmen. Diese Regel sollte also nicht uneingeschränkt Anwendung finden. Allerdings wurde sie von Ruth Cohn auch nicht in dieser Absicht formuliert; vielmehr ist es ihrer Meinung nach wichtig, dem dritten Axiom zu folgen und der Störung eine Grenze zu setzen. Würden die Sprechenden ihre Seitenbeiträge im Dreieck abwägen, würde kein irrelevantes Wort fallen. Häufig ist Cohn allerdings missinterpretiert worden.

Die beiden ersten Postulate sind durchaus erklärungsbedürftig und nur dann sinnvoll, wenn ein Team bereit ist, damit zu arbeiten. Deswegen erscheint es auch nicht ganz der richtige Weg zu sein, die Postulate einfach auf die Namensschilder aufzudrucken und dann zu glauben, dass das Seminar konfliktfrei verlaufe.

Hilfsregeln

Neben den zwei Regeln hat Ruth Cohn weitere Hilfsregeln aufgestellt, die relevant werden, wenn diese nicht ausreichen, um den Teamprozess konstruktiv voranzutreiben:

> »Rede per ich und nicht per man!«

Diese Regel meint, dass jedes Teammitglied seine Meinung deutlich ausdrücken soll. Vielfach verstecken sich Einzelne hinter Formulierungen mit »man« (Bsp.: »Man sollte dies oder das machen.«) oder »jeder« (Bsp.: »Jeder denkt das doch.«). Das bedeutet natürlich auch, dass jeder Teilnehmer Verantwortung für seine Meinung und sein Handeln übernimmt. Er oder sie kann sich nicht mehr hinter der Gruppe verstecken.

> »Wenn du eine Frage stellst, sage, warum du fragst und was deine Frage für dich bedeutet.«

Macht des Fragens

Cohn vertritt grundsätzlich die Auffassung, dass es besser sei, etwas über sich zu sagen, als zu fragen. Diese Idee stammt aus der Erkenntnis, dass Fragen oft als Demonstration von Macht eingesetzt werden. Bei echten Fragen hat jemand wirklich ein Informationsdefizit. Unechte Fragen hingegen versuchen, andere in die Ecke zu treiben – genau das Ziel manches dialektischen Prozesses. Die Aussage »Wer fragt, der führt« wird hierdurch fragwürdig. Da jedes Mitglied aufgefordert wird, den Hintergrund seiner Frage offen zu legen, wird schnell deutlich, welches Ziel der Betreffende mit seiner Frage verfolgt.

Fragen können – auch wenn sie Macht demonstrieren – ein hilfreiches Mittel sein, um einen Teamprozess voranzutreiben. Jemand, der solche Fragen stellt, übernimmt auch tendenziell eine Führungsrolle in der Gruppe. Akzeptieren alle Teammitglieder diese Rolle, ist ein solches Vorgehen im Hinblick auf den allseits vorherrschenden Zeitdruck ein willkommenes Mittel.

> »Sei authentisch und selektiv in deiner Kommunikation.«

Jeder trägt Verantwortung für seine Beiträge, deshalb soll er sich bewusst werden, was er fühlt, bevor er etwas sagt. Außerdem gilt es vor dem Öffnen des Mundes die Gruppensituation zu betrachten und seinen Beitrag nur dann loszuwerden, wenn er dem Gruppenziel dienlich ist. Das bedeutet konsequenterweise, dass man nicht einfach sagt, was einem gerade in den Sinn kommt, sondern erst überlegt, wo es hinpasst, und es weglässt, wenn der Beitrag nur für einen selbst interessant ist. Dieser Filter ist notwendig, um eine effektive Teamarbeit zu ermöglichen. Kennt sich das Team lange und gut, dann gibt es immer mehr, das gesagt werden kann und die Gruppe voranbringt. Diese Regel vermeidet deutlich die Haltung: »Gut, dass wir darüber geredet haben.« Denn so manche Störung kann man mit sich selbst ausmachen, ohne die Gruppe damit zu konfrontieren. Und wenn es nur bedeutet, dass man kurz auf die Toilette verschwindet, ohne eine allgemeine Pause zu fordern.

»Interpretiere möglichst nicht.«

Interpretationen

Manche Menschen neigen dazu, Redebeiträge der anderen Teilnehmer zu interpretieren, wobei die meisten Interpretationsversuche vor allem etwas mit dem Sprechenden selbst zu tun haben. Der andere fühlt sich oft missverstanden. Solche Vorgänge verlangsamen Arbeitsprozesse. Anstatt zu erklären, was andere gesagt und gedacht haben, ist es effektiver, für sich selbst zu sprechen. Die einfachste Regel heißt deswegen: Jeder spricht für sich selbst. Wenn wir nicht sicher sind, was der andere gesagt hat, dann können wir ja nachfragen.

»Nicht verallgemeinern.«

»Nie« und »immer« sind Worte, die kein Mensch gerne hört. »Immer mischt du dich ein.« Das erfreut nicht gerade und trägt auch nicht zu einem konstruktiven Klima bei. Solche Verallgemeinerungen unterbrechen den Gruppenprozess. Sie werden häufig im Konfliktfall oder beim Feedback geäußert und führen zu Abwehrreaktionen oder Gegenangriffen. Besonders beim Äußern von persönlichen Dingen sollte auf Verallgemeinerungen verzichtet werden.

»Persönliche Eindrücke deutlich kennzeichnen.«

Was man persönlich fühlt, denkt oder erlebt, sollte man auch als solches kommunizieren und nicht als allgemein gültige Tatsache hinstellen. Das hat wiederum die Übernahme von Verantwortung für das Gefragte zur Folge.

»Nur einer redet zur gleichen Zeit.«

Wenn alle durcheinander sprechen, versteht keiner mehr etwas und die Diskussionen werden doppelt und dreifach geführt. Eine Verständigung ist nur mit einer gewissen Gesprächsdisziplin möglich, und nur dann können auch sinnvolle Gruppenentscheidungen getroffen werden.

> »Bei Überschneidungen von Redebeiträgen, kurze Sammlung von Stichpunkten.«

Wenn mehr als einer gleichzeitig sprechen möchte, dann sollte untereinander eine Verständigung über die Stichworte stattfinden, damit ein Thema nach dem anderen besprochen werden kann. Allerdings sollte dieses Stichwortsammeln nicht das Gespräch ersetzen. Hier ist es wichtig, sich ganz kurz zu fassen. Nutzt einer die »Chance«, um sein Thema in Gänze darzulegen, so hält er sich nicht an diese Regel und beansprucht unnötig die Nerven seiner Mitmenschen.

Regeln = Vorschläge

Alle diese Regeln sind Möglichkeiten, um die Zusammenarbeit zu verbessern. Es sind Vorschläge, mit denen ein Team im Laufe der Zeit seine eigenen Umgangsregeln erarbeiten kann. Erst, wenn die Prozesse im Team erkannt werden, können die Regeln einen sinnvollen Einsatz erfahren. Sie zu Beginn einfach zu verlesen, bringt wie gesagt keinen Erfolg.

Das Prinzip Verantwortung

Ruth Cohn war vor allem durch das große Mitläufertum im Dritten Reich erschrocken. Deshalb ist einer der Grundpfeiler ihrer Ideen die Verantwortung, die jeder Mensch für sich selbst und für seinen Lebensweg übernimmt. Die Psychoanalyse nach Freud legt manchmal eine Passivität nahe: Weil die Eltern so schrecklich waren, hat der Sprössling keine Chance, ein besseres Leben zu leben, denn er unterliegt dem Wiederholungszwang. Je mehr er sich bemüht, nicht in die Fußstapfen seiner Erzieher zu treten, umso mehr wird er von ihnen angezogen. In den Sechzigerjahren gab es gerade in New York eine große Gegenbewegung, die Freud das alleinige richtige Urteilsrecht über die menschliche Psyche absprach und versuchte, neue Wege zu gehen. Eines der Lebensziele von Ruth Cohn war es, Menschen zu einer solchen Reife zu führen, dass eine Willkürherrschaft nicht mehr möglich ist. Aus diesem Hintergrund heraus ist die Betonung der Verantwortung zu sehen. Sich als Menschen zu begegnen bedeutet für Cohn:

> *Zwischenmenschliche Begegnung*
> »Ich begegne dir heißt, ich möchte dich kennen lernen. Es bedeutet: Ich öffne mich für dich mit meinen Sinnen, meinen Gefühlen, meinem Verstehen. Es heißt auch: Ich möchte, dass du mich kennen lernst ... Etwas aus der Begegnung mit dir zu lernen, bedeutet,

etwas von dir in mir zu behalten. Ich kann nie in mir erleben, was *in* dir ist, denn deine Wahrnehmungen, Gedanken und Gefühle sind immer deine eigenen. Jede Botschaft von dir zu mir verändert sich auf dem Weg von dir, dem ›Sender‹, zu mir, dem ›Empfänger‹. Stellen wir uns z.B. vor: Wir schauen beide einem Maler zu, der ein Bild malt. Dann sind mindestens drei Vorstellungen von diesem Bild im Raum: die des Malers, deine und meine ...«

Die Methode im Überblick

METHODE IM ÜBERBLICK

Balance zwischen Individuum und Gemeinschaft

Ruth Cohn wurde vor allem durch die Gewaltherrschaft der Nazis und durch die Aufbruchstimmung im psychotherapeutischen Bereich beeinflusst. Ihr Fazit aus diesen Erlebnissen ist, dass einzelne Menschen zu wenig am gemeinschaftlichen Leben teilnehmen und sich umgekehrt die Gemeinschaft zu wenig um den Einzelnen bemüht. Vereinsamung und Vermassung sind ihrer Auffassung nach gleichermaßen lebensfeindlich. Grundsatz ihrer Lehre ist die individuelle und gemeinschaftliche Balance.

Die Methode umfasst vier Grundprinzipien:

1. die Person, die sich selbst, den anderen und dem Thema zugewandt ist *(= Ich)*
2. die Gruppenmitglieder, die durch die Zuwendung zum Thema und ihre Interaktion zur Gruppe werden *(= Wir)*
3. das Thema und die von der Gruppe behandelten Aufgaben *(= Es)*
4. das Umfeld, das die Gruppe beeinflusst und von ihr beeinflusst wird *(= Globe)*

Kommunikation findet immer auf allen Ebenen statt. Die vier Punkte sind alle gleich wichtig und beeinflussen sich gegenseitig. Ziel in der Kommunikation ist es, alle vier Prinzipien in Interaktionen zu berücksichtigen.

Darüber hinaus stellte Cohn drei Axiome auf, die zwischenmenschliche Beziehungen erleichtern sollen:

- Das existenziell-anthropologische Axiom verdeutlicht die beiden Pole, zwischen denen sich Menschen bewegen: der Eigenständigkeit und der Abhängigkeit.

- Das ethisch-soziale Axiom bezieht sich auf die Wert- und Sinnhaftigkeit der menschlichen Existenz.
- Das pragmatisch-politische Axiom führt dem Menschen seine Grenzen klar vor Augen. Persönliche Freiheit ist wichtig, steht aber nicht über allem.

Ruth Cohn formuliert verschiedene Regeln, die die Zusammenarbeit im Team verbessern und vereinfachen sollen:

- »Sei dein(e) eigene(r) Chairman/Chairwoman.«
- »Störungen haben Vorrang.«
- »Rede per ich und nicht per man.«
- »Wenn du eine Frage stellst, sage, warum du fragst und was deine Frage für dich bedeutet.«
- »Sei authentisch und selektiv in deiner Kommunikation.«
- »Interpretiere möglichst nicht.«
- »Verallgemeinere nicht.«
- »Kennzeichne persönliche Eindrücke deutlich.«
- »Nur einer redet zur gleichen Zeit.«
- »Bei Überschneidungen von Redebeiträgen kurze Sammlung von Stichpunkten.«

Alle diese Regeln sind Möglichkeiten, um die Zusammenarbeit zu verbessern. Es sind Vorschläge, mit denen ein Team im Laufe der Zeit seine eigenen Umgangsregeln erarbeiten kann. Erst, wenn die Prozesse im Team erkannt werden, können die Regeln einen sinnvollen Einsatz erfahren.

Themenzentrierte Interaktion in Beratung und Training

Lebendiges Lernen

Im Management-Training fand schon vor langer Zeit die TZI-Idee vom lebendigen Lernen Einzug. Lebendiges Lernen heißt für Ruth Cohn, sich freuen zu können an Bildern, Wahrnehmungen, Gefühlen, neuen Beziehungen, Gedanken, Bewegungen und Fertigkeiten – und nie mehr Langeweile haben zu müssen. Es ist Ausdruck von Freude an Freiheit und Kompetenz. Lernen ist ein selbstverständlicher Bestandteil des Lebens und gehört nicht nur auf die Schulbank oder an den Schreibtisch. Es ist keine Ausnahmesituation, sondern die Regel. Jede Situation bietet Anlass zur persönlichen und sachlichen Fortentwicklung.

Begegnet man in diesem Sinne im Seminar anderen Menschen und schafft es ein Trainer, eine solche Atmosphäre zu erzeugen, dann bleiben die Begegnungen nicht an der Oberfläche. Menschen beginnen sich wirklich für andere zu interessieren und die Verschiedenheit wie auch die Gleichheit zu erkennen. Es bedeutet, den anderen zu respektieren und sich nicht als das Maß der Dinge zu erheben. Mit diesem Kommunikationsstil werden Gespräche offener, echter und Konflikte sind leichter lösbar. Der einzelne Teilnehmer ist genauso wichtig wie die Gruppe, das Thema und das Umfeld.

Wenn die Beteiligung der Teilnehmer im Seminar fehlt, dann ist das Lernen tot. Kein Trainer sollte versuchen, den Lernenden den Stoff einzuflößen. Nach Ruth Cohn kann das nur zur Übelkeit führen, denn das Wissen kann schwer verdaulich sein. Ein Trainer sollte herausfinden, wie die Gruppe lernen und aufnehmen kann und seinen Lehrstil an die Fähigkeiten der Gruppe angleichen.

Vorgehen des Trainers

Ein Trainer kann zu Seminarbeginn, wenn er mit TZI arbeiten möchte, die Prinzipien verdeutlichen. Er macht das Spannungsdreieck und den Globe bewusst, damit sich jeder Teilnehmer auf seine Rolle einstellen kann. So haben er und die Gruppe auch ein Regelwerk, um konzentriert am Thema zu arbeiten und die Bedürfnisse des Einzelnen und der Gruppe zu berücksichtigen, ohne dass sich Vielredner zu viel Raum nehmen und andere nicht zu Wort kommen oder dass die gemeinsame Arbeit hinter dem Ausleben individueller Bedürfnisse zurücksteht. Dieses Bewusstsein für personelle, interpersonelle und thematische Zusammenhänge schafft ein konstruktives Klima. Nicht selten werden aus Ruth Cohns Ideen die Seminarregeln abgeleitet.

Zeigt sich jeder Teilnehmer für sich selbst und seinen eigenen Lernfortschritt verantwortlich, durchkreuzt das die übliche Haltung mancher Teilnehmer und Ratsuchender, dass der Trainer oder der Berater die alleinige Verantwortung für das Gelingen des Seminars trage. Diese Philosophie aktiviert die Gruppe, entlastet den Trainer und sichert gleichzeitig den Transfer. Denn im betrieblichen Alltag steht den Teilnehmern kein Trainer mehr zur Seite, der die Verantwortung übernehmen kann.

In Unternehmen erprobt

Die Themenzentrierte Interaktion wurde bereits von Ruth Cohn selbst in Wirtschaftsunternehmen eingesetzt. So ist sie hinsichtlich dieser Zielgruppe bereits erprobt und bedarf keiner Modifikation. Als Instrument, das sich aus der Gruppentherapie entwickelt hat, eignet es sich insbesondere für Gruppen und Teams. Im Einzelcoaching findet es nur bedingt Anwendung.

Regeln erarbeiten, nicht verkünden

Manche Seminargruppen sind allerdings Cohn-gesättigt – vor allem dann, wenn die Regeln nicht in ihrem Sinne vermittelt wurden. Beispielsweise erscheint es müßig, die Regeln einfach zu verkünden, anstatt sie zu erarbeiten. Das braucht allerdings Zeit; viele Seminarteilnehmer, die gerne etwas über Präsentation lernen möchten, reagieren verärgert, wenn einer der drei Seminartage auf das Formulieren der Umgangsregeln verbraucht wird. Allerdings begehen hier Trainer wirkliche Kardinalfehler. Es gibt viele Trainings, in denen Cohns Ideen als Seminarinhalt und gleichzeitig als Übungsfeld genutzt werden können. So kann der Trainer die Regeln doppelt nutzen, beispielsweise im Führungs- oder Teamtraining. Falsch wäre es allerdings, Regeln um der Regeln willen zu erarbeiten. Eine konstruktive Richtung wird erst dann thematisiert, wenn spürbar wird, dass die Gruppe einen anderen Weg einschlägt. Manchmal läuft alles wunderbar, da der Trainer ein eingespieltes Team vorfindet – warum sollte man hier von vorne beginnen?

Bezüge zu anderen Methoden

Das TZI-System steht nicht für sich. Es ist mit jeder anderen Methode vereinbar, die nicht explizit dem Wertesystem entgegensteht, das ausdrücklich humanistischer Natur ist.

Abhängigkeit von anderen

Auch die Themenzentrierte Interaktion ist wie viele therapeutische Richtungen ihrer Zeit in engem Zusammenhang mit anderen Ideen entstanden und in diesem Gesamtzusammenhang zu sehen. So finden wir im ersten Axiom, dem der Einbindung des Menschen in einen Kosmos und die gegenseitige Abhängigkeit, die grundlegende Idee der Systemtheorie wieder. Der Mensch ist nicht alleine wichtig, sondern er handelt in Abhängigkeit von anderen Menschen und von seiner Umgebung. Das prägt ihn genauso wie seine eigenen Bedürfnisse. Diese verschiedenen Bereiche zusammenzubringen, ist ein Ziel des therapeutischen Handelns.

Auch das zweite Axiom trifft den damaligen Zeitgeist. Die Betonung der Sinnhaftigkeit erinnert deutlich an Frankls Logotherapie. Mit einem Sinn, so glaubt Frankl, wird man lebensfähig. Nach Cohn führt es zu einem wertorientierten Handeln. Das Herausheben der Verantwortung bei Ruth Cohn zielt auf die Beobachtung, die Viktor Frankl teilt: Freiheit ohne Verantwortung wirkt destruktiv. Das haben beide in Deutschland erleben müssen.

NLP hat sich ebenfalls deutlich von Cohns Ideen inspirieren lassen. Die knapp gefasste Regel »Nicht verallgemeinern« wurde im NLP ein Aspekt des Meta-Modells. Ob die Begründer des NLP tatsächlich Cohn studiert haben oder ob diese Idee, die sich auch in den systemischen Ansätzen wiederfindet, als allgemein gültig anerkannt waren, ist fraglich.

Ein wichtiges Element ist bei Ruth Cohn die bewusste Entscheidung in der Kommunikation: Sie soll nicht einfach spontan ablaufen, sondern wohl überlegt. Den gleichen Anspruch an Bewusstheit formulieren Fritz Perls, von dem sich Ruth Cohn hat beeinflussen lassen, und Feldenkrais in Bezug auf körperliche Handlungen.

Ursprünglich politische Motivation

Ruth Cohn selbst sieht sich vor allem von der Psychoanalyse und dem Nationalsozialismus beeinflusst. Einen anderen methodischen Einfluss sieht sie nicht. Ihre ursprüngliche Idee war politisch motiviert, sagte sie in einem Interview anlässlich ihres 80. Geburtstags. Sie wollte etwas gegen das nationalsozialistische Denken tun.

Anders formuliert und um eine Idee (den Appell: Was will ich mit meiner Aussage erreichen?) erweitert, hat Friedemann Schulz von Thun, Psychologieprofessor an der Universität Hamburg, Ruth Cohns Modell. Seine »Vier Seiten einer Nachricht« sind auch als »Vier-Ohren-Modell« sehr bekannt geworden, in manchen Kreisen sogar bekannter als Cohn selbst.

Literaturverzeichnis

1. Autogenes Training

Lindemann, H. (1998): Überleben im Stress. Der erfolgreiche Weg zu Entspannung, Gesundheit und Leistungssteigerung. München: Heyne Verlag

Lindemann, H. (1999): Autogenes Training. Der bewährte Weg zur Entspannung. München: Mosaik Verlag

Schultz, J. H. (1991): Das autogene Training. Konzentrative Selbstentspannung. Stuttgart: Thieme Verlag

Schultz, J. H. (2000): Das Original-Übungsheft für das Autogene Training. Stuttgart: Trias Verlag

2. Bioenergetik

Lowen, A. (1998): Bio-Energetik. Therapie der Seele durch Arbeit mit dem Körper. Reinbek: Rowohlt Verlag

Lowen, A. (1998): Bioenergetik als Körpertherapie. Der Verrat am Körper und wie er wieder gut zu machen ist. Reinbek: Rowohlt Verlag

Lowen, A. (2000): Bioenergetik für jeden. Das vollständige Übungsheft. München: Kirchheim Verlag

3. Feldenkrais

Feldenkrais, M. (1990): Die Feldenkraismethode in Aktion. Eine ganzheitliche Bewegungslehre. Paderborn: Junfermann Verlag

Feldenkrais, M. (1992): Das starke Selbst. Anleitung zur Spontaneität. Frankfurt: Suhrkamp Verlag

Feldenkrais, M. (1994): Der Weg zum reifen Selbst. Phänomene menschlichen Verhaltens. Hrsg. R. Schleip. Paderborn: Junfermann Verlag

Feldenkrais, M. (1996): Bewusstheit durch Bewegung. Der aufrechte Gang. Frankfurt: Suhrkamp Verlag

4. Focusing

Gendlin, E. T. (1993): Focusing ist eine kleine Tür. Band 4. DAF Verlag

Gendlin, E. T. (1998): Focusing. Selbsthilfe bei der Lösung persönlicher Probleme. Reinbek: Rowohlt Verlag

Gendlin, E. T. (1998): Focusing-orientierte Psychotherapie. Ein Handbuch der erlebensbezogenen Methode. Stuttgart: Verlag Klett-Cotta

Gendlin, E. T./J. Wiltschko (1999): Focusing in der Praxis. Eine schulenübergreifende Methode für Psychotherapie und Alltag. Stuttgart: Verlag Klett-Cotta

5. Gestalttherapie

Dinslage, A. (1995): Gestalttherapie. Was sie kann, wie sie wirkt, wem sie hilft. Mannheim: Pal Verlag

Perls, F. S. (1969): Gestalt Therapy Verbatim. Real People Press

Perls, F. S. (1981): Gestalt-Wahrnehmung. Verworfenes und Wiedergefundenes aus meiner Mülltonne. Verlag Humanistische Psychologie

Perls, F. S. (1990): Gestalt. Wachstum. Integration. Hrsg. H. Petzold. Paderborn: Junfermann Verlag

Perls, F. S. (1996): Gestalt-Therapie in Aktion. Stuttgart: Verlag Klett-Cotta

Perls, F. S. (1999): Grundlagen der Gestalttherapie. Einführung und Sitzungsprotokolle. Stuttgart: Verlag Klett-Cotta

Perls, F. S. (2000): Das Ich, der Hunger und die Aggression. Stuttgart: Verlag Klett-Cotta

Perls, F. S./R. F. Hefferline/P. Goodman (2000): Gestalt-Therapie. Lebensfreude und Persönlichkeitsentfaltung. Stuttgart: Verlag Klett-Cotta

Perls, F. S./R. F. Hefferline/P. Goodman (2000): Gestalttherapie. Grundlagen. München: dtv

Perls, L. (1989): Leben an der Grenze. Essays und Anmerkungen zur Gestalttherapie. Verlag Humanistische Psychologie

Petzold, H./J. Sieper (1996): Integration und Kreation. Paderborn: Junfermann Verlag

Rosenblatt, D./L. Perls (1997): Der Weg zur Gestalttherapie. L. Perls im Gespräch mit Daniel Rosenblatt. Wuppertal: P. Hammer Verlag

6. Gordon-Training

Gordon, T. (1989): Familienkonferenz. Die Lösung von Konflikten zwischen Eltern und Kindern. München: Heyne Verlag

Gordon, T. (1989): Familienkonferenz in der Praxis. Wie Konflikte mit Kindern gelöst werden. München: Heyne Verlag

Gordon, T. (1994): Die neue Familienkonferenz. Kinder erziehen ohne zu strafen. München: Heyne Verlag

Gordon, T. (1995): Managerkonferenz. Effektives Führungstraining. München: Heyne Verlag

Gordon, T. (1998): Das Gordon-Modell. Anleitung für ein harmonisches Leben. Eine Einführung. München: Heyne Verlag

7. Hypnotherapie

Bandler R./J. Grinder (1996): Patterns. Muster der hypnotischen Techniken Milton H. Ericksons. Paderborn: Junfermann Verlag

Erickson, M. H./E. L. Rossi (1999): Hypnotherapie. Aufbau, Beispiele, Forschungen. Stuttgart: Verlag Klett-Cotta

Erickson, M. H./E. L. Rossi/S. L. Rossi (1998): Hypnose. Induktion. Psychotherapie. Anwendung. Beispiele. Stuttgart: Verlag Klett-Cotta

Erikson, M. H. (1996): Die Lehrgeschichten von Milton H. Erickson. Hrsg. S. Rosen. Salzhausen: Verlag Iskopress

Haley, J. (1991): Die Psychotherapie Milton Ericksons. München: Verlag J. Pfeiffer

Zeig, J. K. (Ed.) (1980): A Teaching Seminar With Milton H. Erickson. Verlag Brunner/Mazel

8. Klientenzentrierte Gesprächspsychotherapie

Biermann-Ratjen, E. M./J. Eckert/H. J. Schwartz (1997): Gesprächspsychotherapie. Verändern durch Verstehen. Stuttgart: Kohlhammer Verlag

Frenzel, P./P. F. Schmid/M. Winkler (1992): Handbuch der personenzentrierten Psychotherapie. Edition Humanistische Psychologie

Rogers, C. R. (1973): Die Klient-bezogene Gesprächstherapie. München: Kindler Verlag

Rogers, C. R. (1974): Encounter-Gruppen. Das Erlebnis der menschlichen Begegnung. München: Kindler Verlag

Rogers, C. R. (1976): Die Entwicklung der Persönlichkeit. Stuttgart: Klett Verlag

Rogers, C. R. (1978): Die klientenzentrierte Gesprächspsychotherapie. Frankfurt: Fischer Verlag

Rogers, C. R. (1996): Therapeut und Klient. Frankfurt: Fischer Verlag

Rogers, C. R. (1999): Die nicht-direktive Beratung. Frankfurt: Fischer Verlag

Rogers, C. R. (2000): Entwicklung der Persönlichkeit. Psychotherapie aus Sicht eines Therapeuten. Stuttgart: Verlag Klett-Cotta

Tausch, R./A.-M. Tausch (1990): Gesprächspsychotherapie. Hilfreiche Gruppen- und Einzelgespräche in Psychotherapie und alltäglichem Leben. Göttingen: Hogrefe Verlag

9. Kognitive Verhaltenstherapie

Beck, A. T. (1979): Wahrnehmung der Wirklichkeit und Neurose. Kognitive Psychotherapie emotionaler Störungen. München: Verlag J. Pfeiffer

Beck, A. T./A. Freeman u.a. (1999): Kognitive Therapie der Persönlichkeit. Weinheim: Psychologie Verlags Union

Eysenck, V. H. J. (1967): The Biological Basis of Personality. Charles C. Thomas Verlag

Lazarus, A. A. (2000): Multimodale Verhaltenstherapie. Heidelberg: R. Asanger Verlag

Lazarus, A. A./C. N. Lazarus (1999): Der kleine Taschentherapeut. In 60 Sekunden wieder o.k. Stuttgart: Verlag Klett-Cotta

Meichenbaum, D. (1995): Die kognitive Verhaltensmodifikation. Weinheim: Psychologie Verlagsunion

Wolpe, J. (1992): Practice Of Behavior Therapy. Prentice Hall

10. Konstruktivismus

Maturana, H. R. (1998): Biologie und Realität. Frankfurt: Suhrkamp Verlag

Maturana, H. R./F. J. Varela (2000): Der Baum der Erkenntnis. Die biologischen Wurzeln des menschlichen Erkennens. München: Goldmann Verlag

von Foerster, H. (1993): Wissen und Gewissen. Versuch einer Brücke. Frankfurt: Suhrkamp Verlag

von Foerster, H./E. von Glasersfeld (1999): Wie wir uns erfinden. Eine Autobiographie des radikalen Konstruktivismus. Heidelberg: Auer Verlag

von Glasersfeld, E. (1997): Radikaler Konstruktivismus. Ideen, Ergebnisse, Probleme. Frankfurt: Suhrkamp Verlag

Watzlawick, P. (2000): Wie wirklich ist die Wirklichkeit. Reinbek: Wunderlich Verlag

Watzlawick, P. (2000): Anleitung zum Unglücklichsein. München: Piper Verlag

Watzlawick, P. (2001): Die erfundene Wirklichkeit. Wie wir wissen, was wir zu wissen glauben. München: Piper Verlag

Watzlawick, P. (2001): Vom Schlechten des Guten oder Hekates Lösungen. München: Piper Verlag

Watzlawick, P./J. H. Beavin / D. D. Jackson (2000): Menschliche Kommunikation. Bern: Verlag H. Huber

Watzlawick, P./P. Weakland/H. John/R. Fish (2000): Lösungen. Bern: Verlag H. Huber

11. Logotherapie und Existenzanalyse

Frankl, V. E. (1983): Trotzdem ja sagen zum Leben. München: dtv

Frankl, V. E. (1996): Die Sinnfrage in der Psychotherapie. München: Piper Verlag

Frankl, V. E. (1997): Die Psychotherapie in der Praxis. München: Piper Verlag

Frankl, V. E. (1998): Logotherapie und Existenzanalyse. Texte aus sechs Jahrzehnten. Weinheim: Psychologie Verlagsunion

Frankl, V. E. (2000): Der Mensch vor der Frage nach dem Sinn. Eine Auswahl aus dem Gesamtwerk. München: Piper Verlag

Frankl, V. E. (2000): Das Leiden am sinnlosen Leben. Freiburg: Herder Verlag

12. Neurolinguistisches Programmieren (NLP)

Bandler, R. (1991): Bitte verändern Sie sich ... jetzt. Transkripte meisterhafter NLP-Sitzungen. Paderborn: Junfermann Verlag

Bandler, R. (1997): Veränderung des subjektiven Erlebens. Fortgeschrittene Methoden des NLP. Paderborn: Junfermann Verlag

Bandler, R./J. Grinder (1997): Neue Wege der Kurzzeittherapie. Paderborn: Junfermann Verlag

Bandler R./J. Grinder (1998): Metasprache und Psychotherapie. Die Struktur der Magie I. Paderborn: Junfermann Verlag

Bandler, R./J. Grinder (1998): Kommunikation und Veränderung. Die Struktur der Magie II. Paderborn: Junfermann Verlag

Bandler, R./J. Grinder (2000): Reframing. Ein ökologischer Ansatz in der Psychotherapie. Paderborn: Junfermann Verlag.

Bandler, R./J. Grinder (2000): Therapie in Trance. Neurolinguistisches Programmieren (NLP) und die Struktur der hypnotischen Kommunikation. Stuttgart: Verlag Klett-Cotta

Cameron-Bandler, L. (1997): Wieder zusammenfinden. NLP – neue Wege der Paartherapie. Paderborn: Junfermann Verlag

Dilts, R. B. (1991): Identität, Glaubenssysteme und Gesundheit. Höhere Ebenen der NLP-Veränderungsarbeit. Paderborn: Junfermann Verlag

Dilts, R. B. (1993): Die Veränderung von Glaubenssystemen. Paderborn: Junfermann Verlag

Dilts, R. B. (1999): Modelling mit NLP. Das Trainingshandbuch zum NLP-Modelling-Prozess. Paderborn: Junfermann Verlag

Dilts, R. B. (2001): Die Magie der Sprache. Angewandtes NLP. Paderborn: Junfermann Verlag

Gutschera, G. (1995): Tanz zwischen Bewusst-Sein und Unbewusst-Sein. Paderborn: Junfermann Verlag

Laborde, G. Z. (1991): Kompetenz und Integrität. Die Kommunikationskunst des NLP. Paderborn: Junfermann Verlag

Stahl, T. (1995): Triffst du einen Frosch unterwegs. Paderborn: Junfermann Verlag

13. Progressive Muskelentspannung

Jacobson, E. (1999): Entspannung als Therapie. Progressive Relaxation in Theorie und Praxis. Stuttgart: Verlag Klett-Cotta

14. Provokativer Kommunikationsstil

Farrelly, F./J. Brandsma (1986): Provokative Therapie. Berlin: Springer Verlag

Höfner, E./H.-U. Schachtner (1995): Das wäre doch gelacht. Reinbek: Rowohlt Verlag

Höfner, E. (1995): Die Kunst der Ehezerrüttung. Reinbek: Rowohlt Verlag

Höfner, E. (2001): Das bewegte Paar. Ein Survival Guide im Beziehungsdschungel. Reinbek: Verlag Wunderlich

15. Psychodrama

Moreno, J. L. (1923): Das Stegreiftheater. Köln: Kiepenheuer Verlag (vergriffen)

Moreno, J. L. (1989): Psychodrama und Soziometrie. Essentielle Schriften. Edition Humanistische Psychologie

Moreno, J. L. (1996): Die Grundlagen der Soziometrie. Wege zur Neuordnung der Gesellschaft. Opladen: Leske und Budrich Verlag

Moreno, J. L. (1997): Gruppenpsychotherapie und Psychodrama. Einleitung in Theorie und Praxis. Stuttgart: Thieme Verlag

Moreno, J. L. (1999): Morenos therapeutische Philosophie. Zu den Grundideen von Psychodrama und Soziometrie. Hrsg. F. Buer. Opladen: Leske und Budrich Verlag

16. Rational-Emotive Therapie (RET)

Ellis, A. (1990, Org. 1988): Training der Gefühle. Wie Sie sich hartnäckig weigern, unglücklich zu sein. München: mvg

Ellis, A. (1996): How to Make Yourself Happy. Airlift Book Company

Ellis, A. (1997): Grundlagen und Methoden der Rational-Emotiven Verhaltenstherapie. Stuttgart: Verlag Klett-Cotta

Ellis, A./B. Hoellen (1997): Die Rational-Emotive Verhaltenstherapie. Reflexionen und Neubestimmungen. Stuttgart: Verlag Klett-Cotta

17. Systemische Therapie

Bateson, G./M. C. Bateson (1987): Steps To An Ecology Of Mind. Collected Essays in Anthropology, Psychiatry, Evolution, And Epistemology. Jason Arenson Verlag

Bateson, G. (1985): Ökologie des Geistes. Anthropologische, psychologische, biologische und epistemologische Perspektiven. Frankfurt: Suhrkamp Verlag

Bandler, R./J. Grinder/V. Satir (1999): Mit Familien reden. Gesprächsmuster therapeutisch verändern. Stuttgart: Verlag Klett-Cotta

Berg, I.K. (1999): Familien-Zusammenhalt(en). Ein kurztherapeutisches und lösungsorientiertes Arbeitsbuch. Dortmund: Verlag Modernes Lernen Borgmann

de Jong, P./I. K. Berg (1999): Lösungen erfinden. Das Werkstattbuch der lösungsorientierten Kurzzeittherapie. Dortmund: Verlag Modernes Lernen Borgmann

de Shazer, S. (1988): Keys To Solution In Brief Therapy. Verlag Norton

de Shazer, S. (1989): Wege der erfolgreichen Kurztherapie. Stuttgart: Verlag Klett-Cotta

de Shazer, S. (1991): Putting Difference To Work. Verlag Norton

de Shazer, S. (1997): Muster familientherapeutischer Kurzzeittherapie. Paderborn: Junfermann Verlag

de Shazer, S. (1998): Das Spiel mit den Unterschieden. Wie therapeutische Lösungen lösen. Heidelberg: Auer Verlag

de Shazer, S. (1998): Worte waren ursprünglich Zauber. Lösungsorientierte Kurztherapie in Theorie und Praxis. Dortmund: Verlag Modernes Lernen Borgmann

Miller, S. D./I. K. Berg (1997): Die Wunder-Methode. Ein völlig neuer Ansatz bei Alkoholproblemen. Hrsg J. Hargens. Dortmund: Verlag Modernes Lernen Borgmann

Pisarsky, B. C. (2000): Die Mailänder Schule. Göttingen: Vandenhoeck & Ruprecht

Satir, V. (1990, Org. 1988): Kommunikation, Selbstwert und Kongruenz. Konzepte und Perspektiven familientherapeutischer Praxis. Paderborn: Junfermann Verlag

Satir, V. (1992): Wege zum Wachstum. Ein Handbuch für die therapeutische Arbeit mit Einzelnen, Paaren, Familien und Gruppen. Hrsg. G. Müller/ G. Moskau. Paderborn: Junfermann Verlag

Satir, V. (1997): Familienbehandlung. Kommunikation und Beziehung in Theorie, Erleben und Therapie. Freiburg: Lambertus-Verlag

Satir, V. (2000): Selbstwert und Kommunikation. Familientherapie für Berater und zur Selbsthilfe. Stuttgart: Verlag Klett-Cotta

Satir, V./J. Banmen/J. Gerber/M. Gomon (2000): Das SatirModell. Paderborn: Junfermann Verlag

Selvini Palazzoli, M. (1989): Familiy Games: General Models Of Psychotic Processes In Family. Norton W.W.

Selvini Palazzoli, M. (1992): Mara Selvinis Revolutionen. Die Entstehung des Mailänder Modells. Stuttgart: Verlag Klett-Cotta

Selvini Palazzoli, M. (1995): Hinter den Kulissen der Organisation. Hrsg. P. Di Blasio. Stuttgart: Verlag Klett-Cotta

Selvini Palazzoli, M. (1999): Paradoxon und Gegenparadoxon. Ein neues Therapiemodell für die Familie mit schizophrenen Störungen. Hrsg. G. Cecchin. Stuttgart: Verlag Klett-Cotta

18. Transaktionsanalyse (TA)

Berne, E. (1997): Spiele der Erwachsenen. Psychologie der menschlichen Beziehungen. Reinbek: Rowohlt Verlag

Berne, E. (1997): Was sagen Sie, wenn Sie guten Tag gesagt haben? Frankfurt: Fischer Verlag

Berne, E. (1999): Transaktionsanalyse der Intuition. Ein Beitrag zur Ich-Psychologie. Hrsg. H. Hagehülsmann. Paderborn: Junfermann Verlag

Berne, E. (2001): Die Transaktionsanalyse – Analyse in der Psychotherapie. Eine systematische Individual- und Sozialpsychiatrie. Paderborn: Junfermann Verlag

Harris, T. A. (2000): Einmal o. k. – immer o. k. Transaktionsanalyse für den Alltag. Reinbek: Rowohlt Verlag

Harris, T. A. (2001): Ich bin o. k. – Du bist o. k. Wie wir uns selbst besser verstehen und unsere Einstellung zu anderen verändern können. Eine Einführung in die Transaktionsanalyse. Reinbek: Rowohlt Verlag

19. Themenzentrierte Interaktion (TZI)

Cohn, R. C. (1997): ... zu wissen, dass. Lebendiges Lernen. TZI macht Schule. Stuttgart: Verlag Klett-Cotta

Cohn, R. C. (2000): Von der Psychoanalyse zur Themenzentrierten Interaktion. Von der Behandlung Einzelner zu einer Pädagogik für alle. Stuttgart: Verlag Klett-Cotta

Cohn, R. C./I. Klein (1993): Großgruppen gestalten mit Themenzentrierter Interaktion. Ein Weg zu lebendiger Balance zwischen Einzelnen, Aufgaben und Gruppen. Mainz: Grünewald Verlag

Löhmer, C./R. Standhadt (1995): TZI. Themenzentrierte Interaktion. Pädagogisch therapeutische Gruppenarbeit nach Ruth Cohn. Stuttgart: Verlag Klett-Cotta

Stichwortverzeichnis